吉開多一・緑大輔・設楽あづさ・國井恒志［著］

日本評論社

はしがき

本書は、刑事訴訟法（以下、本書では「刑訴法」と呼ぶ）を学修しようとする初学者が、基礎力と各種試験に合格するための応用力を身につけ、さらに、実務家となって刑訴法を自ら実践するまでの架け橋となることを目的としたテキストである。

本書の読者として想定しているのは、法学部生、法科大学院生、予備試験や司法試験の受験生だけではない。もちろん、本書は、主として、これらの学修者のための自学自修の書として使用されることを想定している。しかし、さらに、本書は、既に実務で活躍している実務家（裁判官、検察官、弁護士といった法曹三者に限るものではなく、警察官、検察事務官、裁判所職員、弁護士事務所職員など刑訴法の運用に関わるものを含む）が刑訴法の基本を体系的に復習したいとき、また、実務に関心のある研究者が最近の実務の運用を気軽に参照したいときに読んでもらうことも想定している。

本書は、研究者と法曹三者の経験者によって作成された体系的なテキストであって、それだけでも類書にない特色の１つといえる。しかも、本書の執筆者は、日頃から、法学部生や法科大学院生の教育、司法修習生や若手法曹の指導と育成に関わっている関係で、刑訴法の学修者がどのような点で悩み、つまずき、誤解しやすいのかを実体験として理解している。本書の最大の特色は、このような執筆者が、初学者のため、各種受験生のため、そして、実務家や研究者のために、協働して作り上げた点にある。

本書の具体的な特色は、以下のとおりである。

第１に、本書は、初学者のためにわかりやすさを追求したテキストである。刑訴法は、民訴法と同じく手続法であるから、実際の手続の流れを知らずに理解することは難しい。しかも、刑訴法は、非日常的な事柄である犯罪と刑罰について定めた刑法を現実化するものであるから、一般の人々、特に学生にとっては具体的なイメージがつかみにくい。刑事手続における理論の深淵さと実務の奥深さを本書で語りつくすことはできないが、基本を身につけていない初学者が理論や実務の深みにはまると、手続の全体像をつかめないまま、時間ばかりがいたずらに過ぎてゆき、刑訴法に対する苦手意識が先行してしまうおそれがある。

そこで、本書はまず、読者が学習しやすいように、『基本刑事訴訟法Ⅰ―

手続理解編』と『基本刑事訴訟法Ⅱ—論点理解編』の２部構成にした。そして、全体を通じて平易な説明を心がけた。また、各講において、学習のポイントを明らかにし、書式や図表を豊富に使用して、刑事手続の流れを理解しやすいように工夫している。特に「手続理解編」は、刑事訴訟の実務も視野に入れた「入門書」と位置づけ、「本書の使い方」の後に刑事手続と「手続理解編」の全体像を示すための「本書の構成」を掲げた上、第１講として、刑事訴訟法の意義と手続の全体像について説明している。さらに、姉妹書である「基本シリーズ」も参考にして、「事例で学ぶ刑訴法」をめざした。すなわち、４つの典型的な刑事事件を本書冒頭に「基本事例」として設定し、各講ではできる限り基本事例に関連づけて説明することによって、刑事手続の具体的な理解を可能としている。特に、非公開でなされるために学生でなくてもイメージしにくい公判前整理手続については、争点および証拠の整理の様子を具体的な事例に即して法曹三者のセリフで再現し、公判手続についても、法曹三者や被告人、証人等のセリフを用いるなどして、「生きた刑事手続」をイメージしやすいように工夫しており、類書にみられない本書の特色となっている。

第２に、本書は、読者が基礎力と各種試験に合格するための応用力を身につけることができるように種々の工夫をこらしたテキストである。定期試験、予備試験、司法試験、昇任試験、選考試験等の各種試験は、刑訴法の基本が身についているか否かを直接的にはかるものであり、また、実務家としての基礎固めの意味もある。そのために避けては通れない試練でもある。そこで、本書では、これらの過去問を検討し、判例や実務を中心として、その合格に必要な知識を盛り込むだけでなく、全体を通じて数多くの設問を設け、その解説という形で説明するスタイルをとった。読者が、問題意識をもちながら本書を使用し、基礎力と各種試験に合格するための応用力を自然と身につけることができるように工夫している。さらに、本書は、クロスレファレンスを多用することで、手続の全体像と論点が影響する手続的な効果を意識しながら、刑訴法上の論点を段階的に深く理解できるように工夫している。

第３に、本書は、将来、実務家になることをめざす人だけでなく、刑訴法の基本を復習したい実務家や実務に関心のある研究者のためのテキストでもある。実務家といえども、刑訴法との関わりはさまざまである。日々刑訴法と向き合って職務を行う場合もあれば、数年ぶりまたは忘れた頃に刑訴法に関わる場合もあり、刑訴法の基本を復習したいというニーズは少なくない。そこで、本書では、最初に、刑事手続の関与者という項目を設けて実務家の位置づけを明らかにし（1講）、捜査機関を主体に捜査手続（2講から4講まで）を具体的に説明する一方、被疑者の防御と弁護人の役割（5講）についても独立した講を設けて説明している。そして、実務的にも社会的にも関心が高い「犯罪被害者と刑事手続」（13講）や、学説と実務の積み重ねともいえる「刑事訴訟法の歴史」（14講）については、それぞれ独立した講を設けて説明している。これらは類書にあまりみられない本書の特色といえる。また、特に「論点理解編」では、GPS 捜査など最新の論点や判例をふんだんに取り上げ、現在の実務をできるだけ具体的に解説している。さらに、本書の随所に「コラム」を設けて、法曹三者の実務上の悩みや実感を要所要所で吐露し、実務家にとっても研究者にとっても面白い内容となるように工夫している。

本書は、このような3つの段階の読者のニーズに応えようとするものであるが、予習であれ、復習であれ、本書の具体的な使用方法については、「本書の使い方」を参照されたい。

法学部生や法科大学院生、予備試験や司法試験の受験生を対象とした良書は少なくない。しかし、現在の情報化社会における「本離れ」は、刑訴法にとっても例外ではなく、本をよく読む人であっても、学生は卒業を、受験生は合格を契機として、かつて講義のお供として愛読したはずの良書を忘れ去り、実務家になったとたんに、かつて熟読した良書に背を向け、目の前の実務に役立つ本ばかりを探し求める風潮があることは否定できない。本書は、初学者が手に取って刑訴法の面白さを知り、本書で培った基礎力と応用力でそれぞれの道の先にある試練を乗り越え、さらに、実務に出て刑訴法の運用に実際に携わるときに再び手に取ってもらえる、そんな長年にわたって交友できる友人のようなテキストをめざしている。

末筆ながら、本書の企画から完成まで、日本評論社編集部の田中早苗さんに大変お世話になった。田中さんの熱意あふれる叱咤激励と精緻な編集作業がなければ、本書が世に出ることはなかったと思う。田中さんには、執筆者一同、この場を借りて、心から感謝申し上げたい。

2020年5月

吉開　多一
緑　　大輔
設楽　あづさ
國井　恒志

本書の使い方

1　本書の狙い

(1)　実務と理論とのバランスに裏打ちされた刑訴法の理解

本書は、「はしがき」にも記載されているように幅広い読者層を想定しつつ、特に自学自修する初学者にもわかりやすい刑訴法の教科書にするという編集方針の下で執筆された。私たち共著者は、本書を執筆しながら、「どうすればわかりやすくすることができるのか？」という問題を繰り返し議論した。その答えの１つが、「刑事訴訟の実務を具体的に解説し、イメージをつかんでもらいながら、刑訴法の理論まで理解できるようにする」というものであった。

刑訴法も、他の法律と同様に理論的な分析が必要とされる法律であるが、現実に発生した事件に適用される実務的な性格が強い法律でもある。そのため、本書が想定する読者にとっての刑訴法の理解とは、こうした実務と理論とのバランスに裏打ちされたものであることが望ましいのではないかと考えた。幸いにして、裁判官、元検察官、弁護士および研究者から成る本書の共著者は、こうした理解をしてもらうためには何を教科書に盛り込むべきかを取捨選択する上で、最適のメンバーであった。

(2)　「手続」と「論点」の区別

本書では、「手続」と「論点」とを意図的に区別し、『基本刑事訴訟法Ｉ—手続理解編』と『基本刑事訴訟法Ⅱ—論点理解編』の２部（２冊）構成とした。手続法の１つである刑訴法においては、「手続」の理解なくして「論点」の理解はおぼつかない。「手続」を理解しないで判例を読んでも、その「論点」を十分に理解できるかは疑問である。ところが、限られた経験ではあるものの、法学部生に限らず、法科大学院生や司法修習生であっても、被疑者勾留の要件や、公判手続の流れが説明できないなど、「手続」の理解が十分ではないように感じることがあった。

その原因は色々あろうが、「手続」は実際に体験してみないと無味乾燥に感じられることが一因かもしれない。そこで、本書「手続理解編」では、私たちの経験や実務書も参考にしつつ、刑事訴訟の実務で行われている「手続」の実際をできる限り具体的に記載し、読者が「生きた刑事手続」をイメージしながら読み進めることができるものになるよう努めた。その結果、本書は刑事訴訟実務の入門書的な性格も有するものとなっている。既に実務に携わっている読者が基本的な知識を再確認する上でも、これから実務に携わりたいと考えている読者が将来の活動を念頭に置いて学修を進めていく上でも、有益な内容になったと確信している。

(3) 「全体」と「部分」との関係

刑訴法に限ったことではないが、「全体」の理解がなければ「部分」の理解はグラグラし、「部分」の理解が積み上がってこないと「全体」を理解することが難しいというジレンマがある。本書では、この「全体」と「部分」のジレンマに挑むため、重複をいとわず、できる限り「全体」の説明をしてから、「部分」を説明するようにした。その一環として、各講に「全体」を示す図をできる限り入れることにした。なお、本書「手続理解編」の「全体」を示す図（「本書の構成」）を、この「本書の使い方」の末尾に掲載しているので、そちらもご参照願いたい。

そのほかにも本書では、至るところに図表を入れ、「全体」をイメージしやすいようにしている。こうした図表は、最初に本書を読むときは「全体」を理解するための一助として使用できるし、ある程度理解が進んできたら、図表だけを見て本文を読まずに、「部分」として何が記載されていたかを想起し、理解が十分なところとそうでないところをセルフチェックするのにも使用できる。最終的に、後掲の「本書の構成」（「全体」）だけを見て、本書の各講（「部分」）に何が記載されているかをひととおり想起できるようになれば、もはや「手続」はマスターしたといえよう。

2　本書の工夫と読み方

(1)　基本事例

各講に先立ち、本書では「基本事例」として《事例１》から《事例４》を挙げた。読者が参照しやすいように、日本評論社ウェブサイトにも掲載してあるので、そちらも活用してほしい（https://www.nippyo.co.jp/）。実務的に遭遇することが多い事案を想定した架空の事件であるが、各講では、できる限りこれらの《**事例**》に関連づけながら、実際の「手続」の進行と、その法律・規則上の根拠について解説し、「事例で学ぶ刑訴法」をめざしている。特に7講・8講では、公判前整理手続や公判手続での具体的なやり取りを、法曹三者のセリフでリアルに再現しながら、これらの「手続」に関する法律・規則を解説した。読者に臨場感を感じてもらいながら、理解が深まることを期待している。

また、これらの《**事例**》に基づき、逮捕状などの書式をできる限りたくさん掲げた。これも「手続」の実際を理解してもらうための工夫の1つである。刑事訴訟の実務は、書式なくして成り立たない。実務家となって刑訴法を自ら実践するには、書式の理解が不可欠である。こうした書式はいずれも法律・規則に基づいて作成されるから、書式を通じて法律・規則の理解を深めることもできる。そういう観点からも書式に慣れ親しんでほしい。

(2) 全体の構成

「手続理解編」は全部で14講から構成されているが、1講、13講および14講は総論あるいは「まとめ」に相当し、2講から12講までが「手続」の流れに沿った内容となっている（後掲「本書の構成」も参照）。もちろん1講から順に読み進めてよいが、総論あるいは「まとめ」は「全体」に相当するため、「部分」の理解が積み上がってこないと理解しづらいかもしれない。そのため、先に2講から12講までを読み、その後に1講、13講および14講と読み進めてもよいであろう。

初学者から司法試験受験生までを読者として想定する教科書としての性格から、本書で取り上げたトピックの最高難度は、司法試験・予備試験の論文試験・短答試験で実際に問われた知識のレベルである。刑事訴訟の実務では、さらに高度な知識が求められることもあるだろう。「論点理解編」を含めて本書を卒業した後には、それぞれの関心事項に応じて、定評ある実務書・研究書にも挑戦してほしい。

(3) 学習のポイント

本書も「基本シリーズ」の1つとして、既刊本と同様に、各講の冒頭に「学習のポイント」を掲げている。もっとも本書では、法科大学院協会による「共通的な到達目標モデル（第2次案修正案）：刑事訴訟法」を参考にして「学習のポイント」がまとめられているという特色がある。とりわけ司法試験・予備試験受験生は、そのような観点から「学習のポイント」を活用してほしい。

さらに本書では、「学習のポイント」の下に「手続」の流れ図を置いている。これは手続の「全体」の中で、自分がどの「部分」にいるかを迷わないようにするためのものである。大きくは「捜査」→「公訴の提起」→「公判」→「判決」→「上訴」の流れになるが、さらに詳しい流れは後掲の「本書の構成」にも記載してあるので、そちらも適宜参照願いたい。「手続」の流れの中で迷子になってしまったら、刑訴法の理解はおぼつかない。「全体」の中での位置を常に意識してほしい。

(4) 【設問】と解説

【設問】ごとに解説をする形式も、これまでの「基本シリーズ」と共通した特色になっている。最初は**【設問】**に対する答えを確認しながら読んでいくことになろうが、ある程度理解が進んだら、**【設問】**だけを見て解説を読まずに、自ら答えを説明できるか、セルフチェックしていくのもよいであろう。そうした読み方ができるように、前記日本評論社ウェブサイトに**【設問】**だけを抜き出した「簡易問題集」を掲載してあるので、そちらもぜひ活用してほしい。なお、解説では、重要な用語のみならず、重要なフレーズも太字で強調してある。太字のところは特に意識しながら読んでいただきたい。

本書では、「手続理解編」と「論点理解編」の2冊組となったこともあり、両者の間はもちろんのこと、「手続理解編」内部でも、クロスリファレンス（→○講○）をできる限りたくさん入れた。前から順に読み進めるだけでは相互の理解が固まらない場合もあるので、クロスリファレンス先に何が記載してあるか理解が曖昧だと感じたら、参照する労をいとわないでほしい。

さらに本書では、刑訴法と憲法・行政法・刑法との強い関連性に鑑みて、木下智史＝伊藤建『基本憲法Ⅰ―基本的人権』（2017年）、中原茂樹『基本行政法（第3版）』（2018年）、大塚裕史＝十河太朗＝塩谷毅＝豊田兼彦『基本刑法Ⅰ―総論（第3版）』（2019年）および同『基本刑法Ⅱ―各論（第2版）』（2018年）（いずれも日本評論社）とのクロスリファレンスも入れた。こうした試みは珍しいかもしれないが、法律を横断的に理解することは欠かせない。本書が想定している読者が、法律の「つながり」を理解する上でも、有益なものになるはずである。

解説は、活字の大きさを変更することで、メリハリをつけた。**【設問】**についての基本的な理解は、通常の大きさで記載したが、アドバンス的な内容のものは*を使用して、補足的に小さい字で解説してある。司法試験・予備試験受験者は、*の解説まで理解することが望ましいが、逆に*の解説まで理解していれば、試験対策としても十分であろう。

判例については出典を明示したほか、井上正仁＝大澤裕＝川出敏裕編『刑事訴訟法判例百選（第10版）』（有斐閣、2017年）とリンクさせて判例番号を付してある（〈百選○〉または〈百選Ａ○〉）。「手続理解編」では判例の詳細な解説まではできていないので、必要に応じて百選を参照願いたい。

(5) コラム

コラムには、**【設問】**の解説からやや外れるプラスアルファの知識のほか、法曹三者のそれぞれの実務経験からくる雑感などを記載した。過去の実務がどうなっていたのか、最近の新しい動きなども記載されているので、読み物としても楽しんでいただければ幸いである。

(6) 「覚醒剤」の表記について

「覚せい剤取締法」（昭和26年6月30日法律第252号）は、令和2年4月1日に施行された「医薬品、医療機器等の品質、有効性及び安全性の確保等に関する法律等の一部を改正する法律」（令和元年法律第63号）4条により、題名が「覚醒剤取締法」に改正された。本書の書式は、施行前の日付に合わせて、従前の「覚せい剤」と表記しているが、本文中では法改正を踏まえ、「覚醒剤」と表記しているので、注意願いたい。

本書の構成

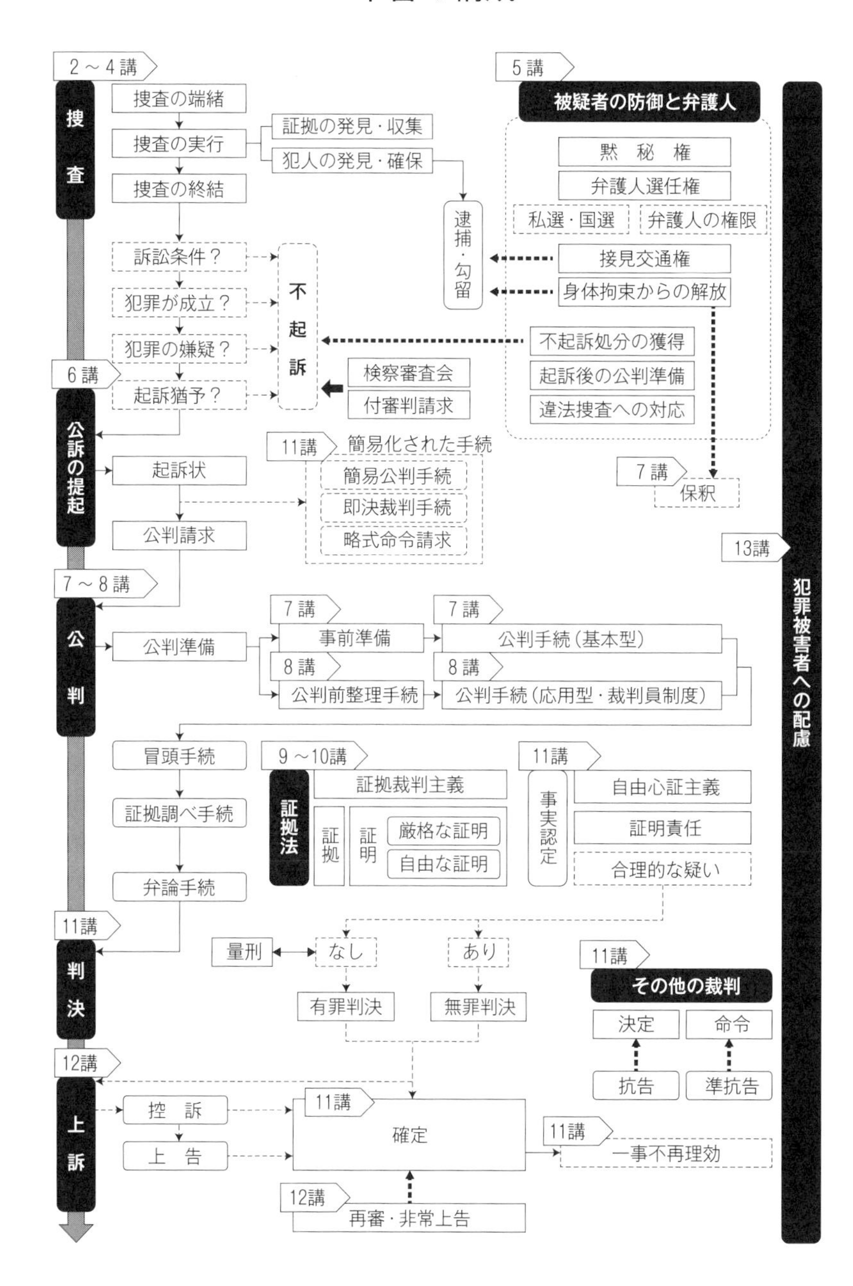

2～4講
捜査
捜査の端緒
捜査の実行
証拠の発見・収集
犯人の発見・確保
捜査の終結
逮捕・勾留
訴訟条件？
犯罪が成立？
犯罪の嫌疑？
起訴猶予？
不起訴
検察審査会
付審判請求
6講
公訴の提起
5講
被疑者の防御と弁護人
黙秘権
弁護人選任権
私選・国選
弁護人の権限
接見交通権
身体拘束からの解放
不起訴処分の獲得
起訴後の公判準備
違法捜査への対応
11講
簡易化された手続
起訴状
簡易公判手続
即決裁判手続
公判請求
略式命令請求
7講
保釈
13講
犯罪被害者への配慮
7～8講
公判
公判準備
7講
事前準備
7講
公判手続（基本型）
8講
公判前整理手続
8講
公判手続（応用型・裁判員制度）
冒頭手続
証拠調べ手続
弁論手続
9～10講
証拠法
証拠裁判主義
証拠
証明
厳格な証明
自由な証明
11講
事実認定
自由心証主義
証明責任
合理的な疑い
11講
判決
量刑
なし
あり
有罪判決
無罪判決
11講
その他の裁判
決定
命令
抗告
準抗告
12講
上訴
控訴
上告
11講
確定
11講
一事不再理効
12講
再審・非常上告

●基本刑事訴訟法Ｉ——手続理解編　目次

凡　例

▽法令名

・法令名を明記していない条文は刑事訴訟法である。

恩赦＝恩赦法
覚醒剤＝覚醒剤取締法
規則＝刑事訴訟規則
刑＝刑法
警＝警察法
刑事収容＝刑事収容施設及び被収容者等の処遇に関する法律
警職＝警察官職務執行法
憲＝日本国憲法
検察庁＝検察庁法
検審＝検察審査会法
国賠＝国家賠償法
裁判員＝裁判員の参加する刑事裁判に関する法律
裁判所＝裁判所法
自動車運転死傷行為処罰法＝自動車の運転により人を死傷させる行為等の処罰に関する法律
少年＝少年法
通信傍受＝犯罪捜査のための通信傍受に関する法律
道交＝道路交通法
盗犯＝盗犯等ノ防止及処分ニ関スル法律
入管＝出入国管理及び難民認定法
破産＝破産法
犯罪被害者保護＝犯罪被害者等の権利利益の保護を図るための刑事手続に付随する措置に関する法律
犯捜規範＝犯罪捜査規範
麻薬特例＝国際的な協力の下に規制薬物に係る不正行為を助長する行為等の防止を図るための麻薬及び向精神薬取締法等の特例等に関する法律
麻薬取締＝麻薬及び向精神薬取締法
民＝民法
民訴＝民事訴訟法

▽判例集等

刑集＝最高裁判所刑事判例集・大審院刑事判例集
刑録＝大審院刑事判決録
判時＝判例時報
判タ＝判例タイムズ
裁判集刑＝最高裁判所裁判集刑事
高刑集＝高等裁判所刑事判例集

下刑集＝下級裁判所刑事裁判例集
刑月＝刑事裁判月報
東高刑時報＝東京高等裁判所刑事判決時報
高刑速＝高等裁判所刑事裁判速報集
裁時＝裁判所時報
判特＝高等裁判所刑事判決特報
裁特＝高等裁判所刑事裁判特報
家月＝家庭裁判所月報
新聞＝法律新聞
裁判所 Web ＝裁判所ウェブサイト　裁判例情報
LEX/DB ＝ TKC 法律情報データベース

▽文献

基本刑法Ⅰ＝大塚裕史・十河太朗・塩谷毅・豊田兼彦『基本刑法Ⅰ（第3版）』（日本評論社、2019年）
基本刑法Ⅱ＝大塚裕史・十河太朗・塩谷毅・豊田兼彦『基本刑法Ⅱ（第2版）』（日本評論社、2018年）
基本行政法＝中原茂樹『基本行政法（第3版）』（日本評論社、2018年）
基本憲法Ⅰ＝木下智史・伊藤建『基本憲法Ⅰ基本的人権』（日本評論社、2017年）
百選＝井上正仁・大澤裕・川出敏裕編『刑事訴訟法判例百選（第10版）』（有斐閣、2017年）

▽その他

・引用においては、学習上の便宜を図るため、旧字を新字にし、漢数字をアラビア数字にし、促音等は現代仮名遣いで表記している。また、引用中に著者の注記を入れる場合は、〔　〕を付している。

基本刑事訴訟法Ⅰ

手続理解編

基本事例

《事例１》路上強盗（強盗致傷）事件

遊び仲間のＸ（20歳）とＹ（21歳）は、仕事もなく遊ぶ金もなかったことから、２人で協力して通行人から無理矢理金品を奪おうと考え、コンビニエンスストア内の駐車場で通行人を物色していた。令和２（2020）年１月６日午前１時頃、酒に酔った感じの男性Ａ（55歳）がちょうどコンビニエンスストアから出て、人気のない公園の方向に歩いて行ったので、ＸとＹは、Ａの跡をつけた。Ｘは、周囲に人気がないことを確認し、同日午前１時５分頃、Ｓ市中央区東１丁目２番３号のＵ公園内において、Ａに向かって走り出し、いきなりＡの背後からその背中を足で蹴った。Ａは、バランスを崩して地面に倒れ込み、持っていた茶色の手提げ鞄を落とした。Ｘは、倒れたＡに馬乗りになり、その顔面、胸部および腹部等を多数回殴ったり蹴ったりした。Ｙは、Ａの黒革の財布等10点が入った手提げ鞄を持ち去り、Ｘも一緒に逃走した。Ａは、同日午前１時20分頃、Ｕ公園近くの交番の警察官に自力で助けを求め、Ｂ巡査部長やＣ巡査らに被害の状況等を説明した。同日午前２時30分頃、Ａの黒革の財布を持っていたＹが緊急逮捕され、同月11日、Ｘが通常逮捕された。Ａは、救急車で病院に運ばれ、全治約１カ月を要する左第11肋骨骨折、背部打撲、顔面打撲等の傷害と診断された。

《事例２》覚醒剤の所持（覚醒剤取締法違反）事件

Ｆ県警中央署の司法警察員Ｋは、以前、覚醒剤取締法違反の罪でＳ（22歳）を検挙したことがあったが、令和２年１月上旬、同居しているＳの母親から「最近、息子の様子がおかしい、また覚醒剤を使用しているようだ」という情報提供を受けた。Ｋは、Ｓの母親の協力を得ながらＳの動静を内偵していたが、同年２月９日深夜、Ｓが覚醒剤の密売場所として把握されている繁華街に出かけ、密売人らしき外国人に１万円札を渡して茶封筒を受け取る様子を確認した。そこで、Ｋは、捜査資料を整えて、同月10日、Ｆ地方裁判所裁判官に、Ｓが自宅で覚醒剤を所持しているという被疑事実で、Ｆ市中央区西２丁目３番４号のＳ方の捜索差押許可状の発付を請求し、その発付を受けた。Ｋら４名の司法警察員は、同月11日午前８時頃、Ｓ方に赴き、Ｓ方を捜索し、同日８時20分頃、Ｓが使用する眼鏡ケースから、使用済みの注射器１本や白色結晶粉末入りのチャック付小型ビニール袋２袋を発見した。Ｋらが、上記白色結晶粉末の一部について覚醒剤か否かを試薬を用いて調べたところ、覚醒剤の反応を示したことから、同日午前８時30分、Ｋは、Ｓを、覚醒剤所持の事実で現行犯逮捕し、上記捜索差押許可状に基づいて、上記白色結晶粉末等を差し押さえ、Ｓ方の捜索・差押えは終了した。

《事例３》交通事故（過失運転致傷）事件

Ｗ（23歳）は、令和２年３月５日午前６時45分頃、通勤のため、普通乗用自動車を運転し、Ｇ市南３丁目４番５号先の信号機もなく他に交通整理の行われていない交差点を直進しようとした。その交差点の直進方向出口には横断歩道（以下「本件横断歩道」という）が設けられていたが、Ｗは、カーナビゲーションの操作に気を取られ、前方左右を注視することなく、本件横断歩道を横断する歩行者等の有無およびその安全を十分確認しないまま、時速約40kmで進行した。その頃、Ｖ（55歳）は、本件横断歩道上を横断歩行していたが、Ｗは、Ｖの前方約10ｍの地点に迫ってようやくＶに気づき、急ブレーキをかけたが間に合わず、自車左前部をＶに衝突させてＶを路上に転倒させた。その結果、Ｖは、入院加療90日間を要し、全失語等の後遺症を伴う外傷性脳内出血等の傷害を負った。

《事例４》食料品の万引き（窃盗）事件

Ｚ（44歳）は、会社員の夫と高校生の娘の３人で暮らす専業主婦である。Ｚは、令和２年４月６日午前９時30分頃、Ｈ県Ｉ市北４丁目５番６号のスーパーＲにおいて、あんパンほか30点の食料品（販売価格合計5400円）を持っていたエコバッグに次々と入れ、そのまま、レジで精算せずに店の外に出た。Ｚは、自宅へ向かって歩いていたが、追いかけてきた同店店長Ｄに「お客様」と声をかけられ、立ち止まった。ＤがＺに対し、「精算していない商品はありませんか」と尋ねると、Ｚは、「何のことですか」と答え、さらに、Ｄが「エコバッグの中のものです」と言うと、Ｚは、あんパン等が入ったエコバッグをＤに預けた上、財布の中から１万円札１枚を取り出し、「お金ならありますから、支払います」と言って、１万円札１枚をＤに渡した。

第1講　刑事訴訟法の意義と手続の全体像

◆学習のポイント◆

1　憲法は刑事手続に関する条項を数多く有し、刑訴法の解釈に影響する場合が多い。憲法上、刑事手続に関する権利として何が保障されているかを意識して学習を進めよう。

2　糺問(きゅうもん)主義と弾劾(だんがい)主義という2つの刑事裁判の形態がありうるところ、弾劾主義については、訴訟を主導し責任を負う関与者が誰かに関して、職権主義と当事者主義という考え方がある。現行刑訴法は当事者主義を基調としつつ職権主義的な条項も有する。

3　刑訴法の目的・理念として、適正手続主義と実体的真実主義が挙げられるが、両者の関係や射程については学習の際に注意しよう。

4　刑事手続の全体像を一連の流れとして把握しよう。

5　刑事手続上の被疑者・被告人、司法警察職員、検察官、弁護人、裁判所の地位・役割等について理解しよう。

1　刑訴法の意義

(1)　刑訴法とは

【設問1】

刑訴法は、どのような事項を定めているか。他の法律と比較して説明せよ。

刑訴法は、**国家刑罰権を発動すべきか否かを判断する裁判、その裁判により確定した内容の執行と、裁判の準備として行われる捜査に関する手続を定める法律**である。必ずしも訴訟のことだけを定めているわけではないため、「刑事手続法」と呼ばれることもある。例えば、《**事例1**》におけるXやYに対する逮捕、《**事例2**》における捜索差押許可状の発付は捜査に関する手続であり、後に詳細を確認するように、刑訴法に具体的な規定が設けられている。また、裁判の執行については、471条以下に規定がある。なお、路上強盗に関する《**事例1**》のXやYは成年に達している者であるが、これが未成年の少年に当たる場合には、**少年法**で定める手続で対応されるのが原則となる（少2条)。少年法は、少年が成長発達の過程にあり、可塑性に富むため、成人とは異なる特別な手続が設けられている。例えば、少年法の手続による場合には、すべての事件は家庭裁判所に送致され、少年の保護の必要性などを判断するために家庭裁判所調査官によって社会調査が行われる。

刑法と刑訴法を比べてみると、**刑法**は**「どのような行為について犯罪が成立し、その犯罪に対してどのような刑罰が科されるのか」を定めている**のに対して、**刑訴法**は**刑法を現実の行為に対して適用するための手続を定めたもの**だとも説明できる。それゆえ、「手続なくして刑罰なし」という言葉でも、刑訴法の存在意義が説明される。実際、憲法31条は、「何人も、法律の定める手続によらなければ、その生命若しくは自由を奪はれ、又はその他の刑罰を科せられない」と定めており、刑訴法は同条にいう「法律の定める手続」を具体化する法律だといえよう。

刑訴法と同じく、裁判の手続について定めた法律として、民事訴訟法（民訴法）がある。民訴法は、実体法である民法などの民事法を適用することを通じて、私人間の紛争の解決をめざすために行われる手続を定める法律である。例えば、《**事例3**》のような交通事故事件が発生した場合に、Wに対して刑罰を科するか否かを判断するために、過失運転致傷罪（自動車運転死傷行為処罰5条）の適用の要否を判断するのが刑事手続（刑訴法が適用される）である。これに対して、被害者VからWに対して不法行為に基づく損害賠償の請求（民709条）がなされ、その請求を認めるか否かを判断するために行われるのが民事手続（民訴法が適用される）である。このような場合、同一事件について刑事裁判と民事裁判という2つの裁判が行われることになる。

●コラム●　刑事裁判・民事裁判と当事者の処分権

民事裁判は私人間の紛争を扱うため、紛争当事者たる私人の間で争いのない事実は、証拠による証明を要さずに認定することが許される。具体的には、裁判所において当事者が自白した事実は、証明を要さずに認定できる（民訴179条)。また、当事者が口頭弁論において相手方の主張した事実を争うことを明らかにしない場合には、原則として、その事実を自白したものとみなされ、これも証明を要さずに認定できる（民訴159条)。また、訴訟物についてどのような形で争いを終結させるかについても、当事者の間の合意によって決めることも可能である。典型例としては、和解（民訴267条・275条）を挙げることができよう。

しかし、刑事裁判は、後述するように「事案の真相を明らかに」することをも目的とすべきだとされ（1条）、刑訴法の立案者は当事者間の合意により事件を処分することは認めなかった。また、被告人が有罪を自認した場合であっても、有罪の自認だけで有罪とすることを認めず、補強証拠を要求することにしたのである（319条2項・3項→10講3(2)）。もっとも、憲法38条3項で補強証拠が求められる「本人の自白」には、公判廷における自白は含まれないものとされており（最大判昭23・7・29刑集2巻9号1012頁、最大判昭24・6・29刑集3巻7号1150頁）、憲法上は、刑事裁判において当事者の有罪の答弁のみで有罪とする制度を採用することは許されうると解されている（→10講3(2)）。

民事裁判と異なり、刑事裁判は、国家の代理人である検察官が犯罪を犯したと疑われる被告人に対して公訴を提起する形で行われる（→6講1(3)）。一般的には裁判そのものが、国家が市民生活に対して権力を発動して介入するという性質を有するところ、刑事裁判はさらに一方当事者が公権力であるという特色がある。それゆえ、捜査権限をはじめとして種々の権力が行使される場面を伴い、しばしば憲法や法律によって具体的に規律する必要が生じる。他方で、条文の配列や制度の仕組みに現れるところだが、捜査や刑事裁判の法的な規律の在り方は、その国の抱えてきた歴史に影響されることが多い。刑訴法に特有の原理や制度を考える際には、このような特色を意識しておくと理解が進む場合も多いだろう（→14講）。

(2) 刑事訴訟の基本的な形態

【設問2】
刑事訴訟にはどのような理念型がありうるか。

ア　糾問主義と弾劾主義

刑事訴訟の形態に関する理念型として、糾問主義と弾劾主義を挙げることができる。**糾問主義**とは、判断者（裁判所）と被判断者（被糾問者）のみによって審理が行われる、二面的な形態を指す（江戸町奉行のお白州で行われる裁判を想像するとよい）。これに対して、**弾劾主義**とは、判断者と訴追者を分離させて、判断者（裁判所）の下で訴追者（検察官等）が被訴追者（被告人）による犯罪の存在を主張し、これに対して被訴追者が防御を行うという、三面的な形態を指す。弾劾主義の下では、訴追者が訴えを提起しない限り、裁判は行われない。これを**不告不理の原則**と呼ぶ（→6講5）。歴史的にみると、多くの国々の裁判制度は、近代において糾問主義から弾劾主義へと移行したが、これは訴追者と判断者を分離することによって、判断者である裁判所の中立公平性を担保するためだといえよう。

イ　職権主義と当事者主義

弾劾主義の中でも、どの関与者が訴訟（公判審理）を主導するかについて、２つの理解がある。いずれの理解を基調としているかは、国や歴史によって異なる。

第１の理解が、**職権主義**である。これは、訴えが提起された後、公判審理においては、**裁判所が事実の究明について主導権と責任を有するべきだという考え方**である。第２の理解が、**当事者主義**である。これは、訴えが提起された後も、**訴追者と被告人が主張・立証を主導的に行い、当事者が訴訟において主張・立証を誤った場合には、その責任も当事者が負うべきだという考え方**である。弾劾主義の趣旨を、公判審理について徹底させたものが、当事者主義だということもできよう。

【設問３】
日本の現行の刑訴法は、当事者主義と職権主義のいずれを採用していると評価すべきか。

後に学ぶように、現行刑訴法は、一方当事者である検察官が、公訴を提起する際に刑事裁判における審判の対象となる事実を設定し（256条３項）、それを変更する権限を有する（312条１項）。また、公判前整理手続では、裁判における争点を、当事者が主導して設定することが想定されており（316条の17・316条の19等）、証拠調べを請求する権限も、原則として検察官、被告人または弁護人にある（298条１項）。そのため、**現行刑訴法は、当事者主義を原則**としていると説明されている。他方で、裁判所の職権による証拠調べ（298条２項→７講**６**(4)**カ**）や、裁判所が検察官の設定した審判対象たる事実の変更を命ずる訴因変更命令（312条２項→23講**２**）等の条項も存在する。これらは、しばしば裁判所が後見的に当事者の主張・立証に介入するために設けられていると説明されるが、職権主義の要素を反映していると評価できよう。

＊　職権進行主義と職権探知主義

職権主義の内実を説明する概念として、職権進行主義と職権探知主義がある。職権進行主義とは、訴訟手続を進行する際の主導権が裁判所に認められるという考え方である。例えば、公判期日の指定（273条）や、証拠調べの順序・方法等の決定（297条）を挙げることができる（→7講2・6参照）。これに対して、職権探知主義とは、裁判所がある事実を判断するに際して、自ら判断の基礎となる資料や証拠の収集の権能や責任を負うとする考え方である。具体的には、当事者が請求・提出した証拠に限らず、裁判所が自らの判断で審理の対象を拡大したり、証拠調べを行ったりすることを指す。現行刑訴法では、職権探知主義は本文で確認したとおり、補充的に行われるにとどまる（298条1項）。なお、訴訟条件（→6講4）については、原則として裁判所に職権調査の義務があると解されている（例外として、土地管轄に関する331条1項参照）。また、控訴理由や上告理由については職権調査の権限が認められている（392条2項・411条等参照）。

2　刑事手続の法源

【設問4】
刑事手続に関する根拠法（法源）としてどのような法令を挙げられるか。

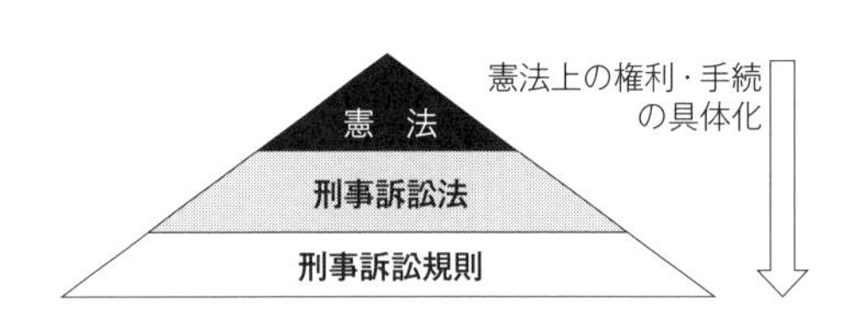

(1)　日本国憲法

刑事手続について定める最上位の法的規範は、**日本国憲法**（昭和22〔1947〕年施行）である。刑訴法の解釈において、憲法31条以下の各条文は重要な機能を果たす。現行憲法は、31条から40条に至る10か条にわたる規定を刑事手続に関する規定として割いている（→基本憲法Ⅰ242頁～256頁、322頁～324頁）。大日本帝国憲法では、法律の留保が付された上で、身体の拘束や裁判を受ける権利、住居の不可侵に関する条項が置かれるにとどまっていた。しかし、旧刑訴法の下での捜査や公判手続の在り方に対する種々の問題が意識されて、現行憲法ではアメリカ合衆国憲法の影響を受けつつ多数の条項が設けられた。

憲法31条は「何人も、法律の定める手続によらなければ、その生命若しくは自由を奪はれ、又はその他の刑罰を科せられない」と定める。多数説によれば、この文言中の「法律の定める手続」とは、適正な手続を意味するものと理解されている。そのため、憲法31条は、いわゆる**適正手続**（デュー・プ

ロセス due process）を保障する条項として位置づけられる。適正な法の下での手続を通じて、理性と論理に基づく裁判制度をもつことになり、国家刑罰権の発動に対して、理性と論理による正当性の裏づけを期待できる。いわば、弱肉強食のような裁判を防ぐことをめざすものである。また、当事者主義的な刑事裁判を支える、弁護人依頼権（憲34条・37条3項）や刑事被告人の諸権利（憲37条）、自己負罪拒否特権等（憲38条）に関する条項が整備された。さらに、裁判を受ける権利（憲32条）、逮捕に関する令状主義（憲33条）、抑留拘禁の要件（憲34条）、住居の不可侵と令状主義（憲35条）、拷問などの禁止（憲36条）、遡及処罰禁止および一事不再理効の保障（憲39条）、刑事補償（憲40条）について、それぞれ定められている。また、公開原則（憲82条）、議員の不逮捕特権（憲50条）等も、刑事手続に関連する条項として挙げられよう。

(2) 刑訴法

刑事手続に関して定める諸法のうち、中核をなす基本法典が**刑事訴訟法（刑訴法）**（昭和24〔1949〕年施行）である。日本国憲法の制定と合わせて、大正期に制定された旧刑訴法を全面的に改正することで制定された。刑事手続に関して定めた治罪法（明治15〔1882〕年施行）、明治刑訴法（明治23〔1890〕年施行）、旧刑訴法（大正13〔1924〕年施行）までは、主としてドイツやフランスの影響を受けて制定されてきたが、現行刑訴法の制定に際してはアメリカ法の下での制度や概念が数多く用いられた。この経緯は、刑訴法の条文の配列や、刑事手続に関する諸論点の議論に影響をもたらすことになった。

＊ 捜査の端緒や捜査手続に関する特別法として、警察官職務執行法、犯罪捜査のための通信傍受に関する法律（通信傍受法）がある。公訴提起や公判審理に関するものとしては、検察審査会法、裁判員の参加する刑事裁判に関する法律（裁判員法）、法廷等の秩序維持に関する法律、犯罪被害者等の権利利益の保護を図るための刑事手続に付随する措置に関する法律、刑事訴訟費用等に関する法律、刑事確定訴訟記録法等がある。判決内容の執行に関しては、刑事収容施設及び被収容者等の処遇に関する法律、更生保護法等がある。国際人権規約などの国際法も参照される場合がある。特別な国内法の制定を待たずに適用できる条約の内容などは、国内でも法源になる（外交官の刑事裁判権の免除など）。

(3) 刑訴規則

最高裁判所の規則制定権（憲77条1項）に基づいて、刑事裁判に関する規則として定められたのが**刑事訴訟規則**（刑訴規則、昭和24〔1949〕年施行）

である。刑事手続に関して、細目的・補充的な事項が同規則において定められており、実務において極めて重要な意義を有する条項も少なくない。

なお、判例の法源性については議論がある。少なくとも、判例違反は上告理由とされている（405条2号・3号）。そのため、裁判所がどのような判断をするのかについて予測を行う際に、判例は事実上重要な意味を有する。その結果、判例は法律の専門家の行動様式に大きく影響する。

3　刑訴法の目的

【設問5】
刑訴法は何を目的として定めているか。

(1)　適正手続主義

刑訴法1条は、「この法律は、刑事事件につき、公共の福祉の維持と個人の基本的人権の保障とを全うしつつ、事案の真相を明らかにし、刑罰法令を適正且つ迅速に適用実現することを目的とする」と定めている。ここで「個人の基本的人権の保障」が掲げられていることには理由がある。刑事手続を進める際には、例えば、捜査の際に犯罪を犯したと疑われる被疑者の身体を拘束したり（→4講）、一般市民を含む事件の関係者の居宅に立ち入って証拠物を強制的に捜索したり、押収したりする（→3講）など、個人の権利・利益を制約する場面が想定される。このような刑事手続に伴う権利・利益の制約を過剰に行うことは許されるべきではないだろう。そのために、憲法31条以下が公共の福祉との衡量をした上で、刑事手続に関わる基本的人権の保障の在り方を定めている。このような憲法上明示的に定められている基本的人権の保障をはじめとして、被疑者・被告人、一般市民の人権を保障しつつ手続を全うすることを重視すべきだとする、**適正手続主義**が目的・理念として導き出される。

(2)　実体的真実主義

他方で、刑訴法1条は「事案の真相を明らか」にすることを求めている。ここから、犯罪事実の有無とその内容を正確に明らかにすることを重視すべきだとする、**実体的真実主義**が目的・理念として導き出される。もっとも、ここにいう「真実」とは、事件に関連するあらゆる事実を解明することを指すのではない。被告人の罪責に関する事実、量刑に関する事実や訴訟手続上の事実等のように、刑罰法令の適用・実現のために必要な事実が明らかにされるにとどまる。また、種々の訴訟法上の制限を経て法廷で取り調べられた証拠を通じて、事実が認定されるにとどまる。それゆえ、訴訟を通じて「事実が構築される」と表現されることもある（**訴訟的真実**とも呼ばれる）。とりわけ、当事者主義が重視される刑事裁判においては、当事者双方による主張・立証を通じて、裁判所が心証を形成するという形で事実が認定されていくことになる。

(3) 適正手続主義と実体的真実主義の相互関係

適正手続主義（基本的人権の保障）と実体的真実主義（事実の究明）は、両立する場合もある。例えば、強制や拷問によって得られた自白を証拠として用いることを禁じること（→10講3(1)）は、虚偽の自白の誘発を防いで事実の究明に資するとともに、被疑者・被告人の黙秘権を保障することにもつながりうる。

他方で、適正手続主義と実体的真実主義は緊張関係に陥る場合もある。例えば、捜査機関が被告人の有罪を立証しうる重要な証拠物を発見したものの、その過程で違法な捜索手続を伴っていた場合には、違法な手段により収集された証拠物を法廷で証拠として採用してよいか否かが問題になりうる（違法収集証拠排除法則→9講2(2)・25講）。この場合に、適正な手続を重視して、当該証拠物の使用を禁じて事実の究明を犠牲にするという選択をするか否かが問われる。もっとも、**刑事手続に関する諸問題は、適正手続主義と実体的真実主義のいずれを重視するかによって簡単に解決できるわけではない**。各制度の趣旨に応じて、**より具体的な利益を勘案して検討することが求められる**点には注意が必要である。

なお、刑訴法1条は「刑罰法令を適正且つ迅速に適用実現すること」も目的として掲げる。「適正」は上述の適正手続主義と重なる。「迅速」な適用実現を目的としているのは、被告人を早期に刑事手続から解放するとともに、犯人の処罰による規範の回復を実効的に行うためだと説明される。

＊ **迅速な裁判の実現**

憲法37条1項が、被告人に対して「公平な裁判所の迅速な公開裁判を受ける権利」を保障していることから読み取れるように、憲法上、**迅速な裁判を受ける権利**が保障されている。その趣旨は、被告人に対して刑事裁判の負担を過剰に負わせることを回避し、また証拠の散逸などによる立証の困難を回避する点にある。迅速な裁判を実現するために、①当事者には、証拠収集と整理を行い、審理が迅速に行われるように準備する義務がある（規178条の2・178条の3参照→7講2）。②証人、鑑定人、通訳人または翻訳人の尋問を請求するについては、あらかじめ相手方に対し、その氏名および住所を知る機会を与えるとともに、証拠書類および証拠物の取調べを請求する場合も、相手方にこれを閲覧する機会を与えなければならない（299条1項→7講2）。③証拠調べの請求の際には、証拠の厳選が要求されている（規189条の2→7講2）。あわせて、裁判所は訴訟指揮権を有し（294条→7講6(2)）、取調べの必要性のない証拠の請求を却下することができる（規190条・199条1項→7講6(4)）。④証拠調べの方法について、裁判の迅速性を担保するために、特に取調べ状況の立証が問題になる場合には、検察官について、取調べ状況を記録した書面その他取調べ状況に関する資料を用いるなどして、迅速かつ的確な立証に努める義務がある（規198条の4）。⑤公判審理において、裁判所は的確な訴訟指揮権の行使により、円滑な進行を実現することが想定されており、証人尋問における重複した尋問の制限は、その例である（295条1項、規199条の13参照→7講6(2)）。もっとも、刑訴法上、訴訟が著しく遅延した場合に、訴訟を打ち切るための規定は設けられていない。判例は、事件が複雑なために、結果として審理に長年月を要したであるとか、被告人側に審理の長期化についての帰責事由があるといった事情がないにもかかわらず、著しく公判が遅延した場合には、憲法37条1項を根拠として、免訴（→6講4(4)）によって超法規的に手続を打ち切ることを許容している（最大判昭47・12・20刑集26巻10号631頁〔高田事件〕〈百選A31〉）。

●コラム●　刑訴法の目的

刑訴法の目的として、犯罪被害者やその遺族の救済を挙げていないことは、日常的な感覚とは距離があるかもしれない。理念的には、被害者等の個別の利益の回復は、民事訴訟を通じて実現することが想定されている。刑訴法の目的として、被害者等の救済を掲げると問題も生じうる。例えば、殺人事件や窃盗事件により「殺人をしてはならない」「窃盗をしてはならない」という規範（ルール）が損なわれたところを、刑罰によってその規範の存在を確認できる。このように刑事訴訟は、規範の確認の場でもある。しかし、被害者等の救済を前面に掲げると、被害者等が被告人との人的関係次第で、同じ犯罪であっても厳罰を求める場合や寛刑を求める場合があるように、被害者等の意向は多様であるため、規範の確認が機能しなくなるおそれがある。通り魔殺人などのように見知らぬ他人に対する殺人では厳罰を求める遺族が多い一方で、介護殺人のように家族内の殺人では処罰を求めない遺族がいることは容易に想像できよう。そのため、直接には刑事訴訟は犯罪被害者等の救済を目的とはしていない。刑事訴訟を実現するにあたって可能な範囲で、犯罪被害者等の利益を損なうことを回避し、その利益を保護するための諸制度を設けるにとどまる（→13講）。

他方で、適正手続主義と実体的真実主義という目的が、現実にあらゆる事件に対して厳格にめざされているかについての疑問も指摘されている。日本の刑事司法では、統計上、検察庁が受理した事件のうち公訴が提起されるのは3割程度であり、約6割の事件は起訴猶予等で処理される（→6講1(3)イ）。公訴提起されても、9割の事件は自白事件であり、同意書面（→10講 2⑵ア）の多用により検察官側・被告人側の両当事者が結果的に協同しているかのような状況にあるとの指摘もある。そのため、適正手続主義と実体的真実主義より上位の目的として、「権力抑制型裁判所による実質的な利益調整」の下で「刑事事件の解決という社会的課題の解決をめざす社会的システム」と評されたり、「法的社会的秩序の創出」を通じた当該具体的事件の解決とする理解が主張されたりしている。

4　刑事手続の全体像

⑴　刑事手続のイメージ

すべて国民は個人として尊重され、生命、自由および幸福追求に対する権利を有している（憲13条）。しかし、人は１人では生きられず、社会の中で他人と関わりながら生活している。そのため、個人の権利と個人の権利の対立（トラブル）は避けられず、ルールによる解決が必要となる（「社会あるところ法あり」）。私たちの社会を人体にたとえると、このようなトラブルは、人体に生じた「けが」のようなものであり、自然に治る場合もあるが、国家による手術が必要な場合もある。犯罪という権利の侵害行為の中には、そのまま放置すれば、人命、つまり、社会そのものの存立を脅かすことにもなりかねないものもある。そこで、国家は、刑事司法作用、つまり、国家権力による制裁（刑罰）という強力な手段によって、けがの有無やけがを生じさせた者が誰かを確認し、けがの症状に合わせ、刑事手続（捜査→公訴の提起→公判→判決→執行）という一定の「手術」を施そうと試みることになる。もっとも、刑事手続は万能ではなく、限界があることにも留意すべきである。

⑵　核心司法

刑事手続における「事案の真相」の解明とは、①刑罰法令の定める犯罪事実を被告人が行ったか否か、②被告人がそれを行ったのであれば、被告人に対する刑を決めるのに重要な事実を確定することに尽きる（**核心司法**）。言い換えれば、刑事手続において解明されなければならない事実は、**犯罪事実**、すなわち、刑罰法令の定める犯罪事実を被告人が行ったか否かという、刑罰権の存否（有無）に関する事実と、**刑の量定上重要な事実**、すなわち、被告人が犯罪を行ったのであれば、被告人に対する刑を決めるのに重要な情状という、刑罰権の範囲（量）を定める事実である。

●コラム●　公判中心主義の意義

核心司法の考え方を実質的に支えるのは、公判中心主義の理念だといえる。公判中心主義という言葉は、多義的であり、文脈によって異なる意味をもたされることがある。

第１の意味は、捜査中心主義との対比として語られる文脈である。捜査段階における取調べと、その結果として得られる供述調書が、公判段階における裁判の帰趨を事実上決しているのだとすれば、実質的には捜査段階で事件の処理の方向性は決定づけられ、公判は単に捜査の結果を確認し、それに追従する場になりうる（捜査中心主義）。これに対して、事案の真相の解明は、「取調べ室」よりもむしろ公判で行われるべきであり、公判における証人尋問等を中心とした、公判段階での証拠調べによって裁判の帰趨を決し、捜査段階で作成された供述調書等に過度に依存した公判審理を行うべきではないとの理解が強調されることがある。

第２の意味は、裁判所が証拠から心証をとる場が、裁判官の執務室ではなく公判廷であるべきだとの意味で語られる文脈である。書証を中心に公判審理を行う場合、公判廷では当該書証の要旨の告知だけが行われ、当該書証の閲読とそこからの心証の形成は、実質的には公判廷ではなく「執務室」において行われる可能性がある。このような事態を回避して、当事者双方が立ち会っている公判廷において、心証を形成すべきだとの理解を意味する場合がある。

いずれの意味にしても、その実質は、直接主義・口頭主義を実現することを意味するものだといえるだろう（→７講４）。

(3) 刑事手続の基本的なストーリー

【設問６】

《事例１》において、刑事手続は、どのように進んでいくか。

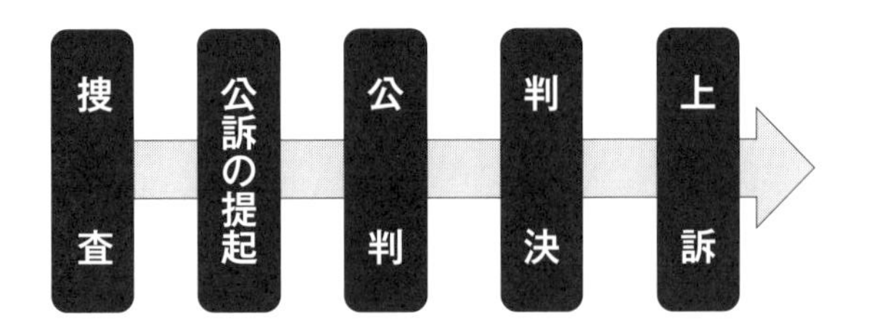

ア　捜査――事件の発生から起訴まで

《事例１》を見ると、強盗致傷（刑240条）という犯罪の成立が頭に浮かぶ。そして、刑法240条を読むと、ある人に強盗致傷罪が成立すれば、その人に対しては、無期または６年以上の懲役という刑罰が科されることになる。このような刑法の適用を現実化するのが**刑事手続**である。

刑事手続は捜査によって始まるが、犯罪の発生と現実の捜査の開始は同時とは限らない。捜査は、捜査機関が何らかの犯罪に該当するような事件の発生を認知したときに始まる。**《事例１》**では、Aが交番の警察官に被害を申告したところから捜査が開始されることになる（**捜査の端緒**→２講）。

捜査機関は、公訴の提起・追行のために、犯人を発見・確保するとともに、事件に関する証拠を収集・確保する。《**事例1**》では、Aからの事情聴取を中心に、公園内の被害品や遺留品を発見するために現場を見分したり、周辺に聞き込みをして目撃者を捜したり、また、近くのコンビニエンスストアの防犯カメラの画像を調べたりするなど、色々な角度から、犯人の発見・確保と証拠の収集・確保がなされることになる（**捜査の実行→**3講・4講）。

他方、被疑者（《**事例1**》のX）は、自らの権利を守るために、弁護人による援助を受けることができる（**被疑者の防御と弁護人→**5講）。

検察官は、捜査の結果、裁判所に訴えを提起する必要があると判断すると、起訴状を裁判所に提出し、被疑者を被告人として公訴を提起する。《**事例1**》では、X（およびY）が被告人となり、強盗致傷罪で起訴されることになる（**公訴の提起→**6講）。

イ　公判手続――起訴から判決まで

検察官が裁判所に公訴を提起すると、**公判準備**が始まる（→7講**2**）。公判準備では、検察官は、公判での立証を準備するとともに弁護人に証拠を開示する。弁護人は、検察官から開示された証拠を検討し、被告人と打ち合わせるなどして、被告人の防御を検討し、公判に備えることになる。強盗致傷罪は裁判員裁判対象事件であり（裁判員2条1項1号）、必ず公判前整理手続に付さなければならない（裁判員49条→8講**3**）。裁判員裁判対象事件のほか、争点および証拠の整理ならびに審理計画の策定が必要とされる事件でも、公判前整理手続が始まることになる（→8講**1**）。

公判審理では、検察官が主張・立証し、被告人および弁護人が防御活動を行う。まず、冒頭手続において争点が明らかにされ、次に、証拠調べ手続の中で証拠を取り調べ、最後に、弁論手続において検察官の意見（論告）・弁護人の意見（弁論）・被告人の最終陳述を聞く（→8講**6**）。

刑事裁判では、法廷で取り調べた証拠に基づいて、被告人が有罪か否か、有罪の場合にどのような刑にするのかを判断することになるから、公判審理の中核をなすのは、証拠調べ手続である。証拠調べ手続や、事実認定に関する法的な規律を**証拠法**という（→9講・10講）。

ウ　裁判とその執行――判決確定から社会復帰まで

公判審理が終了すると、中立公平な立場にある裁判所が判断し、その結果を判決として宣告する（→11講**2**）。判決の内容に不服がある者は、高等裁判所に控訴を申し立て、その判決に不服がある者は、さらに、最高裁判所に上告を申し立てることができる（→12講）。

上訴がなく、または、上訴がすべて終了すると、判決は確定する（→11講5）。有罪判決が言い渡された被告人に対しては、刑の執行が猶予されない限り、判決どおりの刑が執行される。そして、死刑の場合を除き、刑の執行を終えた者は、更生を期待されて、再び社会に復帰することになる。

●コラム●　裁判員制度の導入と国民の刑事司法への参加

平成21（2009）年5月21日、裁判員制度が始まった。裁判員制度は、国民の中から選ばれた裁判員が刑事裁判に参加し、裁判官と一緒に、被告人が有罪かどうか、有罪の場合、どのような刑にするのかを決める制度である。

裁判員は、20歳以上の有権者の中から無作為に選ばれるが、広く国民の良識を裁判に反映させるという裁判員制度の趣旨から、法律の専門家などは除かれている（裁判員15条）。他方で、裁判官、検察官および弁護人は、裁判員の負担が過重なものにならないようにしつつ、裁判員がその職責を十分に果たすことができるよう、審理を迅速でわかりやすいものとすることに努めなければならない（裁判員51条）、とされている。

このように、裁判員制度の導入によって国民が刑事司法に直接参加する時代となり、刑事手続は国民にとって一層身近な存在となった。法律の専門家、そして、法律の専門家を志す者にとって、自らの職務のためだけではなく、刑事裁判に直接参加する国民のためにも、刑事手続を一層深く理解する時代が到来したといえる（→8講3）。

5　刑事手続の関与者――刑事手続のキャスト

【設問7】

刑事手続には、どのような人々が関与するのか。

刑事事件の中心人物は、多くの場合、加害者と被害者である。加害者とされる者が犯人として検挙され、被疑者や被告人になる。もっとも、けんか闘争や自動車対自動車の交通事故のように、どちらが加害者か直ちに判明しないこともよくある。また、**《事例2》**の違法薬物の自己使用のような「被害者のない犯罪」も含めて、刑事事件には必ず犯罪をしたと疑われる被疑者または（氏名不詳のこともある）被告人が存在し、被疑者も被告人もいなければ、刑事手続は成立しない（339条1項4号参照）。

刑訴法を理解するためには、刑事手続のキャスト、つまり、誰がどのような役割で刑事手続に関与するのかを、刑事手続の流れの中で把握することが重要である。

6　刑事手続の主役——被疑者・被告人

【設問8】
被疑者とは何か。被告人とは何か。

(1)　被疑者・被告人

被疑者とは、犯罪の嫌疑がかけられ、捜査の対象となっている者であり、**被告人とは、公訴を提起された者**である。**《事例1》**におけるXおよびY、**《事例2》**におけるS、**《事例3》**におけるW、**《事例4》**におけるZは、捜査の開始と同時に被疑者となり、公訴を提起されれば被告人となる。なお、法律上、「被告」は民事手続において訴えられた者を指し、民事手続において訴えを提起した者である「原告」と対比される。

被疑者も被告人も、刑事訴訟における当事者として、刑事手続における権利・義務の主体となる。(→5講)。

(2)　被疑者・被告人と無罪推定の原則

【設問9】
無罪推定の原則の意義、根拠について説明せよ。

刑事上の罪に問われているすべての者は、法律に基づいて有罪とされるまでは、無罪と推定される権利を有する（**無罪推定の原則**）。捜査段階の被疑者も、公判段階の被告人も、未だ有罪判決が確定した者ではなく、無罪推定の原則が及ぶ。第1に、**有罪判決が確定するまでは、刑罰が先取りされて科されることはないこと**を意味する。第2に、**刑事裁判における事実認定の際に、事実の存否が明らかにならない場合には、被告人に不利益な事実は認定されないこと**を意味する。後者の意味は、特に「**疑わしきは被告人の利益に**」（**利益原則**）と呼ばれる（**→11講3(3)ア**）。

無罪推定の原則は、日本国が締結した条約（人権B規約14条2項）に明記されているだけでなく、確立された国際法規（世界人権宣言11条1項）でもある（憲98条2項参照）。刑事手続では、罪を犯したとされる国民に対して、国家がその独占的な国家刑罰権を行使して、国民の生命、自由、財産を奪ってよいか否かが問題となる手続であるから、無罪推定の原則の実定法上の根拠としては、憲法31条を挙げることができる。判例においても、特に利益原則は「刑事裁判における鉄則」と表現されている（最決昭50・5・20刑集29巻5号177頁〔白鳥事件〕〈百選 A55〉等→12講 **5**）。

(3) 当事者能力と訴訟能力

当事者能力とは、**訴訟において当事者となりうる資格**である。自然人、法人のみならず、法人でない社団、財団または団体も、当事者能力が認められる（規56条1項参照）。被告人の死亡または被告人である法人が存続しなくなったときは、決定で公訴を棄却しなければならない（339条1項4号）。

【設問10】
訴訟能力とは何か。被告人が訴訟能力を欠く場合はどうなるか。

訴訟能力とは、**被告人としての重要な利害を弁別し、それに従って相当な防御をすることのできる能力**をいう（最決平7・2・28刑集49巻2号481頁〈百選51〉）。訴訟能力を欠く場合は、「心神喪失の状態に在る」（314条1項）ものとして、原則として公判手続を停止しなければならない（→8講 **4**(2)）。このように公判手続を行うために被告人に訴訟能力が求められる趣旨は、刑事手続上の権利や手続の意味内容、法廷で行われている訴訟行為の意味を理解できないまま公判を行うことで、刑事裁判の公正さが損なわれることを回避するためである。被告人が著しい精神障害である場合や、手話を習得しておらず意思疎通ができない場合が考えられる。弁護人等の適切な援助や、裁判所の後見的役割により、補完できる場合には、これを考慮に入れて訴訟能力の有無を判断してもよい（最判平10・3・12刑集52巻2号17頁参照）。

なお、判例によれば、被告人に訴訟能力がないために公判手続が停止された後、訴訟能力の回復の見込みがなく公判手続の再開の可能性がないと判断される場合、裁判所は、公判手続を打ち切ることができる。具体的には、刑訴法338条4号に準じて、口頭弁論を経た判決で公訴を棄却することになる（最判平28・12・19刑集70巻8号865頁）。

7 刑事手続の担い手——プロフェッショナル

(1) 司法警察職員

ア 司法警察と行政警察

警察は、個人の生命、身体および財産の保護に任じ、犯罪の予防、鎮圧および捜査、被疑者の逮捕、交通の取締りその他公共の安全と秩序の維持に当たることをもってその責務とする（警察2条1項）。このうち、犯罪の証拠の収集および捜査、被疑者の逮捕が**司法警察活動**であり、その他が**行政警察活動**である（→2講3⑵・17講）。

イ　一般司法警察職員と特別司法警察職員

【設問11】
司法警察職員とは何か。どのような権限を有するか。

警察官でも、特に犯罪捜査に従事する場合には、**司法警察職員**と呼ばれる。第一次的な捜査機関は、検察官ではなく、司法警察職員である。司法警察職員は、犯罪があると思料するときは、犯人および証拠を捜査する（189条2項）。司法警察職員には、刑訴法上、逮捕、捜索、差押え、被疑者・参考人の取調べ等捜査に必要な多くの権限が認められている（→2講～4講）。

●コラム●　一般司法警察職員と特別司法警察職員

司法警察職員には、一般司法警察職員と特別司法警察職員とがある。一般司法警察職員は、警察庁および都道府県警察の警察官の総称である。刑訴法は、捜査の章の冒頭に、警察官は、それぞれ、他の法律または国家公安委員会もしくは都道府県公安委員会の定めるところにより、司法警察職員として職務を行う（189条1項）と規定する。特別司法警察職員は、「森林、鉄道その他特別の事項について司法警察職員として職務を行うべき者」（190条）である。本来の職務の遂行に際して犯罪を発見する機会が多く、その犯罪についてはその者が有する職務上の特殊な知識を活用した方が捜査の実効性が期待できる場合が多いという理由で、特別に司法警察職員とされた。司法警察職員等指定応急措置法によるものとして、刑務職員や営林署の職員、皇宮護衛官などがあり、その他、海上保安庁による海上保安官、労働基準法による労働基準監督官、麻薬取締法による麻薬取締官などがある。

ウ　司法警察員と司法巡査

刑訴法上、司法警察職員は、**司法警察員**と司法巡査に区別される（39条3項等）。**司法巡査**は、司法警察員を補助して捜査を行い、例えば、令状請求の権限は、緊急逮捕の場合における逮捕状請求権を除くほか司法巡査には認められておらず（199条2項・218条4項）、逮捕された被疑者を釈放または検察官に送致する権限も、司法警察員にだけ認められている（203条→4講1⑶）。どのような警察官が司法警察員でどのような警察官が司法巡査であるかは公安委員会が定める。

警察官には、警視総監、警視監、警視長、警視正、警視、警部、警部補、巡査部長および巡査の9つの階級がある（警察62条）。国家公安委員会は、警察庁の警察官につき、巡査部長以上のものを司法警察員、巡査を司法巡査とするものとし、特に必要があるときは、警察庁長官または管区警察局長は、巡査の階級にある警察官を司法警察員に指定することができるとしている。都道府県公安委員会も、都道府県警察の警察官について概ね同様に定めている。

(2) 検察庁と検察官

ア　検察官

検察官は、刑事手続のすべての段階に関与する公務員である。検察官には、検事総長、次長検事、検事長、検事および副検事の5種類がある（検察庁3条）。検察官の行う事務を統括するところが検察庁であり、最高検察庁、高等検察庁、地方検察庁および区検察庁があり（検察庁1条）、それぞれ、最高裁判所、高等裁判所、地方裁判所、簡易裁判所に対応して置かれている（検察庁2条）。

検察事務官は、上官の命を受けて検察庁の事務を掌り、または、検察官を補佐し、検察官の指揮を受けて捜査を行う（検察庁27条）。

イ　検察官の職務の特徴

【設問12】

検察官の地位と権限は、どのようなものがあるか。

検察官は、行政官であり、憲法上の「司法官憲」（憲33条・35条）ではない。しかし、検察官は、裁判官、弁護士と共に、いわゆる法曹三者の一翼を構成する法律家であり、司法権の行使に密着して職務を行う。このような特殊性ゆえに、検察官の職務には、次のような特徴がある。

第1に、検察官は、個々の検察官が直接に官庁（国の権限を行使する機関）として活動する（**独任制**）。ちなみに、一般の行政官庁では、その長（例えば、大臣）だけが官庁であり、その配下にある事務次官や局長等はその補助機関にすぎない。

第2に、検察官には、その職務執行につき、他からの圧迫を受けることがないように、裁判官に準じた**身分保障**がある（検察庁25条）。ただ、憲法上の保障ではない点が裁判官とは異なる。

第3に、検察官は独任制であるが、上司の検察官の命には服しなければならない。これは、検察官の職務が、本来、行政事務に属し、正しい統一的国家意思を反映させる必要があるためである（**検察官同一体の原則**。検察庁7条から13条まで参照）。

第4に、法務大臣は、検察官の事務に関し、検察官を一般に指揮監督することができるが、個々の事件の取調べまたは処分については、検事総長のみを指揮することができる（**法務大臣の指揮監督権**。検察庁14条）。法務大臣は、検察権行使の最高責任者であり、国会に対して責任を負うものであるが、司法の公正を保持するため、個々の事件や処分については、直接個々の検察官を指揮することは許されず、検事総長のみを指揮できるにとどまる。

ウ　検察官の権限

検察官は、刑事手続において、いかなる犯罪についても捜査をすることができ（検察庁6条）、公訴を行い、裁判所に法の正当な適用を請求し、かつ、裁判の執行を監督し、公益の代表者として他の法令がその権限に属させた事務も行う（検察庁4条）。

検察官の刑事手続における権限は、次の4点である。

第1は、**捜査**の権限である（→2講～4講）。検察官は、必要と認めるときは、自ら犯罪を捜査することができ、補助機関として、検察事務官を指揮することもできる（191条）。検察官および検察事務官は、捜査のため必要があるときは、管轄区域外で職務を行うことができる（195条）。

第2は、**公訴を提起**する権限である（→6講）。検察官は、犯罪の嫌疑の有無を検討して公訴を提起するかどうかを決定する権限をもつ（247条）だけでなく、犯罪の嫌疑が十分でも情状により公訴を提起しない処分、すなわち、起訴猶予の処分をする権限もある（248条）。

第3は、法廷における原告官として**公訴を維持**する役割である（→7講・8講）。検察官は、公訴を提起した事件につき、公判において証拠を提出し、法律の適用および被告人に対する刑罰についての意見を述べる（論告・求刑）。

第4は、**裁判の執行**の権限である。刑事裁判で執行を要する裁判は、それが刑罰であると刑事手続上の強制処分であるとを問わず、検察官の執行指揮の下に行われる（472条）。

●コラム●　検察官の客観義務

検察官が「公益の代表者」（検察庁4条）であることを理由として、検察官には有罪立証に資する行動のみならず、被疑者・被告人の利益のためにも行動する義務があるとの理解が主張される。この主張にいう検察官の義務を、客観義務と呼ぶ。客観義務を強調する見解の狙いは、検察官に適正手続の保障の実現の役割を担わせ、警察捜査に対する統制を期待するとともに、検察官の訴追裁量に対する統制を正当化するというものである。しかし、検察官の客観義務を強調すると、捜査段階における検察官の権限が大きくなり、検察捜査がかえって糺問化するとの批判がある。

エ　検察官と司法警察職員との関係

【設問13】
検察官と司法警察職員は、どのような関係に立つか。

検察官と司法警察職員とは、それぞれ独立の捜査機関であって、両者は、原則として協力関係にある（192条）が、刑訴法上は、司法警察職員が第一次的な捜査機関であり、検察官の捜査は、二次的、補充的なものである。

しかし、本来、捜査は、起訴・不起訴の決定を適正に行い、公判の遂行を目的としているから、検察官は、公訴という目的に合致した捜査が行われるように、その捜査に関し、司法警察職員に指示できなければならない（193条1項)。ここにいう指示とは、例えば、司法警察職員に対して、書類の作成方法や検察官に事件を送致しなくていい場合等を一般的にルールとして示すことを意味する（**一般的指示権**)。

また、検察官が自ら捜査をするときも、司法警察職員を指揮することもできなければならず、検察官は、その管轄区域により、司法警察職員に対し、捜査の協力を求めるため必要な一般的指揮をすることができる（同条2項)。**一般的指揮権**とは、当該事件について概括的に捜査方針や警察・検察間や警察間の役割分担に関する指揮を行う権限を意味する。さらに、検察官が自ら犯罪を捜査する場合において必要があるときは、司法警察職員を指揮して捜査の補助をさせることができる（同条3項)。これは、**具体的指揮権**とも呼ばれる。当該事件について、検察官が、捜索・差押えや逮捕の実施等のように、個別具体的な捜査上の事項について指揮を行う権限を意味する。

司法警察職員は、このような検察官の指示または指揮に従わなければならず（同条4項)、検事総長、検事長または検事正は、司法警察職員が正当な理由がなく検察官の指示または指揮に従わない場合において必要と認めるときは、その者を懲戒しまたは罷免する権限を有する者に、それぞれ懲戒または罷免の訴追をすることができる（194条)。

(3)　弁護人と被疑者・被告人の弁護人選任権

【設問14】
被疑者・被告人の弁護人選任権は、なぜ必要か。

ア　被疑者・被告人の弁護人選任権

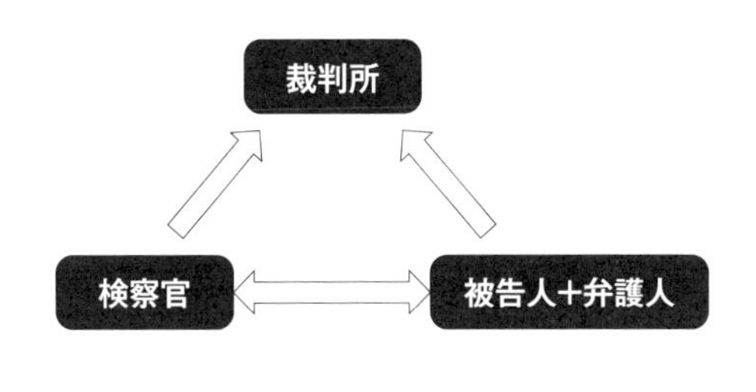

弁護人選任権とは、被疑者・被告人が弁護人を依頼し、弁護人から有効な弁護を受けることのできる権利である（→5講3・4）。

被疑者・被告人は、刑事手続において自ら防御権を行使することができる。しかし、被疑者・被告人は、法律に関する専門的知識も証拠の収集能力も、捜査機関や法律家である検察官と比べて圧倒的に劣っていることが多い。実質的な当事者の対等を確保し、また、被疑者・被告人の防御権を実質的に保障するためには、専門的知識を備えた法律家の補助や援助が不可欠になる。そこで、憲法は、被疑者・被告人に弁護人選任権を保障している（憲34条・37条３項）。刑事訴訟の歴史は、弁護権拡充の歴史とも言われる（→14講）。

イ　弁護人の資格

【設問15】
弁護人となるための資格は必要か。

憲法37条３項は、被告人に「資格を有する弁護人を依頼する」権利を保障している。したがって、弁護人は、原則として、弁護士の中から選任しなければならない（刑訴31条１項）。もっとも、地方裁判所においてほかに弁護士の中から選任された弁護人がある場合または簡易裁判所の場合、弁護士でない者を弁護人に選任することができる（同31条２項）。これを**特別弁護人**という。特別弁護人として選任される者の例として、税理士等の会計の専門家や、IT 技術の専門家等を挙げることができる。

ウ　弁護人の選任

弁護人の選任は、私選と国選の２種類がある。被疑者・被告人、またはその法定代理人、保佐人、配偶者、直系の親族、兄弟姉妹によって選任される弁護人を、**私選弁護人**という。これに対し、裁判所または裁判長が選任する弁護人を、**国選弁護人**という。弁護人の権限は、私選と国選とで差異はない。また、私選・国選を問わず、公訴の提起前にした弁護人の選任は、第１審においてもその効力を有するが、公訴提起後における弁護人の選任は、審級ごとに行わなければならない（32条）。これを**審級代理の原則**と呼ぶ（弁護人の選任・解任、権限・義務については、5講参照）。

エ　補佐人

被告人の法定代理人、保佐人、配偶者、直系の親族および兄弟姉妹は、いつでも**補佐人**となることができる。補佐人は、原則として、被告人の明示した意思に反しない限り、被告人がすることのできる訴訟行為をすることができる（42条）。

(4)　裁判所と裁判官

ア　刑事裁判権

犯罪事実を認定し、これに対する刑罰を定める権限を**刑事裁判権**または**刑事司法権**という。司法権（憲76条1項）の一部であり、裁判所に属する。

刑事裁判権は、原則として、日本の領土内にいるすべての者に及び、日本人であると外国人であるとを問わない。例外的に、外交元首や外交官、天皇については、刑事裁判権が及ばないとされ、これらの者に対して公訴が提起されても、公訴棄却の判決（338条1項1号）がなされることになる（→6講4(3)）。

刑事裁判権は、一定の基準に従い、各裁判所に分配されている。これを**管轄**という。管轄は、大きく固有管轄（事物管轄、土地管轄、審級管轄）と関連事件管轄に分かれる。管轄は、訴訟条件であり、公訴の提起において問題となる（→6講4(2)）。

イ　裁判所の意義

【設問16】
国法上の意味における裁判所と訴訟法上の意味における裁判所の違いは何か。

裁判所という言葉は、大別すると2つの意味がある。国法上の意味における裁判所と、訴訟法上の意味における裁判所である。

国法上の意味における裁判所には、2つの意味が含まれる。1つは、裁判官だけでなく職員全部および施設を含めた**官署（役所）としての裁判所**である。これには、最高裁判所、高等裁判所、地方裁判所、家庭裁判所、簡易裁判所がある。司法行政上の単位にすぎず、訴訟上特別の権限を有するわけではない。もう1つは、裁判所法によって定められた**裁判機関（裁判官）の集合体としての裁判所**である。裁判官会議（裁判所12条等）など司法行政権の主体としての意味がある。

訴訟法上の意味における裁判所とは、裁判官によって構成された裁判機関としての裁判所であり、刑訴法上の「裁判所」は、多くの場合、この意味で用いられており、受訴裁判所とも呼ばれる（→7講2(2)）。

ウ　裁判官と裁判所の構成

【設問17】
裁判所や事件の種類によって裁判体の構成はどのように異なるか。

すべて裁判官は、その良心に従い独立してその職権を行い、この憲法および法律にのみ拘束される（憲76条3項）。このような職務の性質上、裁判官は、憲法上、任命資格が厳格であり、また、司法権の独立を担保するために強い身分保障が認められている（憲78条・79条、裁判所48条）。

裁判官には、最高裁判所長官、最高裁判所判事、高等裁判所長官、判事、判事補および簡易裁判所判事がある（裁判所5条）。

裁判機関としての裁判所が1名の裁判官によって構成される場合を**単独体**、複数の裁判官によって構成される場合は**合議体**という。最高裁判所と高等裁判所は、常に合議体で審判するが（裁判所9条・18条）、地方裁判所、家庭裁判所は、原則として、単独体で審判し、特別の場合にのみ3人の合議体で審判する（裁判所26条・31条の4）。簡易裁判所は、常に単独体で審判する。

地方裁判所の刑事事件で合議体により審理される事件は、①法定刑が死刑、無期または短期1年以上の懲役または禁錮に当たる罪（ただし、強盗等の例外がある）、②刑訴法において合議体で審判すべきものと定められた事件（刑訴23条・265条・429条3項）、③合議体で審判する旨の決定を合議体でした事件である。①および②は、**法定合議事件**、③は、**裁定合議事件**と呼ばれる。なお、裁判員裁判の対象となる事件は、裁判員の参加する合議体により審理される（裁判員2条）。

合議体は、裁判長と陪席裁判官から構成される。**裁判長**は、訴訟指揮権（294条・295条等）、法廷警察権（288条、裁判所71条・71条の2等）等の重要な権限を行使し、急速を要する場合は被告人の召喚、勾引、勾留等もなしうる（69条）。

合議体は、検証や法廷外の証人尋問の場合など、その構成員である裁判官に特定の訴訟行為をさせることができる（43条4項・163条等）。この裁判官を**受命裁判官**という。さらに、受訴裁判所は、受訴裁判所以外の裁判所の裁判官に証人尋問等の一定の訴訟行為を嘱託することができる（43条4項・163条等）。この裁判官を**受託裁判官**という。また、個々の裁判官が、捜査機関の請求により令状を発付する場合など、受訴裁判所とは独立して訴訟法上の権限を行使することがある。この裁判官を**受任裁判官**という。

＊　判事補は、法律により特別の定めがある場合を除いて、1人で裁判することができず、また、同時に2人以上合議体に加わり、または裁判長となることができない（裁判所27条）。しかし、当分の間、判事補で通算5年以上法曹等の執務経験を有する者のうち、最高裁判所の指名を受けた者は、上記のような職務制限を受けないものとされている（「**特例判事補**」という。判事補の職権の特例等に関する法律1条）。

エ　裁判所の職員と裁判所書記官

裁判所には、裁判官のほかに、裁判所書記官、裁判所事務官、裁判所調査官、裁判所速記官、裁判所技官、廷吏等の職員が置かれている（裁判所57条～63条）。このうち、**裁判所書記官**は、刑事裁判における公判調書の作成を中心として、法廷の内外にあって、訴訟の進行の管理や記録の作成・編綴・整備・保管に当たるほか、裁判官の命令を受けて、法令および判例の調査その他必要な事項の調査を補助する職務にも携わっている（裁判所60条）。他方で、裁判所書記官は、裁判記録について公権力を根拠に証明し、あるいは認証する独立の公証官でもあり、訴訟書類の作成権者である（規37条）。

オ　公平な裁判所と除斥・忌避・回避

【設問18】
公平な裁判所の裁判を保障するための制度には、どのようなものがあるか。

刑事事件において、被告人は、**公平な裁判所**の裁判を受ける権利が保障されている（憲37条1項）。公平な裁判所の裁判は、司法権独立の中核をなすものであり、裁判所に対する信頼の基盤でもある。そこで、特定の事情があって具体的な事件につき不公平な裁判をするおそれがあると認められる場合には、あらかじめ事件を取り扱わせないようにするための制度が設けられている。除斥、忌避および回避である。

除斥は、不公平な裁判をするおそれのある一定の類型的事由がある場合、その裁判官は、法律上当然に、職務の執行にあたってはならないとするものである（20条）。例えば、①裁判官が被害者であるとき、②裁判官が被告人または被害者の親族であるとき、またはあったとき、③裁判官が被告人または被害者の法定代理人、後見監督人、保佐人等であるとき、④裁判官が事件について証人または鑑定人となったとき、⑤裁判官が当該事件の審理（付審判請求や略式命令、前審の裁判等）に関与したときなどが除斥される事由として挙げられる。

忌避とは、**当事者の申立てによって裁判官を職務の執行から排除する制度**である。その裁判官に上述したような除斥原因がある場合、またはその他の不公正な裁判をするおそれがある事情のある場合に限られる（21条）。判例は、裁判長の訴訟指揮権・法廷警察権の行使の不当性を理由として被告人側が忌避を申し立てた事案において、当該手続における「審理の方法、態度などは、それだけでは直ちに忌避の理由となしえない」として、異議や上訴によって対応すべきだと説示している（最決昭48・10・8刑集27巻9号1415頁〈百選 A25〉）。さらに、共犯関係にあったＡおよびＢの弁論が分離されて、共犯者Ａの事件の審理を担当した裁判官が、その後、被告人Ｂの事件の審理を担当した事件において、「共犯者の事件審理により被告人に対する事件の内容につき知識を得ているからといって、不公平な裁判をするおそれがあるものとはいえ」ないとして、忌避事由に該当しないとしている（最決昭60・12・20集刑241号555頁）。実務上は、「不公平な裁判をするおそれ」があると認定される可能性は極めて低いのが実情だといえるだろう。

回避とは、**自分に忌避されるべき原因があると思う裁判官が、自ら進んで所属裁判所にその旨申し立て、所属裁判所の決定により職務の執行から外れる制度**である（規13条）。

◎コラム◎　当事者と訴訟関係人

「当事者主義」のように、刑訴法においても、「当事者」という表現が使われることが多いが、実は、刑訴法や刑訴規則の本文には、「当事者」という文言は見当たらない。刑事手続における「当事者」とは、厳密には、検察官と被告人を指すが、しばしば、「検察官、被告人または弁護人」を意味すると理解されており、本書も、当事者には弁護人を含む意味で用いている。他方、頻繁に登場するのは、「訴訟関係人」（46条等）という文言である。訴訟関係人とは、被告人のほか、検察官、弁護人、法人の代表者（27条）、法定代理人（28条）、補佐人（42条）、代理人（283条・284条）であり、裁判所や裁判官を含まない（157条の4等参照）。

第2講　捜査(1)――総論・捜査の端緒

◆学習のポイント◆

1　捜査が「証拠収集と犯人確保」の活動であることを理解し、そこから全体像を説明できるようにしよう。

2　任意捜査の原則、強制処分法定主義・令状主義、比例原則といった捜査の基本原則は、捜査に一貫して適用されるルールであるから、こうした基本原則の意義・趣旨を正確に理解しておこう。

3　捜査の端緒と捜査そのものとの違いを理解し、告訴・告発、職務質問などの捜査の端緒について、条文に即して説明できるようにしておこう。

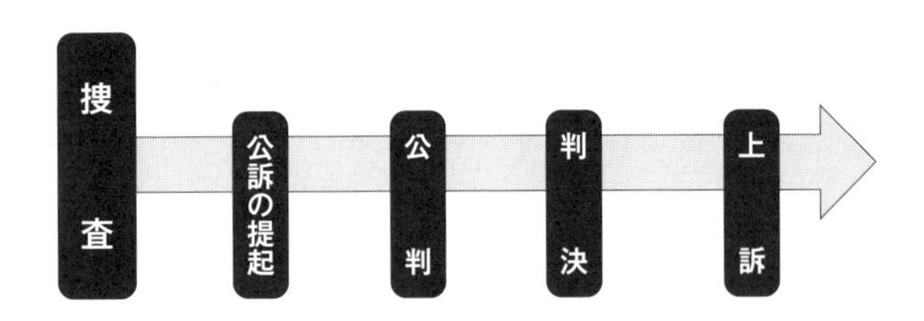

1　捜査の意義

(1)　捜査とは

捜査とは、**起訴・不起訴の決定を適正に行い、公判を遂行する目的**で、**捜査機関が証拠を発見して収集**するとともに、**犯人を発見して確保**する活動をいう。

このように、捜査を一言で言えば、「**証拠収集と犯人確保**」の活動ということになる。これを念頭に、捜査の全体像を見ていこう。

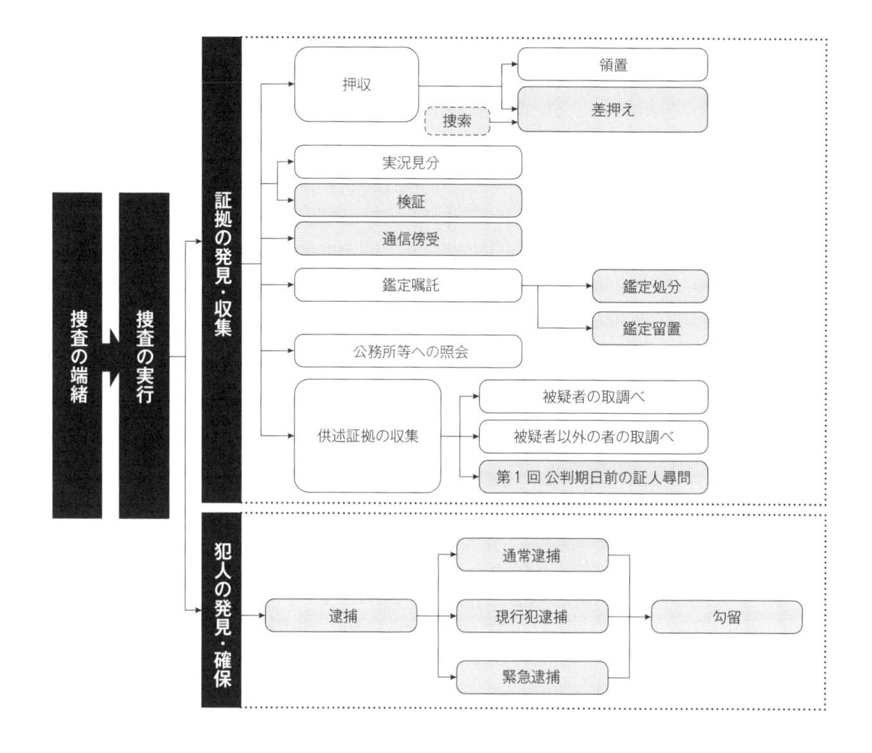

(2) 捜査の概観

【設問1】
捜査の全体像について説明せよ。

ア 捜査の端緒

第一次的な捜査権限を有する司法警察職員は、「犯罪があると思料するときは、犯人及び証拠を捜査するものとする」(189条2項)とされている。捜査機関が捜査を開始するには、「犯罪があると思料するとき」、すなわち**犯罪の嫌疑**があるときでなければならない。

捜査機関が「犯罪があると思料する」に至った原因を、**捜査の端緒**という。要するに、捜査を開始するきっかけのことであるが、こうした捜査の端緒には、申告、職務質問、検視、告訴、告発、自首、現行犯逮捕といったものがある。

イ　強制捜査と任意捜査

捜査の端緒が得られたら、次は捜査の実行である。捜査の手段には、**強制処分**と**任意処分**があり、強制処分を用いる捜査を**強制捜査**、任意処分を用いる捜査を**任意捜査**という。

強制捜査と任意捜査の区別は、具体的な事案によっては非常に難しい問題となる。その詳細は論点理解編（→15講3）に譲るとして、ここではとりあえず、**相手方の同意・承諾**を得て行うのが任意捜査であり、同意・承諾がなくても強制的に行うことができるのが強制捜査であると考えておこう。主な強制捜査と任意捜査は、以下の表のとおりである。強制捜査は、逮捕・勾留や捜索・差押えなど、対象者の同意・承諾なくして重要な権利・利益を侵害・制約できるものとなっている。

任意捜査	強制捜査
被疑者の出頭要求・取調べ（198条1項）	被疑者の逮捕：通常逮捕（199条1項）、緊急逮捕（210条1項）、現行犯逮捕・準現行犯逮捕（212条・213条） 被疑者の勾留（207条・60条）
被疑者以外の者の出頭要求・取調べ（223条1項）	第1回公判期日前の証人尋問の請求（226条・227条）
遺留物または任意提出物の領置（221条） 実況見分（犯捜規範104条） 公務所または公私の団体に対する必要な事項の照会（197条2項）	差押え・捜索・検証・身体検査（218条1項） 令状によらない捜索・差押え・検証（220条1項） 通信傍受（222条の2）
鑑定嘱託（223条1項） 通訳・翻訳の嘱託（223条1項）	鑑定留置（224条）

コラム　将来の犯罪と捜査

将来の発生が見込まれる犯罪に対する捜査が許されるかという問題がある。特に通信傍受（→3講3・15講4(2)）やおとり捜査（→16講4）と関連して問題となる。捜査とは過去の犯罪を対象にするものであるという立場を徹底すれば否定されうるが、前記のように捜査機関は「犯罪があると思料するとき」（189条2項）に捜査を開始することができ、「犯罪があったとき」に限定されていない。また、漠然とした将来犯罪は別として、発生が高度に見込まれ、被疑事実の特定がある程度可能な犯罪であれば、捜査の必要性は既に発生した犯罪と異ならないから、特に任意捜査についてこれを認めない理由はない一方で、刑訴法による規律を及ぼす必要性も高いと考えられる。おとり捜査に関する最決平16・7・12刑集58巻5号333頁〈百選10〉は、おとり捜査は任意捜査として許容されると明示的に判断しており（詳細は16講4参照）、判例も将来犯罪に対する捜査を否定していない。

ウ　証拠の収集

強制捜査であれ任意捜査であれ、捜査は証拠を発見・収集する活動である。

捜査においては、証拠の発見・収集が最も重要である。その理由は、捜査の後の手続と関連する。公判における有罪・無罪の判断は、すべて証拠に基づいて行われる（317条）。その前提となる起訴・不起訴の判断も、すべて証拠に基づいて行われる。実務上、起訴・不起訴の判断は厳密に行われており、起訴するためのハードルは高い。捜査の結果、検察官が適正に起訴・不起訴の判断を行うことができるようにするため、そして、起訴した場合には、公訴を維持していくことができるようにするため、捜査においても、後の公訴提起や公訴維持を見据えて、証拠を発見・収集していかなければならない。

では、捜査ではどのようにして証拠を発見・収集していくのであろうか。対象となる証拠によって、方法が異なる。

《事例１》のＡの財布、**《事例２》**の覚醒剤は、物が証拠になっている。こうした証拠物については、**押収**する。押収とは、捜査機関が物の占有を取得する処分をいい、**領置**と**差押え**がある。差押えの前に**捜索**をすることもある。捜索とは、一定の場所・物・人について証拠物等を発見するために行われる強制処分である。コンピュータ（電子計算機）に記録されたデータ（電磁的記録）であれば、**記録命令付差押え**をすることもできる。

《事例３》の交通事故現場も、証拠として重要である。現場に残っているブレーキ痕や、Ｖが倒れていた場所から、衝突時の状況を推認することができる。しかし、こうした現場の状況を押収することはできない。こうした場合に行われるのが、**検証**または**実況見分**である。検証とは、五官の作用により、場所・物・人の身体について、その性質・形状・状態を認識する強制処分をいい、実況見分は、同様のことを行う任意処分である。五官とは、目（視覚）・耳（聴覚）・舌（味覚）・鼻（嗅覚）・皮膚（触覚）をいい、こうした感覚をフルに活用して、現場の状態等を認識し、証拠化する。

その他の証拠を収集する方法としては、捜査機関から、特別の知識経験を有する専門家の判断を求める**鑑定嘱託**を行うことがある。例えば責任能力に疑いがある被疑者について、精神医学を専門とする医師に精神鑑定を依頼し、責任能力に関する意見を求める場合がある。また、各都道府県警には科学捜査研究所（科捜研）があり、DNA 型、血液型、薬物、銃器、筆跡等に関する鑑定の依頼を受けて、専門的知識・技術を有する職員が鑑定を実施している。こうした鑑定嘱託自体は、任意処分として行われるので、令状は必要ない（仮に鑑定を依頼した相手が同意・承諾しない場合には、違う専門家を探せばよい）。もっとも、特に精神鑑定の場合、逮捕・勾留とは別に被疑者の身体を拘束するための強制処分である**鑑定留置**が行われることがある。また、鑑定をするために必要がある場合には、裁判所の許可を受けて、身体検査や死体解剖をすることができるが、こうした鑑定のために必要な処分を**鑑定処分**という。

捜査機関が知りたい情報について、公務所（公務員が職務を行うため、国または地方公共団体が設けている場所）、銀行、会社といった団体に照会して、回答してもらう**公務所等に対する照会**も、実際の捜査でよく行われている。実務上は「捜査関係事項照会」といわれ、任意捜査の１つと考えられている。

他方で、《**事例４**》の店長Ｄが話す内容、さらに各《**事例**》の被疑者が話す内容なども証拠になる。このように言葉によって事実が表現された内容を証拠とするものを**供述証拠**という。「証言」や「自白」は、供述証拠の例である。捜査機関は、供述証拠を収集するため、**取調べ**を行う。取調べの対象となるのは、**被疑者**のほか、被害者、目撃者、その他の事件関係者といった**被疑者以外の者**がいる。被疑者以外の者については、取調べに応じないなど供述証拠の収集に困難がある場合、**第１回公判期日前の証人尋問**が行われることがある。

◎コラム◎　捜査における客観的証拠の重視

捜査で収集する証拠のうち、《**事例２**》の覚醒剤は、時間が経っても覚醒剤のままであるし、《**事例３**》の交通事故現場も、事故直後の状況を正確に記録しておけば、その記録が変化することはない。こうした証拠を、実務では**客観的証拠**と呼ぶことがある。客観的証拠は、「動かない証拠」ともいわれ、その証拠が明らかにする事実は真相解明の確たる基礎となる。一方で、人が話す内容は、見間違い、記憶違い、忘却、さらには嘘が混じるなどして、真実とズレが生じるおそれがある。そのため、捜査では、証拠物や犯行現場の状況等のほか、防犯ビデオといった客観的証拠が重視される。もっとも、事件の真相を解明するためには供述証拠に頼らざるをえないことも少なくない。《**事例１**》で、ＸとＹが共同して犯行に及んでいることがわかったとしても、犯行前にＸとＹがどのように共謀したのかは、ＸやＹを取り調べてみなければわからない。《**事例３**》で、Ｗが交通事故を起こしたのはカーナビゲーションの操作に気を取られたからであるが、Ｗを取り調べずにこうした事故の原因を知ることは難しい。このように、捜査によって真相を解明するためには、供述証拠も重要な役割を果たしているのであるが、それが真実とズレていないかは常に注意する必要がある。

エ　身体の拘束

以上のように証拠を発見・収集することと並行して、捜査では、犯人を発見し、場合によってはその身体を拘束することが行われる。捜査機関が身体を拘束する方法として、**逮捕**と**勾留**が認められている。逮捕とは、捜査機関が実力をもって被疑者の身体の自由を拘束し、その効果として引き続き一定の時間拘束の状態を続ける強制処分をいう。現行法上の逮捕には、①裁判官があらかじめ発した逮捕状により逮捕する**通常逮捕**、②現行犯人および準現行犯人を令状なしで逮捕する**現行犯逮捕**、③一定の重大な犯罪の被疑者について、急速を要し逮捕状を請求することができないため、とりあえず令状なしで逮捕する**緊急逮捕**の3種類がある。捜査段階の勾留は、被疑者勾留、起訴前勾留といわれ、逮捕に引き続いて、長期間にわたり被疑者の身体の自由を拘束する強制処分である。どんな事件でも逮捕や勾留ができるわけではなく、全事件の平均でみると、逮捕される者の割合は被疑者10人のうち3人くらいである。

以上が捜査の概観である。これから、さらに捜査のやり方について詳しくみていくことにしよう。刑訴法は、捜査機関にさまざまな捜査権限を与えている一方で、捜査を進めていく上で守るべきルールを設けている。捜査機関は、こうしたルールに従って、捜査を進めていかなければならない。

2　捜査の基本原則

(1)　任意捜査の原則

【設問2】
捜査機関は、どのような場合に強制捜査に踏み切るべきか。

任意捜査の原則とは、捜査機関は捜査を進めていく上で、任意処分を手段とする任意捜査を原則としなければならないというものである。

刑訴法は、「**捜査については、その目的を達するため必要な取調をすることができる。但し、強制の処分は、この法律に特別の定のある場合でなければ、これをすることができない**」(197条1項) と定めている。ここで「取調」とは、「**捜査全般**」を意味するものと理解されているが、同項但書で「強制の処分」を用いる強制捜査は限定的に行うべきとされているから、同項本文では**任意捜査を原則**にしていると理解することができる。この原則からすれば、捜査機関が相手方の同意・承諾なく重要な権利・利益を侵害・制約する強制捜査に踏み切るのは、**強制捜査をしなければならない限定的な場合のみ**になる。後述する比例原則とも関連する。

⑵　強制処分法定主義・令状主義

【設問３】
捜査機関が強制捜査をする上で、どのような制約があるか。

前述した197条１項但書では、「強制の処分」は、「この法律」、つまり刑訴法に特別の定めのある場合でなければすることができないとされていた。これを**強制処分法定主義**という。したがって、捜査機関には、**刑訴法に定められていない強制捜査をすることはできない**という制約がある。

強制処分法定主義は、刑法の罪刑法定主義と同様、憲法31条に基づく。捜査対象者の承諾がなくても強制的に行える強制処分は、相手方の同意・承諾のないまま重要な権利・利益を侵害・制約するものであるから、その内容は国民の代表である国会が法律で定め（**民主主義的要請**）、その内容が事前に明らかにされることによって、国民の行動の自由を保障しなければならない（**自由主義的要請**）。

また、「強制の処分」は、捜査対象者の重要な権利・利益を侵害・制約するものであることから、捜査機関のみの判断で行うことはできず、原則として、**中立公平な立場にある裁判官が事前に審査**した上で、**令状を発付**しなければすることができない。これを**令状主義**という。したがって、捜査機関には、**原則として令状なしで強制捜査をすることはできない**という制約があり、このように裁判官が捜査機関による捜査権限の行使を抑制していることから、令状主義は、**捜査に対する司法的抑制**ともいわれる。

憲法は、「何人も、現行犯として逮捕される場合を除いては、権限を有する司法官憲が発し、且つ理由となつてゐる犯罪を明示する令状によらなければ、逮捕されない」（憲33条）とし、「何人も、その住居、書類及び所持品について、侵入、捜索及び押収を受けることのない権利は、第33条の場合を除いては、正当な理由に基いて発せられ、且つ捜索する場所及び押収する物を明示する令状がなければ、侵されない」、「捜索又は押収は、権限を有する司法官憲が発する各別の令状により、これを行ふ」（憲35条１項・２項）とする。このように令状主義は憲法に基づくものであり、憲法のいう**司法官憲**とは裁判官を意味すると理解されている。これを受けて刑訴法でも、「強制の処分」を行う場合には、原則として裁判官の発する令状がなければならないとされている（199条1項・218条1項等）。《**事例1**》でXを通常逮捕する際に発付される「逮捕状」（→4講**書式5**）、《**事例2**》でK ら司法警察員がS方を捜索する際に発付される「捜索差押許可状」（→3講**書式2**）が、「令状」の例である。ただし、憲法33条が「現行犯として逮捕される場合を除いては」とし、同35条1項が「33条の場合を除いては」としていることからも明らかなとおり、令状主義には一定の例外が認められている。具体的には、**現行犯逮捕**、**緊急逮捕**、**逮捕に伴う捜索・差押え**である。《**事例1**》でAの黒革の財布を持っていたYが緊急逮捕され、《**事例2**》で覚醒剤を所持していたSが現行犯逮捕されているのは、令状主義の例外であり、いずれも無令状で行われる（ただし、緊急逮捕について4講**1**(2)**ウ**参照）。

(3) 比例原則

【設問4】
強制捜査であれば、対象者の承諾がなくても強制的に行うことができるから、捜査機関は令状がある限り、何ら制約を受けないか。

比例原則とは、国家機関による個人の権利・利益の侵害・制約は、必要性に応じた相当なものでなければならないとする原則をいう。捜査は、往々にして捜査対象者の権利・利益を侵害・制約するものであるが、こうした権利・利益の侵害・制約は、必要性に応じた相当なものであることが求められる。**捜査比例の原則**ともいう（197条1項参照）。

前述した**任意捜査の原則**も、この比例原則に基づくものである。強制捜査は個人の重要な権利・利益を侵害・制約するものであるから、それに見合った必要性がない限り認められず、任意捜査によるべきということになる。また、**任意捜査**であっても、必要性に応じた相当なものでなければならず、無制約ではないことになる（→16講）。さらに、比例原則は、**強制捜査**をする場合にも問題になる。例えば、《**事例1**》でXを逮捕するとき、Xが拳銃を持ち出して抵抗すれば、警察官も拳銃を使用することが認められる場合もある（警職7条参照）。しかし、Xが無抵抗であるのに、令状があるからといって、乱暴に逮捕するようなことは許されない。このように比例原則は、捜査の必要性と個人の権利・利益の侵害・制約の程度とが均衡していることを求める原則であり、捜査機関は捜査のあらゆる場面において、比例原則に留意しなければならない。したがって、**【設問4】**のように、強制捜査であれば制約がないと考えるのは正しくない（→15講**4**(7)）。

3　捜査の端緒

捜査の端緒は多様であって、制限はない。例えば新聞記事やインターネットの書込みから捜査が開始される場合もある（犯捜規範59条）。ここでは、特に重要なものとして、申告、職務質問、検視、告訴、告発、自首を説明する。なお、現行犯逮捕も捜査の端緒の1つである。

⑴　申　告

申告は、被害者・被害関係者、目撃者、警備会社その他の者から、警察に対して犯罪があったことを知らせることであり、**届出**、**通報**、**報告**といわれることもある。110番通報も申告の一種である。申告は、実務上、捜査の端緒のほとんどを占める。例えば《**事例1**》で、被害者のAが近くの交番の警察官に自力で助けを求めたのが、被害者からの申告に当たる。

⑵　職務質問

【設問5】

職務質問をすることができるのは、どのような場合か。また、職務質問として、質問以外にどのようなことができるか。

職務質問とは、警察官が**挙動不審者等**に対し、**停止を求めて質問**することをいう。

刑訴法ではなく、**警職法**によって警察官に認められている権限であるが、警察官は、異常な挙動その他周囲の事情から合理的に判断して、①**何らかの犯罪を犯し、もしくは犯そうとしていると疑うに足りる相当な理由のある者**、②**既に行われた犯罪について、もしくは犯罪が行われようとしていることについて知っていると認められる者**に対して、**停止させて質問する**ことができる（警職2条1項）。警察官が職務質問をした結果、犯罪の嫌疑が明らかになれば、職務質問が捜査の端緒となる。例えば、路上で騒いでいる者に職務質問した結果、その者の覚醒剤所持が発覚するような場合である。

その場で職務質問をすることが本人に対して不利であり、または交通の妨害になると認められる場合は、質問をするだけではなく、その者に**付近の警察署、派出所（交番）または駐在所に同行**することを求めることができる（警職2条2項）。しかし、質問される者は、刑訴法が規定する逮捕をされない限り、身柄（身体）を拘束され、その意思に反して警察署、派出所（交番）または駐在所に連行され、答弁を強要されることはない（同法2条3

項)。このように、職務質問は、**あくまでも任意のもの**として行われなければならないとされている。

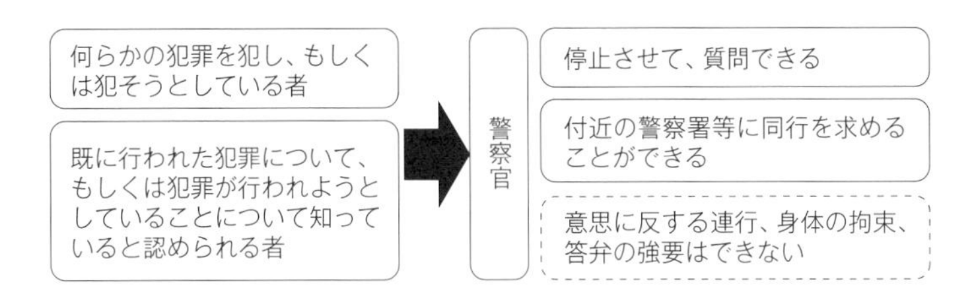

●コラム● 職務質問と捜査

職務質問は、その規定からも明らかなように、特定の犯罪に限らず、これから行われようとしている犯罪の予防のためにも行うことができ、捜査よりも対象が広い。そのため、刑訴法に基づく警察官による捜査を**司法警察活動**、警職法に基づく職務質問を**行政警察活動**として、区別することができる。そうすると、職務質問は刑訴法が定める「被疑者の取調べ」とは区別されるから、職務質問をするときに黙秘権の告知は不要になる(ただし前述のとおり、答弁を強要されることはない)。しかし、職務質問は既に行われた犯罪に関して行うこともでき、それによって特定の犯罪の嫌疑が明らかになって捜査に移行したと認められる段階からは、刑訴法の適用があると考えることができる。このように職務質問は、捜査と密接に関連しているから、捜査に先行する職務質問に違法があれば、その後の捜査にも影響する。職務質問に関連する問題の詳細は、論点理解編で検討する(→17講)。

(3) 検　視

【設問6】

検視は、どのように行われるのか。捜査として死体を検証するのと、どう違うのか。

検視とは、人の死亡が犯罪によるものかどうかを判断するために、**検察官**が**五官の作用**により、**変死体または変死の疑いのある死体の状況を見分**することをいう(229条1項)。

死体のうち、通常の病死や老衰死によるものは自然死体といわれる。変死体とは、**自然死体以外で、犯罪死の疑いが残る死体**である。逆に、もし**犯罪死**であることが明らかであれば、直ちに捜査として死体を検証すればよいから、検視の対象にはならない。検視は、犯罪の嫌疑の有無が明らかでない場合に、これを確認するために行われる。したがって、検視は捜査ではない。検視の結果、犯罪の嫌疑があるとされれば、捜査の端緒となるのである。

検視は、**検察官のみ**が行うことができる。もっとも、検察官は、検察事務官または司法警察員に検視を代行させることができる（229条2項）。これを**代行検視**という。実務上は代行検視が行われることの方が多い。ただし、司法警察員が検視の対象になる死体を発見した場合は、個別に検察官の判断を仰がなければならず、司法警察員が勝手に検視をすることは許されないと解されている。なお、医学的判断を要するから、医師も立ち会うのが通常である。

＊　**検視と令状**

検視は、犯罪による死亡か否かを迅速に判断するためのものであるから、令状なしで①**変死体がある住居への立入り**、②**写真撮影**、③**指紋採取**、④**眼窩、口腔、肛門を検査**することができるが、X線検査や死体を損壊することまではできないと考えられている。

(4)　告　訴

ア　告訴の意義

【設問7】

告訴と被害届の違いは何か。親告罪において、告訴はどうして重要なのか。

告訴とは、**被害者その他一定の者**が、**検察官または司法警察員**に対して、**犯罪事実を申告し、犯人の処罰を求める意思表示**をいう（230条）。

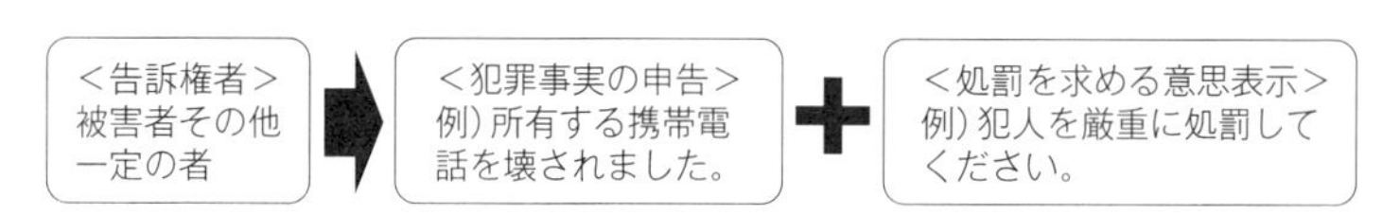

告訴は、被害者その他一定の者（告訴権者）のみがすることができる点で、誰でもすることができる**告発**（239条。後述(5)）と区別される。また、犯人の処罰を求める意思表示でなければならない点で、単なる犯罪事実の申告として取り扱われる**被害届**とは区別される。

告訴ができる罪名には制限はないので、告訴権者であればどのような犯罪でも告訴をすることができる。しかし、**親告罪の場合、有効な告訴がなければ検察官は公訴を提起することができない**から、告訴の有無が特に重要となる（→21講5）。このように告訴がなければ公訴を提起できないのであれば、そもそも捜査もできないのではないかという問題があるが、直ちに捜査しなければ証拠が散逸する場合もあるから、告訴がなくても将来告訴される見込みがあれば、捜査をすることは可能である。

＊　親告罪と告訴

主な親告罪として、**未成年者略取・誘拐、未成年者略取・誘拐目的での被略取者引渡し等およびこれらの罪の未遂罪**（刑229条）、**名誉毀損、侮辱**（刑232条1項）、**過失傷害**（刑209条2項）、**器物損壊**（刑264条）等がある。さらに、窃盗、詐欺、背任、恐喝、横領であっても、**親族相盗例**（刑244条2項）が適用される場合（配偶者、直系血族または同居の親族以外の親族が犯人の場合）には親告罪となり（刑251条・255条）、告訴がなければ公訴を提起できないので、特に注意を要する。

＊　性犯罪の非親告罪化

平成29（2017）年刑法改正により、強姦が**強制性交等**（刑177条）に改められたほか、それまで親告罪とされていた**強姦**（改正前の刑177条）、**準強姦**（改正前の刑178条2項）、**強制わいせつ**（刑176条）、**準強制わいせつ**（刑178条1項）、**わいせつ・結婚目的略取・誘拐**（刑225条）が非親告罪とされた。これらの罪が親告罪とされていたのは被害者の名誉・プライバシー等を保護するためであったが、実情はかえって被害者に告訴をするか否かの選択を迫ることになり、精神的な負担を生じさせていたことを考慮したものである。平成29年刑法改正前の刑訴法に関する文献では、これらの罪が親告罪であることを前提に議論がされているが、現在では議論の前提が異なるので、文献を参照する際には留意が必要である。

＊　請　求

外国国章損壊（刑92条）等、一部の罪では請求が行われるが、親告罪における告訴と同一の性質のものである。

イ　告訴権者

【設問8】

被害者以外に告訴できるのは、誰か。

告訴できるのは、まず「犯罪により害を被った者」、すなわち**被害者**である（230条）。もっとも、**被害者の法定代理人**（親権者または後見人）は、独立して、つまり被害者の意思と無関係に告訴をすることができる（231条1項）。父親と母親など、親権者が2人いるときは、それぞれ告訴権をもつと解されている。また、被害者が死亡したとき、**被害者の配偶者、直系の親族または兄弟姉妹**は、被害者の明示した意思に反しない場合に限り、告訴をすることができる（同条2項）。親告罪の場合に告訴権者がいなければ、検察官は、利害関係人（例えば内縁の妻、婚約者、告訴権のない親族、雇い主など）の申立てにより、こうした利害関係人その他適当な者を告訴権者として指定することができる（234条）。

ウ　告訴期間

【設問9】
告訴期間は、どうして設けられているのか。

犯人が誰であるかわからなくても、告訴をすることはできる。しかし、親告罪の場合、告訴権者が**「犯人を知った日」から6カ月間**が経過すれば、告訴をすることができなくなる（235条）。親告罪では、告訴権者がいつまでも告訴しないと、犯人は不安定な地位に置かれ続ける。犯人が誰であるか知ったのであれば、告訴するか否か決められるはずであるので、告訴期間に制限を設けたものである。

＊　告訴期間の例外
外国の大統領等に対する名誉毀損など、被害者の個人的な法益を超えて**外交関係という側面がある犯罪**については、告訴期間の制限に服さない（235条但書）。外国国章損壊についての請求も、同様の趣旨から期間の制限に服さないと考えられている。

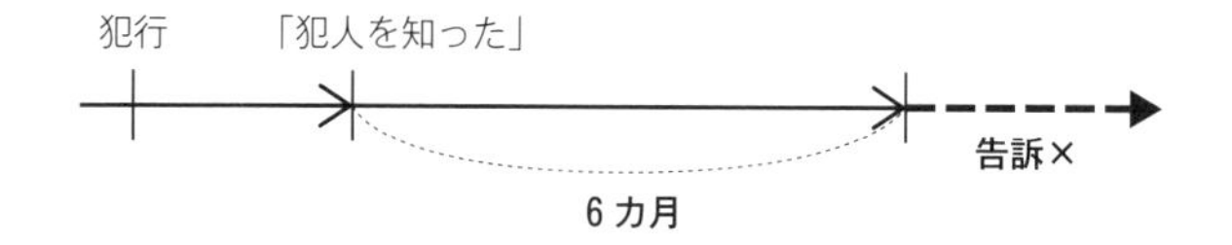

そうすると、「犯人を知った」とは、**告訴をするか否かを決められる程度に、犯人が誰であるかを知ったこと**を意味するものと考えられ、氏名、年齢、住所等の詳細まで知る必要はないが、犯人が誰であるかを特定できる程度に認識する必要がある（最決昭39・11・10刑集18巻9号547頁）。その段階まで至っていなければ、まだ「犯人を知った」とはいえないので、告訴期間は開始しない。告訴権者が複数いる場合、「犯人を知った」かどうかは告訴権者ごとに判断される（236条）。

「犯人を知った日」とは、**犯罪終了後の日**をいう。したがって、犯罪が終了しなければ、告訴期間も開始しない。例えば、インターネットに名誉を棄損する記事を掲載して閲覧可能な状態にし続けている場合、犯罪行為が継続していると解されるので、犯人を知ってから6カ月以上が経過していたとしても告訴できる（大阪高判平16・4・22判タ1169号316頁）。

エ　告訴の方式

【設問10】
告訴は、誰に対してしなければならないか。

書面または口頭で、検察官または司法警察員に対してしなければならない(241条1項)。したがって、検察事務官・司法巡査に対してなされた告訴は無効である。

告訴は、告訴状という書面を提出してなされるのが通常である。口頭の告訴があった場合、検察官または司法警察員は、**告訴調書**を作成しなければならない(同条2項)。もっとも、形式的に告訴調書になっていなくても、告訴権者の**供述調書**に**犯罪事実の申告と犯人の処罰を求める意思表示**が記載されていれば、有効な告訴として取り扱ってよい。

告訴権者から委任を受けた代理人、例えば告訴権者が依頼した弁護士が告訴をした場合も、有効な告訴として認められる。

オ　告訴の取消し

【設問11】
告訴は、いつまで取り消すことができるか。一旦告訴を取り消した被害者が、再度告訴をすることは許されるか。

告訴は、**公訴の提起があるまでは、いつでも取り消すことができる**(237条1項)。告訴の取消しができるのは、**当該告訴をした者**であって、例えば法定代理人がした告訴を被害者本人が取り消すことはできない。もっとも、**当該告訴をした者から委任を受けた代理人**、例えば依頼された弁護士であれば、告訴を取り消すことはできる(240条)。一旦告訴を取り消した者は、**再び告訴をすることはできない**(237条2項)。

カ　告訴の効果

【設問12】
告訴があった以上、警察官は、被疑者を必ず逮捕しなければならず、検察官は、必ず公訴を提起しなければならないか。

司法警察員は、告訴を受けたときは、少なくとも、当該告訴に係る事件が刑事事件として成立しうるものであるかの見きわめができる程度の捜査を尽くした上、**速やかにこれに関する書類および証拠物を検察官に送付**しなければならない（242条）。告訴される事件は民事上の紛争が絡んでいるなど複雑であったり法的な判断が必要とされることが多いので、早急に法律の専門家である検察官の判断に委ねるためである。検察官は、事件についてさらに捜査して告訴人に処分結果を通知する義務があるが（→6講2(2)）、逮捕しなければならないとか、公訴を提起しなければならないといった義務は生じない。

(5) 告　発

【設問13】
告発と告訴の異同について説明せよ。

告発とは、犯人または告訴権者以外の**第三者**が、捜査機関に対し、**犯罪事実を申告**して**犯人の処罰を求める意思表示**である（239条）。告訴と同様、単なる犯罪事実の申告ではなく、処罰を求める意思表示でなければならない。

前述したとおり、告発は**誰でもできる**点で告訴と異なるほか、告発については告訴期間のような**期間の制限**がなく、公訴時効になるまでいつでも告発できる。さらに、告発の**取消し**に関する規定がないので、告訴と異なり、告発を取り消した後に再び告発をすることも許されると解されている。他方、告発の**方式**、**効果**は告訴と同じである（241条・242条）。なお、独占禁止法違反など、公訴を提起するには告発がなければならない罪もあり（同法96条）、注意が必要である。

(6) 自　首

【設問14】
自首と告訴の異同について説明せよ。

自首とは、**捜査機関に発覚する前**に**犯人が進んで自己の犯罪事実を捜査機関に申告**し、**その処分に服する意思表示**をいう（刑42条）。

刑訴法では、自首があった場合、告訴の**方式**、**効果**（241条・242条）の規定が準用される（245条）。自首は告訴と異なり、口頭で行われるのが通常であるから、自首を受けた検察官または司法警察員は、**自首調書**を作成しなければならない。司法警察員が自首を受けたときは、速やかにこれに関する書類および証拠物を検察官に送付しなければならない。その他の規定は準用されないから、例えば自首に**期間の制限**はないし、自首の**取消し**などは認められていない。

●コラム● 被疑事実の重要性

捜査の端緒から捜査の実行に至るには、被疑事実（犯罪事実ともいう→3講 書式1 参照）を特定できる程度に証拠が集まっているかが1つの目安になる。被疑事実とは、①誰が（犯罪の主体、すなわち被疑者）、②いつ（日時）、③どこで（場所）、④何をまたは誰に対して（犯罪の客体）、⑤どのように（方法）、⑥何をした（行為と結果）という「六何（ろっか）の原則」（いわゆる5W1H）の形式で記載され、捜査の終了後、起訴状に記載される公訴事実の基になるものである（→6講5⑵イ）。もっとも、捜査を開始した段階ではこれらがすべて明確ではない場合も少なくない。捜査は、いわば①から⑥を明らかにする証拠を収集していく過程であって、これらが十分に集まれば起訴に至ることが多い。このように、被疑事実は捜査機関が捜査を進めていく道標となる。他方で、令状の請求には被疑事実が必要とされ、裁判官は被疑事実を単位として捜索・差押えや逮捕・勾留といった強制捜査の可否について審査するので、被疑事実は令状主義・事件単位の原則により（→3講1・4講1など参照）、捜査機関の権限行使を抑制する機能も果たしている。

第３講　捜査(2)――証拠の発見・収集

◆学習のポイント◆
1　物の押収のうち、領置については法的性質と条文上の根拠を、令状による捜索・差押えについては実体的要件、令状の請求手続、実施手続、「必要な処分」の内容を条文に則して理解しておこう。
2　電磁的記録を捜索・差押えするときの根拠条文や問題点について理解しておこう。
3　検証と実況見分との差異、検証としての身体検査に関する特別な規律について理解しておこう。
4　通信傍受法の趣旨・目的について、説明できるようにしておこう。
5　鑑定の意義、鑑定留置と鑑定処分の内容、鑑定人と鑑定受託者との差異について理解しておこう。
6　被疑者および被疑者以外の者に対する取調べおよび供述録取書の作成手続に関する条文を理解するとともに、被疑者以外の者に対する第１回公判期日前の証人尋問の手続および合意制度を条文に則して理解しておこう。

1　物の押収

(1)　任意提出と領置

【設問1】
《事例2》のSが覚醒剤を使用していたかどうかを確認するために、どのような証拠を収集する必要があるか。

検察官、検察事務官または司法警察職員は、①被疑者その他の者が**遺留した物**、または②所有者、所持者、保管者が**任意に提出した物を領置**することができる（221条）。いずれも令状は不要である。

＊　任意提出できる者

所有者、所持者、保管者であり、所有者とはその物について所有権を有する者、所持者とは自己のために当該物件を占有する者、保管者とは他人のために当該物件を占有する者をいう。例えば治療目的で被疑者の尿を採取した医師は、所持者としてその尿を任意提出することができ（東京高判平９・10・15東高刑時報48巻１～12号67頁）、家族等の同居人や当該場所の管理人であれば、一般に保管者としてその場所にある物を任意提出できると考えられる（東京高判昭54・６・27判時961号133頁）。

領置した物は、捜査機関が「留置の必要がない」と判断すれば、**還付**しなければならない（222条１項・123条１項）。還付とは、押収した物を所有者等に返還することをいう。しかし、捜査機関が「留置の必要がある」と判断する限り、提出者等から還付の請求があっても、還付しなくてよい。そのため、領置は、物を**取得するまでは任意処分、取得した後は強制処分**の性質を有する。

《事例２》でＳによる覚醒剤使用を明らかにする最良の証拠は、尿である。尿から覚醒剤反応が出れば、覚醒剤を使用していた疑いは極めて濃厚になる。そこで司法警察員からＳに対して任意に尿を提出するよう要請し、Ｓがこれに応じれば、領置することになる。

しかし、もしＳが任意提出に応じなかったら、強制的に尿を採取できるかという問題が生じる（→18講３(1)）。

(2)　令状による捜索・差押え

ア　令状主義の趣旨

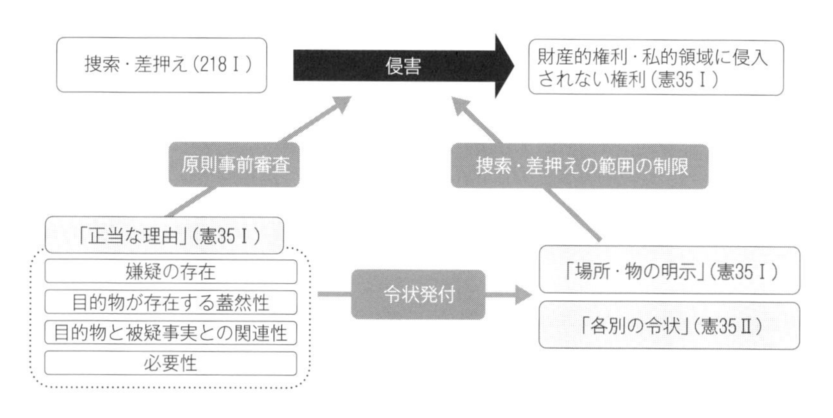

憲法35条は、「住居、書類及び所持品について、侵入、捜索及び押収を受

けることのない権利」を保障している。捜索・差押えは、「住居、書類及び所持品」といった**財産的権利**を侵害するのみならず、**私的領域、すなわちプライバシーが強く保護されるべき場所や空間に侵入されることのない権利**を侵害する強制処分であるから、捜査機関のみの判断で行うことはできず、原則として中立公平な立場にある裁判官が、①「**正当な理由**」が存在することを事前に審査した上で、②「**捜索する場所及び押収する物**」を明示した、③「**各別の令状**」を発付しなければすることができない（憲35条1項・2項）。

このうち「**正当な理由**」とは、(a)特定の犯罪事実についての**嫌疑の存在**、(b)差押えの**目的物が捜索場所に存在する蓋然性**、(c)差押えの**目的物と被疑事実との間の関連性**、(d)捜索・差押えの**必要性**、を意味する。裁判官は、これらがすべて認められた場合のみ「正当な理由」があるとして令状を発付し、そうでなければ令状請求を却下することになる。

＊　「正当な理由」として(a)から(d)が必要な理由

捜査は特定の犯罪の嫌疑を前提とするから、(a)は当然である。また、差押えの目的物が存在しないような場所に対する捜索を認めることは無意味で、相当でもないから、(b)が必要となる（ただし、被疑者について後述**イ**参照）。さらに、令状は裁判官が「特定の犯罪事実」に関して事前審査をしているのに、「他の犯罪事実」に関する証拠品の捜索・差押えが許されれば、令状主義が形骸化するから、(c)も必要となる（関連性の程度については、18講**1**(4)参照）。最後に、(a)から(c)が認められても、諸般の事情を考慮して捜索・差押えの必要性がないのであれば、裁判官は令状を発付するべきではないとされている（後述**ウ**参照）。

裁判官は、「正当な理由」があると認められた範囲に限って、「捜索する場所及び押収する物」を明示した「各別の令状」を発付する。これにより、捜査機関が捜索・差押えをすることができる**範囲が制限**され、**権限の逸脱や濫用を防止**できる一方で、捜索・差押えを受ける対象者にとって**受忍すべき範囲が明確**になり、捜査機関がその範囲を逸脱したときには**不服申立ての機会**が保障されることになる。

イ　令状の請求

【設問2】
捜索・差押えの令状を捜査機関が取得するためには、どうすればよいか。

捜索・差押えの令状は、検察官、検察事務官または司法警察員が請求する（218条4項）。司法巡査には請求権限がない。実務上は、**捜索差押許可状**という１通の令状の発付を受けることが多いが、証拠物の所在が明らかで、捜索を必要とせず、差押えだけで足りる場合には、**差押許可状**という１通の令状の発付を受ける。

検察官および司法警察員等は、令状の請求にあたり、前述した「正当な理由」があることを裁判官に対して明らかにしなければならない。そこで、**捜索差押許可状請求書**（規155条１項）に加え、**被疑者または被告人が罪を犯したと思料されるべき資料**（規156条１項）を裁判官に提出しなければならない。この資料のことを実務では「疎明資料」と呼ぶが、要するに「正当な理由」があることを明らかにする証拠のことである。**《事例２》**であれば、司法警察員Ｋは**書式１**のような請求書を作成するとともに、Ｓに覚醒剤の検挙歴があること、Ｓが覚醒剤らしきものを譲り受けていた状況などを証拠化して、裁判官に提供することになろう。こうした証拠がなければ、令状請求をすることはできない。

＊　請求書に記載しなければならない事項

①差し押さえるべき物、②捜索すべき場所、身体もしくは物、③被疑者または被告人の氏名、④罪名、⑤犯罪事実の要旨、⑥７日を超える有効期間を必要とするときは、その旨および事由、⑦日出前または日没後に捜索・差押えをする必要があるときは、その旨および事由である（規155条１項）。

【設問３】

被疑者以外の者に対する捜索・差押えは許されるか。

被疑者**以外**の者の身体、物または住居その他の場所については、**押収すべき物の存在を認めるに足りる状況のある場合**に限って捜索することができるとされ、「正当な理由」の(b)が明示的に要求されている（222条１項・102条２項）。他方、被疑者の身体、物または住居その他の場所については、**必要があるとき**に捜索することができるとされ（222条１項・102条１項）、「正当な理由」の(b)が要求されていない。これは**被疑者の身体、物または住居については「押収すべき物の存在を認めるに足りる状況」があると推定してよい**とする趣旨であり、あくまで推定であるから、裁判官が審査してこうした推定が破れれば、令状を発付すべきではない。

＊　被疑者以外の者の住居等を捜索できる場合

被疑者以外の者の住居等を捜索する場合には、令状請求の際に、差し押さえるべき物の存在を認めるに足りる状況があることを認めるべき証拠を提出しなければならない（規156条３項）。具体的に被疑者以外の者の住居

書式1

捜索
差押許可状請求書
(~~検~~証)

令和2年　2月10日

F　地方裁判所

裁判官　　　　殿

F　県　中央　警察署

司法警察員　警部補　　　　　K　　　　㊞

下記被疑者に対する　　　覚せい剤取締法違反　　　被疑事件につき，捜索差押許可状の発付を請求する。

記

1　被疑者の氏名

S

平成9年11月2日生（22歳）

2　差し押さえるべき物

本件に関係のある覚せい剤，覚せい剤使用道具，覚せい剤小分け道具，覚せい剤取引メモ，私製電話帳，アドレス帳，名刺，手帳，メモ類

3　捜索し又は検証すべき場所，身体若しくは物

F市中央区西2丁目3番4号　被疑者方居宅及び附属建物

4　7日を超える有効期間を必要とするときは，その期間及び事由

なし

5　刑事訴訟法第218条第2項の規定による差押えをする必要があるときは，差し押さえるべき電子計算機に電気通信回線で接続している記録媒体であって，その電磁的記録を複写すべきものの範囲

なし

6　日出前又は日没後に行う必要があるときは，その旨及び事由

なし

7　犯罪事実の要旨

被疑者は，みだりに，令和2年2月9日ころ，F市中央区西2丁目3番4号被疑者方において，覚せい剤であるフェニルメチルアミノプロパン又はその塩類若干量を所持したものである。

（注意）1　被疑者の氏名，年齢又は名称が明らかでないときは，不詳と記載すること。

2　事例に応じ，不要の文字を削ること。

等の捜索が許される可能性があるのは、①捜索場所を**被疑者の住居に準ずる**とみなせる場合（例えば、被疑者の愛人宅）、②捜索場所やその管理者の特性から**被疑事実との密接な関わり**が認められる場合（例えば、犯罪組織の事務所やその関係者宅）、③**流出した証拠物件**が捜索場所に存在する蓋然性がある場合（例えば、被疑者が証拠物を預けている可能性が高い関係者宅）が考えられる。

ウ　令状の発付

【設問4】
捜索差押許可状の請求を受けた裁判官は、何を審査して、どのような令状を発付すべきか。

請求を受けた裁判官は、「正当な理由」の(d)**捜索・差押えの必要性**についても審査し、令状発付の可否を判断する。最決昭44・3・18刑集23巻3号153頁〈百選A4〉は、差押えの必要性につき「**犯罪の態様、軽重、差押物の証拠としての価値、重要性、差押物が隠滅毀損されるおそれの有無、差押によって受ける被差押者の不利益の程度その他諸般の事情**」を考慮して決定すべきであるとした。この判示からすると、捜索・差押えの必要性とは、単に捜査の必要性だけではなく、**比例原則**に基づいて、捜索・差押えの対象になる者の不利益の程度等と捜査の必要性とが権衡している状況にあることが求められる。特に捜索・差押えの対象になる者が被疑者以外の者である場合に注意を要する（→報道・取材の自由との関係につき、18講**1**(**6**)参照）。

ただし、前掲・最決昭44・3・18は、裁判官が令状を発付するべきでないのは「**明らかに……必要がないと認められる**」**場合**と限定しており、捜索・差押えの必要性は流動的でその判断には困難も伴うことから、明白に必要性がない場合にのみ「必要性なし」として、令状を発付しないことになろう。

令状には「**捜索する場所及び押収する物**」を明示しなければならない（憲35条1項）。これを受けて刑訴法は「捜索差押許可状」に記載すべき事項を、①**被疑者または被告人の氏名**、②**罪名**、③**差し押さえるべき物**、④**捜索すべき場所、身体または物**、⑤**有効期間およびその期間経過後は捜索・差押えに着手することができず令状は返還しなければならない旨**、⑥**発付の年月日**、⑦**その他裁判所の規則で定める事項**とし、発付した裁判官が記名押印するものとしている（219条1項）。**《事例2》**の捜索差押許可状であれば、**書式2**のような記載がなされる。

なお、令状の有効期間は原則7日間とされる（規300条）。

書式2

<table>
<tr><td colspan="2">捜索差押許可状</td></tr>
<tr><td>被疑者の氏名
及び年齢</td><td>S
平成　9年　11月　2日生　（22歳）</td></tr>
<tr><td>罪名</td><td>覚せい剤取締法違反</td></tr>
<tr><td>捜索すべき場所，
身体又は物</td><td>別紙請求書記載のとおり</td></tr>
<tr><td>差し押さえるべき物</td><td>別紙請求書記載のとおり</td></tr>
<tr><td>請求者の官公職氏名</td><td>F県中央警察署
司法警察員警部補　K</td></tr>
<tr><td>有効期間</td><td>令和　2年　2月　17日まで</td></tr>
<tr><td colspan="2">有効期間経過後は，この令状により捜索又は差押えに着手することができない。この場合には，これを当裁判所に返還しなければならない。
有効期間内であっても，捜索又は差押えの必要がなくなったときは，直ちにこれを当裁判所に返還しなければならない。</td></tr>
<tr><td colspan="2">被疑者に対する上記被疑事件について，上記のとおり捜索及び差押えをすることを許可する。
令和　2年　2月　10日
F地方裁判所
裁判官　J　㊞</td></tr>
</table>

書式1の請求書では、**罪名と犯罪事実の要旨**の記載が必要であったが、書式2の令状（捜索差押許可状）では、**罪名**のみ記載すればよいことになっている。捜索・差押えは、捜査の初期段階で行われることが多く、被疑者以外の者に対して行われることもあるから、**捜査の秘密や被疑者等の名誉**を保護するため、犯罪事実の要旨の記載は不要とされたものである。ただし、常に不要と考えてよいかは議論がある（→18講1(2)）。

差し押さえるべき物について、例えば「犯罪事実を証すべき物一切」などと記載するのは、極めて包括的で特定を欠き、裁判官の事前審査を必要とした令状主義の趣旨が失われてしまうから、許されない。しかし、捜索・差押え前には捜索場所にどのような物があるのか捜査機関にもわからないのが通常であるから、あまりに厳密な特定を要求すると捜索・差押えの実施に支障を来す場合があり、どの程度まで特定するべきかが問題となる（→18講1(2)）。

【設問5】

マンション等の集合住宅に捜索・差押えをするとき、どのような点に注意すべきか。

捜索すべき場所について、憲法が「**各別の令状**」を必要としていることから、捜索を受ける場所の**管理権ごとに令状を要する**ものと考えられている。捜索は対象者の財産的権利や私的領域に侵入されない権利を侵害するが、こうした権利侵害は管理権ごとになされるからである。例えば、マンション等の集合住宅では、それぞれの部屋ごとに管理権があるから、令状も部屋ごとに必要となる。

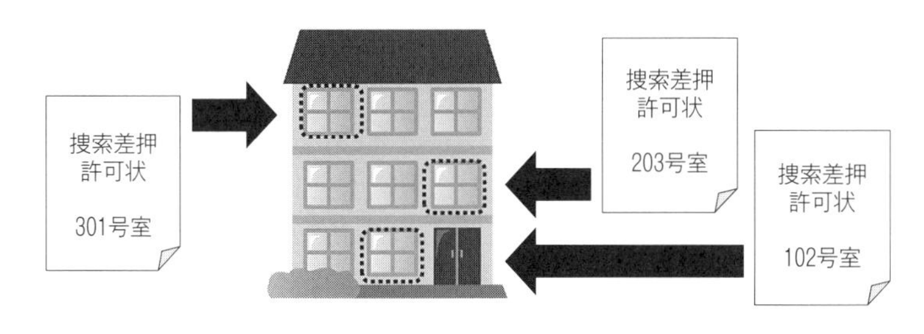

【設問6】

被疑者の自宅に対する令状で、自宅にある金庫や自動車も捜索できるか。

憲法が「各別の令状」を必要とし、これを受けて刑訴法が「人の身体、物又は住居その他の場所」を捜索の対象とし（222条1項・102条1項）、捜索差押許可状にも「捜索すべき場所、身体若しくは物」を記載しなければならないとしている（219条1項）ことからすると、「身体」、「物」、「場所」は区別されなければならず、「場所」に対する令状でそこにある「物」を捜索できないから、別個に令状を取るべきかが問題となる。しかし、裁判官が1つの管理権の範囲内で捜索・差押えをしてもよいと事前審査をしたと認められるのであれば、その**管理権が及ぶ敷地内や付属建物、さらにそこにある物についても捜索することができる**と一般に考えられている。

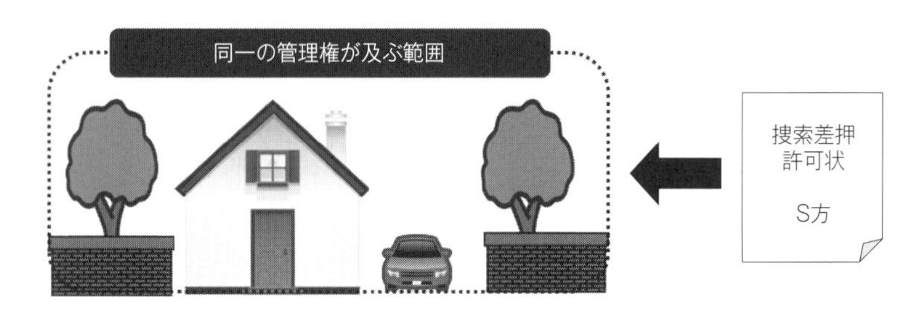

《事例2》であれば、司法警察員はS方に存在する「物」、例えば洋服タンス、机、金庫などについても捜索でき、S方の敷地内に自動車が駐車していれば、その自動車も「物」として捜索できる（ただし、自動車がS方の敷地内ではない場所に駐車していれば、自動車に対する捜索差押許可状が別に必要となる）。他方で、その場所に居合わせた人の所持品や身体を捜索できるかという問題がある（→18講1(3)）。

エ　捜索・差押えの実施

【設問7】
捜索差押許可状は、どのように執行されるか。

搜索・差押えを実施できるのは、**検察官、検察事務官**または**司法警察職員**である（218条1項）。

捜索・差押えの実施にあたっては、処分を受ける者に**令状を提示**しなければならない（222条1項・110条）。この提示は令状の執行に着手する前になされることが原則である。しかし、相手方が閲読を拒絶した場合、そのまま令状の執行に着手してかまわない。

捜索・差押えの令状執行中は、何人に対しても、許可を得ないでその場所に**出入りすることを禁止**することができ（222条１項・112条１項）、その禁止に従わない者は、これを退去させ、または執行が終わるまでこれに看守者を付することができる（222条１項・112条２項）。「何人に対しても」とあるから、居住者であっても出入りを禁止できる。

令状には、「日出前又は日没後でも執行することができる」旨の記載がなされることがある。この記載がなければ、捜索・差押えの令状を執行するためであっても、夜間に人の住居等に入ることはできない（222条３項・116条１項）。しかし、**日没前に令状の執行に着手し、時間が経過して日没後に至った場合**には、引き続き令状を執行することができるとされている（222条３項・116条２項）。

捜索・差押えを行った場合には、その状況を明らかにした**捜索調書、差押調書**あるいは**捜索差押調書**を作成しなければならない（犯捜規範149条・153条）。これらの調書には、捜索・差押えを実施した日時・場所、立会人、実際に差し押さえた物、捜索・差押えの経過などが記載され、捜索・差押えの具体的状況を明らかにするための証拠として使用されることがある。

オ　捜索・差押えの立会い

【設問８】
立会人なしで捜索・差押えをすることができるか。

捜索・差押えの場所が住居等であれば、捜索・差押えに**住居主等**を立ち会わせなければならない（222条１項・114条２項前段）。執行を受ける者の権利を保護するとともに、執行の公正さを担保しようとしたものである。したがって、立会人は必ずいなければならず、**立会人なしで執行すれば違法**である。

しかし、住居主等が不在で立ち会えないとか、立会いを拒否した場合に、執行ができなくなるのは不合理であるから、「**代わるべき者**」として、その同居人や管理人等を立ち会わせて、令状を執行することができる。それもできない場合には、隣人や地方公共団体の職員（消防署員など）を立ち会わせて令状を執行してもよい（222条１項・114条２項後段）。

【設問９】
被疑者やその弁護人は捜索・差押えに立ち会わせなければならないか。

必要があるとき、捜査機関は被疑者を捜索・差押えに立ち会わせることができるが、**被疑者に立会権はない**（222条6項）。また、弁護人は、裁判所が行う捜索・差押えには立会権があるが（113条）、捜査機関の行う捜索・差押えに関する222条1項は113条を準用していないので、**弁護人にも立会権**がない。したがって、被疑者やその弁護人が立会いを求めてきても、必ず立ち会わせなければならないということはない。

【設問10】
女子の身体を捜索するときに注意すべきことは何か。

女子の身体について捜索する場合には、急速を要する場合を除き、**成年の女子**が立ち会わなければならない（222条1項・115条）。捜索に乗じた不当な性的行為を防止するとともに、異性に身体を触れられることによる羞恥心、不快感等の軽減を図るための規定であるから、**女性警察官**が捜索・差押えを実施するのであれば、別に成年の女子が立ち会わなくてもよい（東京高判平30・2・23高刑集71巻1号1頁）。

カ　捜索・差押えに「必要な処分」

【設問11】
捜索していたところ、金庫の鍵が見当たらず開けることができない。どうすればよいか。

検察官、検察事務官または司法警察職員は、捜索差押許可状や差押許可状の執行については、**錠を外し、封を開き、その他必要な処分**をすることができる（222条1項・111条1項）。押収物についても同様である（222条1項・111条2項）。

「錠をはずし、封を開き」とあるが、これらは例示にすぎない。金庫を開ける、鍵のかかっている扉を開ける、封のされた信書を開封する、自動車を捜索するために走行中の自動車を停止させる、コンピュータ内のデータをディスプレイに表示したり、プリントアウトする、合鍵を使用して施錠されたドアを開ける、合鍵もない場合に錠前屋（じょうまえや）を呼んで鍵を開けさせるなどが、「必要な処分」として認められる。したがって、**【設問11】**の場合、錠前屋を呼んで金庫の鍵を開けさせることができる。

【設問12】
覚醒剤を密売している疑いのある暴力団事務所に捜索に入ろうとしたところ、チェーンロックをかけてドアを開けようとしない。このチェーンロックを工具で切断することは許されるか。

「必要な処分」として、鍵やガラス戸などを破壊することが許される場合もある。ただし、**比例原則**に従って捜査の必要性が特に大きいと認められるときに限定しなければならない。具体的には、覚醒剤などが差押対象物件になっていて短時間のうちに破棄隠匿されるおそれが大きく、緊急性があるときで、鍵やガラス戸を破壊する以外に方法がない場合などが考えられるであろう（→18講1(5)）。**【設問12】**のように覚醒剤を密売している疑いのある暴力団事務所であれば、覚醒剤等を破棄隠匿するおそれが大きく、緊急性があるから、他に方法がない場合にはチェーンロックを工具で切断することも許されると考えられる。

【設問13】
押収してきたフィルムを現像するには、新たな令状が必要か。

押収物については、押収してきた未現像フィルムを現像すること、フロッピーディスクなどの記録媒体からデータを読み出すことなどが「**必要な処分**」として認められる（222条1項・111条2項）。したがって、このような処分をするために新たな令状の発付を受けることは不要である。

(3) 電磁的記録の差押え

ア 問題の所在

【設問14】
コンピュータやデータを捜索・差押えするとき、どのような問題が生じるか。

差押えの対象は「証拠物又は没収すべきと思われる物」（222条1項・99条1項）であって、**有体物**に限られる。ところが、**電子計算機（コンピュータ）**や**電気通信回路（インターネット）**の発展により、現在では**電磁的記録（データ）**は証拠として欠かせない状況になっている。データは有体物ではないが、サーバ、ハードディスク、USBメモリといった、さまざまな記録媒体に記録される。こうした記録媒体は有体物であるから、これを差し押さえることができる。

こうしたデータが幅広く利用されるようになった結果、捜索・差押えの現場にさまざまな困難が生じるようになった。例えばUSBメモリの内部にあるデータは外部から認識できないから、「差し押さえるべき物」に該当するかどうかわからない。また、クラウド・サービスが普及し、捜索・差押えの現場にあるコンピュータを差し押さえても、当該コンピュータにはデータが記録されていない場合もある。こうした困難に対応するため、平成23(2011)年改正により、以下に述べるような電磁的記録の差押えに関する新しい処分が認められた。

イ　記録命令付差押え

【設問15】

携帯電話会社のサーバから、被疑者に関するメールデータだけを差し押さえたい。携帯電話会社の協力が見込まれる場合、どのような方法をとることができるか。

大量のデータを保管しているサーバから、捜査機関が被疑者に関するデータだけを抽出し、記録媒体に記録または印刷して差し押さえるのは、極めて困難な作業である。かといって、サーバごと差し押さえてしまうと、処分を受ける者(携帯電話会社等)の業務に著しい支障が生じることもありうる。そこで、電磁的記録を保管する者その他電磁的記録を利用する権限を有する者の協力が見込まれる場合に、その者に命じて、必要な電磁的記録のみをUSBメモリやDVDといった記録媒体に記録させ、または印刷させた上、当該記録媒体等を差し押さえる方法をとることができる(99条の2・218条1項)。**記録命令付差押え**という。

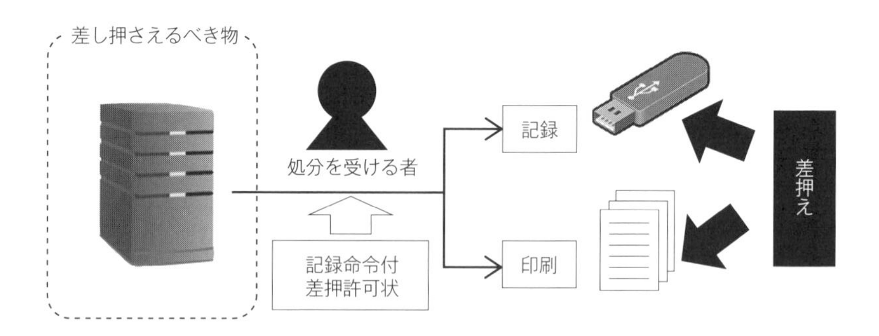

処分を受ける者の協力が前提になっているので、捜索は行わない。事前に処分を受ける者と協議して、差し押さえるべき電磁的記録および処分を受ける者を特定する必要があり、裁判官から発付される「記録命令付差押許可状」には、通常の差押許可状の記載事項に加えて、「記録させ若しくは印刷させるべき電磁的記録」と「これを記録させ若しくは印刷させるべき者」の記載が必要とされる（219条1項）。記録命令を受けた者は、協力すべき法的義務を負うが、義務違反に罰則はない。したがって、処分を受ける者の協力が得られない場合には、とることができない方法である。

ウ　電磁的記録に係る記録媒体の差押えに代わる処分

【設問16】
処分を受ける者の協力が見込まれないため、サーバやコンピュータを「差し押さえるべき物」として捜索を開始した。その結果、サーバやコンピュータ内の一部のデータのみを差し押さえればよいと判明したが、この場合もサーバやコンピュータを差し押えなければならないか。

もし処分を受ける者の協力が得られなければ、これまでどおりの捜索・差押えを実施することになる。しかし、その場合でもいきなりサーバやコンピュータを差し押さえるのではなく、犯罪事実に関連するデータを特定した上、それをUSBメモリ等に**複写**（コピー）し、USBメモリ等を差し押さえることができる。**電磁的記録に係る記録媒体の差押えに代わる処分**という。**印刷**（プリントアウト）、**移転**（複写＋元データの消去）の方法も認められている。

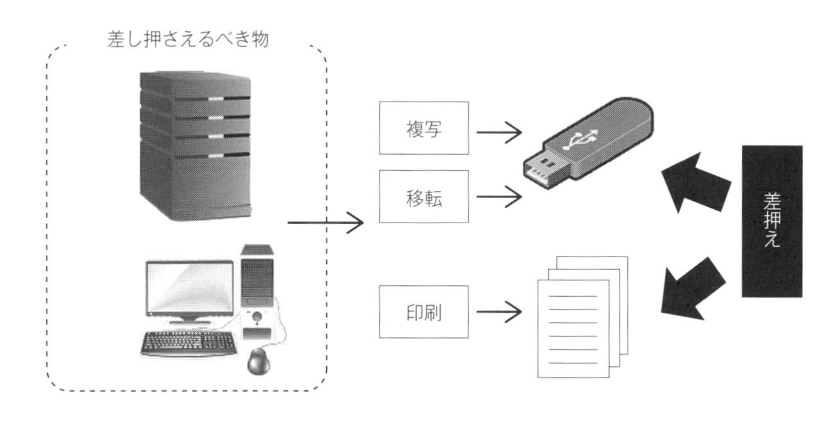

捜査機関自らが行うか、処分を受ける者に複写させ、印刷させ、または移転させることもできる（222条１項・110条の２）。これにより、処分を受ける者が非協力的でも、捜査機関がその者のコンピュータ・システムを使って、サーバ等に記録されたデータを移転させ、必要なデータのみを差し押さえることができる。

エ　リモート・アクセスによる差押え

【設問17】

被疑者宅に捜索に入り、「差し押さえるべき物」であるコンピュータ内のデータを確認したところ、被疑者はフリーメールを使用していたため、コンピュータ内には犯罪事実と関係があると思われるメールのデータが記録されていなかった。この場合に、フリーメールを提供している会社内のサーバから、被疑者宅にあるコンピュータまたはDVD等の記録媒体に必要なデータを複写した上、そのコンピュータまたは記録媒体を差し押さえることができるか。

クラウド・サービスの発達により、差し押さえるべき物であるコンピュータにはデータが記録されていない場合も増えてきた。その場合に、さまざまな場所にある多数のサーバ等についてそれぞれ差押えを行わなければならないとすると煩雑だし、証拠となるデータは瞬時に移転することで容易に隠匿されてしまう。そこで、差し押さえるべき物がコンピュータであるとき、当該コンピュータとネットワークで接続されたサーバ等に記録されている電磁的記録を、当該コンピュータまたは他の記録媒体に複写した上、当該コンピュータまたは他の記録媒体を差し押さえることができる（218条２項）。**電磁的記録を複写して行う電子計算機等の差押え**という。コンピュータの差押えにあたり、**リモート・アクセス**（遠隔地にあるコンピュータやサーバ等に外部から接続すること）を認めることによって、差押えの範囲をこれと一体的に使用されている記録媒体にまで拡大したものである。

対象となるのは、「当該電子計算機で作成若しくは変更をした電磁的記録」または「当該電子計算機で変更若しくは消去をすることができることとされている電磁的記録」に限られ、他の記録媒体に記録されている電磁的記録は無制約に差し押さえることができるわけではない。そのため、この処分をするときの捜索差押許可状には、差し押さえるべき物の記載とは別に、**複写すべきものの範囲**を記載しなければならない（219条２項）。例えば、「被疑者が使用するアカウント（aaa@Xnet.com）に関するメールデータ」といった特定が必要である。**【設問17】**であれば、こうした特定を付して裁判官から令状の発付を受ければ、フリーメールを提供している会社のサーバから被疑者宅にあるコンピュータ等にデータを複写して、差し押さえることができることになる。

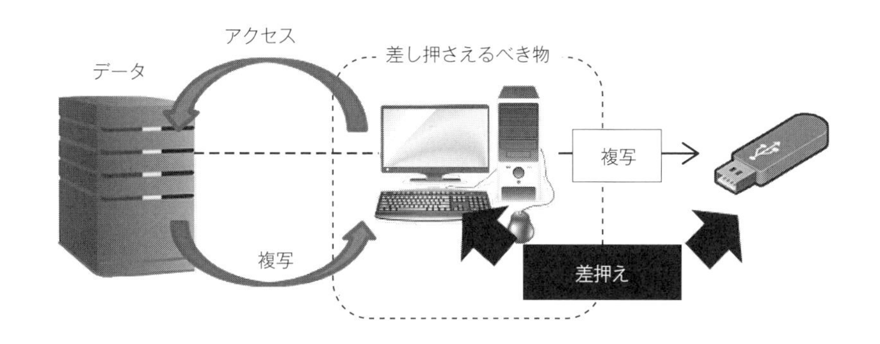

＊ リモート・アクセスが可能な時期

リモート・アクセスを可能とする捜索差押許可状を持参して被疑者方を捜索し、差し押さえるべきコンピュータを発見したものの、パスワードがわからなかったためその場でリモート・アクセスできず、一旦コンピュータを差し押さえて、その後にリモート・アクセスをすることは許されるか。218条2項は差押えに伴ってリモート・アクセスを実施し、データをコンピュータ等に複写した後、コンピュータ等を差し押さえることを認めた処分と考えられるから、**差押え終了後にリモート・アクセスをすることは許されない**と考えられる（横浜地判平28・3・17判時2367号115頁）。ただし、検証として実施する余地はある（→後述2(2)イ参照）。

オ 協力要請・保全要請

【設問18】

平成23年改正で認められた新しい処分には、他にどのようなものがあるか。

まず、**電子計算機の操作その他の必要な協力の要請**がある（222条1項・111条の2）。これまで見てきたような電磁的記録が記録された記録媒体の差押えをスムーズに進めるため、技術的・専門的知識を有する者の協力を要請できる。協力要請を受けた者は、協力すべき法的義務を負うが、義務違反に罰則はない。

次に、**通信履歴の保全要請**がある（197条3項）。携帯電話の通話記録等の通信履歴が犯罪捜査で果たしている役割は大きいが、プロバイダ等は比較的短期間で履歴を消去してしまうことが少なくない。そこで、検察官、検察事務官または司法警察員は、差押えまたは記録命令付差押えをするため必要があるとき、電話会社やプロバイダ、あるいはLANを設置している会社や大学等に対し、通信履歴の電磁的記録のうち必要なものを特定し、30日を超えない期間を定めて、これを消去しないよう書面で求めることができる。特に必要があれば期間は30日を超えない範囲内で延長することができ、延長回数に制限はないが、通じて60日間を超えることはできない（197条３項・４項）。

⑷　令状によらない捜索・差押え

【設問19】
令状がなくても捜索・差押えができる場合があるか。

前述したとおり、捜索・差押えは、対象者の財産的権利や私的領域に侵入されない権利を侵害するため、捜査機関のみの判断で行うことはできず、中立公平な立場にある裁判官が事前に審査した上で、令状を発付することによって行うのが原則である。しかし、憲法35条が「33条の場合を除いては」としていて憲法上も例外が認められており、これを受けて刑訴法は、検察官、検察事務官または司法警察職員は、被疑者を**逮捕する場合において必要があるとき**、次の２類型の無令状捜索・差押えができるとしている（220条１項）。なお、「逮捕」は現行犯逮捕に限定されず、通常逮捕または緊急逮捕でもよい。

第１類型が、**逮捕のための被疑者の捜索**である。捜索するための令状がなくても、必要があるときには人の住居、人の看守する邸宅、建造物あるいは船舶内に入って、被疑者の捜索をすることができる（220条１項１号・同条３項）。例えば、被疑者Ａを逮捕する場合に、警察官等は、令状なしで被疑者Ａ方に入ってＡを探すことができるし、仮に被疑者Ａが見ず知らずの甲方に逃げ込んだのであれば、警察官等は令状なしで甲方に入り、Ａを探すことができる。

第２類型が、**逮捕に伴う捜索・差押え**である。「**逮捕の現場**」であれば、令状なしで捜索・差押えをすることができる（220条１項２号・同条３項）。実務でも活用されている処分であるが論点も多いため、詳細は論点理解編で解説する（→18講**２**⑴）。

＊　逮捕に伴って電子機器を差し押さえる際の留意点

220条1項2号の文言から明らかなとおり、逮捕に伴う**記録命令付差押えやリモート・アクセスによる差押え**は認められていない。したがって、逮捕した被疑者のスマートフォンそのものを無令状で差し押さえることはできるが、それを操作して**新たにメールサーバからメールデータをダウンロードすることは、無令状でリモート・アクセスをしたことになるので違法**となる（→検証として実施できるかは、後述**2**(2)**イ**参照）。

2　検証・実況見分

(1)　実況見分

【設問20】

実況見分と検証との異同について説明せよ。

公道上など第三者の権利を侵害するおそれがない場所や、相手方の承諾がある場合であれば、令状を得て強制処分を行う必要性もなく、任意捜査として検証と同様の処分をすることができる。これを**実況見分**という（犯捜規範104条参照）。任意捜査の原則からは、実況見分で足りる場合は実況見分を行い、そうでない場合に検証を行うべきことになる。

(2)　検　証

ア　令状の請求手続・記載事項・検証の実施・立会い

検察官、検察事務官または司法警察職員は、犯罪の捜査をするについて必要があるときは、裁判官の発する令状により、**検証**をすることができる(218条1項。定義は2講**1**(2)**ウ**参照)。実務では、交通事故現場の状況を証拠化する場合などはほぼ実況見分が行われ、令状を取得して検証を実施するのは、被疑者の関係先を検証する場合や相手方の承諾が得られない場合などで、むしろ少ない。

捜索・差押えと異なり、物を発見するための処分をしたり、発見した者の占有を取得することはできないが、こうした検証の結果を証拠化する方法として、写真を撮影したり、図面を作成するのが一般である。

【設問21】

検証と捜索・差押えとの異同について説明せよ。

検証は、基本的に捜索・差押えと同じ条文に規定されており（218条1

項・222条1項)、その令状請求手続、令状記載事項、検証の実施および立会いに関する規定も、捜索・差押えと基本的に同じである。捜索・差押えと異なるのは、①**検証許可状**という令状が発付され(219条1項)、②請求にあたっては**検証許可状請求書**が作成・提出され、③**被疑者以外の者**を対象にする場合でも制限がなく、必要性があれば足りることである。

イ　検証に「必要な処分」

検証については、**身体の検査、死体の解剖、墳墓の発掘、物の損壊その他「必要な処分」**をすることができる(222条1項・129条)。内容が捜索・差押えの「必要な処分」とは異なるが、**比例原則**に従って、捜査の必要性に応じた相当なものでなければならないのは同様である。もっとも検証の実施主体は、捜索・差押えと同様に捜査機関であるから、「身体の検査」や「死体の解剖」といっても、医学等の専門的な知識を必要としない事実認識のためのものに限定される。専門的な知識を必要とする場合は、後述する鑑定嘱託による。

＊　リモート・アクセスと検証

令状により、または、逮捕に伴って**差押え済みのコンピュータやスマートフォンのクラウド・データ**を入手する必要が生じた場合、差押えは終了していることから、218条2項によりリモート・アクセスすることは許されないと考えられる。そこで、**「当該コンピュータやスマートフォン」に対する検証許可状**の発付を受けて、**検証に「必要な処分」としてリモート・アクセスする**ことは許されないかが問題になる。リモート・アクセスは、コンピュータやスマートフォンそれ自体の形状を五官の作用によって認識するものとはいえないから、消極に解される(東京高判平28・12・7高刑集69巻2号5頁)。しかし、**「当該コンピュータ等にネットワーク上で接続されたサーバ中、当該コンピュータによりアクセス可能な記録領域」に対する検証許可状**の発付を受ければ、検証としてリモート・アクセスすることも許されるのではないかとの指摘もある。

ウ　検証としての身体検査

【設問22】

拒否している者に対して、捜査機関が強制的に身体検査を行うことができるか。

身体検査は、検証の一種として認められているが、生命・身体の安全や名誉等にも関わるので、**身体検査令状**という特別な令状が必要とされている(218条1項)。

＊　**身体に対する捜索との差異**

前述１(2)のとおり**人の身体に対する捜索**も認められているが、これは人の身体を捜索場所として、衣服のポケットや頭髪、口腔等に差し押さえるべき物が存在していないかどうかを調べる場合である。これに対して、**検証としての身体検査**は、人の身体の状況そのものを五官の作用によって認識する場合（例えば、被疑者の身体の入れ墨を証拠化するなど）であり、物の発見を目的としていない。なお、後述４(2)エのとおり**鑑定処分としての身体検査**も認められているが、検証としての身体検査で許容されるのは捜査機関によって身体の外表部あるいは体腔の入口付近を認識することまでであり、それ以上に身体の内部まで検査する必要がある場合には、医師等の専門家によって鑑定処分としての身体検査として行われる。

身体検査令状を請求するには、検証許可状請求書に記載すべき事項に加えて、身体の検査を必要とする理由および身体の検査を受ける者の性別、健康状態等を示さなければならず（同条５項）、裁判所は、身体検査に関し、**適当と認める条件**を付することができる（同条６項）。例えば、医師の立会いを求めるなどである。

身体検査の実施にあたっては、身体を検査される者の性別、健康状態その他の事情を考慮した上、特にその方法に注意し、その者の名誉を害しないように注意しなければならず、特に**女子の身体**を検査する場合には、**医師または成年の女子**をこれに立ち会わせなければならない（222条１項・131条１項・２項）。

正当な理由なく身体検査を拒否した者に対しては、まず**間接強制**ができる。裁判所は決定で、10万円以下の過料に加え、生じた費用の賠償を命ずることができる（222条１項・137条）。あるいは、10万円以下の罰金または拘留に処することができる（222条１項・138条１項）。間接強制の効果がないときは、**直接強制**として、そのまま身体の検査を行うことができる（222条１項・139条）。この場合、身体を検査される者が拒否しても、直接実力で強制的に身体検査することになるが、**比例原則**に従ったものでなければならない。

(3)　令状によらない検証

【設問23】

令状がなくても検証ができる場合があるか。

捜索・差押えと同様に、「逮捕する場合」に「逮捕の現場」で、**無令状検証**をすることができる（220条１項２号）。例えば、写真撮影をすることができる。このとき、身体検査を実施することも可能であるが、222条1項は220条1項2号の検証にも適用されるから、前述したような身体検査をする際の配慮や注意が必要となる。

また、**身体の拘束を受けている被疑者**の指紋、足型を採取し、身長・体重を測定し、写真を撮影するには、被疑者を裸にしない限り、令状は不要である（218条3項）。このように、逮捕した被疑者には無令状での指紋採取や写真撮影が認められていることから、逮捕に伴う検証として無令状で身体検査をしなければならない実際の場面は、それほど多くないものと思われる。

3　通信傍受

(1)　意　義

【設問24】

被害者から、被疑者との会話を録音したテープの任意提出を受けた。これを再生して聞くことは、通信傍受に当たるか。

通信傍受とは、犯罪の捜査のため、**通信の当事者のいずれの同意も得ないで電気通信の傍受を行う**強制処分をいう。電気通信には、固定電話、携帯電話、電子メール等が含まれる。強制処分法定主義との関係から、刑訴法は、通信傍受については「別の法律で定めるところによる」との規定を定め（222条の2）、「別の法律」として、犯罪捜査のための通信傍受に関する法律（通信傍受法）が制定されている。

＊　通信傍受に該当しない場合

例えば誘拐事件の犯人からの電話を被害者の同意を得て傍受する場合のように、通信の当事者のいずれかの同意を得て通信内容を傍受することは、任意捜査として許される（→16講3）。また、傍受とは、その通信内容を知るため、現に行われている他人間の電話その他の電気通信を受けることをいうから、終了した通話内容の録音体や電子メールについては、捜索・差押えの手続によって押収できる。したがって、**【設問24】**は通信傍受に当たらない。

(2)　要　件

ア　対象犯罪

【設問25】

殺人罪の被疑者の通信を傍受することはできるか。

通信傍受法の対象犯罪は、当初、①**薬物犯罪**、②**銃器犯罪**、③**集団密航**、④**組織的殺人**の4類型に限定されていたが（通信傍受3条1項・別表第1）、平成28（2016）年改正により、さらに⑤**殺傷犯**（現住建造物等放火、殺人、傷害、傷害致死、爆発物の使用）、⑥**逮捕・監禁、略取・誘拐**、⑦**窃盗・強盗、詐欺・恐喝**、⑧**児童ポルノ**が加えられ、拡大された（同別表第2）。これらの別表第2の罪については、特に「当該罪に当たる行為が、あらかじめ定められた役割の分担に従って行動する人の結合体により行われるもの」であると疑うに足りる状況があることも必要とされ、**組織的犯行態様の犯罪解明**を目的とする場合に限定されている（同3条1項）。したがって、単なる殺人罪の被疑者である場合には、その通信を傍受できない。

イ　令状発付の要件

【設問26】
傍受令状と捜索差押許可状または検証令状との違いは何か。

通信傍受は、**傍受令状**に基づいて行われるが、傍受令状発付には、以下の①から④の要件が必要とされており（同3条1項）、捜索差押許可状や検証令状よりも大幅に要件が加重されている。

① 以下のいずれかの要件を充たすこと
- **対象犯罪**が**犯された**と疑うに足りる**十分な理由**があること
- **対象犯罪**が犯され、引き続き同一または同種の対象犯罪または当該対象犯罪の実行を含む一連の犯行の計画に基づき対象犯罪が**犯される**と疑うに足りる**十分な理由**があること
- 死刑または無期もしくは長期2年以上の懲役もしくは禁錮に当たる罪が**対象犯罪**と**一体のもの**としてその実行に必要な準備のために犯され、引き続き当該対象犯罪が**犯される**と疑うに足りる**十分な理由**があること

② それら犯罪が**数人共謀**によるものであると疑うに足りる状況であること
③ それら犯罪について、その実行、準備または証拠隠滅等の謀議、指示等に関連する通信（**犯罪関連通信**）が行われると疑うに足りる状況があること
④ 他の方法によっては、犯人を特定しまたは犯行の状況もしくは内容を明らかにすることが**著しく困難**であること

ウ　令状の請求および発付

捜索差押許可状や検証令状と異なり、傍受令状の請求権者は、検察官であ

れば**検事総長が指定する検事**に、司法警察員であれば国家公安員会または都道府県公安委員会が指定する**警視以上の警察官等**に限定され、令状を発付する裁判官も**地方裁判所の裁判官**に限定されている（同４条１項）。

傍受令状に記載すべき事項は、①被疑者の氏名、②被疑事実の要旨、③罪名、④罰条、⑤傍受すべき通信、⑥傍受の実施の対象とすべき通信手段、⑦傍受の実施の方法および場所、⑧傍受ができる期間、⑨傍受の実施に関する条件、⑩有効期間およびその期間経過後は傍受の処分に着手することができず傍受令状はこれを返還しなければならない旨、⑪発付の年月日等であり、裁判官が記名押印しなければならない（同６条１項）。**被疑事実の要旨、罪名および罰条**のいずれも記載しなければならないとされている点で、捜索差押許可状や検証許可状と異なる。

傍受ができる期間は、令状発付時に**10日以内の期間**が定められ（同５条１項）、さらに10日以内の期間を定めて延長することができるが、通じて30日を超えることはできない（同７条１項）。

エ　傍受の実施

【設問27】

通信傍受では、誰が立会人となるのか。傍受令状に記載された「傍受すべき通信」かどうか不明な通信も傍受できるか。薬物犯罪について傍受中に、殺人の計画について話し合いをしていることがわかった場合、傍受できるか。

傍受令状は、**通信管理者等**に示さなければならないが、「被疑事実の要旨」についてはこの限りでない（同10条１項）。傍受の実施をするときは、**通信管理者等**を立ち会わせなければならないが、それができないときは、**地方公共団体の職員**を立ち会わせなければならない（同13条１項）。

傍受すべき通信は犯罪関連通信であるが、それに該当するかどうか明らかでないものは、その判断をするため、これに必要な最小限度の範囲に限り、当該通信の傍受をすることができる（同14条１項）。これを**スポットモニタリング**という。また、傍受を実施している間に、傍受令状に被疑事実として記載されている犯罪以外の犯罪であって、別表１または別表２の犯罪、あるいは死刑または無期もしくは短期１年以上の懲役もしくは禁錮に当たるものを実行したこと、実行していることまたは実行することを内容とするものと明らかに認められる通信が行われたときは、当該通信の傍受をすることができる（同15条）。これを**他犯罪傍受**という。したがって、**【設問27】**の場合、スポットモニタリングあるいは他犯罪傍受として、傍受できる。もっとも、他犯罪傍受の場合、**裁判官による事後審査**を受けなければならならず、要件に該当しない場合は当該通信の傍受は取り消される（同27条1項6号・3項）。

オ　傍受の合理化・効率化

【設問28】
平成28年改正により、通信傍受はどのように合理化・効率化されたのか。

前述のように傍受を実施するには通信管理者等の立会いが必要であるが、従来の方式では**傍受の実施中、常時の立会い**が必要である。そのため、立会人の確保に支障が生じる場合があったほか、立会人を確保する関係から実施場所も**通信管理者等の施設に限定**され、場所の確保にも支障が生じる場合があった。また、通信が行われたときに**リアルタイムでその内容の聴取等**をすることが前提になっており、捜査機関や立会人は、通話がなされるのを長時間にわたって待ち続けなければならなかった。こうした非合理・非効率が通信傍受の活用を妨げている一方で、実施の適正さを担保するには、引き続き捜査機関が傍受によって知りうる通信の範囲を必要最小限度とする措置を講じる必要があった。そこで平成28年改正では、従来の方式に加えて、**一時的保存を命じて行う通信傍受の実施（一時的保存命令方式）**および**特定電子計算機を用いる通信傍受の実施（特定電子計算機方式）**を導入し、傍受の実施の適正さを担保しつつ、その合理化・効率化を図った。

一時的保存命令方式は、捜査機関が、裁判官の許可を受けた上で、通信管理者等に命じて、傍受の実施中に行われた通信を**暗号化させた上で一時的に保存**させておき、その後、通信管理者等に命じてこれを復号させ、その立会いの下で再生し、その内容の聴取等をするものである（同20条・21条）。暗号化とは、鍵（暗号鍵）となる数値を用い、対象となるデータを一定の計算規則（関数）に基づいて変換し、元のデータがわからないようにする電子計算機による演算処理をいう。暗号化がなされると、その復号のための鍵（復号鍵）を知らない第三者が元のデータを復元することは不可能となる。改正法では、この暗号鍵と復号鍵を裁判官の命により裁判所の職員が作成することとし（同9条）、捜査機関が勝手に一時保存された通信の聴取等をしたり、改変等ができないようにした。こうした技術によって**リアルタイムで通信管理者等を立ち会わせて内容の聴取等をする必要はなくなった**。

特定電子計算機方式では、捜査機関が、裁判官の許可を受けた上で、通信管理者等に命じて、傍受の実施中に行われた通信を暗号化させ、**捜査機関の施設等に設置された特定電子計算機に伝送**させるものである。捜査機関は、伝送された通信について、受信と同時に復号する方法か、または、受信と同時に一時的に保存し、その後、特定電子計算機を用いて復号して再生する方法のいずれかによって、その内容の聴取等をすることができる（同23条）。この方式では、前述した暗号化の技術に加え、傍受・再生した通信のすべてを、経過を明らかにするに足りる事項とともに、改変できない形で自動的に記録媒体に記録する機能を有する特定電子計算機の技術が活用されている。こうした技術によって、従来の方式で立会人が果たしているチェック機能を代替することができ、傍受の実施状況の適正さを事後的に検証可能になった。そのため、この方式によるときは、**通信管理者等の立会人は不要**となり、立会人を確保する必要がないので、通信管理者等の施設ではなく**捜査機関の施設で傍受を実施することが可能**になった。

カ　傍受した通信の記録および事後措置等

【設問29】

傍受後、傍受した通信はどのように取り扱われるか。傍受に不服がある者に対する救済措置はあるか。

傍受した通信はすべて記録媒体に記録される（同24条１項）。これを**原記録**という。原記録は、立会人が封印をした上で（同25条１項・２項）、裁判官に提出しなければならない（同25条４項）。ただし、特定電子計算機を用いる通信傍受の場合には、暗号化により改変は不可能になっているので封印は不要とされ、原記録は傍受実施の終了後遅滞なく裁判官に提出すれば足りる（同26条４項）。検察官または司法警察員は、傍受した通信の内容を刑事手続で使用するため、原記録の複製から犯罪と無関係な通信の記録を消去した記録を作成する（同29条）。これを**傍受記録**という。

傍受記録に記録されている通信の当事者に対しては、傍受終了後、原則として30日以内に、通信を傍受したことなどが**通知**されるが、裁判官は、捜査が妨げられるおそれがあると認めるときは、検察官または司法警察員の請求により、60日以内の期間を定めて、通知を発しなければならない期間を延長することができる（同30条１項・２項）。通知を受けた通信の当事者は、傍受記録のうち当該通信に係る部分を聴取し、閲覧し、その複製を作成することができ（同31条）、傍受記録の正確性の確認のために必要があると認めるときその他正当な理由があると認めるときは、裁判官の許可により、原記録のうち当該通信に関する部分を聴取し、閲覧し、複製を作成することができる（同32条1項）。

裁判官がした通信の傍受に関する裁判に不服がある者は、その**裁判の取消しまたは変更**を請求することができる（同33条1項）。検察官または検察事務官がした通信の傍受または再生に関する処分に不服がある者は、その処分の取消しまたは変更を請求することができる（同条2項）。

4　鑑定嘱託

(1)　意　義

検察官、検察事務官または司法警察職員は、犯罪の捜査をするについて必要があるときは、被疑者以外の者に鑑定、通訳または翻訳を嘱託することができる（223条1項）。**鑑定**とは、特別の知識経験に基づく意見判断の報告をいい、通訳、翻訳は鑑定の一種である。

(2)　鑑定人と鑑定受託者

【設問30】
鑑定人と鑑定受託者との異同について説明せよ。

ア　宣誓の義務

裁判所は、学識経験のある者に鑑定を命ずることができる（165条）。裁判所が同条に基づき鑑定を依頼する場合は**鑑定人**となり、**宣誓の義務**がある（166条）。もし虚偽の鑑定をすれば、虚偽鑑定罪により処罰される（刑171条）。しかし、検察官、検察事務官または司法警察職員が223条1項に基づいて鑑定を嘱託する場合は**鑑定受託者**といわれ、宣誓の義務はなく、もし虚偽の鑑定をしても、虚偽鑑定罪は成立しない。鑑定人は裁判所の補助者として中立公正さが強く求められるのに対し、鑑定受託者は捜査機関の補助者であることから、こうした差異が認められていると考えられる。

イ　鑑定留置

鑑定人・鑑定受託者ともに、必要があるときは、**鑑定留置**をすることができる（167条1項・224条1項）。鑑定留置とは、人の心神または身体の鑑定を行うために必要がある場合に、期間を定め、病院その他の相当な場所に被疑者を留置することをいう。典型例としては、責任能力に疑いがある被疑者について、病院に留置して数カ月間にわたり精神科医による鑑定を実施する場合がある。

鑑定留置をするには、鑑定人・鑑定受託者ともに裁判所または裁判官が発した**鑑定留置状**がなければならない（167条２項・224条２項）。

ウ　鑑定処分

鑑定人・鑑定受託者ともに、必要があるときは、①人の住居、人の看取する邸宅、建造物または船舶内への立入り、②身体検査、③死体解剖、④墳墓発掘、⑤物の破壊をすることができる（168条１項・225条１項）。こうした鑑定に必要な強制処分を**鑑定処分**という。

鑑定処分を行うには、鑑定人の場合は裁判所または裁判官が発した**鑑定許可状**が、鑑定受託者の場合は裁判官が発した**鑑定処分許可状**が必要である（168条２項・225条３項）。

エ　鑑定処分としての身体検査

鑑定処分として身体検査を行おうとしたが、身体検査をされる者がこれを拒否した場合、鑑定人であれば、裁判官にその者の身体検査を請求すれば、裁判官が身体検査を**間接強制**するのみならず、**直接強制**することもできる（172条・137条～139条）。しかし、鑑定受託者の場合は、225条４項が168条６項を準用し、172条を準用していないので、身体検査の**間接強制**はできるが、**直接強制**はできないと考えられている。この違いは、強制採尿や強制採血の問題で重要となる（→18講）。

5　公務所等への照会

捜査のため必要があれば、公務所または公私の団体に照会して必要な事項の報告を求めることができる（197条２項）。照会ができる主体に法律上の制限はないため、検察事務官や司法巡査であっても照会はできるが、実務上は「捜査関係事項照会書」という書面により、検察官あるいは司法警察員である警察署長名で照会するのが通常である。市役所に戸籍謄本の送付を求めること、銀行に口座取引記録の提出を求めることなどがよくある例である。この報告を求められた公務所等は、報告する義務を負う。したがって、照会に回答しても**守秘義務違反**の責任を問われることはない。

しかし、その義務の履行を強制する方法はなく、**任意捜査**の１つと考えられている。そのため、公務所等が回答を拒否した場合には、関係者の出頭を求めて取り調べるか、令状を得て捜索・差押えの手段をとることになる。

6　供述証拠の収集

(1)　被疑者の出頭要求・取調べ

【設問31】
被疑者を取り調べるときは、どのような手続によらなければならないか。被疑者以外の者を取り調べる場合はどうか。

検察官、検察事務官または司法警察職員は、犯罪の捜査をするについて必要があるときは、被疑者の出頭を求め、これを取り調べることができる(198条1項本文)。ただし、被疑者は、逮捕または勾留されている場合を除いては、出頭を拒み、または出頭後、いつでも退去することができる(同項但書)。逮捕・勾留されていない被疑者は、自ら警察署あるいは検察庁に出頭して、取調べを受ける。実務上は、このように逮捕・勾留されていない被疑者の事件を**在宅事件**という。在宅の被疑者に対する取調べは、任意捜査である(→任意同行・任意取調べに関連する問題につき、16講**5**)。

被疑者の取調べに際しては、被疑者に対し、あらかじめ、自己の意思に反して供述する必要がない旨を告げなければならない(198条2項、**黙秘権の告知**)。

被疑者の供述は、調書に録取することができる(198条3項)。供述を録取した調書を**供述録取書**または**供述調書**という。供述調書は、被疑者に**閲覧**させ、または**読み聞かせ**て、誤りがないかどうかを確認し、被疑者が**増減変更の申立て**をしたときは、その供述を調書に記載しなければならない(198条4項)。「このことも調書に書いてほしい」が「増」、「調書のここの部分は書かないでほしい」が「減」、「調書のここの部分はこう変えてほしい」が「変更」である。最終的に、被疑者が、調書に誤りのないことを申し立てたときは、これに**署名押印**することを求める

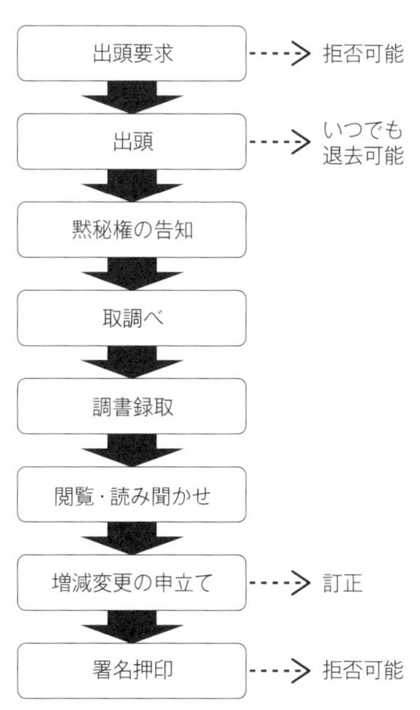

書式3

供　述　調　書

本　籍　S市城南区寺山町２丁目４番
住　居　同市西区大浜１丁目３番市営アパート２号棟２３３号室
職　業　無　職
氏　名　　　　　　　　　　　　　　　　　　　　　X
平成１１年2月１６日生（２０歳）

上記の者に対する　強盗致傷　被疑事件につき，令和２年1月１１日S県中央警察署において，本職は，あらかじめ被疑者に対し，自己の意思に反して供述をする必要がない旨を告げて取り調べたところ，任意次のとおり供述した。

1　言いたくないことは言わなくてよいことは分かりました。

2　私は，令和２年１月６日午前１時５分ころ，S市中央区にあるU公園で，Yと一緒になってAさんという男の人を殴ったり蹴ったりして，無理矢理にAさんの手提げかばんを奪い，１か月のけがを負わせたという事実で逮捕されました。

私が，逮捕された事実のとおり，Aさんを殴ったり蹴ったりしたことは，間違いありません。

しかし，Aさんの手提げかばんを奪うつもりはありませんでした。

私は，Aさんが私を小馬鹿にしたような態度をとったため，頭にきてAさんを殴ったり蹴ったりしたのです。

そのことは，Yに聞いてもらえば分かるはずです。

3　Yも，このとき，私と一緒になって，Aさんを殴ったり蹴ったりしていました。

YがAさんを殴ったり蹴ったりしていた理由は，よく分かりません。

少し前のことで，記憶が曖昧になっているため，詳しい話をするのは記憶を整理してからにしてください。

以上のとおり録取して読み聞かせた上，閲覧させたところ，以下のとおり訂正を申し立てた。

もう一度よく思い出してみると，Yが私と一緒にAさんを殴ったり蹴ったりしていたとはっきり言えないので，3の1行目と2行目を削除し，「Yが私と一緒になって，Aさんを殴ったり蹴ったりしていたかどうかは，よく分かりません。」と訂正してください。

それ以外は間違いありません。

X　　　　指印

以上のとおり録取して読み聞かせた上，閲覧させたところ，誤りのないことを申し立て，末尾に署名指印した。

前同日

S県中央警察署
司法警察員警部補　　H　　㊞

S県警察

ことができる。ただし、被疑者が署名押印を拒絶した場合は、この限りでない（198条5項）。供述調書の記載例は、書式3のとおりである。

(2) 被疑者以外の者の出頭要求・取調べ

検察官、検察事務官または司法警察職員は、犯罪の捜査をするについて必要があるときは、被害者、目撃者、その他の事件関係者ら被疑者以外の者の出頭を求め、これを取り調べることができる（223条1項）。被疑者以外の者の取調べについては、黙秘権の告知について定めた198条2項を除いて、被疑者取調べの規定が準用される。したがって、黙秘権の告知をしないこと以外は、被疑者取調べと同様である。

(3) 第1回公判期日前の証人尋問の請求

【設問32】

第1回公判期日前の証人尋問が認められているのはなぜか。どのような場合に実施することができるのか。

被疑者以外の者は、捜査機関からの出頭の要求を拒否できるし、出頭してもいつでも退去できる。さらに、供述調書への署名押印を拒否することができる。署名押印のない供述調書は、原則として証拠にならない（321条1項「被告人以外の……者の供述を録取した書面で供述者の署名若しくは押印のあるもの」参照）。そうすると、例えば重要な目撃者が出頭を拒否したままであったり、出頭はするものの供述しなかったり、供述調書への署名押印を拒否している場合には、証拠の収集ができず、捜査の目的を達成することが困難となる。また、例えば暴力団による事件で、捜査機関の取調べに対し、子分が親分の関与を供述したものの、「親分の前では絶対に証言できない」と訴えている場合など、供述調書を作成しておくだけでは将来の立証に不安を残すときもある。このような場合を念頭に置いて認められているのが、第1回公判期日前の証人尋問の請求である。

検察官は、裁判官に対し、以下の場合に、第1回公判期日前に限って、証人尋問の請求をすることができる。

① **出頭・供述拒否の場合**、すなわち犯罪の捜査に欠くことのできない知識を有すると明らかに認められる者が、223条1項に基づく取調べに対して、出頭または供述を拒んだ場合（226条1項）

② **将来供述を翻すおそれがある場合**、すなわち223条1項に基づく取調べに際して任意の供述をした者が、公判期日においては前にした供述と異な

る供述をするおそれがあり、かつ、その者の供述が犯罪の証明に欠くことができないと認められる場合（227条1項）

このうち②については、かつては「公判期日においては圧迫を受け前にした供述と異る供述をする虞があり」と規定されていたが、同条に基づく証人尋問の活用を促進するため、平成16（2004）年改正により「圧迫を受け」の文言が削除され、要件が緩和された経緯がある。

なお、わが国では**被疑者・被告人**は自らの事件について証人になることができないと解されているから（→8講2(2)）、自らの事件において、この制度の対象になることもない。他方、**被害者**であっても、①か②の場合に該当すれば、この制度の対象となる。

この証人尋問は、あくまでも捜査の一環として行われるものであるから、**被疑者（起訴後に実施されれば被告人）および弁護人に立会権はない**。もっとも、裁判官が捜査に支障がないと認めるときは、被疑者および弁護人を立ち会わせることができる（228条2項）。

この証人尋問請求が認められると、それまで被疑者以外の者として取調べの対象となっていた者は**証人として出頭、宣誓、証言の義務を負う**から（228条1項・150条・151条・152条・160条・161条参照）、**強制捜査**の1つと理解されている。証人尋問の結果、証人尋問調書が作成されるが、これは裁判官の面前での供述を録取した書面であり、将来の公判では**321条1項1号の書面**として扱われ、伝聞法則の例外として重要となる（→10講・28講）。

(4) 合意制度

【設問33】

合意制度とは何か。合意制度に対してはどのような懸念がもたれているか。そうした懸念が現実化しないようにするため、どのような手当てが講じられているか。

ア　概要および趣旨

合意制度は、**一定の財政経済犯罪および薬物銃器犯罪**につき、**被疑者・被告人**が、**共犯者等の他人の刑事事件**の解明に資する真実の供述をするなどの**協力行為**を行えば、**検察官**がこれを被疑者・被告人に有利に考慮して、当該事件を不起訴にしたり、一定の軽い求刑をするといった**処分の軽減等を合意**するものである。

組織的な犯罪において、首謀者の関与を含む事案の全容を解明するには、組織内部の者の供述等が不可欠な場合が少なくないが、これまでそのような供述等を得るための捜査手法は**取調べ**しか認められていなかった。しかし、捜査環境の変化により（→16講5(2)コラム参照)、現在では取調べに過度に依存する捜査を続けていくのは困難な状況になっており、**適正かつ多様な方法で証拠収集**をすることができるようにするため、平成28年改正によって合意制度が導入された。その理論的根拠は、被疑者・被告人による協力行為を「犯罪後の情況」(248条）として有利に考慮することも**検察官の訴追裁量権**の範囲内の行為として認められるという点にある（→6講1(3)イ)。

イ　合意の手続

合意の主体は、**検察官および被疑者・被告人**であるが（350条の2第1項柱書)、合意をするには**弁護人の同意**がなければならない（同条の3第1項)。なお、**法人**も両罰規定の対象として被疑者・被告人になれば、合意の主体になれる。

被疑者・被告人による協力行為として合意の内容にできるのは、**他人の刑事事件**について、①**取調べ**の際に真実の供述をすること、②**証人尋問**において真実の供述をすること、③**その他証拠の提出等**の必要な協力をすることである（同条の2第1項1号)。いわゆる他人の刑事事件の捜査・公判に協力することに合意する**捜査・公判協力型**の制度となっており、被疑者・被告人が自己の犯罪を認めることに合意する**自己負罪型**の制度にはなっていない。自己負罪型は真に責任を問うべき上位者の検挙・処罰に資するものではなく、いわゆる「ごね得」を招き、かえって真相の解明を困難にするおそれがあると考えられたためである。

検察官が処分の軽減等として合意の内容にできるのは、被疑者・被告人の事件について、①**公訴を提起しない**ことまたは取り消すこと、②**特定の訴因・罰条**により公訴を提起しまたは維持すること、③**論告**において、被告人に特定の刑を科すべき旨の意見を陳述すること、④**略式命令請求**をすることなどである（同項2号)。

検察官は、合意の相手方となる被疑者・被告人の協力行為により「**得られる証拠の重要性、関係する犯罪の軽重及び情状、当該関係する犯罪の関連性の程度その他の事情を考慮して、必要と認めるとき**」に合意することができる（同条1項柱書)。「関係する犯罪」とは被疑者・被告人の事件および他人の刑事事件のことをいう。これらの犯罪の間に関連性がなければ合意ができないわけではないが、全く関連性のない犯罪で合意をすることは制度の趣旨からしても考えにくく（例えばたまたま留置施設で同室になった者が室内で他人の話を聞いてそれを検察官に売り込んでくる場合など)、通常は共犯事件など関連性のある場合が想定されている。

財政経済犯罪	薬物銃器犯罪
刑法犯 ①強制執行妨害(刑96条～96条の6)、②文書・有価証券偽造(刑155条～163条)、③支払用カード電磁的記録不正作出等(163条の2～5)、④贈収賄(刑197条～197条の4および198条)、⑤詐欺・恐喝(刑246条～250条)、横領(252条～254条)、⑥対象犯罪に係る犯人蔵匿・証拠隠滅、証人等威迫(刑103条～105条の2)	特別法犯 ①爆発物取締罰則、②大麻取締法、③覚醒剤取締法、④麻薬及び向精神薬取締法、⑤武器等製造法、⑥あへん法、⑦銃砲刀剣類所持等取締法、⑧麻薬及び向精神薬取締法等の特例に関する法律
組織的犯罪処罰法 組織的な強制執行妨害(3条1項1～4号)、組織的な詐欺・恐喝(同項13・14号)、犯罪収益等隠匿・収受(10条・11条)	
その他政令で定めるもの 租税に関する法律、独占禁止法、金融商品取引法など	

合意制度の対象となる犯罪(**特定犯罪**)は、一定の財政経済犯罪および薬物銃器犯罪に限定されている上、**死刑または無期懲役・禁錮に当たる罪は除外**されている(同条2項柱書および1～5号)。生命・身体に対する罪や極めて重大な罪を合意制度の対象にすることは、まだ国民の納得が得られないと考えられたためである。対象犯罪の主なものは、上の表のとおりである。なお、これらの対象犯罪に係る司法妨害の罪、すなわち犯人蔵匿(刑103条)、証拠隠滅(刑104条)、証人等威迫(刑105条の2)も対象犯罪となる(刑訴350条の2第2項5号)。合意は要式行為であり、検察官、被疑者・被告人および弁護人は、合意の内容を明らかにする**合意内容書面**を作成し、これに連署しなければならない(350条の3第2項)。後述するように、当該書面は将来の公判で証拠調べが義務づけられており、合意の存在を前提とした慎重な審理・判断がなされることを担保しようとしている。

ウ　協議の手続

合意の前提として、**検察官、被疑者・被告人および弁護人の三者**で協議を行う(350条の4本文)。検察官および弁護人の二者で協議の一部を行うことができる場合もあるが(同条但書)、検察官および被疑者・被告人の二者で協議を行うことは一切認められていない。

検察官は、協議において、被疑者・被告人に対し、他人の刑事事件についての**供述の聴取**をすることができる(同条の5第1項)。この供述の聴取は、取調べと同様に供述拒否権が告知されるが、協議の一部であるから取調べとは異なって**弁護人が同席**する。合意が成立しなかったときは、聴取された供述は証拠とすることができない（同条の5第2項）。

なお、**司法警察員が送致・送付した事件等**であれば、検察官は協議をするに先立って司法警察員と協議しなければならず、必要と認めるときは協議における供述の聴取その他必要な行為を司法警察員にさせることができる（同条の6第1項・2項）。

エ　合意の履行・離脱

合意が成立すると、検察官および被疑者・被告人はそれぞれ**合意の内容を履行する義務**を負う。検察官が不起訴合意に違反して公訴を提起したときには、裁判所は**公訴棄却の判決**をしなければならず（350条の13）、また、検察官が合意に違反したときは、協議における被疑者・被告人の供述あるいは協力行為により得られた証拠は、**証拠とすることができない**（350条の14第1項）。他方、被疑者・被告人が合意に違反して**虚偽の供述等**をしたときは、**5年以下の懲役**に処す（350条の15第1項）。

合意の当事者が合意に違反した場合、その相手方は合意から離脱することができる（350条の10第1項1号）。離脱も要式行為であり、離脱の理由を記載した**合意離脱書面**を作成して、相手方に対し合意から離脱する旨を告知する。

オ　いわゆる巻き込みの危険への対処

【設問33】で問題にしたところだが、合意制度に対しては、**被疑者・被告人が虚偽の供述をして第三者を巻き込むおそれがある**との懸念が強く、こうした懸念が現実化しないようにするため、以下の①から③のような制度的な手当てが講じられた。

まず、前述した①**弁護人の関与**や、②**虚偽供述等に対する罪**がある。なお、虚偽供述等に対する罪については、自己および他人の刑事事件の裁判が確定する前に自白すれば刑を減免しうることとされ（350条の15第2項）、政策的な見地から一旦虚偽供述等がなされた後にも真実を供述するように動機づけがなされている。

さらに、③公判手続の特例として、検察官は、**合意をした被告人の公判**および**合意に基づく供述が証拠として用いられる他人の公判**のいずれにおいても、前述した**合意内容書面**のほか、離脱がなされた場合には**合意離脱書面の証拠調べ義務**を負い、合意の存在および内容を明らかにしなければならないとされている（350条の7～9）。合意をした被告人の公判においては、これらの書面は情状証拠等として用いられるが、他人の公判においては、当該他人およびその弁護人により、合意の存在および内容を踏まえて反対尋問を行うなど十分な防御を可能にし、裁判所においても合意に基づく供述等の信用性を慎重に吟味することを可能にしようとするものである。

第４講　捜査(3)――犯人の発見・確保と捜査の終結

◆学習のポイント◆

1　通常逮捕、現行犯逮捕、緊急逮捕の異同を正確に理解しておこう。

2　３種類の逮捕の要件と手続については、条文上の根拠を示せるようにしよう。

3　逮捕後の手続の流れと、勾留する場合の要件や期間についても、時間や日数などの数字を含め、条文上の根拠を確認しながら正確に理解しよう。

4　逮捕前置主義の条文上の根拠と趣旨についても、理解しておこう。

5　警察における捜査が一応完了した場合の措置と、事件送致に関する例外的取扱いについて、条文に則して説明できるようにしておこう。

1　身体の拘束

(1)　事件単位の原則

事件単位の原則とは、逮捕・勾留の効力は、逮捕・勾留の基礎となっている被疑事実にのみ及び、それ以外の事実には及ばないということである。

事件単位の原則からは、同一人を別の被疑事実で逮捕・勾留することを繰り返し、あるいは別の被疑事実で同時に逮捕・勾留すること（二重逮捕・勾留）も認められる。後述するように**逮捕・勾留をするには被疑事実が必要とされ、裁判官は被疑事実を単位として逮捕・勾留の可否について審査する**から、**令状主義**の趣旨からしても事件単位の原則によるのが妥当であり、現在の通説である。

以下では逮捕・勾留の要件を検討していくが、事件単位の原則からは、逮捕・勾留の要件を考える際には、当該被疑事実についてのみ考慮しなければならず、**別の被疑事実（余罪）**を考慮することは認められない。もっとも、余罪が当該被疑事実と密接に関連する場合などは、例外的に考慮することも認められている。

⑵ 逮　捕

ア　通常逮捕

【設問1】

逮捕状は、どのようにして発付されるのか。

「何人も、現行犯として逮捕される場合を除いては、権限を有する司法官憲が発し、且つ理由となつてゐる犯罪を明示する令状によらなければ、逮捕されない」（憲33条）。逮捕は、被逮捕者の身体の自由という重大な権利・利益を侵害する強制処分であるから、原則として捜査機関のみの判断で行うことはできず、中立公平な立場にある裁判官が事前に審査した上で、令状を発付することによって行わなければならない。そのため、検察官、検察事務官または司法警察職員は、「被疑者が罪を犯したことを疑うに足りる相当な理由」があるとき、裁判官のあらかじめ発する逮捕状により、これを逮捕することができる（刑訴199条1項）。このように、事前に裁判官が発付した逮捕状による逮捕を**通常逮捕**といい、これが逮捕の原則型である。

逮捕状を請求できるのは、検察官または司法警察員であるが、司法警察員が警察官である場合、**警部以上**の者しか請求できない（199条2項）。このような限定がされている令状は逮捕状だけであり、人身を拘束する令状であるために特に慎重な考慮が払われている。したがって、検察事務官および司法巡査は、逮捕状を執行することはできるが、逮捕状を請求することはできない。

逮捕状の請求は、逮捕状請求書によってしなければならない（規139条1項）。逮捕状請求書には、①被疑者の氏名、年齢、職業および住居、②罪名および被疑事実の要旨、③被疑者の逮捕を必要とする事由、④請求者の官公職氏名、⑤請求者が警察官たる司法警察員であるときは、法199条2項の規定による指定を受けた者である旨（警部以上であること）、⑥7日を超える有効期間を必要とするときは、その旨および事由、⑦逮捕状を数通必要とするときは、その旨および事由、⑧同一の犯罪事実または現に捜査中である他の犯罪事実についてその被疑者に対し前に逮捕状の請求またはその発付があったときは、その旨およびその犯罪事実、を記載しなければならない（規142条1項1～8号）。**《事例1》**でXを逮捕する際の逮捕状請求書であれば、**書式4**のような記載になる。これらの記載を欠いた逮捕状請求書によって発付された逮捕状は違法無効とされる場合があるので、正確に記載するよう

書式 4

逮 捕 状 請 求 書

令和 2 年 1 月 7 日

S 地方裁判所
裁判官 殿

S 県 中央 警察署
刑事訴訟法第 199 条 2 項による指定を受けた司法警察員
警部 G ㊞

下記被疑者に対し，強盗致傷 被疑事件につき，逮捕状の発付を請求する。

記

1 被疑者
氏 名 X
年 齢 平成 11 年 2 月 16 日生（20 歳）
職 業 無 職
住 居 S 市西区大浜 1 丁目 3 番市営アパート 2 号棟 233 号室

2 7 日間を超える有効期間を必要とするときは，その期間及び事由
㊞

3 引致すべき官公署又はその他の場所
S 県中央警察署又は逮捕地を管轄する警察署

4 逮捕状を数通必要とするときは，その数及び事由
㊞

5 被疑者が罪を犯したことを疑うに足りる相当な理由
⑴被害届 ⑵供述調書 ⑶実況見分調書 ⑷各種捜査報告書 ⑸その他照会文書

6 被疑者の逮捕を必要とする事由
嫌疑は悪質重大で，被疑者が共犯者と通謀して罪証隠滅を図るおそれがあるほか，犯行後住居地に戻らず所在不明になるなど，逃亡のおそれも大きい。

7 被疑者に対し，同一の犯罪事実又は現に捜査中である他の犯罪事実について，前に逮捕状の請求又はその発付があったときは，その旨及びその犯罪事実並びに同一の犯罪事実につき更に逮捕状を請求する理由
㊞

8 30 万円（刑法，暴力行為等処罰に関する法律及び経済関係罰則の整備に関する法律以外の罪については，2 万円）以下の罰金，拘留又は科料に当る罪については，刑事訴訟法第 199 条第 1 項ただし書に定める事由
㊞

9 被疑事実の要旨
被疑者は，金品強取の目的で，Y と共謀の上，令和 2 年 1 月 6 日午前 1 時 5 分頃，S 市中央区東 1 丁目 2 番 3 号 U 公園において，帰宅中の A（当時 55 歳）に対し，その顔面，胸部及び腹部等を多数回殴る蹴るの暴行を加え，その反抗を抑圧した上，同人所有の現金 2 万 3,000 円及び財布等 10 点在中の手提げかばん 1 個（時価合計約 3 万円相当）を強取し，その際，同人に全治約 1 か月間を要する左肋骨骨折等の傷害を負わせたものである。

に注意が必要である（8号につき、19講4参照）。

【設問2】

裁判官が逮捕状を発付できるのは、どのような場合か。

逮捕状の請求を受けた裁判官は、「被疑者が罪を犯したことを疑うに足りる**相当な理由**」があると認めるときは、逮捕状を発する。ただし、明らかに**逮捕の必要性**がない場合には、この限りではない（199条2項）。このように、裁判官が逮捕状を発付できるのは、①「被疑者が罪を犯したことを疑うに足りる**相当な理由**」と②**逮捕の必要性**がある場合である。

①は、**逮捕の理由**ともいわれ、特定の被疑者が、特定の犯罪を犯したことについて、**相当の嫌疑**があるという意味である。

②は、被疑者の年齢、境遇、犯罪の軽重および態様、その他諸般の事情に照らし、被疑者に**逃亡のおそれ**があるか、**罪証隠滅のおそれ**がある場合に認められる（規143条の3）。

したがって、逮捕状請求をする検察官または警部以上の司法警察員は、当該被疑者が特定の犯罪を犯したことについて相当の嫌疑があり、かつ、被疑者に逃亡のおそれまたは罪証隠滅のおそれがあることを認めるべき**疎明資料**を、裁判官に提供しなければならない（規143条）。捜索・差押えや検証のための令状請求時に「正当な理由」があることを明らかにする証拠が求められる（→3講**1**(2)**イ**）のと同様であるが、逮捕のときには逮捕の理由に加え、逮捕の必要性まで明らかにする証拠を揃えなければ、捜査機関がいかに疑わしいと思う者がいたとしても、逮捕をすることはできない。

＊　逮捕の必要性が否定される場合

実務では、迷惑防止条例違反、公然わいせつ、暴行、器物損壊などのうち、**事案が比較的軽微**である上、①被疑者に定職や家族があって**生活が安定**している場合、②被疑者が**高齢**または**年少**で逮捕の弊害が大きい場合、③**犯行発覚から相当期間が経過**しているが、その間に逃亡または罪証隠滅が行われなかった場合、などに逮捕の必要性が否定されている。

なお、**一定の軽微事件**（30万円……以下の罰金、拘留または科料に当たる罪）については、逮捕状により逮捕できるのは「被疑者が定まった住居を有しない場合又は正当な理由がなく〔198条の〕出頭の求めに応じない場合」に限られている（199条1項但書）。

以上を整理すると、通常逮捕の可否は次の図のように考えることができる。

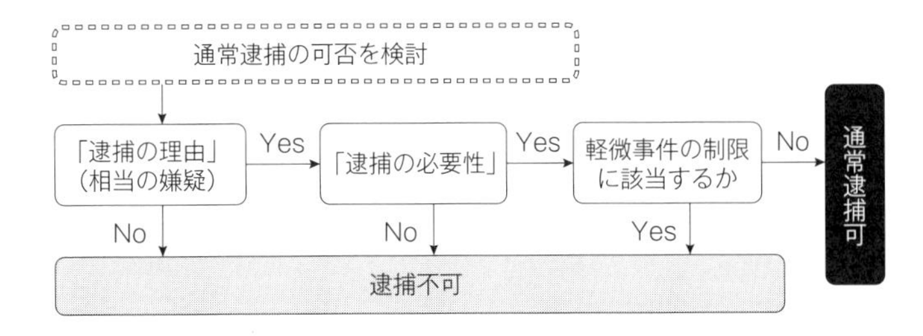

逮捕状には、①被疑者の氏名および住居、②罪名、被疑事実の要旨、③引致すべき官公署その他の場所、④有効期間およびその期間経過後は逮捕をすることができず令状はこれを返還しなければならない旨、⑤発付の年月日等を記載し、裁判官がこれに記名押印しなければならない（200条1項）。**《事例1》**のXの逮捕状であれば、書式5のような記載になる。なお、引致とは、身体の自由を拘束した者を一定の場所または一定の者のところに強制的に連行することをいい、「○○警察署」など、逮捕後に被疑者を連行すべき場所が記載される。

【設問3】
逮捕状は、逮捕に先立って必ず被疑者に示さなければならないか。

逮捕状により被疑者を逮捕するには、逮捕状を被疑者に示さなければならない（201条1項）。もっとも、裁判官から逮捕状の発付を受けているものの、逮捕状を所持していないためこれを示すことができず、急速を要するときは、被疑者に対し被疑事実の要旨および逮捕状が発せられている旨を告げて、逮捕することができる（201条2項・73条3項本文）。これを**逮捕状の緊急執行**という。後述する「緊急逮捕」と混同しないように注意しよう。この場合、逮捕状はできる限り速やかに被疑者に示さなければならない（73条3項但書）。

イ　現行犯逮捕

【設問4】
「現行犯人」とは何か。「準現行犯人」とはどのように違うのか。

現行犯人とは、「**現に罪を行っている者**」または「**現に罪を行い終った者**」をいう（212条1項）。前者は実行行為を行いつつある場合、後者は実行行為

書式5

<table>
<tr><td colspan="3">逮　捕　状（通常逮捕）</td></tr>
<tr><td rowspan="4">被疑者</td><td>氏　名</td><td>X</td></tr>
<tr><td>年　齢</td><td>平成11年2月16日生</td></tr>
<tr><td>住　居</td><td>S市西区大浜1丁目3番市営アパート2号棟233号室</td></tr>
<tr><td>職　業</td><td>無　職</td></tr>
<tr><td colspan="2">罪　名</td><td>強盗致傷</td></tr>
<tr><td colspan="2">被疑事実の要旨</td><td>別紙のとおり</td></tr>
<tr><td colspan="2">引致すべき場所</td><td>S県中央警察署又は逮捕地を管轄する警察署</td></tr>
<tr><td colspan="2">有効期間</td><td>令和2年1月14日まで</td></tr>
<tr><td colspan="3">有効期間経過後は，この令状により逮捕に着手することができない。この場合には，これを当裁判所に返還しなければならない。
有効期間内であっても，逮捕の必要がなくなったときは，直ちにこれを当裁判所に返還しなければならない。</td></tr>
<tr><td colspan="3">上記の被疑事実により，被疑者を逮捕することを許可する。
令和2年1月7日
S地方裁判所
裁判官　N　㊞</td></tr>
<tr><td colspan="2">請求者の官公職氏名</td><td>S県中央警察署
司法警察員警部　G</td></tr>
<tr><td colspan="2">逮捕者の官公職氏名</td><td>S県中央警察署
司法警察員警部補　H　㊞</td></tr>
<tr><td colspan="2">逮捕の年月日時及び場所</td><td>令和2年1月11日　午前11時25分
S県中央警察署　で逮捕</td></tr>
<tr><td colspan="2">記名押印</td><td>S県中央警察署
司法警察員警部補　H　㊞</td></tr>
<tr><td colspan="2">引致の年月日時</td><td>令和2年1月11日　午前11時26分</td></tr>
<tr><td colspan="2">記名押印</td><td>S県中央警察署
司法警察員警部補　H　㊞</td></tr>
<tr><td colspan="2">送致する手続をした年月日時</td><td>令和2年1月12日　午前8時10分</td></tr>
<tr><td colspan="2">記名押印</td><td>S県中央警察署
司法警察員警部　G　㊞</td></tr>
<tr><td colspan="2">送致を受けた年月日時</td><td>令和2年1月12日　午前9時15分</td></tr>
<tr><td colspan="2">記名押印</td><td>S地方検察庁　検察事務官　M　㊞</td></tr>
</table>

を行い終わった直後をいい、いずれも結果が発生した必要はなく、**未遂犯**も含まれる。

現行犯人は、何人でも、逮捕状なくしてこれを逮捕することができる(213条)。憲法33条も「現行犯として逮捕される場合を除いては」と明文で令状主義の例外を定めている。「何人でも」とあるから、検察官、検察事務官、司法警察職員のみならず、**私人(一般人)**でも現行犯人を逮捕状なくして逮捕することができる。このような例外が認められているのは、**現に犯罪が行われ、または行い終わった直後であれば、逮捕者にとって犯罪と犯人が明白で誤認逮捕のおそれが少なく、かつ、緊急に逮捕する必要性があるから**である。

＊　**私人が現行犯逮捕した後の手続**

私人は、直ちに現行犯人を地方検察庁または区検察庁の検察官または司法警察職員に引き渡さなければならない(214条)。司法巡査が現行犯人を受け取ったときは、逮捕者である私人の氏名、住居および逮捕の事由を聴取した上、速やかにこれを司法警察員に引致しなければならない(215条)。

実行行為を行いつつあるとして逮捕されるのは、監禁、不退去、薬物や拳銃等の所持といった継続犯が多く、これらは現行犯人であると判断することが容易である。《**事例2**》でKがSを覚醒剤所持で現行犯逮捕するのがこの場合に当たる。しかし、実行行為を行い終わった「直後」かどうかの判断は難しい場合がある。比喩的には「**犯罪の生々しい痕跡が残り、犯罪が終わったばかりの状況**」などと表現される。こうした痕跡は、時間の経過とともに失われていくから、犯行から逮捕までの**時間的接着性**が必要とされる。また、犯行場所と逮捕した場所が離れれば離れるほど、犯人の特定に困難が生じるから、犯行から逮捕までの**場所的接着性**も必要とされる。時間的接着性が認められるのは、犯行後せいぜい30〜40分程度ともいわれるが、これも目安にすぎず、一律の基準で示すのは困難である。犯行直後にその場で逮捕したような事案であれば問題ないが、犯行から一定の時間が経過し、場所的移動も伴う事案では、現行犯逮捕が例外として認められた趣旨から、逮捕者に**犯罪と犯人の明白性**が認められる状況にあったか、逆にいえば、**逮捕者が他人を犯人と誤認する可能性**がなかったかも検討する必要がある。

実務上よく見られる万引きの事案である《**事例4**》で考えてみよう。Zが万引きする商品を物色している段階では一般の買い物客と区別することは困難であるから、「現に罪を行っている」として窃盗未遂で現行犯逮捕するのは事実上無理である。窃盗は財物の取得時点で既遂になるので、Zがエコバッグに商品を入れた時点で既遂と認められるが（→基本刑法Ⅱ128頁）、実務上は既遂後に直ちに現行犯逮捕するのではなく、窃盗の犯行が明確になった時点、**《事例４》**のようにＺが代金を支払わずに店の外に出た時点で、現行犯逮捕する例が多い。この段階であれば、罪を行い終わった「直後」であることは疑いない。しかし、その後にＺが街中に紛れ込んでしまったような場合、Ｄが確実に追跡できていれば別であるが、そうでなければ時間の経過と場所的移動により、犯罪と犯人の明白性が弱くなり、ＤがＺ以外の人を犯人と誤認してしまう可能性が高くなる。その場合には、現行犯逮捕は許されない。

「現行犯人とみなす」とされ、現行犯人として取り扱われるものとして、**準現行犯人**がある（212条２項）。準現行犯人とは、「**犯人として追呼されている**」（同項１号）、「**贓物**（ぞうぶつ）**又は明らかに犯罪の用に供したと思われる兇器その他の物を所持している**」（同項２号）、「**身体又は被服に犯罪の顕著な証跡がある**」（同項３号）、「**誰何**（すいか）**されて逃走しようとする**」（同項４号）のいずれかに当たるとともに、「**罪を行い終ってから間がない**」と明らかに認められる者をいう。「現に罪を行い、又は現に罪を行い終った」場合に認められる現行犯逮捕と比較すると、準現行犯逮捕では「罪を行い終ってから間がない」とされて**時間的・場所的接着性が緩和**されているが、各号の客観的事由に該当することを要件として、現行犯逮捕とみなすものである。したがって、準現行犯逮捕でも逮捕者に**犯罪と犯人の明白性**がなければならない。準現行犯逮捕で時間的接着性が認められるのは、犯行後せいぜい３～４時間程度ともいわれるが、これも目安にすぎず、一律の基準で示すのは困難とされ、現行犯逮捕と同様に、逮捕者に犯罪と犯人の明白性があったかを検討する必要がある。

＊　１号

「泥棒、泥棒」と言われて追いかけられているような場合であるが、黙って追いかけられていてもよい。犯行終了後から追呼が継続している必要があるが、一旦見失っても間もなく発見して追呼が再開すればよいし、被害者自らが追いかけなくても、目撃者や警察官が追いかける場合でもよい。複数名が連絡を取り合って追いかける場合、例えば複数のパトカーやヘリコプターで追いかける場合も含まれる。

＊　２号

「贓物」とは、盗品等のことである。「その他の物」とは、盗品および凶器に準ずるような物をいい、例えば凶器以外の犯行に使用する道具や偽造文書などである。「所持」とは、現に身につけたり、携帯している場合のほか、これに準ずる事実上の支配下に置く状態をいう。準現行犯人と認めたときに「所持」していればよく、例えば警察官に見つかって投げ捨てた後に逮捕された場合のように、逮捕の時点で「所持」している必要はない。

＊　3号

殺人事件や傷害事件の後、けがをしていたり、血だらけになっている者を発見するケースが典型例である。被服は現実に身につけている必要があり、血の付いた被服を自宅に隠していたような場合は含まれない。本人にこうした証跡がなくても、行動を共にしている共犯者に証跡がある場合でもよい。

＊　4号

「誰何」とは、相手が誰なのか確認することであり、「誰だ」と聞かれて逃げ出すようなケースが典型例であるが、声に出して聞かれなくても、警察官がいるとわかって逃げ出すような場合も含まれる。「待て」「止まれ」と声をかけたら逃げ出したような場合でもよい。

《事例4》であれば、DがZの追跡を継続していて**1号に該当する場合**、犯罪と犯人は明白といえるから、時間的・場所的に数時間程度の隔たりができてしまったとしても、DはZを準現行犯人として逮捕できる（数十分以内の時間的隔たりであれば、現行犯逮捕できる）。もっとも、Zが万引きしたあんパンなどを所持していて**2号に該当する場合**、時間的・場所的に数時間程度の隔たりができれば、Zが所持しているあんパンなどを「贓物」であると判断することは困難になるから、あんパンなどの特徴から万引きした商品であると明確にいえるような具体的事実が必要となろう。時間的、場所的に数時間程度の隔たりができれば、同様に**3号に該当する場合**にも、「顕著な証跡」だと明確にいえるような具体的事実が必要と思われる。犯人が警察官の職務質問から逃げたというような**4号に該当する場合**には、逃走する理由も色々ありうるから、逮捕者に犯罪と犯人の明白性が最も認められにくい。時間的・場所的に数時間程度の隔たりができてしまった場合、一般論として、4号のみで準現行犯逮捕するのは困難で、4号とともに2号・3号にも重複して該当するとき、例えば万引きした商品と同種の物を所持していた上、誰何されて逃走したようなときに限り、準現行犯逮捕が可能と考えた方がよいであろう。このように**各号に重複して該当する場合**には、**犯罪と犯人の明白性が強まる**と考えられている（最決平8・1・29刑集50巻1号1頁〔和光大学内ゲバ事件〕〈百選12〉）。

【設問５】

現行犯逮捕で逮捕の必要性がないと見られる場合があるか。

通常逮捕と異なり、現行犯逮捕には明文の規定がないが、現行犯逮捕は、その場で緊急に逮捕する必要性があるから認められているのだとすれば、**逮捕の必要性**は当然に必要とされる。例えば、軽微な交通違反で被疑者の身元が明らかな事案であれば、現行犯逮捕をする必要性に乏しい場合が多いであろう（大阪高判昭60・12・18判時1201号93頁〈百選 A2〉）。

なお、通常逮捕の場合と同じく一定の軽微事件については、「犯人の住居若しくは氏名が明らかでない場合又は犯人が逃亡するおそれがある場合」に限り、現行犯逮捕ができる（217条）。

以上を整理すると、現行犯・準現行犯逮捕の可否は次の図のように考えることができる。なお、時間的・場所的接着性、犯罪と犯人の明白性がないために現行犯・準現行犯逮捕ができない場合であっても、引き続き後述する緊急逮捕の可否を検討する必要がある。

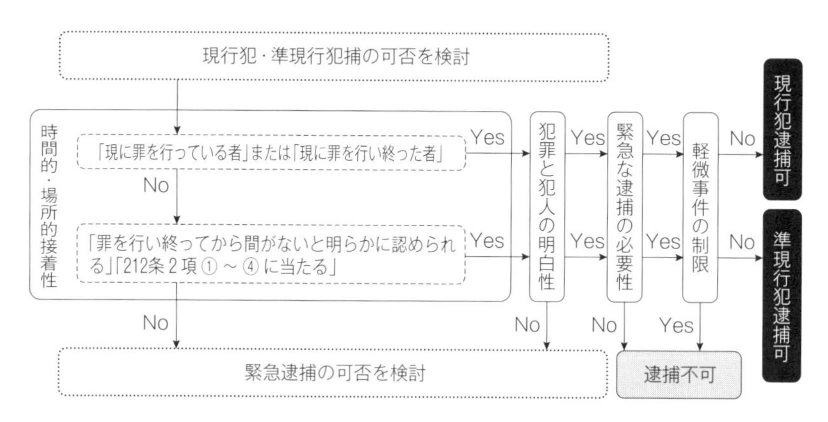

ウ　緊急逮捕

【設問６】

現行犯逮捕と緊急逮捕との異同について説明せよ。

緊急逮捕とは、検察官、検察事務官または司法警察職員が、**死刑または無期もしくは長期３年以上の懲役・禁錮**に当たる罪を犯したことを疑うに足りる**十分な理由**がある場合に、急速を要し、裁判官の逮捕状を求めることができないとき、その理由を告げて、**令状のないまま被疑者を逮捕**することをいう。緊急逮捕した場合、**直ちに裁判官の逮捕状を求める手続**をしなければならず、逮捕状が発せられなかったときは、直ちに被疑者を釈放しなければならない（210条1項）。

＊　緊急逮捕と現行犯逮捕の異同

緊急逮捕では、①死刑または無期もしくは長期3年以上の懲役・禁錮に当たる罪に限定され、②被疑者に「理由」を告げなければならず、③逮捕後直ちに裁判官に令状を請求しなければならない。これに対し、現行犯逮捕では、①罪名に限定はなく（ただし、前述のとおり一定の軽微事件について現行犯逮捕できる場合に制限あり）、②「理由」を告げなくてもよく、③事後的にも裁判官に令状を請求する必要はない。

憲法33条は、「現行犯として逮捕される場合を除いては」としているので、現行犯逮捕以外に令状なしでの逮捕を認める**緊急逮捕は違憲**とする見解もある。しかし、最高裁は、「罪状の重い一定の犯罪のみについて、緊急已むを得ない場合に限り、逮捕後直ちに裁判官の審査を受けて逮捕状の発行を求めることを条件とし、被疑者の逮捕を認めることは、憲法33条規定の趣旨に反するものではない」とした（最大判昭30・12・14刑集9巻13号2760頁〈百選A3〉）。緊急逮捕は、事後的に逮捕状の発付を受けるとはいえ、一旦は無令状で逮捕するのであるから、その要件と手続は厳格である。これを守らなければ違法逮捕となるので、注意を要する。

【設問7】

殺人の凶器を貸与した従犯を、緊急逮捕できるか。

死刑または無期もしくは長期3年以上の懲役・禁錮に当たる罪かどうかは、法定刑を基準とする。従犯の場合は刑が減軽されるが（刑63条）、減軽後の刑ではなく、正犯の法定刑に従って判断する。つまり、従犯であることは無視してよいので、**【設問7】**は緊急逮捕できることになる。

【設問8】

「充分な理由」があるといえるのは、どのような場合か。

「充分な理由」とは、通常逮捕で必要とされる「相当な理由」よりも**犯罪の嫌疑が高い**場合を意味する。もっとも、緊急逮捕する時点での判断になるから、直ちに有罪判決が得られるとか、公訴提起ができるといった確実性までは要求されない。具体的な事実関係によるが、何らかの**証拠**に基づいて、**特定の犯罪の犯人**であると**捜査機関が確信**をもてる程度の状況が必要である。

【設問９】
緊急性があるといえるのは、どのような場合か。

緊急逮捕には、「急速を要し、裁判官の逮捕状を求めることができない」、すなわち**緊急性**も必要とされる。すぐに逮捕しなければ被疑者が**逃走**し、または**罪証隠滅**する可能性が高く、逮捕状を請求している**時間的余裕**がない場合をいう。

【設問10】
被疑者に告げるべき「理由」とは何か。

被疑事実の要旨と急速を要する事情があることである。緊急状況にあるから、被疑事実の要旨は詳細なものであることまでは求められないが、少なくとも逮捕される者が、どのような**事実**で逮捕されるのか、そして**急速を要する事態**であることを**理解できる程度**の告知が必要である。

【設問11】
裁判官に逮捕状を請求する際の「直ちに」とは、具体的にどのくらいの時間をいうのか。緊急逮捕後に被疑者を釈放した場合でも、「直ちに」逮捕状を請求する必要があるのか。

事後的な逮捕状請求は「直ちに」行われなければならない。そのため、通常逮捕と異なり、逮捕状を請求できる者に制限はなく、検察事務官や司法巡査でも請求できる（ただし、犯捜規範120条１項は、原則として警部以上の司法警察員または当該逮捕にあたった警察官が請求するものとする）。「直ちに」といっても、どの程度の時間まで許容されるかは具体的な事実関係によるが、**逮捕状を請求するまでの間に無駄な時間はなかった**といえる状況が必要であろう。通常逮捕と同様に、緊急逮捕をした捜査機関は、裁判官に「充分な理由」と「逮捕の必要性」を認めるべき**疎明資料**を提出する必要があり、逮捕後にそうした資料を作成する時間は許容されるが、無駄な資料は作成せず、**必要最低限**のものに限らなければならない。

なお、緊急逮捕後に被疑者を**釈放**した場合や被疑者が**逃走**した場合も、直ちに逮捕状を請求しなければならない（犯捜規範120条３項)。

【設問12】

裁判官が審査した結果、緊急逮捕時には嫌疑が充分でなかったが、逮捕後に被疑者が自白したため、嫌疑が充分になったと認められた。裁判官は逮捕状を発付してよいか。逮捕時には逮捕の必要性があったが、逮捕後になくなった場合はどうか。

逮捕状の請求を受けた裁判官は、まず、**緊急逮捕の要件**を充たしているかを審査する。この審査は、**緊急逮捕時の事情**に基づいて行われなければならず、**緊急逮捕後の事情**は考慮してはならない。例えば、緊急逮捕時に「充分な理由」がなかったのであれば、逮捕後の取調べで自白したとしても、緊急逮捕の要件を充たさない。

次に、緊急逮捕自体が適法になされたとしても、その後に**逮捕の理由と逮捕の必要性**がなくなったのであれば、逮捕状を発付すべきではない。そこで、裁判官は、引き続き**逮捕状発付時の事情**に基づいて、通常逮捕の要件、すなわち逮捕の理由と逮捕の必要性があるかを審査する。この審査は、逮捕後の事情に基づく事後審査の性格を有する。このように緊急逮捕の逮捕状審査は２段階で行われ、緊急逮捕自体が適法であっても、逮捕状が発付されないことがある。

以上を整理すると、緊急逮捕の可否は次の図のように考えることができる。まず、緊急逮捕をしようとする捜査機関は、緊急性の有無、一定の重大犯罪に当たるか、充分な嫌疑があるかを判断し、これらが認められない場合には、緊急逮捕ではなく通常逮捕の可否を検討すべきである。捜査機関がこれらの要件を充たすと判断したとしても、緊急逮捕をするにあたって必要な理由の告知を欠いたり、直ちに逮捕状請求をしていない場合には、必要な手続がなされていないので緊急逮捕は認められない。さらに裁判官の事後審査として、こうした緊急逮捕の適法性に加え、その時点でなお逮捕の理由と必要性があるかが検討され、これらが否定されれば緊急逮捕は認められないことになる。

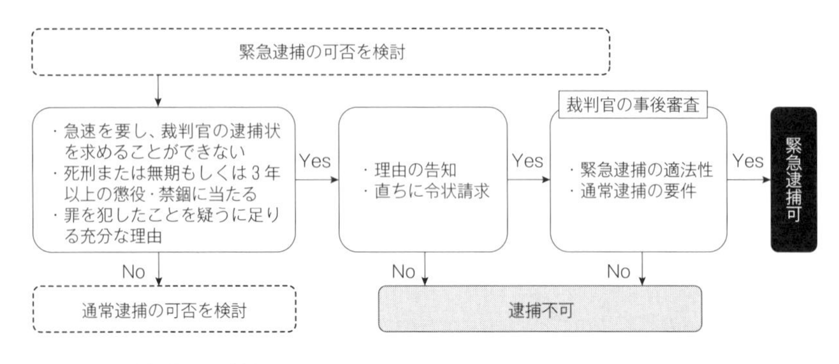

(3) 逮捕後の手続

【設問13】

被疑者を逮捕した後、捜査機関は、どのような手続をとらなければならないか。

司法巡査が逮捕した場合は司法警察員に、検察事務官が逮捕した場合は検察官に、それぞれ引致しなければならない（202条）。このようにして、逮捕後の手続は、司法警察員と検察官が中心になって進められる。

実務上は、司法警察員が自ら被疑者を逮捕するか、または司法巡査が逮捕した被疑者を司法警察員が受け取る場合が、圧倒的に多い。この場合、司法警察員は、被疑者に対し、直ちに**被疑事実の要旨**と、**弁護人選任権**があることを告げ、**弁解の機会**を与えなければならない。刑訴法には規定がないものの、実務では、弁解の機会を与えると、それを録取して**弁解録取書**を作成している（犯捜規範130条1項4号）。その記載例は[書式6]のとおりである。なお、弁護人選任権の告知は、被疑者に既に弁護人があるときは、これを告げることを要しない（203条2項）。司法警察員は、弁護人選任権を告知するにあたっては、**弁護人選任の申出方法**と**国選弁護人の選任請求**について教示しなければならない（同条4項）。

＊　告知・弁解・防御の機会

逮捕後の手続で被疑者に被疑事実の要旨とともに弁護人選任権を告知しなければならないのは、憲法34条が「理由を直ちに告げられ、且つ、直ちに弁護人に依頼する権利を与へられなければ、抑留又は拘禁されない」としていることに基づく。「告知」（被疑事実の要旨）、「弁解」（弁解の機会）、「防御の機会」（弁護人選任権）を与えることは、憲法31条に基づく適正手続の根幹といえる（最大判昭37・11・28刑集16巻11号1593頁）。そのため、

書式6

弁　解　録　取　書

住　居　S市西区大浜１丁目３番市営アパート２号棟２３３号室

職　業　無　職

氏　名　　　　　　　　　　　　　　　　　　　　　　X

平成１１年2月１６日生（２０歳）

本職は，令和２年１月１１日午前１１時３０分，S県中央警察署において，上記の者に対し，逮捕状記載の犯罪事実の要旨及び別紙記載の事項につき告知及び教示した上，弁解の機会を与えたところ，任意次のとおり供述した。

1　読んでもらった事実には，違うところがあります。
　　私が，Aさんを殴ったり蹴ったりし，怪我をさせたことは間違いありません。
　　しかし，私は，強盗をするつもりはありませんでした。

2　弁護人を頼めることは分かりました。
　　これから考えます。

X　　　指印

以上のとおり録取して読み聞かせた上，閲覧させたところ，誤りのないことを申し立て署名指印した。

前同日

S県中央警察署

司法警察員警部補　　H　　㊞

別紙

1　あなたは，弁護人を選任することができます。

2　あなたに弁護人がない場合に自らの費用で弁護人を選任したいときは，弁護士，弁護士法人又は弁護士会を指定して申し出ることができます。その申出は，司法警察員（送致された場合は検察官）か，あなたが留置されている施設の責任者（刑事施設の長若しくは留置業務管理者）又はその代理者に対してすることができます。

3　あなたが，引き続き勾留を請求された場合において貧困等の事由により自ら弁護人を選任することができないときは，裁判官に対して弁護人の選任を請求することができます。裁判官に対して弁護人の選任を請求するには資力申告書を提出しなければなりません。あなたの資力が５０万円以上であるときは，あらかじめ，弁護士会に弁護人の選任の申出をしていなければなりません。

4　あなたが，弁護人又は弁護人となろうとする弁護士と接見したいことを申し出れば，直ちにその旨をこれらの者に連絡します。

刑訴法は、この後の手続でも被疑者に対して繰り返し「告知・弁解・防御の機会」を与えるように求めている。「弁解・防御」をまとめて「聴聞」として、「告知・聴聞の機会」ということもある（→基本憲法Ⅰ243頁）。

【設問14】
司法警察職員（司法警察員または司法巡査）が被疑者を逮捕した場合の時間制限は、どうなっているか。

司法警察員は、留置の要否を判断し、留置が不要なら直ちに釈放し、留置が必要なら「被疑者が身体を拘束された時」から**48時間**以内に、書類および証拠物とともに被疑者を検察官に送致する（203条）。

司法警察員から送致を受理した検察官は、被疑者に対し、さらに**弁解の機会**を与え、留置の要否を判断し、留置が不要なら直ちに釈放し、留置が必要なら「被疑者を受け取った時」から**24時間**以内に裁判官に被疑者の勾留を請求する（205条1項）。この時点で公訴の提起ができるのであれば、勾留の請求をせずに公訴を提起してもよい（205条3項）。

司法警察員が送致してから、検察庁が受理するまでの間に、タイムラグがあるのが通常である（送致手続は被疑者が留置されている警察署で行われ、その後に警察官が書類および証拠物とともに被疑者を最寄りの検察庁まで連行し、検察庁で受理手続が行われる。読者の最寄りの警察署と、検察庁との位置関係を確認してみればわかりやすいであろう）。被疑者が身体を拘束されてから、検察官が勾留請求するか、公訴の提起をするか、釈放するまでの時間は、**72時間**を超えることができないとされ（205条2項）、このタイムラグは検察官の手持ち時間の24時間を減らすが、それによって被疑者の不利益にならないように配慮されている。

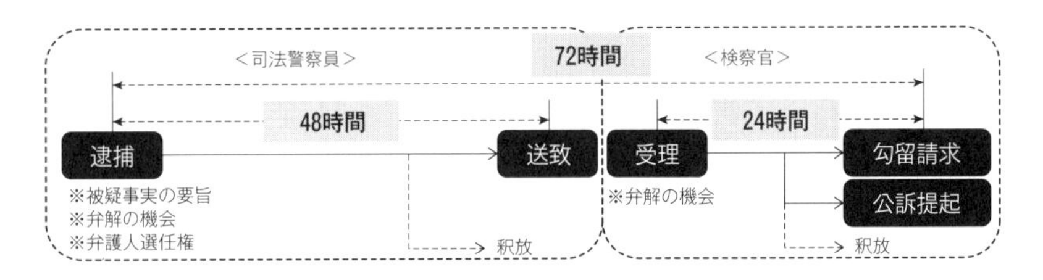

【設問15】
検察官が被疑者を逮捕した場合と司法警察職員が逮捕した場合との異同について説明せよ。

件数は少ないが、例えば地検特捜部は、政治家や官僚による汚職、経済犯罪、脱税といった事件を捜査する。こうした特捜事件では、検察官が自ら被疑者を逮捕する場合がある。この場合、検察官は、被疑者に対し、直ちに**被疑事実の要旨**と**弁護人選任権**があることを告げ、**弁解の機会**を与えなければならない。それによって留置の要否を判断し、留置が不要なら直ちに釈放し、留置が必要なら被疑者が身体を拘束された時から**48時間**以内に裁判官に被疑者の勾留を請求する。この時点で公訴の提起ができるのであれば、勾留の請求をせずに公訴を提起してもよい（204条１項）。このように制限時間が司法警察職員が逮捕した場合と異なる。なお、弁護人選任権を告げるにあたって、**弁護人選任の申出方法と国選弁護人の選任請求**について教示しなければならないのは、司法警察職員が逮捕した場合と同様である（204条２項・３項）。

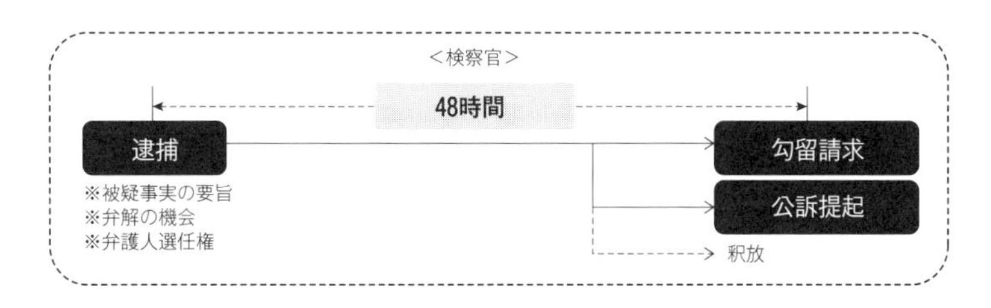

コラム　弁解録取と被疑者取調べ

弁解録取（203条１項・204条１項および205条１項）と被疑者取調べ（198条１項）には、次のような違いがある。①弁解録取の主体は検察官または司法警察員のみであるが、被疑者取調べの主体は検察官、検察事務官または司法警察職員であること、②弁解録取の対象は逮捕された被疑者のみであるが、被疑者取調べの対象は在宅の被疑者も含まれること、③被疑者取調べでは出頭の拒否や黙秘権の告知、調書の録取といった定めがあるが、弁解録取は犯罪事実の要旨および弁護人選任権を告知し、弁解の機会を与えるとだけ定められていること。特に黙秘権の告知について、弁解録取は取調べと異なり、被疑者の留置の要否を判断するために犯罪事実の要旨を告げて弁解の機会を与えるだけの手続であるとすれば、弁解録取時には黙秘権の告知は不要と考えられる。しかし、現実には弁解録取時に弁解の内容を明らかにするため発問を必要とする場合も多く、そうなると取調べと明確に区別することは困難であることから、実務上は弁解録取時にも黙秘権を告知している。

【設問16】

司法警察員や検察官が時間制限を守れなかった場合、どうなるか。

司法警察員および検察官は、以上のように法定された制限時間を遵守できなければ、直ちに被疑者を**釈放**しなければならない（203条5項・204条4項・205条4項）。もっとも、「やむを得ない事情」があるときは、検察官は裁判官にその事由を説明して、被疑者の勾留を請求することができる（206条1項）。しかし、この「やむを得ない事情」とは、天変地異や事故等に厳格に限定され、ほぼ認められることはなく、実務上もそれを前提に制限時間の遵守が徹底されている。

(4) 被疑者勾留

ア 逮捕前置主義

【設問17】
逮捕をせずにいきなり被疑者を勾留することは許されるか。窃盗で逮捕した被疑者につき、窃盗の嫌疑は認められないことがわかったが、新たに暴行の嫌疑が明らかになった場合、窃盗ではなく暴行で勾留することは許されるか。

これまで説明してきた逮捕後の手続は、逮捕が通常逮捕であったか、現行犯逮捕であったか、緊急逮捕であったかで異なるところはない（211条・216条）。いずれにしても、逮捕された被疑者は、最終的に検察官の下で勾留の要否を判断されることになり、**勾留請求できるのは検察官のみ**である。司法警察員は勾留請求できない。検察官は、裁判官に対し、勾留請求書に加え、逮捕の適法性および勾留の理由が存在することを認めるべき資料を提出する（規147条・148条）。勾留請求書の記載例は、書式7のとおりである。

前3条の規定に基づき、勾留の請求を受けた裁判官は、勾留の処分をするに関して裁判所または裁判長と同一の権限を有する（207条1項）。この条文によって、裁判所または裁判長の権限とされている被告人勾留に関する規定（60条～62条・64条・70条・73条・74条・77条～87条・95条）が被疑者勾留にも準用される。ここに「前3条」とあるのは、逮捕後の手続について定めている204条から206条のことであるから、被疑者勾留をするに先立って、必ず逮捕がなされていなければならないことになる。これを**逮捕前置主義**という。**捜査の初期段階**では**犯罪の嫌疑**や**身体拘束の必要性は浮動的**であるから、いきなり**長期間の身体拘束である勾留**を認めるのではなく、まず**短期間の身体拘束である逮捕**を先行させ、その逮捕の期間内に**捜査を尽くした**上で、それでもなお**長期間の身体拘束が必要**と認められる場合に限って勾留を認めるという慎重な手続をとり、**被疑者の人身の保護**を図ったものと考えられてい

書式７

勾　留　請　求　書

令和２年１月１２日

Ｓ地方裁判所
裁判官　殿

Ｓ地方検察庁
検察官検事　　堂　野　文　一　㊞

下記被疑者に対する　強盗致傷　被疑事件につき，被疑者の勾留を請求する。
なお，被疑者欄中年齢，職業若しくは住居又は被疑事実の要旨欄のうち空欄は，逮捕状請求書記載のとおりである。

記

１　被　疑　者
氏　名　　Ｘ
年　齢　　平成１１年２月１６日（２０歳）
職　業　　無　職
住　居　　Ｓ市西区大浜１丁目３番市営アパート２号棟２３３号室

２　被疑事実の要旨
令和２年１月１２日付け司法警察員作成の送致書記載の犯罪事実のとおり

３　勾留すべき刑事施設
Ｓ県中央警察署留置施設

４　被疑者に弁護人があるときは，その氏名

５　被疑者が現行犯人として逮捕された者であるときは，罪を犯したことを疑うに足りる相当な理由

６　刑事訴訟法第６０条第１項各号に定める事由
刑事訴訟法第６０条第１項第　２，３　号
・重大事案
・否認，共犯者と通謀のおそれ大
・単身無職者で逃亡のおそれ大

７　検察官又は司法警察員がやむを得ない事情によって刑事訴訟法に定める時間の制限に従うことができなかったときは，その事由
別添司法警察員の　　年　　月　　日付報告書記載のとおり。

る。したがって、逮捕せずにいきなり被疑者を勾留することは許されない。

＊　**逮捕前置主義の趣旨**

上記の考え方と異なり、逮捕前置主義の趣旨を、逮捕時および勾留時の２度にわたって司法審査を受けさせることにより、身体の拘束に慎重を期することにあると考える見解もあるが、現行犯逮捕の場合には２度の司法審査を欠くこと、逮捕と勾留とで身柄拘束期間の長短があることを説明できないとの批判がある。また、勾留審査のために被疑者を裁判官に引致する手段として、逮捕が法定されているとして、逮捕の期間には捜査をせず、できる限り速やかに裁判官のところに被疑者を引致すべきとする見解もあるが、できる限り速やかに裁判官のところに引致すべきとする規定はなく、逮捕の期間に捜査をすることは当然に予定されているとの批判がある。

このような逮捕前置主義の趣旨からすると、**逮捕時の被疑事実と勾留時の被疑事実が同一でなければならない**のが原則である。そうでないと長期間の身体拘束である勾留が必要と認められるかを判断しかねるからである。

＊　**被疑事実の同一性を欠く場合**

逮捕時の被疑事実と勾留時の被疑事実が同一でなければならないとすれば、**【設問17】**のように、Ａ事実（窃盗）で逮捕した被疑者を、それと同一性を欠くＢ事実（暴行）で勾留することは許されない。この場合は、被疑者を一旦釈放し、改めてＢ事実で逮捕してから勾留請求をするべきことになる。では、Ａ事実（窃盗）で逮捕した被疑者を、Ａ事実＋Ｂ事実（窃盗＋暴行）で勾留することは許されるか。Ａ事実について逮捕が先行しており適法に勾留がなされるのであれば、Ｂ事実を付加しても被疑者に不利益はない一方、この場合にも改めてＢ事実で逮捕する必要があるとすれば、かえって被疑者の身体拘束期間が長くなって不利益になることから、この場合にはＡ事実＋Ｂ事実で勾留することも許されると一般に考えられている。

イ　被疑者勾留の要件

【設問18】

被疑者を勾留できるのは、どのような場合か。

勾留の要件は、①**勾留の理由**と②**勾留の必要性**である。

ａ　勾留の理由

①**勾留の理由**は、被疑者に「罪を犯したことを疑うに足りる相当な理由」（60条１項）、すなわち**相当の嫌疑**があることに加えて、被疑者に**住居不定**（「定まった住居を有しない」同項１号）、**罪証隠滅のおそれ**（「罪証を隠滅す

ると疑うに足りる相当な理由がある」同項2号)、**逃亡のおそれ**(「逃亡し又は逃亡すると疑うに足りる相当な理由がある」同項3号)のいずれかの事由がある場合をいう。

＊　住居不定

仮に住民票記載の住居があっても、そこに寄りつかないのであれば住居不定である。逆に、突発的に家出して各所を転々としていたが、確実な帰住先があれば住居不定の程度は高くないことになる。被疑者が住居について黙秘し、所持品等からも住居が判明しない場合も、住居不定に含まれると解される。

＊　罪証隠滅を疑うに足りる相当な理由

実務上、勾留の可否を決するときに重要な役割を果たすことが多い一方で、判断も難しいことが少なくない。①対象となる事実があるか、②方法はあるか、③現実的可能性があるか、④主観的可能性があるか、の順に検討していく必要がある。

①罪証隠滅の対象となる事実は、構成要件に該当する事実のみならず、違法性・責任を阻却する事実であってもよい。例えば、傷害は認めるが正当防衛が成立するとか、心神喪失・耗弱を主張する場合でも、罪証隠滅のおそれは否定されない。また、重要な情状事実でもよい。例えば、強盗ではなく恐喝だと主張したり、動機について刑が軽くなるような主張をしている場合でも、罪証隠滅のおそれは認められる。

②罪証隠滅の方法は、被疑者が自ら行うのではなく、第三者と通じて行うおそれがある場合でもよい。共犯事件の場合は被疑者と共犯者とが通謀することも考えられるから、単独事件よりも一般に罪証隠滅のおそれが認められ、組織的犯罪になればさらに罪証隠滅のおそれが認められやすい。

③罪証隠滅の現実的可能性がなければならない。例えば、被害者が警察官であるとか、釈放後に被疑者が被害者に接触するのは困難な場合、被疑者や第三者が被害者に働きかけること自体が困難であるから、罪証隠滅の現実的可能性が乏しいといえよう。

④罪証隠滅の主観的可能性がなければならない。被疑者に罪証隠滅の意図があるといえるかであるが、重大な事案で厳罰が予想されるとか、被疑者が犯行を否認していて被害者等に働きかけるおそれがある場合には、肯定されやすいであろう。

＊　逃亡を疑うに足りる相当な理由

まず、被疑者の生活状況が問題になる。単身で、就職せず、あるいは仕事が不安定で、暴力団等の不良交友があるような場合、逃亡のおそれが肯定されやすい。

次に、処罰を免れる目的で逃走することを疑わせる事情があるかが問題になる。重大な事案であるとか、被疑者に前科前歴があるといった理由で、厳罰が予想される場合にも、逃亡のおそれは肯定されやすい。

b　勾留の必要性

②**勾留の必要性**は、87条1項が必要性のない勾留を取り消すこととしているため、勾留請求時にも必要であると考えられている。住居不定、罪証隠滅のおそれ、逃亡のおそれのいずれかが認められて勾留の理由があるとされれば、勾留の必要性があると認められることが多いであろう。しかし、罪証隠滅のおそれや逃亡のおそれの程度がそれほど大きくない場合に、勾留されることによる被疑者の不利益等を考慮して、勾留の必要性がないと判断されることがある。例えば軽微な事案で、同種の事案と比較しても起訴猶予か、せいぜい罰金刑になることが予想され、罪証隠滅のおそれの程度が大きくないのに、被疑者を10日間勾留することで職場を解雇されるなど、被疑者の生活に重大な支障を来すおそれがある場合などが考えられよう。このように勾留の必要性は、諸事情を総合的に考慮して、被疑者を勾留することが実質的に相当か否かを判断するものといえる。

最決平26・11・17判タ1409号129頁〈百選13〉は、勾留の必要性の判断を左右する要素は、**罪証隠滅の現実的可能性の程度**と考えられるとし、迷惑防止条例違反の事案で、被疑者が被害者に接触する可能性が高いことを示すような具体的な事情がうかがわれず、その可能性が低いとして、勾留の必要性を否定した原々審の判断を支持しており、勾留の必要性を判断する上では、罪証隠滅のおそれや逃亡のおそれの「有無」のみならず「**程度**」まで考慮する必要があるといえよう。

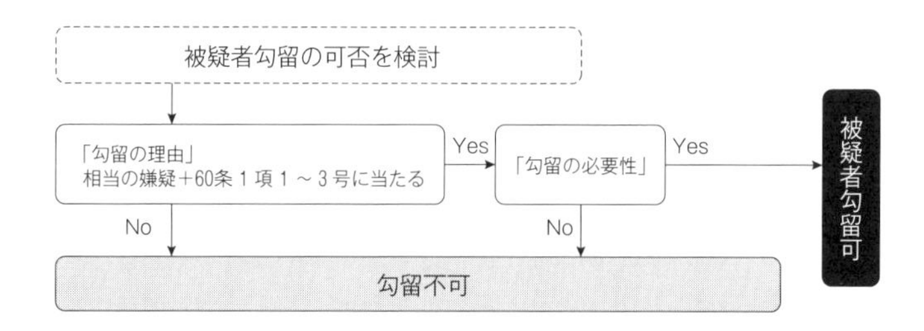

ウ　勾留質問

【設問19】

勾留請求を受けた裁判官は、どのような手続をとらなければならないか。

勾留の請求を受けた裁判官は、以上のような勾留の要件と同時に、逮捕手

書式8

勾　留　状

被疑者	氏　名 年　齢 住　居 職　業	X 平成　１１年　２月　１６日生（２０歳） Ｓ市西区大浜１丁目３番市営アパート２号２３３号室 無　職

被疑者に対する　強　盗　致　傷　被疑事件について，同人を　Ｓ県中央警察署留置施設　に勾留する。

被疑事実の要旨	別紙のとおり
刑事訴訟法６０条１項各号に定める事由	裏面のとおり
有　効　期　間	令和　２年　１月　１９日まで

この令状は，有効期間経過後は，その執行に着手することができない。この場合には，これを当裁判所に返還しなければならない。

令和　２年　１月　１２日
Ｓ地方裁判所
裁判官　Ｚ　㊞

勾留請求の年月日	令和　２年　１月　１２日
執行した年月日時及び場所	令和　２年　１月　１２日　午後１時１２分 Ｓ地方裁判所
記名押印	Ｓ県中央警察署留置管理課 司法警察員警部補　*T*　㊞
執行することができなかったときはその事由	
記名押印	令和　年　月　日
勾留した年月日時及び取扱者	令和　２年　１月　１２日　午後６時１０分 Ｓ県中央警察署 司法巡査　*U*　㊞

指揮印
㊞
延　長
延　長

（検察官）

書式8

<table>
<tr><td colspan="2">刑事訴訟法６０条１項各号に定める事由</td></tr>
<tr><td colspan="2">下記の　２，３　号に当たる。
1　被疑者が定まった住居を有しない。
2　被疑者が罪証を隠滅すると疑うに足りる相当な理由がある。
3　被疑者が逃亡し又は逃亡すると疑うに足りる相当な理由がある。</td></tr>
<tr><td colspan="2">勾　留　期　間　の　延　長</td></tr>
<tr><td>延　長　期　間
令和　年　月　日まで</td><td>延　長　期　間
令和　年　月　日まで</td></tr>
<tr><td>理　由</td><td>理　由</td></tr>
<tr><td>令和　年　月　日
裁判所
裁判官</td><td>令和　年　月　日
裁判所
裁判官</td></tr>
<tr><td>勾留状を検察官に交付した年月日</td><td>勾留状を検察官に交付した年月日</td></tr>
<tr><td>令和　年　月　日
裁判所書記官</td><td>令和　年　月　日
裁判所書記官</td></tr>
<tr><td>勾留状を被疑者に示した年月日時</td><td>勾留状を被疑者に示した年月日時</td></tr>
<tr><td>令和　年　月　日
刑事施設職員</td><td>令和　年　月　日
刑事施設職員</td></tr>
</table>

続の適法性についても審理する（規148条1項参照）。

裁判官は、検察官の提出した勾留請求書や資料を検討するだけではなく、被疑者に対する**勾留質問**を行わなければ、勾留状を発することができない（207条1項・61条）。勾留質問は、被疑者を裁判所に連行し、裁判官が直接面談する方法で行われる。検察官、弁護人に立会権はなく、非公開である。この勾留質問においても、「告知・弁解・防御の機会」が与えられる。すなわち、裁判官は、①被疑者に対して**被疑事件**（被疑事実）を告げ、②これに関する**被疑者の陳述**を聴取し、③被疑者に弁護人がないときは、**弁護人選任権**および**国選弁護人選任権**があることを告げなければならない（207条2項）。さらに、**弁護人選任の申出方法**および**被疑者国選弁護人の選任請求**についても教示しなければならない（207条3項・4項）。

裁判官は、審理の結果、勾留の要件があると認めるときは、速やかに勾留状を発しなければならない（207条5項）。勾留状の記載例は、書式8のとおりである。

＊　勾留の場所

刑事収容施設法3条は、「刑事訴訟法の規定により勾留された者」（3号）を「刑事施設」、すなわち拘置所に収容することとしている。しかし、同法15条1項は、「刑事施設に収容することに代えて」、各都道府県警察に設置される「留置施設」に留置することができるとし（いわゆる「代替収容」）、実務上は、拘置所の数が少ないこともあって、勾留された被疑者のほとんどが警察の留置施設に収容されている。このように被疑者を警察の手元に置くことが自白の強要を招いているとの批判があり、かつては「代用監獄問題」として激しい議論があった。しかし、拘置所を多数建設すべきとするのも現実的ではなく、取調べの適正化は各種の方策によって総合的に図っていく必要があろう（→16講5(2)コラム）。

エ　被疑者勾留の期間

被疑者勾留の期間は、**勾留請求の日**から10日間である。刑訴法は期間の計算方法について、初日および休日を算入しないことを原則としているが、実務では被疑者の利益のため、勾留の期間については時効の期間と同様に、初日および休日も算入される取扱いがされている（被告人勾留について初日が算入されることを明らかにした判例として、最決昭26・4・27刑集5巻5号957頁参照）。この10日間の間に、公訴の提起をしないときは、検察官は被疑者を釈放しなければならない（208条1項）。なお、必ずしも勾留請求の日に勾留質問が行われるわけではなく、実務上、勾留請求の翌日に勾留質問が行われ、勾留状が発付されることもあるが、その場合も勾留の期間は勾留請求の日から起算され、タイムラグは勾留の期間に食い込むようになっており、被疑者に不利益にならないように配慮されている。

オ　接見等禁止

【設問20】

暴力団の対立抗争事件で、実行犯が組長から指示があったことを供述したので、組長を首謀者として逮捕・勾留した。組長は「身に覚えがない」と否認しており、配下にある外部の組員との自由な接見を許すと、組長からの指示を供述した組員に威圧を加えるなど罪証隠滅を図るおそれがある。この場合に、組長が外部の者と接見したり、信書を発受することを禁止できるか。

勾留されている被疑者と**弁護人または弁護人になろうとする者**との**接見、書類または物の授受**（実務上「接見等」といわれる）については、これを禁止することは認められていない（39条1項）。

一方、勾留されている被疑者は、**弁護人以外の者**（親族や友人など）についても、法令の範囲内で接見等をすることができる（207条1項・80条）が、**被疑者が逃亡しまたは罪証を隠滅すると疑うに足りる相当な理由があるとき**は、裁判官は、検察官の請求によりまたは職権で、被疑者とこれらの者との接見等を禁止することができる（207条1項・81条）。被疑者は既に逃亡・罪証隠滅のおそれありとして勾留されているのであるから、**勾留によっては防止できないほど**高度な逃亡・罪証隠滅のおそれがある場合に限って、弁護人以外の者との接見等を禁止できると考えられている（最決平31・3・13判タ1462号33頁参照）。具体的には、**【設問20】**のように暴力団関係の事件など、組織的かつ大規模な事案や、被疑者やその関係者が勾留前に現実に罪証隠滅工作を行っており、接見等を許せば引き続き同様の工作を行うと認められるような事案であれば、接見等を禁止することが可能な場合が多いであろう。組長は、弁護人以外の者との接見等を禁止されれば、勾留中、弁護人または弁護人になろうとする者としか接見等ができないことになる。

＊　立会い・検査と罪証隠滅のおそれ

弁護人以外の者との面会に際しては刑事収容施設の職員が立ち会い（刑事収容施設116条・218条）、手紙の授受に際しては検査がなされる（同135条・222条）。しかし、立会い・検査をする職員は当該事件について十分な知識を有しているわけではなく、隠語や遠回しな表現が用いられるなどすれば、面会や手紙でのやり取りが直ちに罪証隠滅につながるものか否かを判断することは容易でない。そのため、実務上は接見等の禁止の必要性を判断するに際しては、事案の内容が重視され、立会い・検査がなされていることは重視されていない。

カ　勾留の延長

【設問21】
勾留の延長ができるのは、どのような場合か。

検察官は、「やむを得ない事由」があるときは、裁判官に勾留期間の延長を請求することができる（208条2項）。

＊　勾留延長の「やむを得ない事由」

捜査を継続しなければ検察官が事件を処分できないこと、10日間の勾留期間内に捜査を尽くせなかったと認められること、勾留を延長すれば捜査の障害が取り除かれる見込みがあることが必要である。事案が複雑で捜査に時間がかかっていること、目撃者等の都合で取調べが未了であること、鑑定が未了であることなどが理由になる。逮捕・勾留の制限時間を遵守できなかったとき（→【設問16】）のように厳格な解釈はされていない。

延長請求の回数には制限がないが、期間は通じて10日間を超えられない。例えば、まず3日間延長して、次に4日間延長するといったこともできるが、その後に4日間を延長すると通じて11日間になるから、最後の延長請求は3日間までしか認められない。検察官は、勾留期間の延長請求をするにあたり、**勾留期間延長請求書**および「やむを得ない事由」があることを認めるべき資料を提出しなければならない（規151条・152条）。勾留期間の延長請求の際には、被疑者に対して勾留質問を行う必要はなく、書面審理がなされる。

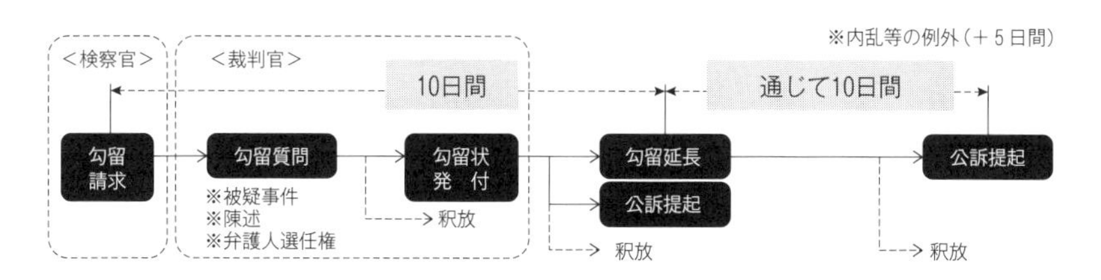

なお、内乱罪、外患罪、国交に関する罪、騒乱罪については、さらに通じて5日間までの勾留期間の延長が認められているが（208条の2）、通常は適用されない規定である。

＊　勾留中の被疑者と鑑定留置

例えば精神鑑定の必要があるケースで鑑定留置をした場合、鑑定留置中は、勾留の執行が停止したものとみなされる（167条の2第1項）。勾留7日目に鑑定留置をしたのであれば、3カ月間鑑定留置したとしても、鑑定留置期間中は勾留期間が経過せず、終了後に被疑者が戻ってきた日から勾留8日目として勾留期間の経過が再開することになる。鑑定留置は身体拘束という点で勾留に類似していることから、勾留に関する規定が準用されている（224条2項・167条5項）。

2　捜査の終結

【設問22】

司法警察員は、捜査を終えたら、事件をどのように処理しなければならないか。

(1)　原則――全件送致主義

司法警察員は、犯罪の捜査をしたときは、この法律に特別の定めのある場合を除いては、速やかに書類および証拠物とともに事件を検察官に送致しなければならない（246条）。これを**全件送致主義**という。現行法では、起訴・不起訴を決定する最終的な権限は検察官にしかないので、司法警察員は自ら事件を処理することは許されず、検察官に引き継ぐことが法律上義務づけられている。

「犯罪の捜査をしたとき」とは、捜査が完了したといえなくても、警察として与えられた条件の下で相当の期間内になしうる捜査をしたときと考えられている。送致できるのは司法警察員に限られているが、実務上は、捜査責任者として警察署長名義で送致されるのが通例である。

(2)　例　外

ア　この法律に特別の定めのある場合

被疑者が**逮捕**された場合には、「犯罪の捜査をしたとき」に当たらなくても、被疑者が身体を拘束されたときから48時間以内に書類および証拠物とともに検察官に送致する手続をとらなければならない。また、**告訴**、**告発**、**自首**があった場合も、「速やかに検察官に送付」するものとされている（242条・245条）。

イ　検察官が指定した事件

「検察官が指定した事件」については、送致しないでよいとされている（246条但書）。この規定に基づき、事件を検察官に送致せずに警察限りで訓戒等をして終結することを、**微罪処分**という。微罪処分の対象になるのは、

①成人による軽微な窃盗、詐欺、横領、賭博等で、②被疑者が逮捕されておらず、③告訴・告発・自首がされていないといった基準を充たす事件である。こうした基準は、193条1項による一般的指示（→1講7(2)エ）として、各地の検察庁から司法警察員に指定されており、司法警察員の判断で最終処分をしているわけではない。

◎コラム◎　日本語が通じない外国人への配慮

裁判所では日本語を用いる（裁判所74条）。これは法廷内だけではなく、裁判手続全般にわたって日本語を使用しなければならないことを意味する。公判の準備活動である捜査においても、日本語を用い、供述調書等の各種書類は日本語で作成されるのが通常である（犯捜規範235条）。そのため、日本語が通じない外国人が刑事手続の対象となった場合に配慮が必要となる。

刑訴法は、日本語が通じない者に「陳述」をさせる場合には、通訳人に通訳をさせなければならないとしている（175条）。しかし、外国人に対しても刑事手続上の権利を保障している国際人権規約などに基づき、現実の公判では陳述させる場合に限らず、手続の進行や証拠調べの内容も理解できるように通訳がされている。捜査においても、捜査機関が外国人の身体を拘束したときには当該領事機関に通報し（犯捜規範232条2項～4項）、当該外国人の理解する言語が通じない警察官が取調べその他捜査のため必要な措置を行う場合においては、緊急の場合を除き、通訳人を介してこれを行い（犯捜規範233条）、逮捕状その他の令状により処分を行うときは、なるべく翻訳文を添付するなどの措置をとっている（犯捜規範236条）。さらに起訴状謄本の送達時には、その概要を被告人の言語に翻訳した書面が一緒に送付されている。

不法在留者など入管法に違反している外国人は、退去強制処分を受けることになるが、処分後に公判で証人として証言する必要が生じた場合には、証拠法上の問題がある（→28講2(4)）。こうした外国人を逮捕した場合、入管法65条の規定により司法警察員から入国警備官に直接引き渡すことが認められており、48時間以内に検察官に送致するとしている刑訴法203条の例外となっている。

第5講　被疑者の防御と弁護人

◆学習のポイント◆

1　被疑者・被告人が有する黙秘権が保障される趣旨、保障範囲と黙秘権行使の効果を理解しよう。

2　弁護人選任権、選任手続、被疑者国選弁護制度を理解しよう。

3　弁護人の地位、役割を理解しよう。

4　接見交通権（39条1項）が保障されることの意義とその制限に関して、問題の所在を把握しよう。

1　捜査手続における被疑者の防御

【設問1】

捜査段階において、被疑者が自らを防御するために、刑訴法はどのような手段を用意しているか。

(1)　防御の必要性

捜査機関による捜査においては、被疑者は嫌疑の対象となっている。そのため、逮捕・勾留その他の捜査上の処分の対象になり、権利・利益が制約されることがある。また、捜査機関が被疑者に取調べを行い、被疑者から供述を獲得しようとすることもある。

しかし、被疑者は未だ犯人だと断定されているわけでもなく、また、嫌疑があるからといって、あらゆる権利・利益の制約を甘受しなければならないわけでもない。捜査に際して生じうる不当な権利・利益の制約からは救済されるべきである。また、自らの嫌疑を否定し、あるいはより軽い処分を求めるために、被疑者としても種々の防御活動をする必要もある。

(2)　被疑者の防御手段の概観

以上の必要性に照らして、捜査段階においても、被疑者が防御するための制度が設けられている。しかし、被疑者は、法的な知識を十分に有さない場合が多い。また、捜査の対象とされているため、物理的・心理的制約の下に置かれる。そのため、嫌疑に対して言い分があったとしても、自ら適切にそれを捜査機関に伝えることは容易ではない。そこで、法律の専門家である弁護人を選任し、弁護人の援助を受ける権利が保障されている（**弁護人選任権**）。被疑者は、多くの場合、弁護人を通じて、以下の権利や法的手段を行使することになる。

取調べ等に対しては、被疑者は**黙秘権**を行使することができる（→本講2）。これにより、捜査機関の取調べ等の追及から自らを防御する。

不当な捜査上の処分に対しては、救済手段が存在する。勾留に対しては、後述する**準抗告**、**勾留理由開示**、**勾留取消し**といった手段が設けられている（→本講6）。証拠収集に対しては、押収等に対する準抗告（→12講1）、押収物還付請求がある（→3講1）。

さらに、被疑者が不起訴処分や起訴猶予を求め、あるいは起訴された場合の公判手続を想定して、自らに有利な証拠を収集する必要がある（例えば他人の所有物に残された指紋等の採取、廃棄されるおそれのある書類の差押え、被疑者の身体に残った痣やけがの状況の保全など）。被疑者が捜索・差押えのような証拠収集のための強制処分を自ら執行することはできない。しかし、**証拠保全請求**はなしうる。証拠保全請求とは、あらかじめ証拠を保全しておかなければ、その証拠を使用することが困難となる事情があるときに、裁判官に対して、押収、捜索、検証、証人尋問、鑑定処分を請求することができるという制度である（179条）。第1回公判期日前までならば、被告人も同様の証拠保全請求をなしうる。

2　黙秘権

(1)　黙秘権の意義

【設問2】
黙秘権とはどのような権利か。自己負罪拒否特権との違いはあるか。

憲法38条1項はその文言において、何人も自らの罪に関わりうる不利益な供述を強要されない旨を定めている。これを**自己負罪拒否特権**と呼ぶ。それに対し、刑訴法の諸条項は、「自己の意思に反して」供述する必要がない旨や「終始沈黙」できる旨を定めている（198条2項・311条1項）。つまり、被疑者・被告人が、その利益不利益を問わず一切の事柄について、包括的に沈黙できる旨を定めている。これを**黙秘権**と呼ぶ（**供述拒否権**と呼ぶ場合もある）。そこで、黙秘権は、憲法上保障された自己負罪拒否特権を、被疑者・被告人の防御のために拡大して保障した法律上の権利だと理解できる。

自己負罪拒否特権と黙秘権は、文言上、適用範囲も異なる。憲法38条1項は主語が「何人も」となっており、被疑者・被告人のみならず証人についてもその適用を想定している。具体的には、自分に不利益な供述を行う義務が、証人について免除されうる（刑訴146条参照）。これに対して、刑訴法の黙秘権に関する各規定の主語は被疑者・被告人である（198条2項・311条1項）。

＊　刑事免責と自己負罪拒否特権

証人の自己負罪拒否特権は、刑事免責制度（157条の2）が適用される場合には、放棄されることになる。この場合には、証人が尋問において供述した内容や、その供述によって得られた証拠が、証人に対して不利益に用いられることはない（→8講2(2)）。

【設問3】

黙秘権はなぜ保障されているのか。

黙秘権が保障される理由については、議論がある。裁判例の中には、黙秘権を保障せずに供述を法律的に強制することは、「**個人の人格の尊厳**」を犯すと説示したものがある（大阪高判昭40・8・26下刑集7巻8号1563頁）。また、心理学的な知見をもとに、**供述の強制は、虚偽の自白を誘発し、誤った裁判をもたらすおそれ**があるため、黙秘権の保障が必要だとする説明がありうる。

被告人に対する訴追事実は、被告人自身の口からではなく、社会がこれを証明する責任を負うとして、**証明責任が検察側にあることの裏返しとして、被告人に黙秘権が保障されるとする説明**もある。さらに、黙秘権を**被疑者・被告人の自己情報をコントロールするプライバシー権**として、特に刑事手続上保障したとの説明もある。

(2)　黙秘権の保障範囲

【設問4】

被疑者・被告人は、氏名を黙秘することができるか。

被疑者・被告人には、包括的な黙秘権が保障されているため、氏名も黙秘権の対象となる。もっとも、一般に、氏名を述べることが、直ちに自己の刑事上の責任を問われるおそれがある事項についての供述となることはない。判例も、**氏名の供述は「原則として」憲法38条1項にいう「自己に不利益な供述」には当たらない**として、氏名を黙秘したままの弁護人選任届を無効として却下しても、憲法38条1項に違反しないとしている（最大判昭32・2・20刑集11巻2号802頁）。

しかし、氏名によって被告人と犯人との同一性が認められるような場合、氏名が明らかになれば前科が判明し、累犯加重や常習犯が成立する場合、あるいは、共犯者の存在が明らかになる場合には、例外的に、氏名も黙秘の対象となりうるだろう。

【設問5】

黙秘権は、「供述」以外の証拠の採取に及ぶか。

黙秘権は、自己に不利益な供述を強要されないという自己負罪拒否特権に由来するものである。そのため、**黙秘権の保障は、「供述」以外の物的・非供述証拠の採取、例えば、指紋や血液の採取、身体検査、写真撮影等には及ばない**とするのが通説である。

判例も、道交法上の呼気検査拒否罪の規定が憲法38条1項に違反するかどうかが問題となった事案において、呼気検査は、「酒気を帯びて車両等を運転することの防止を目的として運転者らから呼気を採取してアルコール保有の程度を調査するものであって、その供述を得ようとするものではないから、右検査を拒んだ者を処罰する右道路交通法の規定は、憲法38条1項に違反するものではない」としている（最判平9・1・30刑集51巻1号335頁〈百選A9〉）。

●コラム●　刑事手続以外の手続における自己負罪拒否特権保障

警察やその他の行政機関に対する各種の届出・報告義務等が、個別の行政法において定められている。これら届出・報告義務と自己負罪拒否特権（憲38条1項）との関係は、しばしば争われてきた（基本憲法Ⅰ250頁～252頁）。判例は、概ね届出・報告義務の必要性・合理性があることと、届出および報告の範囲は自己が刑事責任を問われるおそれのある事項まで含まれていないことを理由に、自己負罪拒否特権の保障に反しないとしている。

例えば、自動車事故の報告義務が問題となった事案において、判例は、①報告義務の規定が必要かつ合理的な規定であること、②（報告義務の内容を限定的に解した上）刑事責任を問われるおそれのある事故の原因その他の事項までも報告事項に含まれないことを理由に、憲法38条1項に違反しないとした（最大判昭37・5・2刑集16巻5号495頁〈百選A10〉）。

また、所得税法において、納税義務者が収税官吏からの検査、質問に応ずる義務が問題となった事案において、憲法38条1項の保障が純然たる刑事手続以外の「実質上、刑事責任追及のための資料の取得収集に直接結びつく作用を一般的に有する手続」にも及ぶ旨を明言した上で、所得税法上の検査、質問手続は、刑事責任の追及を目的とする手続ではなく、そのための資料の取得収集に直接結びつく作用を一般的に有するものでもなく、このような検査制度に公益上の必要性と合理性が存する、という点を理由に、検査、質問に応ずる義務が憲法38条1項に違反しないとした（最大判昭47・11・22刑集26巻9号554頁）。

さらに、判例は、死体を検案して異状を認めた医師は、自己がその死因等につき診療行為における業務上過失致死等の罪責を問われるおそれがある場合にも、医師法21条の届出義務を負うとすることは、憲法38条1項に違反しないとした（最判平16・4・13刑集58巻4号247頁）。

(3) 黙秘権行使の効果

【設問6】

被疑者・被告人が黙秘した事実から、被疑者・被告人に不利益な事実の存在を推認して、裁判所が被告人に不利益な事実を認定することは許されるか。

現行法の解釈として、**黙秘権を行使した事実それ自体から裁判所が被告人に不利益な事実を推認することは、原則として許されない**と考えられている（不利益事実推認の禁止）。黙秘する動機・理由はさまざまなものでありうるところ、黙秘した事実から殊更に被告人に不利益な事実を推認することには合理性がない。また、このように黙秘したこと自体から被告人にとって不利益な事実の存在を推認することを許容すると、被疑者・被告人に供述を強要することにつながる可能性があり、黙秘権の保障を掘り崩すおそれもある。

【設問7】

被疑者が取調べの際に、黙秘権を行使した場合、捜査機関は取調べを継続することはできるか。

学説の中には、被疑者による黙秘権の行使が、捜査機関による取調べの継続を禁じる効果を生じさせると主張するものがある（黙秘権の遮断効）。実務上は、黙秘権を行使したことをもって、直ちに取調べを取りやめることは稀であり、捜査機関は被疑者に対して供述するよう説得行為を続けることが多い。黙秘権の遮断効を認める主張は、そのような説得行為が黙秘権の保障を危うくするという問題意識に基づいている。

また、そもそも逮捕・勾留されている被疑者について、捜査実務は**取調べ受忍義務**（または出頭滞留義務）を肯定している（→19講5）。そのため、捜査実務においては、黙秘権の遮断効は、身体拘束を受けている被疑者について観念されていない。他方で、公判においては、被告人が明確に黙秘権を行使する意思を示しているにもかかわらず、検察官が延々と質問を続ける行為について、「黙秘権の行使を危うくする」と説示した裁判例がある（札幌高判平14・3・19判時1803号147頁）。

3　弁護人の援助を受ける権利——弁護人選任権

(1)　弁護人選任権の機能

【設問8】

弁護人選任権は、なぜ保障されるべきなのか。

刑訴法は被疑者・被告人に対して、いつでも弁護人を選任することができることとしている（30条1項）。これを、**弁護人選任権**と呼ぶ。被疑者・被告人が弁護人を選任し、弁護人から援助を受けることを通じて、以下のことが期待できる。

第1は、**冤罪を防止する**ことである。被疑者・被告人が無実である場合には、有罪判決を受けることを回避しなければならない。そのために、刑事手続に精通した弁護人による援助は重要である。

第2は、**刑事司法の水準を一定程度以上に維持する**ことである。弁護人の援助により、被疑者・被告人が不当な手続に対して法的に争うことを可能にする。そのことは、刑事司法の水準をより良くしうる。

第3が、**刑事政策的な役割を実現する**ことである。被疑者・被告人と社会の関係をつなぎ、被疑者・被告人が自ら犯人であることを認めている場合には、ときには再犯の防止に資する活動を弁護人が行う事案もある。被害者との関係で、（被告人側の代理人として）弁護人が損害回復のために一定程度の役割を果たす場合もある。

第4が、**被疑者・被告人の最小限の自由を保障する**ことである。被疑者に弁護人が選任されていれば、本講で触れる各手段を通じて、被疑者自身の身体の自由その他の権利・利益を、最小限保障することを期待できよう。

憲法上は、「抑留・拘禁」といった身体拘束の際に、直ちに弁護人に依頼する権利が保障されている（憲34条前段）。身体拘束により自由そのものが制限された被疑者にとって、以上のような機能を担う弁護人の必要性が著しく高まるためである。他方で、「被告人」については、憲法37条3項が弁護人依頼権を保障している。

また、以上のような機能を期待されることに鑑みて、弁護人として選任される者は、弁護士とされている（31条1項）。なお、起訴前は、特別弁護人（→1講7(3)）を選任できない（最決平5・10・19刑集47巻8号67頁）。

(2) 捜査手続上の弁護人の役割

【設問9】

捜査手続において、弁護人は具体的にどのような活動をなしうるか。

弁護人の役割には、①**捜査手続が適正に行われているかを監視し、被疑者に保障された手続上の権利行使を支援・擁護**するという側面と、②犯罪の成否や処分に関わる被疑者の主張や弁解を踏まえて**事実および法律上の主張を行い、裏づけとなる証拠を収集**するという側面がある。従来弁護人の役割については、①の側面を中心に議論されてきた。しかし、後述する裁判員制度や公判前整理手続、被疑者国選弁護などの制度が導入されたことに伴い、捜査段階から②の側面を行う必要性が高まった。弁護人がこのような役割を誠実に果たすために必要となる具体的活動は、多岐にわたる。

第1に、適切な弁護活動によって無実の者が処罰されないようにすることは、最も重要な弁護人の役割である。被疑者に有利な証拠を収集したり、黙秘権行使を含む取調べに対する適切な助言を行うことなどが重要な弁護人の活動になる。

第2に、違法な捜査に対する是正の働きかけによって、被疑者の自由を回復したり、将来の違法捜査を抑制したりする効果が期待される。

第3に、被害者と示談をすることは、被疑者・被告人の処分を軽くする活動であると同時に、被害者の救済という側面をもっている。さらに、動機その他の犯罪原因を被疑者や被告人の立場から明らかにすることが、本人の更生のきっかけになることもある。

捜査段階でのこれらの活動が、**【設問8】**で示した各機能と密接な関係があることは、容易に想像できるだろう。

(3) 弁護人の選任

ア 私選弁護人の選任時期

【設問10】
《事例４》において、被疑者Ｚが私選弁護人を選任しようとする場合、私選弁護人の選任は、いつ行われるか。

被疑者は、**いつでも弁護人を選任することができる**（30条１項）。例えば、捜査機関から呼出しを受けた時点、捜査機関から事情聴取を受けた者が周囲におり、その事情聴取内容から自分に既に犯罪の嫌疑がかけられていると判断できる時点、あるいは近い将来被疑者として捜査の対象となることが予想される時点などでも、弁護人を選任することができる。

イ 選任の手続と方式

【設問11】
私選弁護人の選任はどのような手続によって行われるか。

被疑者は、弁護人として依頼する弁護士が既に決まっている場合には、その弁護人との間で委任契約を締結し、**弁護人選任届**を作成し、後述する提出先に提出することになる。これに対して、誰を弁護人に選任すべきかわからない等、個別に弁護士を選定できない場合には、弁護士会に対して、弁護人の選任を申し出ることができる（31条の２第１項）。弁護士会は、この申出を受けて、速やかに所属弁護士の中から、弁護人となろうとする者を紹介しなければならない（同条２項）。弁護人となろうとする者がいないときや、紹介した弁護士が被疑者による選任申込みを拒んだときは、その旨を被疑者に通知しなければならない（同条３項）。

また、逮捕・勾留された被疑者は、裁判官または刑事施設の長もしくはその代理者に、弁護士、弁護士法人または弁護士会を指定して、弁護人の選任の申出をすることができる（逮捕された場合について、209条・211条・216条および78条１項、勾留された場合について、207条１項および78条１項→４講**1**(3)(4)）。この申出を受けた裁判官等は、直ちに被疑者の指定した弁護士等にその旨を通知しなければならない。

弁護人の選任は、私法上の委任契約という側面と、選任権を有するものと弁護人とが共同で、捜査機関・裁判所に対してする訴訟行為（→７講**1**）の側面をもっている。このため、選任権者、選任の方式および効力については法律・規則に定めがある。

まず、起訴前の段階（被疑者段階）では、選任の方式について明文規定がないので、例えば特定の弁護士を弁護人とする旨記載して、選任権者（後述**ウ**）のみが署名捺印をした弁護人選任届も有効である。起訴前の弁護人選任届は、検察庁送致前は事件を立件した警察署、事件送致後は送致先検察庁に提出する（規17条）。実務上は、起訴前の段階で弁護人を選任するのが一般的である。

これに対して起訴後（被告人段階）は、**選任権者と弁護人とが連署した書面**を、裁判所に提出することが必要である（規18条）。このため、被疑者段階で連署によらない選任届を捜査機関に提出している場合、起訴後は被告人と弁護人の連署からなる選任届を改めて裁判所に提出し直さなければならない。この煩雑を回避するため、起訴前でも連署による選任届を捜査機関に提出することが一般である（32条1項、規17条）。また、弁護人選任届があらかじめ提出されていない場合で、裁判所に対して訴訟上の権利を行使する場合（被疑者段階の勾留理由開示請求など）にも、連署方式による選任届が必要とされている。

＊　**私選弁護人として選任できる人数**

被疑者の私選弁護人は、原則として3人までである（規27条）。もっとも、弁護人の人数超過許可請求（規27条1項但書）について、「事案が複雑で、頻繁な接見の必要性が認められるなど、広範な弁護活動が求められ、3人を超える数の弁護人を選任する必要があり、かつ、それに伴う支障が想定されない場合には、これ〔特別の事情〕があると解される」として、最高裁は、5人の超過許可請求を却下した原決定とこれを支持した原決定を取り消している（最決平24・5・10刑集66巻7号663頁）。

ウ　弁護人の選任権者

【設問12】

《事例4》において、被疑者Zの夫は、Zのために弁護人を選任できるか。

被疑者・被告人自身が弁護人を選任することができるほか、配偶者や親子・兄弟等、一定の身分関係にある者（30条2項）も弁護人を選任することができる。選任権を有する者は、被疑者等の意思にかかわりなく弁護人を選任することができる。したがって、被疑者Zの夫は、自らZの弁護人を選任することができる。

＊　30条2項によってなされた、一定の身分関係にある者による弁護人の選

任は、第三者（被疑者または被告人）のためにする法律行為だと考えられる（民537条）。そのため、選任後は、被疑者・被告人の意思に反して選任者が弁護人を解任することはできない。**【設問12】**において、夫がＺの意思に反して弁護人を解任することはできない。選任された弁護人は、被疑者・被告人のために職務を遂行する義務を負う。

30条２項に定めのある弁護人選任権者は、被疑者・被告人から「独立して」弁護人を選任することができる。したがって、**【設問12】**で被疑者Ｚ本人がその後弁護人を選任したとしても、先にＺの夫に選任された弁護人は、解任されない限り、弁護人の地位を失うことはない。なお、国選弁護人の場合には、私選弁護人の選任が、先に選任された国選弁護人の解任事由となるので（38条の３第１項１号）、注意を要する。

それでは、仮に、被疑者Ｚが夫の選任した弁護人に不満をもった場合、Ｚは夫の了解なく弁護人を解任することができるか。私選弁護人の解任については、法に明確な定めはない。しかし、弁護人の選任は、被疑者の防御の利益のためになされる行為であるから、被疑者本人が弁護人の選任・解任について最も優先的にその権限を行使すべきである。したがって、被疑者本人は、30条２項に定める者が選任した弁護人を解任することができると解されている。したがって、Ｚは、夫が選任した私選弁護人を自らの判断で解任できる。

(4) 国選弁護制度

ア　国選弁護制度の意義

【設問13】
被疑者・被告人が弁護人を依頼するだけの資力を有しない場合、被疑者・被告人は弁護人を選任できるか。

弁護人の選任は、本来は被疑者をはじめとする選任権者（30条２項）と弁護士との間の私的な契約に基づくものであり、弁護人を選任するか否か、また誰を弁護人に選任するかは基本的には被疑者・被告人の自由に委ねられている。しかし、弁護人の援助が必要であるにもかかわらず、経済的理由その他の事情によって、自ら弁護人を選任できないことになれば、弁護人選任権を被疑者・被告人の基本的な権利として保障した憲法ならびに法の趣旨を全うすることができない。このため、法は、公費により弁護人を付する制度を整備した。これが**国選弁護制度**である。

憲法の文言上は、国選弁護人請求権が保障されているのは、「被告人」のみであり（憲37条３項）、平成16（2004）年改正までは、刑訴法上も被告人のみを国選弁護制度の対象としていた（36条・37条）。

しかし、被告人が刑事手続の当事者として、十分な防御を行うためには、捜査のできるだけ早い段階で弁護人による援助が始まることが重要である。このため、**被疑者国選弁護制度**が導入され、平成28（2016）年刑訴法改正においては、勾留されたすべての被疑者に国選弁護制度が拡大された（→14講5）。さらに、身体拘束を受けた被疑者への弁護人の援助を受ける権利が憲法上の要請であること（憲34条前段）、被疑者の身体拘束は、逮捕から始まることから、国選弁護制度の逮捕段階への拡大も主張されている。

＊　当番弁護士制度

被疑者が逮捕・勾留された場合には、当該被疑者やその親族から弁護士会に面会依頼がなされ、各弁護士会が当番弁護士を派遣することも多い。各弁護士会の名簿にあらかじめ登録された弁護士（あるいはあらかじめ当番表で割り当てられた担当日に、事務所で待機する）が、弁護士会からの連絡を受けて、直ちに逮捕・勾留されている被疑者と接見し、助言等を行う。初回の接見は、弁護士会の負担によって無料で行われている。当番弁護士がその後も引き続き受任する場合には、一般的には私選弁護人となる。もともと、捜査段階での弁護活動の重要性が意識され、被疑者国選弁護制度がなかった平成２（1990）年に、大分県弁護士会が開始し、その後全国に広がった。現在でも、逮捕段階では、被疑者国選弁護制度が導入されていないため、当番弁護士制度が活用されているのが実情である。

イ　被疑者国選弁護人の選任

【設問14】

被疑者国選弁護人は、どのような要件を充たせば選任できるか。

被疑者は、貧困その他の事由により弁護人を選任することができない場合、勾留が請求された後、国選弁護人の選任を裁判官に請求することができる（37条の２）。この請求がある場合には、裁判官が弁護人を付さなければならない。また、被疑者に勾留状が発せられ、弁護人がない場合に、その被疑者に精神上の障害その他の事由により弁護人を必要とするかどうかを判断することが困難である疑いがあって、裁判官が必要と認めるときには、職権で弁護人を付することができる（37条の４）。なお、被告人の場合には、公訴提起後に裁判所に請求することができる（36条）。

国選弁護制度は、国が弁護人を選定し、さらに弁護士報酬その他訴訟に必要な費用を、**国費で負担する**ことを想定した制度であるから、選任権者や選任方法、費用負担等について、法に詳細な規定がある（36条〜38条）。特に貧困を理由として国選弁護人の選任を請求する被疑者・被告人は、**資力申告書**（36条の2・37条の3第1項）により、自ら弁護人を選任する資力がないことを申告しなければならない。虚偽の資力申告をした者には、罰則が設けられている（38条の4）。

選任できる人数は、原則として1人である。ただし、死刑または無期の懲役・禁錮に当たる事件について、特に必要があると認めるときは、裁判官が職権で弁護人をさらに1人、追加して付することができる（37条の5）。

＊ **資力申告書によって申告する資産の内容およびその基準額**

「刑事訴訟法第36条の2の資産及び同法第36条の3第1項の基準額を定める政令」に定められている。いわゆる流動資産（現金や銀行預金のほか、小切手、勤務先が管理する積立金等）の総額に対して、標準的な生計の費用のほかに、弁護人の報酬や費用に充てることのできる額が50万円を下回る場合に、貧困を理由とする国選弁護人の請求が認められる。それ以外の場合には、まず私選弁護人の選任を試み、弁護人となろうとする者がないときに、国選弁護人の選任を請求することができる（36条の3第1項・37条の3第2項）。

ウ　国選弁護人の解任

【設問15】
被疑者国選弁護人は、どのような場合に解任されるか。

裁判官は、刑訴法の定める一定の事由に該当する場合には、国選弁護人を解任することができる（38条の3第1項）。具体的には、①私選弁護人が選任されたことその他の事由により弁護人を付する必要がなくなったとき、②被疑者と弁護人との利益が相反する状況にあり弁護人にその職務を継続させることが相当でないとき、③心身の故障その他の事由により、弁護人が職務を行うことができず、または職務を行うことが困難となったとき、④弁護人がその任務に著しく反したことによりその職務を継続させることが相当でないとき、⑤弁護人に対する暴行、脅迫その他の被告人の責めに帰すべき事由により弁護人にその職務を継続させることが相当でないときの、いずれかに該当する場合である。弁護人を解任するには、あらかじめ、その弁護人の意見を聴かなければならず、弁護人を解任するにあたっては、被告人の権利を不当に制限することがないようにしなければならない（38条の3第2項・3

項)。

なお、国選弁護人は、被疑者が「その選任に係る事件について」釈放されたときに、選任の効力を失う。ただし、勾留の執行停止の場合は、効力を失わない(38条の2)。

コラム　国選弁護人と私選弁護人

国選弁護人として被疑者や被告人と面会をした際「私選弁護人に切り替えてください」と本人から言われることがある。これは「国選弁護人は報酬が安いので、十分な弁護をしてもらえない」という意識が国民の間に広まっていることによるものと思われる。

国選弁護人と私選弁護人とでは、選任時期や選任権者、誰を弁護人に選任するかなどの違いはあるが(下の表を参照)、弁護人に課せられた真実義務、弁護人が被疑者・被告人に対して負う**誠実義務**には、国選弁護と私選弁護で区別はなく(→本講4コラム参照)、国選弁護人であるから「ほどほどに弁護をすれば良い」ものではない。国選だから十分な弁護を受けられないという意識が国民に共有されているとすれば、それは憂慮すべき事態であるし、弁護人は、そのような意識を国民に抱かれることのないよう、国選であると私選であるとを問わず、誠実に職務を遂行する必要がある。

	私選弁護人	国選弁護人
選任権者	本人、法定代理人等(30条)	被告人の場合は裁判所(37条) 被疑者の場合は裁判官(37条の2)
解任・辞任	明文規定なし:解任は本人の意思、辞任は弁護人の判断	解任:裁判所・裁判官(38条の3) 辞任:弁護人からの辞任不可(38条の2により選任の効力が喪失する場合あり)
選任時期	制限なし(30条1項)	被疑者の場合:勾留請求後本人請求時(37条の2) 被告人の場合:起訴後、本人請求時(36条)または職権による選任(37条の4・37条)
費用負担	弁護人の旅費、日当、宿泊料および報酬:法律上の定め無し	弁護人の旅費、日当、宿泊料および報酬その他の費用:裁判所または日本司法支援センターが算定し(38条2項、総合法律支援法39条)国費から支給
	その他の費用(証人の日当および交通費、鑑定費用など) 被疑者:公訴が提起されなかった場合は、裁判所の決定があるときのみ、決定された額を被疑者負担(181条4項・187条の2) 被告人:有罪判決とともに裁判所が命じた時、命じられた額を被告人負担(185条)	
弁護人の人数	被疑者:許可ある場合を除き3人まで(規27条) 被告人:原則制限なし。例外として3名まで(規26条1項)	被疑者の場合原則1人、例外2名まで選任(37条の5)

4　弁護人の権限

【設問16】
弁護人は、どのような権限を行使できるか。被疑者の意向に反してでも弁護人が行使できる権限はあるか。

弁護人は、被疑者・被告人の代理人として、その権利および正当な利益を実現すると同時に、司法制度の担い手として、真実を尊重し、信義に従い、誠実かつ公正に職務を行わなければならない（弁護士職務基本規程５条）。弁護人には、単なる代理人にとどまらず、被疑者・被告人の「正当な利益」は何かを判断し、必要があれば、被疑者・被告人の意思から独立した活動が求められることがある。私選弁護人と国選弁護人との間に、その権限に違いはない。

(1)　固有権

弁護人の権限として、法令が「弁護人は……することができる」と明示的に定めている場合には、弁護人の固有の権利であることを示している。この場合には、**被疑者・被告人本人の権利の有無や、明示的・黙示的な意思にかかわらず、独立して訴訟行為を行うことができる**（41条）。つまり、被疑者・被告人の権利が消滅していても、その意思に反していても、弁護人は固有に行使できる権限がある。これを、弁護人の**固有権**と呼ぶ。固有権は、被疑者・被告人の代理として行使するになじまない性質のものであるため、弁護人が独立して行使することが想定されている。

具体的には、弁護人のみが有する権限として、接見交通権（39条）、書類・証拠物の閲覧・謄写（40条・180条１項→７講**2**(3)）、上訴審における弁論（388条・414条→12講**2**(3)・**3**(2)）などがある。また、裁判所による捜索・差押えの執行や検証への立会い（113条・142条）、証人尋問の立会い（157条１項・228条２項）、証人等に対する尋問（157条３項・304条２項）などは、被疑者・被告人も関与する場合もあるが、弁護人が固有権として行使できる。

(2)　独立代理権

他方で、通説的な理解によれば、固有権とは異なり、被疑者・被告人本人の権利が消滅すると同時に、弁護人の権利・権限も消滅する、**独立代理権**が観念されている。独立代理権に当たる権限を定める条文では、権限を行使する主体として、被疑者・被告人と弁護人が併記されている。固有権との違いは、**被疑者・被告人に権限があることが前提となって、弁護人が行使しうる権限**だという点である。

弁護人が被疑者・被告人の明示的・黙示的な意思に反して行使できるものとして、勾留理由開示請求（82条2項）、勾留取消し・保釈の請求（87条・88条・91条）、証拠調べ請求（298条1項・316条の17第2項→7講6(4)オ）、異議申立て（309条→8講2(3)）、証拠保全請求（179条）などがある。被疑者・被告人に権限があるにもかかわらず、その意思に反してでも弁護人が権限を行使できるのは、弁護人の専門職としての性質に由来する。これに対して、被告人の明示の反対意思がない限り、弁護人が被告人の同意を求めずに行使できるものとして、忌避申立て（21条2項→1講7(4)オ）、上訴申立て（355条・356条→12講1(2)(4)）などがある。

(3) 包括代理権

弁護人は、法律に明示された権限のほか、被疑者・被告人が行いうる行為のうち、代理になじむものについては、本人の明示・黙示の意思に反しない限り、個別に同意を得ず、本人に代理して訴訟行為をすることができる。例えば、証拠に対する同意・不同意の意見（326条1項）を述べるときは、包括代理権に依拠している。被疑者・被告人本人の明示・黙示の授権や追認によって行使できるという性質があるため、従属代理権と呼ばれることもある。独立代理権との相違は、**包括代理権は具体的な明文規定がなく、かつ、被疑者・被告人からの授権や追認がなければ行使できない**点にある。

＊　固有権と独立代理権

独立代理権は、固有権と異なり、被疑者・被告人本人の権利が消滅すると、弁護人の権利・権限も消滅するという制約がある。そのため、被疑者・被告人が訴訟上失敗をした場合に、独立代理権では弁護人がリカバーできないという問題が指摘されている。そのため、独立代理権はすべて固有権として扱った上で、被疑者・被告人の意思の尊重の程度がもともとの固有権とは異なるにとどまると解するべきだと主張されている。

●コラム●　刑訴法の目的と弁護人の誠実義務・真実義務

弁護士には、権力から独立して職務を行うための自治権が認められており（弁護士法）、自治に伴う自律規定として策定された弁護士職務基本規程に従って業務を遂行することが求められている。同規程によれば、弁護人は被疑者・被告人の代理人として、依頼者の権利および正当な利益を実現するように努めなければならず（弁護士職務基本規程21条）、刑事事件においては（被疑者・被告人の）権利および利益を擁護するため、最善の弁護活動に努める（同46条）こととされている。これらは**弁護人の誠実義務**と呼ばれている。

弁護人が誠実義務を果たすために行う活動は、往々にして、捜査活動と衝突し、それは一見、「事案の真相を明らかに」するという刑訴法の目的と矛盾するかのように受け取られることもある。そのため、弁護人に真相を究明するために行動する義務（**真実義務**）はあるのか、そのような義務が肯定されるとしても、誠実義務と衝突する場合には、どうすべきかが問題となる。具体的には、被告人側証人が、被告人に有利ではあるものの虚偽の証言をしており、弁護人が虚偽であることに気づいた場合や、被告人が身代わり犯人であることを弁護人が気づいた場合に、被告人の意向に反してでも無罪を主張・立証すべきか、被告人への誠実義務を重視して有罪の主張・立証をすべきかといった場面で議論がある。

5　接見交通権

(1)　接見交通権の意義

【設問17】

逮捕・勾留により身体を拘束されている被疑者・被告人が、弁護人と面会する権利は、なぜ保障されているのか。

身体拘束を受けている被疑者・被告人は、**弁護人または弁護人となろうとする者と、立会人なくして接見し、書類もしくは物の授受をすることができる**（39条1項）。これを**接見交通権**という。また弁護人との接見交通の方法には、捜査機関等の立会いを排除して接見できることに最大の特徴があり、このため**秘密交通権**とも呼ばれている。

弁護人選任権は、単に弁護人を選任することだけではなく、被疑者・被告人が弁護人の実質的な援助を受ける権利を伴う（最大判平11・3・24民集53巻3号514頁〈百選33〉参照）。そして、弁護人が実質的な弁護活動を行うためには、弁護人と、被疑者・被告人との間で十分に意思疎通を行って信頼関係を築き、適切な防御方針を立てることが必要である。また、捜査段階においては、弁護人は、捜査機関が収集した証拠や証拠物にアクセスする権利は与えられていないから、被疑者との接見は、弁護人にとって、防御活動に必要な情報を収集する貴重な機会でもある。

さらに、接見の内容が捜査機関に知られると、弁護人が被疑者・被告人との間で、自由な情報や意見の交換を行うことができなくなるおそれがある（**萎縮的効果**）。そのため、弁護人と被疑者・被告人との接見では、捜査機関等の立会いを排除して接見することができる、**秘密交通権**が保障されている。

接見交通権（秘密交通権）はこのように弁護活動に必要不可欠な権利であり、かつその行使には専門的な判断を要するから、弁護人の固有権の１つとされている。

接見交通権は、被疑者が弁護人による実質的な援助を受けるために保障された被疑者・被告人の基本的かつ重要な権利であるが、法は「捜査のため必要があるときは、公訴の提起前に限り、第１項の接見又は授受に関し、その日時、場所及び時間を指定することができる」（39条３項本文、**接見指定**と呼ばれている）とし、一定の場合に制限される可能性がある。

(2) 接見交通権の制限

【設問18】

捜査機関が、捜査のため必要があるときには、被疑者と弁護人の間の接見を制限できる制度は、弁護人依頼権（憲34条前段）の侵害として憲法に反しないか。

身体拘束を受けた被疑者・被告人にとって、接見交通権は、憲法上の権利である弁護人選任権の中核をなす権利である。そこで弁護人との接見を制限することは被疑者・被告人の憲法上の権利を不当に制限するものではないかが、問題とされてきた。現在では、特捜事件等のような重大事件に限って接見指定がなされる場合がある一方で、その他の事件において接見指定をすることは、多くはない。

判例は、憲法34条前段が保障する弁護人依頼権は「被疑者に対し、弁護人を選任した上で、弁護人に相談し、その助言を受けるなど弁護人から援助を受ける機会を持つことを実質的に保障しているもの」としている。その上で、39条１項が規定する接見交通権は、憲法34条の趣旨を受けて弁護人からの援助を受ける機会を確保するために設けられたものであり、「憲法の保障に由来するものである」とした。他方で、「被疑者と弁護人等との接見交通権が憲法の保障に由来するからといって、これが刑罰権ないし捜査権に絶対的に優先するような性質のものということはできない」と説示した（前掲・最大判平11・３・24）。

ここでは、接見交通権が憲法34条に「由来」する権利であり、憲法34条の弁護人選任権そのものではないがゆえに、刑罰権や捜査権と比較衡量ができるという枠組みが採用されている。

そして、「捜査権を行使するためには、身体を拘束して被疑者を取り調べる必要が生ずることもあるが、憲法はこのような取調べを否定するものではないから、接見交通権の行使と捜査権の行使との間に合理的な調整を図らなければならない」として、「身体の拘束を受けている被疑者に対して弁護人から援助を受ける機会を持つことを保障するという趣旨が実質的に損なわれない限りにおいて」39条3項本文は、憲法34条に反しないとした。

もっとも、捜査機関による接見交通権の制限については、個別の場面においてその適否が問題となる。近時は、秘密交通権の侵害についても争われている（→20講）。

コラム　一般指定（面会切符）から通知事件へ

かつて、捜査機関は39条3項本文に基づいて、検察官が必要と認める事件について留置施設および被疑者に対し、「一般的指定書」を発行し、弁護人等からの接見申出に対しては、接見の具体的日時を指定した「具体的指定書」（「面会切符」と呼ばれていた）を交付し、この面会切符を持参しなければ接見をさせないという運用が行われていた。この運用は昭和63（1988）年に廃止され、その後は、刑事施設の長を対象として、「捜査のため必要があるときは、接見の日時等を指定することがある」旨の通知書を発し、接見申出のつど、留置官が、検察官に問い合わせて指定の必要性を判断するという運用がなされるようになった（「通知事件」と呼ばれている）。一般的指定書は接見を原則的に制限して、被疑者と弁護人の接見を、検察官ないし捜査主任官の許可にかからしめるもので、このような実務が維持されたままでは、接見指定の規定を合憲と判断した前掲・最大判平11・3・24の接見指定の趣旨とも齟齬することになるから、一般指定が廃止されたことは当然とも言える。他方、通知事件においても、接見申出のつど、留置施設から検察官等に指定の有無を確認するから、指定要件がない場合でも、弁護人は確認結果が得られるまで被疑者と接見することができず、弁護人としては承知しがたいのが本音である。しかし「通知事件」については、弁護人による即時の接見ができないとしても、それが合理的範囲にとどまる限りは違法ではないと判断されており（最判平16・9・7判時1878号88頁）、結局接見指定が違法か否かは、指定がなされた具体的状況に応じて判断されることになる。

6　捜査段階における弁護人の活動

捜査段階の弁護人の活動は、被疑者が身体拘束を受けているか否か、事件の内容、被疑事実に争いがあるか否か、など具体的事件ごとに多種多様であるが、概ね①身体拘束からの解放のために行われる活動、②不起訴処分の獲得をめざして行われる活動、③起訴後の公判準備のために行われる活動、の3点に大別される。

(1)　身体拘束からの解放

【設問19】

被疑者が逮捕された場合、弁護人は被疑者の釈放のために、どのような手段をとりうるか。

身体拘束は、被疑者にとって最大の自由の制約であるから、被疑者が身体拘束を受けている場合、弁護人としては、まず、身体拘束からの解放に努めるべきであるし、未だ身体拘束を受けていないが、そのおそれのある場合には、身体拘束を防ぐ活動が重要である。

ア　勾留決定前

多くの事件で、弁護人は身体拘束を契機に選任されるが、任意捜査の段階においても、被疑者は弁護人を選任することができる。そのため、逮捕の可能性がある場合には、逮捕要件を充たす事実が存在しないことを捜査機関に対して主張することになる。

他方で、**逮捕に対する不服申立手続は存在しない**から（→12講4）、逮捕状が執行された後は、①勾留請求がなされないための働きかけ、②勾留請求がされた場合は勾留決定が出されないための働きかけが必要になる。①の場合、勾留請求を行うのは事件を担当する検察官であるから、検察官に対して、②の場合、勾留の判断を行うのは裁判官であるから、裁判官に対して、それぞれ勾留の必要性がないことを示す資料・意見書を提出するほか、直接に面談して説明することなどが行われている。

イ　勾留決定後

勾留の決定に対しては、不服申立ての手続が法定されているほか（→12講1）、捜査の進展や事情の変化に応じた手続が存在する。

a　勾留理由開示の請求

勾留理由開示は、勾留に対する不服申立てそのものではないが、不服申立ての準備行為として、裁判官がどのような理由で勾留を決定したかを知るためになされる手続である。憲法34条が、拘禁された場合について、「その理由は、直ちに本人及びその弁護人の出席する公開の法廷で示されなければならない」と定めており、これを受けて設けられた。勾留されている被疑者、その弁護人・法定代理人・保佐人・配偶者・直系親族・兄弟姉妹・その他利害関係人から請求がある場合に、裁判官・裁判所書記官が列席して、被疑者および弁護人が出頭した上で行われる（207条1項・82条・83条）。裁判官が、法廷で勾留の理由を告げ、検察官または被疑者・弁護人およびそれ以外の請求者が意見を述べることができる（207条1項・84条）。もっとも、実務上具体的な捜査状況は公開されないため、裁判官は勾留の理由の具体的中身までは告げないのが一般的である（捜査を円滑に継続するために、証拠に係る具体的な事情を明かすべきではないとの価値判断があるとされる)。

そのため、実質的には、親族等との接見を禁止されている被疑者が、法廷で親族等に姿を見せる機会にとどまることもある。また、勾留理由開示の際に、特に被疑者・弁護人らが意見を述べ、その意見の内容を記録に残す点では、防御上の意味がある場合もある。

なお、同一の勾留について認められる開示請求は**最初の1回だけ**である(207条1項・86条)。開示請求をするためには「勾留されている」ことが必要であり、釈放後に開示請求をすることはできない。

b　勾留取消し・準抗告

開示された勾留の理由や、その後の捜査の進捗等に照らし、勾留の理由や勾留の必要性が失われたと判断できる場合には、**勾留取消し**(207条1項・87条)の請求を行うことが考えられる。これに対して、**勾留の裁判そのものの適法性を争う手段**としては、**準抗告**(429条1項2号)がある。勾留取消しは、勾留された後の事情の変化に応じて、勾留の理由や必要性が消滅したことを根拠として行われる。これに対して、準抗告は、勾留を決定した時点での裁判官の判断に誤りがあったことを根拠として行われる。

勾留取消しは、検察官、勾留されている被疑者もしくはその弁護人・法定代理人・保佐人・配偶者・直系親族・兄弟姉妹の請求により、または裁判官の職権で行われる。勾留の理由または必要がなくなったときには、裁判官は勾留を取り消さなければならない(207条1項・87条)。また、勾留による拘禁が不当に長くなったときは、裁判官は、勾留されている被疑者もしくはその弁護人・法定代理人・保佐人・配偶者・直系親族・兄弟姉妹の請求により、または職権で、勾留を取り消さなければならない(207条1項・91条)。

準抗告は、勾留に関する裁判に対して不服がある者が、裁判所にその取消し・変更を請求する制度である(429条→12講1)。ここにいう「勾留に関する裁判」とは、勾留状を発付した決定、勾留延長・勾留取消しを認める裁判、またはこれらの請求を却下する裁判などを指す。勾留場所の変更を求める場合(例えば警察署の留置施設から拘置所へ)、少年事件において、被疑者勾留を勾留に代わる観護措置(少43条1項)に変更することを求める場合、接見禁止決定(刑訴81条)の適法性を争う場合にも用いられる。不服がある被疑者、検察官は、簡易裁判所の裁判官の裁判に対しては、管轄地方裁判所に、その他の裁判官の裁判に対しては、その裁判官所属の裁判所に、請求することになる(→12講1)。請求を受けた裁判所は、合議体で決定する(429条3項)。

なお、**被疑者に犯罪の嫌疑がないことを直接の理由として、準抗告をすることはできない**。裁判官の勾留の裁判に対する準抗告について定める429条2項は420条3項を準用しているが、420条3項では裁判所の勾留決定に対して犯罪の嫌疑がないことを理由に抗告することを禁止している。犯罪の嫌疑の有無は本案訴訟で審判するものであり、本案に付随する手続の段階で犯罪の嫌疑がないことを理由として不服申立てをすることを認めるのは適当でないとの趣旨からである。

c　勾留執行停止の申立て

勾留そのものには異議を述べないが、一時的に身体拘束からの解放の必要性が生じたとして申し立てる手段として、**勾留執行停止**（207条1項・95条）がある。裁判官が「適当と認めるとき」に、被疑者を親族・保護団体等に委託し、または被疑者の住居を制限して、勾留の執行を停止することができる。勾留執行停止は、裁判官の職権によって行われるため、弁護人としては職権発動を促すための申立てを行うことになる。勾留取消しと異なり、**勾留の効力は失われず、一時的に勾留の執行を行わないだけである**ため、執行を停止する事由が終了すれば、被疑者は再び勾留されることになる。具体的には、被疑者が病気の治療のために入院する場合を挙げることができる。

ウ　接見等禁止決定

裁判所は、勾留されている被疑者に逃亡または罪証隠滅を疑う相当の理由があると認めるときに、被疑者が、弁護人以外の者と面会したり、弁護人以外の者と書類や物の授受を行ったりすることを制限できる（81条→4講**1**⑷**オ**）。一般的に、**接見等禁止**と呼ばれる。なお、弁護人との接見は接見等禁止決定の対象とならない。

家族や親族、知人との面会が禁止されることは、身体を拘束された被疑者にとって、著しい苦痛であり、決定そのものに対する準抗告のほか、接見等禁止の一部を解除する（例えば両親との面会に限って禁止を解除する、配偶者からの手紙など、特定の書類についてのみ禁止を解除するなど）、裁判官の職権発動を促す申立てなども弁護活動として行われている。

⑵　不起訴処分の獲得をめざして行われる活動

【設問20】

検察官による起訴猶予を得るために、弁護人はどのような活動をすべきか。

起訴猶予処分（248条→6講**1**⑶**イ**）をめざすためには、検察官の訴追裁量が当該事件でどのように働くかを考え、かつ勾留が継続している場合にはその満期前に、必要な資料を収集して、検察官に提示する必要がある。検察官は、同条に規定された「犯人の性格、年齢及び境遇、犯罪の軽重及び情状並びに犯罪後の情況」等を総合的に判断して、起訴不起訴の処分を行う。そのため、弁護人においても、248条所定の事情のいずれについて、どのような事情が疎明できれば、検察官が「訴追を必要としない」と判断するのかを考えることになる。

被疑事実に争いがあり、嫌疑がない、あるいは嫌疑が不十分であることを理由とした不起訴（→6講2(1)**イ**）をめざす場合には、被疑事実と被疑者の言い分を十分吟味した上で、いかなる事実を提示すれば、嫌疑が弱まり、あるいは消失するのかを検討することになる。

＊　**起訴猶予処分を得るための要素**

起訴猶予処分を求める活動で大きな比重を占めるのは、被害弁償ないし被害者との示談である。薬物事犯などいわゆる「被害者のない犯罪」では、リハビリのための環境整備などが有益であることもある。一方嫌疑なし・嫌疑不十分不起訴を求める活動は多岐にわたるが、アリバイや正当防衛を基礎づける事実に関する証言の収集・提示などが典型である。

(3)　起訴後の公判準備のために行われる活動

弁護人は、起訴猶予や不起訴をめざす弁護活動が奏功せず、公判請求（→6講2(1)**ア**）される可能性があることも念頭に置いて活動する必要がある。弁護側の証人の確保その他有利な証拠の収集も重要であるが、事案の如何を問わず課題になるのは、被疑者取調べへの対応である。

黙秘にとどまらない積極的な否認供述や、説得的な弁解を被疑者自ら捜査官に行うことが、不起訴や起訴猶予を獲得するために重要な場合もある。しかし、捜査段階の被疑者の供述は、後日、被疑者自身に不利な方向で利用されるおそれもある。典型的には、公判で犯人性を否認しても、捜査段階で自らの犯人性を認める供述をしている場合のように、自らの供述が変遷していることを理由として、公判での供述の信用性を切り下げるために捜査段階の供述を用いられる可能性がある。

実務上、身体拘束中の被疑者には、取調べそのものを拒否する権利がないとされているところ（198条1項但書→19講5）、被疑者が取調べに対してとりうる有効かつ容易な手段は、**黙秘権の行使**である（→本講2）。弁護人としては、黙秘権の保障の意味や行使について、被疑者に十分説明を行った上で、具体的な取調べにどのように対応するかは、被疑者の弁解状況、事件の性質、捜査の状況などによって、個別に判断していかなければならない。

また起訴後は保釈を請求できるので（→7講3(2)）、被疑者勾留に対する各申立てが奏功せず、被疑者が勾留されたまま起訴される見通しとなった場合には、起訴後速やかに保釈を請求できるよう、身元保証人の確保などを、実体審理のための準備と並行して進めることが必要である。

◉コラム◉　黙秘か積極供述か

海外の映画やドラマで「弁護人と会うまで黙秘する」という台詞を聞くことがよくある。黙秘権は、被疑者の防御にとって重要な権利とされているが、わが国では、被疑者が黙秘をすると「反省していない」「不利な事実を隠している」などと非難されることが少なくなく、黙秘権を行使することに抵抗感をもつ被疑者や弁護人も少なくない。

近年、弁護人の間では黙秘権行使の必要性・有効性が見直されつつあるようであり、かつての「黙秘は是か非か」、という議論から、「どのように黙秘権を活用するか」という議論が行われるようになっている。取調べでは、質問者の質問方法や誘導、示唆や暗示などによって、事実が歪曲されたり誇張されたりする危険があるし、自らの言い分を信用してもらいたい一心でついつい事柄を誇張したり、つかなくて良い嘘を思わずついたりすることもありうる。

弁護人が十分に被疑者の弁解を聴取して防御の方向が定まる前の段階で、被疑者が取調べに対して供述をすることは、その後の防御の思わぬ足かせとなる危険もある。

(4)　違法捜査への対応

違法捜査（→15講1）に対しては、適時適切に異議を述べ、その是正を図ること、違法な捜査が行われた事実の立証を準備することが必要である。これらの対応は、手続の各段階で進行している違法な状態を是正して、被疑者の権利を守ることにつながるとともに、公判において、違法捜査によって獲得された証拠の証拠能力を争う準備となる（→違法収集証拠については、9講2(2)・25講）。

捜査の違法は、起訴後の証拠開示（→8講1）などによって明らかになる場合も少なくない。しかし、違法な身体拘束や取調べ、令状の範囲を逸脱した捜索・差押えなどを、接見や関係者からの事情聴取を通じて弁護人が気づくことも少なくない。逮捕手続が違法と考えられる場合には、それに続く勾留の効力について争う余地が生じるし（→19講2）、違法な取調べに対しては、即時の是正を求めるとともに、違法な取調べによって得られた供述の証拠能力を争うことも念頭に対応する必要がある（→10講3・26講）。暴行を伴う取調べがあったことを後日立証するために、被疑者の身体の状況を検証することを求める証拠保全請求（→本講1(2)）などがある。そのためには、ここまで学んだ捜査の各手続の要件と手続の内容を、弁護人が十分に理解しておくことが不可欠の前提となるだろう。

＊　証拠保全請求（179条）

捜査機関のような独自の強制捜査権限を有しない被疑者・被告人にとって、公判準備としての証拠収集活動は困難を伴う。そこで被疑者・被告人が裁判所を介して必要な証拠の収集保全を行うことができるよう設けられたのが本条である。証拠保全の対象は被疑者・被告人の犯人性や犯罪の存在を否定する積極証拠に限らず、自白の任意性に疑いを生じさせるような資料や物にも及ぶとされている（千葉地決昭57・8・4判タ477号218頁）。一方、判例は捜査機関が収集保管している証拠については、この手続による保全の対象外としている（最決平17・11・25刑集59巻9号1831頁）。証拠保全申立ては申立例、認容例ともに多いとはいえず、今後の活用が課題といえる。

第6講　公訴の提起

◆学習のポイント◆

1　国家訴追主義・起訴独占主義、起訴便宜主義の条文上の根拠と、それぞれのメリット、デメリットを理解し、デメリットに対処するための検察審査会や付審判請求の制度について理解しよう。

2　捜査を遂げた検察官の事件処理について理解し、公訴提起をするための要件である訴訟条件と、起訴状の作成をはじめとする公訴提起の手続について、説明できるようにしておこう。

3　訴訟条件を欠く場合の法的効果について説明できるようにしておこう。

4　公訴時効制度の存在理由、起算点および公訴時効の停止事由について説明できるようにしておこう。

5　「訴因」と「公訴事実の同一性」の概念を説明できるようにしておこう。

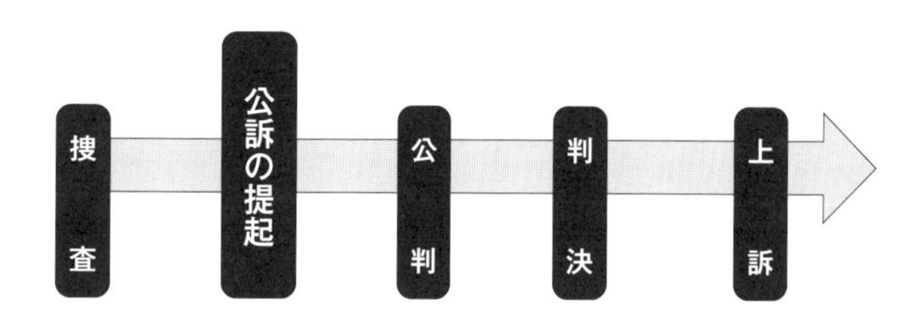

1　公訴提起の基本原則

(1)　公訴提起の意義

【設問1】
　公訴の提起とは何か。似たような用語にどのようなものがあるか。

　公訴とは、私人による訴えに対する概念であって、国家等の公権力の立場でなされる刑事の訴えをいう。公訴を提起することを**起訴**ともいう。なお、**訴追**という言葉も起訴と同様の意味で使われるが、起訴した後、刑事裁判において公訴を維持・遂行していくという意味合いも含まれることがある。

　公訴の提起によって事件が裁判所に係属し、刑事裁判（公判）が開始される。また、公訴の提起は、それまでの捜査の結果を踏まえて行われる。このように、公訴の提起は捜査と公判を「つなぐ」役割を果たしている。

(2)　公訴提起の概観

【設問2】
　公訴の提起の全体像を説明せよ。

　後述する**国家訴追主義・起訴独占主義**により、わが国で公訴の提起ができるのは検察官のみであり、公訴を提起するか否かを決定する際の基本的な思考過程は、次頁の図のとおりである。

　①　捜査を遂げた検察官は、まず**訴訟条件**の有無を検討する。訴訟条件がない場合には、公訴を提起せず、不起訴処分にすべきことになる。こうした不起訴処分には「**被疑者死亡**」、「**親告罪の告訴の欠如・無効・取消し**」、「**確定判決あり**」、「**起訴済み**」、「**時効完成**」等がある。

　②　被疑事実自体が一見して犯罪の構成要件に該当しないことが明らかな場合にも訴訟条件がないが、この場合には「**罪とならず**」という理由で、公訴を提起しない。例えば、戦後削除された不敬罪（刑74条1項・76条）や姦通罪（刑183条）によって告訴がなされたような場合である。

　③　被疑事実自体は犯罪の構成要件に該当すると認められるが、その被疑事実を被疑者がやったという証拠がないか、あるいは不十分である場合には、「**嫌疑なし**」または「**嫌疑不十分**」という理由で、公訴を提起しない。②とは異なり、捜査によって収集した証拠から事実の存否が判断される。

④　**起訴便宜主義**により、検察官は犯罪の成立を認めるに足りる証拠があっても、諸事情を考慮して公訴を提起しないことができる。この場合は、「**起訴猶予**」という理由で、公訴を提起しない。ただし、少年事件はその例外として全件を家庭裁判所に送致しなければならない。

検察官は、概ね①から④の検討を経て、公訴を提起すべきと判断したときに初めて、公訴を提起する。公訴を提起するとき、検察官は**起訴状**という書面（→書式9）を作成し、裁判所に提出しなければならない。起訴状の記載方法は、刑訴法に詳しく定められており、裁判所が予断や偏見をもつような記載はできない。これを**起訴状一本主義**という（256条6項→本講5(3)）。なお、公訴の提起にもいくつかの種類があり、例えば検察官が略式命令請求をした場合には、公判が開かれずに書面審理で終了する（→11講4(4)）。

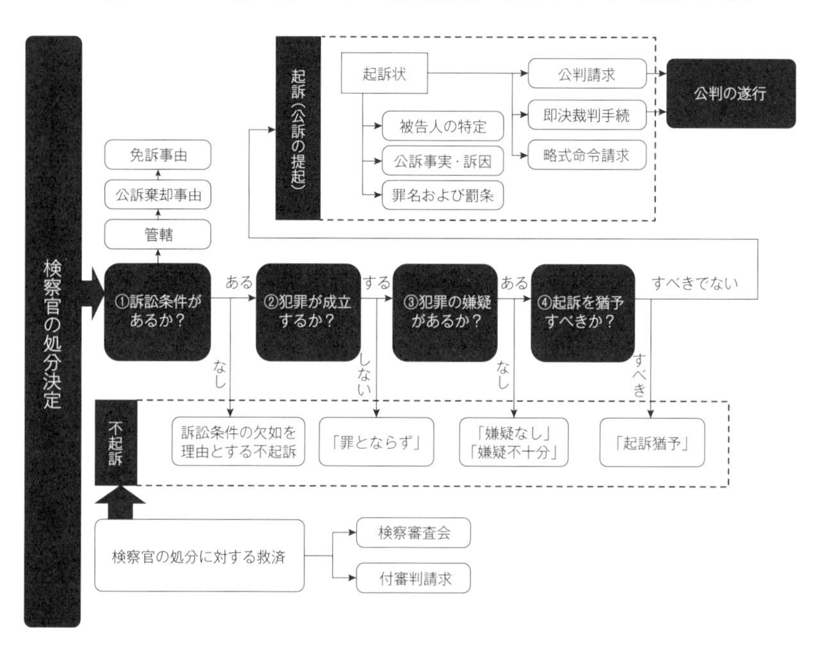

(3)　公訴提起の基本原則

ア　国家訴追主義・起訴独占主義

【設問3】

《事例1》の被害者Aは、自ら刑事裁判を起こしてXとYを処罰するように求めることができるか。

「公訴は、検察官がこれを行う」(247条)。そのため、刑事事件では私人による訴えの提起は認められておらず、国家機関である検察官が公訴を提起する。これを**国家訴追主義**という。したがって、Aが刑事裁判を起こしてXとYを処罰するように求めることはできない(→犯罪被疑者への配慮については、13講参照)。

国家機関の中でも、特に検察官のみが公訴を提起できるとされていることを**起訴独占主義**という。警察官は捜査権限を有しているが、起訴権限は有していない。このように検察官のみが起訴権限を有していることから、捜査を遂げた事件は原則としてすべて検察官の下に集められるようになっている(246条。→4講2)。

＊ 国家訴追主義と私人訴追主義

国家訴追主義に対する概念として、**私人訴追主義**がある。例えばイギリスでは、1986年に検察庁が設立されたが、現在でも私人が刑事裁判を起こすことは可能である。アメリカでは、有権者から無作為に選ばれた市民によって構成される大陪審によって、起訴・不起訴を決定することがある。なお、アメリカでは、国ではなく州の検察官が訴追することもある。

私人訴追主義は、公訴の提起に市民感覚を反映させやすいが、地域差や個人差を生じて不安定な状況を招くおそれがある。逆に、国家訴追主義は、起訴独占主義と結びついて法律の専門家である検察官が統一的に公訴の提起を行うため、適正化、公平化を図ることができるが、官僚的、形式的な判断に陥るおそれもある。ここに、公訴の提起に市民感覚を反映させるための制度が必要とされる理由がある。

イ　起訴便宜主義

【設問4】
《事例4》の被疑者Zについて、弁償をしたことを理由に起訴しないことは許されるか。

捜査を遂げた結果、犯罪の嫌疑が十分に認められる事件であっても、①「**犯人の性格、年齢及び境遇**」という被疑者に関する事情、②「**犯罪の軽重及び情状**」という犯罪事実に関する事情、③事後的に弁償したなどの「**犯罪後の情況**」により、**訴追を必要としないときは、公訴を提起しないことができる**(248条)。このように、起訴・不起訴の決定に検察官の裁量を認める制度を**起訴便宜(裁量)主義**という。したがって、窃盗の犯行に及んだことが明らかな被疑者Zについても、弁償をしたことを理由に起訴しないことが許される。合意制度の理論的根拠も同条に基づくものであることは前述した（→3講6(4)）。

＊　**起訴便宜主義と起訴法定主義**

起訴便宜主義に対する概念として、犯罪の嫌疑が十分にあって起訴する条件が揃っている以上、検察官に起訴を義務づける**起訴法定主義**がある。起訴法定主義では画一的な処理がなされ、法的安定性を図りやすいが、個別具体的な事案に応じた妥当な解決を図ることが困難になる。逆に、起訴便宜主義では刑事政策的な配慮を含めた事案に応じた妥当な解決を図りやすく、無用な起訴による被疑者・被告人の負担を減らし、裁判所その他の関係者の負担を軽減して重大な事件に集中させることができる。さらに刑罰は最後の手段でなければならないとする刑法の謙抑性（→基本刑法Ⅰ8頁）にも合致する。しかし、とりわけ国家訴追主義・起訴独占主義をとるわが国において、検察官の裁量が適正に行使されなければ、不公平な起訴・不起訴の決定が行われ、刑事司法に対する国民の信頼を失うことにもなりかねない。ここに、検察官の訴追裁量を適正にするための制度が必要とされる理由がある。

なお、公訴は、第1審の判決があるまでこれを取り消すことができる(257条)。これを**起訴変更主義**という。起訴便宜主義を採用する以上、公訴の提起後においてもこれを自由に取り消すことができるのは、当然の帰結とされている。

●コラム●　訴追裁量の実際

わが国の刑事裁判では、行為責任の原則を基礎とし、当該犯罪行為にふさわしいと考えられる刑が言い渡され、他の裁判結果との公平性が重視されている（→11講3(4)）。訴追裁量の行使もこうした裁判実務を前提に、まず「犯罪の軽重及び情状」、すなわち被疑事実の内容が重視され、仮に起訴猶予としたときに同じような事案との公平性を損なわないかが検討される。被害者がいる事案では、「犯罪後の情況」として、例えば被害弁償がなされて被害者が処罰を望んでいない（「宥恕(ゆうじょ)」ともいう）場合には、一般に起訴猶予になりやすい。一方、「犯人の性格、年齢及び境遇」で重視されることが多いのは前科の有無であり、前科がある被疑者は起訴猶予になりにくい。もっとも、高齢であったり障害がある被疑者に対し、釈放後に福祉的な支援を受けることなどを考慮して、起訴猶予とする試みも行われている（「入口支援」と呼ばれることがある）。

【設問5】

殺人の被疑事実で少年が家庭裁判所から逆送されてきた場合、検察官は犯罪後の情況を考慮して公訴を提起しないことができるか。逆送後にさらに捜査した結果、新たな証拠を発見したため、①少年に過剰防衛が成立し、公訴を提起しても刑が免除される可能性がある場合、②少年に殺意はなく傷害致死が成立するにとどまると認められる場合はどうか。

検察官の訴追裁量に例外を設けているのが、**少年事件**の場合である。少年法は、検察官が少年の被疑事件について捜査を遂げた結果、犯罪の嫌疑があると思料するときは、家庭裁判所に送致しなければならないとし、検察官に訴追裁量を認めていない（**全件送致主義**、少42条1項）。なお、司法警察員は、少年の被疑事件について捜査を遂げた結果、罰金以下の刑に当たる犯罪（後述する簡易裁判所の専属管轄に属する事件と同じ）の嫌疑があると思料するときは、検察官を経由せず、直接家庭裁判所に送致しなければならない（**直送事件**、少41条）。直送事件は、検察官を経由しないので勾留することはできないが、司法警察員が微罪処分にすることも認められていない。

【設問5】で問題になっているのは、検察官が一旦少年事件を家庭裁判所に送致した後、家庭裁判所が少年法20条により検察官に送致した場合（事件を検察官に戻すので、**逆送決定**ともいわれる）である。この場合でも、検察官は、公訴を提起するに足りる犯罪の嫌疑がある以上、公訴を提起しなければならず（少45条5号本文）、やはり訴追裁量は認められていない。

ただし、検察官は逆送を受けた後、公訴提起までに10日間の期間が与えられるので（同条1号・4号参照）、その間に再捜査を行うのが通常である。再捜査の結果、**犯罪の嫌疑がないこと**が明らかになれば、公訴を提起しなくてよい。

また、①のように逆送後の新たな証拠により「**犯罪の情状等に影響を及ぼすべき新たな事情を発見**」したり、あるいは被害者と示談が成立するなどして「**送致後の情況により訴追を相当でないと思料するとき**」は、検察官は公訴を提起しなくてよいが、犯罪の嫌疑があると思料する以上、**家庭裁判所に再送致**しなければならない（少45条5号但書・42条1項）。他方、②の場合は、傷害致死も原則として逆送される事件であり（少20条2項）、当初から傷害致死で家庭裁判所に送致したとしても、逆送されたであろうことが明らかであれば、同一の事実関係に基づく事件である限り、そのまま公訴を提起してもよい。①と②の違いは、**改めて家庭裁判所の判断を仰ぐほど事実関係に変化があるか**が基準になると考えられる。

2　検察官の事件処理

(1)　事件処理の種類

ア　公訴の提起――起訴処分

【設問6】
公訴の提起（起訴処分）には、どのようなものがあるか。

公訴が提起されても、常に裁判所の公判廷で正式な裁判が行われるわけではない。検察官が公判廷における正式裁判を請求することを**公判請求**というが、**即決裁判手続**の申立てや**略式命令請求**も公訴の提起である（→11講４）。

イ　不起訴処分

【設問7】
不起訴処分には、どのようなものがあるか。

訴訟条件の欠如を理由とした不起訴、例えば「**被疑者死亡**」、「**親告罪の告訴の欠如・無効・取消し**」、「**確定判決あり**」、「**起訴済み**」、「**時効完成**」等のほか、被疑事実が一見して犯罪の構成要件に該当しないときの「**罪とならず**」、被疑者がその被疑事実の犯人でないか、犯罪の成立を認めるべき証拠がないときの「**嫌疑なし**」、犯罪の成立を認めるべき証拠が十分でないときの「**嫌疑不十分**」、犯罪の成立は認められるが、起訴便宜主義により訴追の必要がないと判断したときの「**起訴猶予**」といった不起訴の理由がある。

(2)　事件処理に伴う措置

【設問8】
告訴等があった事件について不起訴処分とした場合、検察官は告訴人等に対してどのような措置を講じる必要があるか。

検察官は、告訴、告発または請求のあった事件について、起訴、不起訴または公訴の取消し等の処分をしたときは、速やかにその**処分結果**を告訴人、告発人または請求人に通知しなければならない（260条）。さらに不起訴処分にしたときは、告訴人、告発人または請求人から請求があれば、**処分理由**を告知しなければならない（261条）。後述する検察審査会や付審判請求により不起訴処分に対する救済を受けることができるようにし、検察官の不当な不起訴処分を規制しようとするものである。なお、実務上は告訴人等に限らず、被害者やその親族等の希望があれば、処分結果や処分理由について通知する被害者等通知制度が実施されている（→詳細は13講参照）。

3　検察官の不起訴処分に対する規制

【設問9】
検察官の不起訴処分に不服がある被害者が救済を求めるには、どうすればよいか。

(1)　検察審査会制度

不起訴処分に不服がある告訴人、告発人、請求人および被害者等（被害者が死亡した場合の配偶者、直系の親族または兄弟姉妹含む）は、**検察審査会**に審査を申し立てることができる（検審2条2項・30条）。国家訴追主義・起訴独占主義、起訴便宜主義をとるわが国では、公訴の提起に市民感覚を反映させ、検察官の訴追裁量を適正にするための制度が必要である。検察審査会は、衆議院議員の選挙権者の中からくじで選ばれた11人の検察審査員をもって組織され（検審4条）、公訴権の行使に国民の意見を反映させようとするものである。

検察審査会は、不起訴とされた事件記録の検討等を行って審査し、起訴すべき事件と考えれば**起訴相当**、不起訴には疑問が残りさらに捜査を要すると考えれば**不起訴不当**、不起訴に納得できると考えれば**不起訴相当**の議決をする（検審39条の5）。このうち、起訴相当または不起訴不当の議決が出れば、検察官は再捜査を行って処分を再考するが、再度不起訴にすることもできる（検審41条）。検察官が再度不起訴にした場合、検察審査会が再審査をして8人以上の多数によって2度目の起訴相当の議決をすれば（検審41条の6）、裁判所から指定された弁護士が検察官の職務を行い、公訴を提起する（検審41条の9・10）。検察官の起訴独占主義に対する例外である。

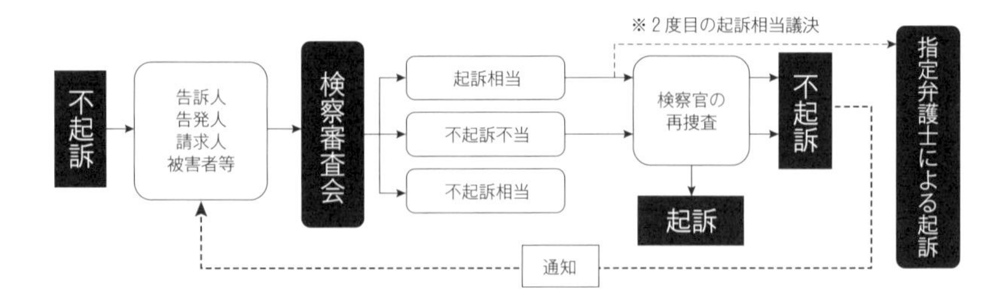

＊　審査補助員

検察審査会は、法律に関する専門的な知見を補う必要があると認めるときは、**弁護士**の中から事件ごとに**審査補助員を委嘱**することができるが（検審39条の2）、再審査には**審査補助員を必ず委嘱**しなければならない（検審41条の4）。法的観点から明白に不適切な起訴議決がなされるのを防ぐためである。

(2)　付審判請求

公務員による職権濫用の罪（刑193条〜196条等）について告訴・告発があったのに、検察官が不起訴にした場合、これに不服がある告訴人・告発人は、裁判所にその事件を審判に付するよう請求することができる（刑訴262条1項）。公務員同士の馴れ合いを防止するための制度である。請求を受けた裁判所は、合議体でこれを審理する（265条1項）。審理方式についての詳細な規定がないが、最高裁は、**捜査に類似する性格をも有する公訴提起前の職権手続**であり、本質的には対立当事者の存在を前提とする対審構造を有せず、このような手続の基本的性格・構造に反しない限り、裁判所の適切な裁量により、必要とする審理方式をとりうるとしている（最決昭49・3・13刑集28巻2号1頁）。裁判所は、審理の結果、請求に理由がなければ請求棄却を決定し、理由があれば事件を管轄地方裁判所の審判に付する。これを**付審判決定**という（266条）。検察官による起訴と異なり、裁判の告知になるから、この決定書謄本が請求人に送達することで起訴の効果が生じる（規34条、11講**2**(2)も参照）。検察官が起訴していないのに起訴と同様の効果が生じることから、**準起訴手続**ともいわれ、検察官の起訴独占主義に対する例外である。

4　訴訟条件

(1)　意　義

【設問10】
訴訟条件とは何か。訴訟条件が欠けていると、どうして不起訴にすべきなのか。

訴訟条件とは、**公訴を提起して公判を維持するための条件**をいう。訴訟条件を欠く場合、裁判所は、有罪または無罪の判断をしないで、形式的に手続を打ち切る。したがって、検察官が捜査を遂げた結果、訴訟条件が欠けていれば、起訴しても意味がないので、不起訴にすべきことになる。訴訟条件が問題になるのは、以下の場合である。

(2)　管轄違いの場合

管轄とは、**法律に従って刑事裁判権を各裁判所に分配すること**をいう。検察官がまず公訴を提起する第1審の管轄として、**事物管轄**と**土地管轄**がある。

ア　事物管轄

【設問11】
検察官は、常に地方裁判所に公訴を提起すべきか。

事物管轄とは、**事件の軽重、性質による第1審の管轄の分配**をいう。第1審の管轄は、**原則として地方裁判所**が有する（裁判所24条2号）。

しかし、失火（刑116条）、過失往来危険（刑129条1項）、単純賭博（刑185条）、過失傷害・致死（刑209条・210条）または侮辱（刑231条）など、罰金以下の刑に当たる罪の事件は、**簡易裁判所のみが第1審の管轄**を有する（裁判所33条1項2号）。また、内乱に関する罪（刑77条～79条）については、**高等裁判所のみが第1審の管轄**を有する（16条4号）。したがって、検察官は常に地方裁判所に公訴を提起すべきとはいえないから、**【設問11】**は正しくない。

	地方裁判所	簡易裁判所	高等裁判所
罰金以下	×	○	×
その他	○	△ ＊科刑制限あり	×
内乱に関する罪	×	×	○

＊　簡易裁判所と地方裁判所の管轄の競合

「罰金以下の刑に当たる罪の事件」のみが簡易裁判所の専属管轄とされているので、選択刑として罰金が定められている罪、常習賭博・賭博開張等図利（刑186条）、横領（刑252条）または盗品等無償・有償譲受（刑256条）については、簡易裁判所のみならず地方裁判所も第1審の管轄を有する（裁判所24条2号・33条1項2号）。したがって、検察官の裁量でどちらにでも公訴を提起できるが、簡易裁判所には**科刑制限**があるので、それを考慮しなければならない。すなわち、簡易裁判所は原則として禁錮以上の刑を科すことができないが、例外として、住居侵入およびその未遂（刑130条・132条）、常習賭博・賭博開張図利（刑186条）、窃盗およびその未遂（刑235条・243条）、横領（刑252条）、遺失物横領（刑254条）、盗品等無償・有償譲受等については、3年以下の懲役を科すことができる。それを超える刑を言い渡すのが相当と認めたときは、決定で事件を地方裁判所に移送することになる（刑訴332条、裁判所33条2項・3項）。

イ　土地管轄

【設問12】

福岡市内に住む被疑者Aは、大阪府内で自転車を盗んだところを検挙され、在宅で捜査を受けている。横浜市内に知り合いの弁護士がいるため、横浜地方裁判所に起訴してもらいたいと希望しているが、許されるか。

土地管轄とは、**事件の土地的関係による第1審の管轄の分配**をいう。最高裁判所以外の裁判所は、すべて管轄区域が定められている。管轄区域内に「**犯罪地**」があるか、あるいは被告人の「**住所、居所、現在地**」のいずれかがある場合に、土地管轄を有することになる（2条）。

犯罪地とは、**犯罪事実が発生した土地**をいい、行為と結果が別の土地で発生すれば、いずれも犯罪地となる。住所・居所は、**民法**の定めるとおりである（民22条・23条）。現在地とは、**公訴提起の時に被告人が任意に、または適法な強制処分によって現在する場所**をいい、例えば被告人が適法に勾留されていれば、勾留場所は現在地となる。

【設問12】では、横浜地方裁判所の管轄区域に「犯罪地」または被告人の「住居、居所、現在地」がなく、土地管轄がないから、被疑者の希望があっても検察官は横浜地方裁判所に公訴を提起することはできない。

ウ　関連事件管轄

【設問13】

福岡市内に住む被疑者A_1は、札幌市内に住むA_2をリーダーとする振り込め詐欺グループの一員として、福岡市内で振り込め詐欺の犯行に及んだ。既にA_2が同一事件で札幌地方裁判所に起訴されている場合、検察官はA_1を札幌地方裁判所に起訴することができるか。

事物管轄および土地管轄には、関連事件の特則がある。関連事件とは、**数個の事件が、①1人が数罪を犯したとき、②数人が共に同一または別個の罪を犯したとき、③数人が通謀して各別に罪を犯したとき、のいずれかに当たる場合**をいい（9条1項）、**1つの裁判所が併合して審理**することが認められている。

例えば、1人の被告人が単純賭博と殺人を犯した場合、事物管轄は前者が簡易裁判所に、後者は地方裁判所にあるが、関連事件として上級の裁判所である地方裁判所がいずれの管轄も有する（3条）。したがって、検察官は両者を併せて地方裁判所に起訴できるが、地方裁判所が両者を併せて審理する必要がないと認めれば、簡易裁判所に単純賭博のみを移送することができる（4条）。

【設問13】の場合には土地管轄が問題になるが、関連事件として札幌地方裁判所がA_1およびA_2について管轄を有するから（6条）、検察官はA_1を札幌地方裁判所に起訴できる。

エ　管轄違いの判決

【設問14】

管轄のないことが判明した場合、裁判所はどのように対応すればよいか。

管轄のない裁判所に公訴を提起すると、**管轄違いの判決**によって手続が打ち切られるのが原則である（329条）。民事訴訟のように、事件を管轄のある裁判所に移送することは認められていない。しかし**再起訴は禁じられていない**ので、検察官は、管轄のある裁判所に公訴の提起をやり直すことができる。

もっとも、前述した**付審判決定のあった事件**については、改めて付審判決定の手続をやり直すのは煩雑であるため、管轄違いの判決を言い渡すことができない（329条但書）。また、**内乱罪に関する罪**に当たるとして高等裁判所に公訴が提起されたものの、高等裁判所の審理の結果、騒乱罪（刑106条）の成立のみが認められた場合には、高等裁判所は決定で地方裁判所に移送しなければならない（330条）。さらに、**土地管轄**については、被告人の利益のための制度であるから、被告人からの申立てがなければ、管轄違いの判決をすることができない（331条１項）。

(3) 公訴棄却事由がある場合

【設問15】
公訴棄却の判決と決定との違いを説明せよ。

ア　公訴棄却の判決

以下の①から④の事由がある場合、裁判所は、**判決**によって公訴を棄却しなければならない（338条１～４号）。訴訟条件の欠如が比較的重大で、一見して訴訟条件が欠如していると明らかでないことから、**口頭弁論が必要**になる。もっとも、**再起訴は禁じられていない**ので、検察官は、欠けていた訴訟条件を備えることができれば、公訴の提起をやり直すことができる。

①　被告人に対して**裁判権**を有しないとき（１号）。裁判権は原則として日本国内の日本国民および外国人のすべてに及ぶが、天皇・摂政、治外法権を有する外国元首・外交官等に対しては、裁判権がない。

②　**公訴の取消し**後、犯罪事実につき新たに重要な証拠を発見した場合でないのに、同一事件について公訴が提起されたとき（２号）。新証拠があれば、同一事件についても公訴を提起できるが（340条）、新証拠の有無について口頭弁論をした上で判断される。なお、即決裁判手続では例外がある（→11講）。

③　公訴の提起があった事件について、さらに同一裁判所に公訴が提起されたとき（３号）。**同一の裁判所に対して同一の事件を二重起訴**した場合で、後の起訴について公訴を棄却する。「同一の事件」といえるかは、後述する「公訴事実の同一性」の基準に従って判断することになる。

④　公訴提起の手続がその規定に**違反**したため**無効**であるとき（４号）。さまざまな場合に公訴棄却の判決を言い渡すことを可能とする**包括的条項**である。具体的には、次のような場合がある。

・　訴因の特定（256条３項）や予断排除の原則（256条６項等）の規定に違反した場合（→21講**３**・**４**参照）
・　親告罪の告訴がないのに起訴された場合（→21講**５**）
・　少年事件について家庭裁判所から逆送されていないのに起訴された場合
・　道交法上の交通反則者に対する告知・通告手続がないのに起訴された場合

イ　公訴棄却の決定

以下の①から⑤の事由がある場合、裁判所は、**決定**によって公訴を棄却しなければならない（339条１項）。訴訟条件の欠如が容易に発見でき、その調査のための資料の入手も容易なことから、**口頭弁論は不要**である。**再起訴が禁じられていない**のは、公訴棄却の判決の場合と同様である。

①　起訴の日から２カ月以内に起訴状謄本が被告人に**送達**されなかったため、公訴の提起がその効力を失ったとき（１号）。公訴が提起されると、裁判所は、遅滞なく**起訴状謄本を被告人に送達**しなければならない（271条１項→７講**２**(2)）。適正手続の「告知・弁解・防御の機会」のうち、「告知」に当たる手続である。もし起訴状謄本が、公訴の提起のあった日から２カ月以内に被告人に送達されなければ、公訴の提起は遡ってその効力を失うとされている（同条２項）。

②　起訴状に記載された公訴事実が真実であっても、何ら**罪となるべき事実**を包含していないとき（２号）。検察官が刑罰法規を見誤り、犯罪とならないことが明らかな行為を犯罪として起訴したような場合であって、交通違反などの軽微な行政犯で実例がある（最判昭37・６・14刑集16巻７号1245頁）。

③　**公訴取消し**（257条）のとき（３号）。検察官が公訴を取り消せばそれで訴訟が終了するのではなく、裁判所による公訴棄却の決定を要する。

④　被告人が**死亡**したとき。被告人が法人の場合は、**法人が存続しなくなったとき**（４号）。公訴提起後に死亡・存続しなくなった場合であり、公訴提起前に死亡・存続しなくなった場合には、①の起訴状謄本が送達されなかったときとして公訴棄却される。

⑤10条および11条の規定により審判してはならないとき（５号）。前述した338条３号は、同一の裁判所に同一事件を二重起訴した場合であるが、こちらは**数個の裁判所に同一の事件を二重起訴**したときの規定である。例えば窃盗事件について、同一の事件が簡易裁判所と地方裁判所に起訴された場

合、地方裁判所がこれを審判することになるので（10条1項）、簡易裁判所は決定によって公訴を棄却する。また、例えば詐欺事件について、同一の事件がまず東京地方裁判所に起訴され、次に横浜地方裁判所にも起訴された場合、先に公訴を受けた東京地方裁判所が審判することになるので（11条1項）、横浜地方裁判所は決定によって公訴を棄却する。ここでも「同一の事件」といえるか否かは、後述する「公訴事実の同一性」に従って判断する。

ウ　公訴提起時の留意・点検事項――公訴棄却関連

【設問16】

検察官は、公訴棄却の判決・決定がなされないようにするため、公訴の提起時にどのような点に注意しなければならないか。

前述した公訴棄却の事由からすると、検察官は、公訴の提起時に以下の点に注意し、適切に不起訴処分とするべきであり、これを看過すると公訴棄却の判決・決定により手続を打ち切られる。

①　被告人に裁判権があるか。なければ、「**裁判権なし**」の理由で不起訴とすべきである。

②　公訴取消し後に再度の公訴の提起をするときは、新証拠を発見したといえるか。新証拠がなければ、「**嫌疑なし**」あるいは「**嫌疑不十分**」の理由で不起訴とすべきである。

③　同一の裁判所に同一事件が起訴されていないか。されていれば、「**起訴済み**」の理由で不起訴とすべきである。

④　公訴提起の手続に違反はないか（特に、訴因の特定、起訴状一本主義違反および親告罪の告訴の有無に注意→21講）。親告罪の告訴が取り消されていれば、「**親告罪の告訴の取消し**」の理由で不起訴とすべきである。

⑤　起訴状謄本が送達される見込みはあるか。被疑者が死亡していれば、「**被疑者死亡**」、法人が消滅していれば、「**法人等消滅**」の理由で不起訴とすべきである。

⑥　公訴事実記載の事実を犯罪であるとする刑罰法規があるか。なければ、「**罪とならず**」の理由で不起訴とすべきである。

⑦　人違いなど、後に公訴の取消しをするような起訴ではないか。人違いであれば、当該被疑者は犯人でないのだから、「**嫌疑なし**」の理由で不起訴とすべきである。

⑧　他の裁判所に同一事件が起訴されていていないか。されていれば、

「起訴済み」の理由で不起訴とすべきである。

(4) 免訴事由がある場合

ア 免訴の判決

以下の事由がある場合、裁判所は、判決で免訴を言い渡さなければならない（337条）。免訴も口頭弁論を要するが、訴訟条件が欠けているので有罪・無罪の判断をせずに手続を打ち切るのは、管轄違いや公訴棄却の場合と同様である。もっとも、免訴の場合には**再訴は禁じられる**ので、検察官は公訴の提起をやり直すことができない。

① 同一の事件で**確定判決**を経たとき（1号）。いわゆる一事不再理の原則に基づく（→11講・30講）。ここでも「同一の事件」といえるか否かは、後述する「公訴事実の同一性」に従って判断する。

② 犯罪後の法令により**刑が廃止**されたとき（2号）。

③ **大赦**があったとき（3号）。大赦とは、恩赦の一種であり、大赦があるとまだ有罪判決を受けていない者の公訴権が消滅する（恩赦3条）。

④ **時効が完成**したとき（4号）。ここで時効とは、後述する公訴時効のことである。

なお、免訴の場合には公訴棄却の判決のような**包括的条項**がない（迅速な裁判に関する高田事件判決が、超法規的に免訴事由としたことを参照→1講3(3)）。

イ 公訴提起時の留意・点検事項——免訴関連

【設問17】

検察官は、免訴の判決がなされないようにするため、公訴の提起時にどのような点に注意しなければならないか。

前述した免訴の事由からすると、検察官は、公訴の提起時に以下の点に注意し、適切に不起訴処分とするべきであり、これを看過すると免訴の判決を受けることになる。

① 同一事件で確定判決を受けていないか。受けていれば、「**確定判決あり**」の理由で不起訴とすべきである。

② 犯罪後の法令によって刑が廃止されていないか。廃止されていれば、「**刑の廃止**」の理由で不起訴とすべきである。

③ 大赦はないか。あれば、「**大赦**」の理由で不起訴とすべきである。

④ 公訴時効が完成していないか。完成していれば、「**時効完成**」の理由

で不起訴とすべきである。

(5) 公訴時効

ア　意義・趣旨

【設問18】
公訴時効と刑の時効との違いを説明せよ。

公訴時効とは、一定期間の経過によって、**公訴権を消滅させる制度**である。公訴時効が完成すると、前述したとおり公訴を提起しても免訴の判決を受ける。有罪・無罪の判断をしない点で、有罪確定後に**刑の執行権**を**消滅させる制度**である**刑の時効**（→基本刑法Ⅰ453頁）とは異なる。

公訴時効の趣旨については、時間の経過によって、①犯罪行為の可罰性が消滅するためとする見解（実体法説）、②証拠が散逸して公正な審理が困難になるためとする見解（訴訟法説）、③一定期間訴追されていないという事実状態を尊重して、国家の訴追権を抑制するためとする見解（新訴訟法説）、さらに、④捜査機関や裁判所の負担を軽減するという立法政策上の理由のためとする見解があるが、これらを総合したものが公訴時効制度の趣旨であると考えられている。後述する最判平27・12・3刑集69巻8号815頁〈百選41〉は、「**公訴時効制度の趣旨は、時の経過に応じて公訴権を制限する訴訟法規を通じて処罰の必要性と法的安定性の調和を図ることにある**」とした。

イ　起算点

【設問19】
被告人の行為によって被害者が受傷したが、その結果死亡するまでに10年以上が経過した場合、公訴時効はいつから進行すると考えるべきか。

公訴時効は、**犯罪行為**が終わったときから進行する（253条1項）。この「犯罪行為」について、結果犯の場合も実行行為という意味だと理解して実行行為の終了時から公訴時効が進行するという見解（行為終了時説）もあるが、結果犯の場合は結果が発生して初めて処罰できるのであるから、**結果の発生時**から公訴時効が進行すると考えるのが通説（結果発生時説）である。熊本水俣病事件に関する最決昭63・2・29刑集42巻2号314頁〈百選42〉も、「『犯罪行為』とは、刑法各本条所定の**結果をも含む**趣旨と解するのが相当」とした。したがって、**【設問19】**では、被害者の受傷時点ではなく、**死亡時点から公訴時効は進行を開始**することになる。なお、共犯の場合、最終の行為が終わったときに**すべての共犯**に対して時効の期間を起算する（253条2項）。

＊　**熊本水俣病事件**

化学製品を製造していた会社の社長および工場長が、塩化メチル水銀を含む工場排水を河川の河口海域に排出した過失により魚介類を汚染し、これを食べたA～Gの7名をいわゆる「水俣病」にり患させて死傷させた事案であり、公訴提起時にはA～Eの5名について公訴時効が完成していたことから、公訴時効の起算点が問題になった。前掲・最決昭63・2・29は、「犯罪行為」について前述のように解した上、本件のように1個の過失行為で複数の結果を発生させた観念的競合（→基本刑法Ⅰ425頁）の場合には、「その全部を一体として観察すべき」で、**7名のうち最後に死亡した被害者Gの死亡した時点から、公訴時効は進行を開始する**から、A～Eの5名についても公訴時効は完成していないと判断した。なお、被害者Gは、出生に先立つ胎児の段階で被告人らによる過失行為によって傷害を負い（→基本刑法Ⅱ18頁も参照）、出生したものの12歳9か月で死亡しており、先行する傷害の結果発生時から公訴時効の進行が開始していたと考えれば、公訴提起時には公訴時効が完成していたという問題もあった。しかし、前掲・最決昭63・2・29は、このような場合でも、時効の起算点は死亡の結果発生時であるから、「業務上過失傷害罪が成立したか否か、そして、その後同罪の公訴時効期間が経過したか否かは……格別の意義を有しない」とし、**最終的な結果が発生するまで、すべての罪について公訴時効は進行しない**と判断した。

ウ　時効期間

【設問20】

殺害の目的で現住建造物に放火し、家人を殺害した場合、殺人と現住建造物等放火の観念的競合になるが、時効期間は殺人と放火のどちらを基準に考えるべきか。

平成16（2004）年改正によって法定刑が特に重い凶悪・重大な犯罪について時効期間が延長されたが、さらに被害者およびその遺族からの見直しを求める声の高まりや、DNA型情報に見られる科学捜査技術の開発・進歩等を背景に、平成22（2010）年改正によって「人を死亡させた罪」で死刑に当たる罪（例えば殺人等）については**永久に公訴時効が完成しない**ことになった。現在の時効期間の定めは、次のとおりである（250条）。

	法定刑	具体例	時効期間
人を死亡させた罪	死刑	殺人、強盗致死等	なし
	無期懲役・禁錮	強制性交等致死等	30年
	長期20年以上の懲役・禁錮	傷害致死、危険運転致死等	20年
	それ以外の懲役・禁錮	過失運転致死、業務上過失致死、同意殺人等	10年
それ以外の罪	死刑	現住建造物等放火、殺人未遂等	25年
	無期懲役・禁錮	強制性交等致傷、詔書偽造等	15年
	長期15年以上の懲役・禁錮	強盗、非現住建造物等放火、強制性交等、加重収賄等	10年
	長期15年未満の懲役・禁錮	窃盗、詐欺、恐喝、業務上横領、公文書偽造、建造物等以外放火等	7年
	長期10年未満の懲役・禁錮	横領、背任、私文書偽造、業務上過失致傷等	5年
	長期5年未満の懲役・禁錮または罰金	盗品等無償譲受、公務執行妨害、過失致死、失火、住居侵入等	3年
	拘留または科料	侮辱、軽犯罪法違反等	1年

＊　公訴時効規定の改正と遡及処罰の禁止

平成22年改正は、同法施行時（同年4月27日）に公訴時効が完成していない「人を死亡させた罪であって禁錮以上の刑に当たるもの」に適用される（附則3条2項）。こうした取扱いが遡及処罰を禁止した憲法39条等に反するとの主張がなされたが、前掲・最判平27・12・3は、「**行為時点における違法性の評価や責任の重さ**」を**遡って変更するものではない**などとして、違憲の主張を退けた。憲法39条は、適法行為を事後的に違法行為として処罰したり、事後的に責任を加重して重く処罰することを禁じており、公訴時効の廃止・延長はそのいずれにも当たらないと考えられたものといえよう。

【設問20】のように、科刑上一罪を構成する各罪の時効期間が異なる場合には、**最も重い罪の刑を基準**にして全体として時効期間を算定すべきものとされている（最判昭41・4・21刑集20巻4号275頁）。したがって、殺人を基準とするので、公訴時効は永久に完成しないことになる。

なお、刑訴法は期間の計算方法について、初日および休日を算入しないことを原則としているが、時効の期間については例外があり、**初日および休日も算入**されることになっている（55条1項・3項）。被疑者の利益のためで、勾留の期間も同様に考えられている（→4講1(4)エ）。

エ　時効の停止

【設問21】
被疑者Ａが逃亡していて所在がわからない場合に、公訴時効の進行を阻止する方法はあるか。

公訴時効の期間を停止するには、当該事件について**公訴を提起**しなければならない。しかし、公訴の提起後、管轄違いまたは公訴棄却の裁判があれば、その確定から時効は再び進行する（254条１項)。**【設問21】**の場合、検察官はＡについて公訴を提起できるのであれば、**公訴を提起**することによって時効を停止させることができる。しかし、Ａに起訴状謄本が２カ月以内に送達されないと裁判所は公訴棄却の決定をすることになり、その決定が確定したときから時効の進行が再開する（→７講**２⑵イ**)。

共犯者の１人に対して公訴の提起があれば、他の共犯に対しても時効の進行は停止する。しかし、その裁判が確定すれば、他の共犯に対する時効は進行を再開する（同条２項)。**【設問21】**の場合に、Ａに共犯者Ｂがいたとすれば、Ｂに対する公訴を提起することによって、Ａの時効の進行も停止する。しかし、Ｂに対する裁判が確定すれば、その時点からＡの時効の進行が再開することになる。

犯人が**国外**にいる場合、実際上わが国の捜査権が及ばないから、国外にいる期間、時効の進行は停止する。また、犯人が**逃げ隠れ**ているため有効に起訴状謄本の送達または略式命令の告知（463条の２参照）ができなかった場合、こうした者に時効の利益を与えるのは不合理であるから、逃げ隠れている期間、時効の進行は停止する（255条)。国外にいる場合は、無条件で時効の進行が停止し、捜査官が犯人または犯罪を知っていたか否かも問わない（最判昭37・９・18刑集16巻９号1386頁)。一時的な海外渡航であっても、海外にいる間は時効の進行が停止する（最決平21・10・20刑集63巻８号1052頁)。**【設問21】**の場合、検察官はＡが国外にいることを立証すれば、Ａが国外にいる期間、時効の進行は停止する。Ａが逃げ隠れている場合は、それによって起訴状謄本の送達または略式命令の告知ができないことを立証することにより、Ａが逃げ隠れている期間、時効の進行を停止させることができる。

5　公訴提起の手続

(1)　起訴状の提出

公訴の提起は、**起訴状**を提出してこれをしなければならない（256条1項）。口頭や電話・電報・電磁的記録の送信などによる起訴は、認められない。

裁判所は、検察官が起訴状を提出して公訴を提起した「事件」についてのみ、審理・判断することができる（378条3号参照）。**不告不理の原則**によるものである（→1講）。

(2)　起訴状の記載

起訴状は、検察官が公訴を提起するため、裁判所に提出する書面である。起訴状には、①**被告人の氏名その他被告人を特定するに足りる事項**、②**公訴事実**、③**罪名**を記載しなければならない（256条2項1～3号）。起訴状の記載例は、書式9 のとおりである。

ア　被告人の特定

【設問22】

被疑者が氏名を黙秘し、身分証なども所持していなかったため、被疑者の氏名、年齢、住所など一切がわからない場合でも、起訴してよいか。

被告人の特定は、氏名のほか、年齢（生年月日）、住居および本籍を記載することによってなされる（規164条1項）。しかし、これらが明らかでないときは、不詳である旨記載すれば足りる（同条2項）。実務上、ごく稀に被疑者の氏名がわからないまま起訴せざるをえない場合があるが、起訴状には「氏名不詳」とし、勾留中であれば留置番号（○○警察署留置番号○番）を付記して、さらに被疑者の写真を添付することで特定している。

不告不理の原則から、検察官が特定した「被告人」以外の者に公訴の効力は及ばない（249条）。検察官が A_1を被告人として特定して起訴したが、真犯人は A_2であったことが判明した場合、その公訴の効力が A_2に及ぶことはない。この場合、裁判所は A_1に対する起訴について無罪を言い渡し、検察官は改めて A_2を起訴し直すことになる。

イ　公訴事実

【設問23】

起訴状の公訴事実は、どのように記載しなければならないか。

書式9

令和2年検第556号

起　訴　状

令和2年1月31日

S 地 方 裁 判 所　殿

S 地 方 検 察 庁
検 察 官　検 事　　**堂 野 文 一**㊞

下記被告事件につき公訴を提起する。

記

本　籍　　S市城南区寺山町2丁目4番
住　居　　S市西区大浜1丁目3番市営アパート2号棟233号室
職　業　　無　職

勾 留 中　　X
平成11年2月16日生

公　　訴　　事　　実

被告人は，通行人から金品を強取しようと企て，Yと共謀の上，令和2年1月6日午前1時5分頃，S市中央区東1丁目2番3号U公園において，帰宅中のA（当時55歳）に対し，いきなりその背部を足で蹴って同人を路上に転倒させ，転倒した同人に馬乗りになって，拳骨でその顔面，胸部及び腹部を多数回殴る暴行を加え，その反抗を抑圧した上，同人所有の現金2万3,000円及び財布等10点在中の手提げかばん1個（時価合計約3万円相当）を強取し，その際，前記一連の暴行により，同人に全治約1か月間を要する左肋骨骨折等の傷害を負わせたものである。

罪 名 及 び 罰 条

強盗致傷　　　　　　刑法240条，60条

「**公訴事実**は、**訴因**を明示して記載しなければならない。訴因を明示するには、できる限り**日時**、**場所**及び**方法**を以て**罪となるべき事実**を特定してこれをしなければならない」（同条３項）。刑訴法における難解条文の１つであるが、ここでは以下の点を理解しておこう。

書式９のとおり、通常であれば起訴状の「公訴事実」は、捜査段階での被疑事実と同様に、①誰が（犯罪の主体、すなわち被告人）、②いつ（日時）、③どこで（場所）、④何をまたは誰に対して（犯罪の客体）、⑤どのように（方法）、⑥何をした（行為と結果）という「**六何（ろっか）の原則**」（いわゆる５Ｗ１Ｈ）に基づいて記載される。このように一方当事者である検察官が起訴状に記載した**「公訴事実」が刑事訴訟における審判の対象**となり、その存否をめぐって検察官および被告人・弁護人の両当事者が主張・立証をし、中立公平な立場にある裁判所が審判することになる。

刑訴法は、「公訴事実は、訴因を明示して」としているが、現在では、**起訴状の「公訴事実」＝「訴因」**であり、**刑事訴訟における審判の対象は訴因**と考えるのが一般である。

訴因を明示するには、できる限り「日時、場所及び方法」をもって「罪となるべき事実」を特定しなければならないが、この「罪となるべき事実」とは、**特定の犯罪構成要件に該当する事実**をいう。例えば殺人で起訴するのであれば、検察官は「公訴事実」に**行為**、**結果**、**行為と結果との因果関係**、**殺意**といった殺人罪の構成要件要素（→基本刑法Ⅰ48頁参照）をもれなく記載し、**「公訴事実」を見れば殺人罪の構成要件に該当することが裁判所に明らかになるよう**、具体的に特定して記載しなければならない。こうした構成要件要素の記載を欠き、例えば殺人なのか傷害致死なのか特定されていない訴因は、前述した「公訴提起の手続がその規定に違反したため無効であるとき」（338条４号）として、公訴棄却の判決が言い渡される。逆に、**動機**や**犯行に至る経緯**、**量刑資料としての前科**等は構成要件に該当する事実ではないので、記載は不要となる。

このようにして明示される訴因とは、**社会的事実を特定の犯罪構成要件に当てはめて法律的に構成した具体的事実**ということができる。具体例で説明すると、

Ａは、Ｖの頭をハンマーで叩いて、Ｖが死亡した

というのが社会的事実だとする。しかし、法律的には、Ａに殺意があれば殺人罪の構成要件に該当し、Ａに殺意がなければ傷害致死罪の構成要件に該当

する。また、Aの行為とVの死亡という結果との間に刑法上の因果関係も必要である。検察官は、捜査によって収集した証拠を踏まえて、殺意および因果関係が認められると判断したのであれば、

> Aは、殺意をもって、Vの頭をハンマーで叩いて、よって、Vを死亡させて殺害した

と法律的に構成した具体的事実を明示して、起訴状に公訴事実として記載しなければならない。逆に、殺意および因果関係を認めるのが困難であると判断したのであれば、死亡の結果をAに帰責することはできず、殺人未遂も成立しないから、傷害罪の構成要件に該当するにとどまる。そうすると、社会的事実としてはVが死亡していても、法律的には

> Aは、Vの頭をハンマーで叩いて、Vに傷害を負わせた

という具体的事実を明示して、起訴状に公訴事実として記載することになる。

さらに、「できる限り日時、場所及び方法を以て」罪となるべき事実を特定しなければならないから、殺意および因果関係が認められる場合であれば

> Aは、令和○年○月○日○時頃、○県○市○町○番○号のV方において、殺意をもって、Vの頭を多数回ハンマーで叩いて頭蓋骨骨折の傷害を負わせ、よって、その頃、同所において、Vを同傷害に基づく脳挫滅により死亡させて殺害した

といった程度にまで、具体的事実を特定して起訴状に公訴事実として記載しなければならないことになる。もっとも、「日時、場所及び方法」の特定が困難な場合もあり、その問題は論点理解編で取り扱う（→21講3）。

刑事訴訟における審判の対象が訴因であるとすれば、**裁判所が審判できるのは訴因の範囲内に限られ、その背後にある社会的事実にまでは及ばない**。前述の具体例で、仮に社会的事実としてはVが死亡していたとしても、検察官が殺意および因果関係を認めるのが困難だと考え、Aを傷害の訴因で起訴したのであれば、審判の対象はその訴因の範囲内に限られ、裁判所が死亡の結果について審判することはできないことになる。これを、**訴因の拘束力**と呼ぶ。

＊　**当事者主義との関係**

職権審理主義を採用していた旧刑訴法の下では、裁判所は起訴状の記載に制約されることなく、「罪となるべき事実」を職権によって探知し、審

理・判決する権限を有していた。しかし、現行刑訴法の下で、検察官に対して、起訴裁量（248条）とともに訴因を設定する権限（256条3項）、訴因の変更を請求する権限（312条）が付与されるに至り、裁判所は検察官の設定した訴因に拘束されると理解するのが一般的となった。現行刑訴法の公判審理の在り方が当事者追行主義を採用していると評価される、その理由にもなっている。

以上をまとめると、**起訴状の「公訴事実」は審判の対象となる訴因であり、検察官が社会的事実を特定の犯罪構成要件に当てはめて法律的に構成した具体的事実であって、特定の犯罪構成要件に該当することが裁判所に明らかになる程度に記載される必要がある**、ということになる。

もっとも、**訴因は一方当事者である検察官の主張**にすぎず、それが真実か否かはその後の公判廷で両当事者の主張・立証により明らかにしていくのであるから、訴因が具体的に記載されていれば直ちに有罪となるわけではないことは当然である。

ウ　罪名および罰条

【設問24】
罪名・罰条とは何か。もしその記載が誤っていたら、どうなるか。

罪名は、犯罪が特定の構成要件に該当することを端的に表現するものである。刑法犯であれば「殺人」、「窃盗」といった刑法の各条文の見出しが記載され、特別法犯であれば「○○法違反」と記載されるのが一般である。

罪名は、適用すべき**罰条**を示してこれを記載しなければならない（256条4項）。刑法犯であれば「199条」、「235条」などと記載され、特別法犯であれば罪名の記載を受けて「同法○○条」と記載される。

罪名・罰条の記載は、訴因とあいまって公訴事実を特定させるために必要とされる。しかし、訴因の記載と違って付随的なもので、記載が誤っていても、被告人の防御に実質的な不利益を生じるおそれがない限り、公訴提起の効力には影響しない（256条4項但書→23講3参照）。

⑶　起訴状一本主義と予断排除

起訴状には、裁判官に事件につき予断を生ぜしめるおそれのある書類その他の物を添付し、またはその内容を引用してはならない（256条6項）。これを**起訴状一本主義**という。

起訴状一本主義は、**予断排除の原則**に基づくもので、刑訴法が当事者主義を原則としていることと密接に関連する。**当事者主義**では**裁判所は中立公平**

な**審判者**として、当事者である検察官および被告人・弁護人による主張・立証に基づいて判断する。そこで、起訴にあたっては裁判所には**起訴状のみを提出**することとし、裁判所に**予断を生ぜしめるおそれのある証拠書類・証拠物を添付することを禁止**しただけではなく、その**潜脱を防ぐために証拠書類・証拠物の内容を起訴状に引用することも禁止**したのである。

一方で、前述したように訴因は「できる限り」特定されなければならない。起訴状を記載するには、こうした「特定」の要請と「予断排除」の要請とを両立させなければならない（→21講3・4）。

6 「公訴事実の同一性」と訴因変更

(1) 訴因変更制度

【設問25】
検察官が当初は詐欺の訴因で起訴したが、公判において被害者の証人尋問をした結果、被害者はだまされたのではなく、畏怖したために金品を交付したことが明らかになった場合、もう一度恐喝の訴因で起訴をやり直すべきか。

【設問25】のように、検察官が公訴を提起した後、公判前整理手続における争点の整理や公判での審理において、公訴提起をしたときの起訴状記載の訴因とは異なる事実が明らかになる場合がある。前述した訴因の拘束力からすれば、**【設問25】**のような場合、裁判所は起訴状記載の詐欺の訴因のままで有罪判決を言い渡すことはできないから、無罪判決を出すほかない。しかし、無罪判決を受けて検察官が恐喝の訴因で再訴すれば、再び応訴しなければならなくなる被告人の負担が大きくなる上、裁判所および検察官にとっても労力や費用等を要することになり、合理的とはいえない（このことは、しばしば**訴訟経済に反する**と表現される）。そこで、刑訴法は**訴因変更制度**を設けた（312条1項）。裁判所は、検察官の請求があるときは、**公訴事実の同一性を害しない限度**において、起訴状に記載された訴因または罰条の追加、撤回または変更を許さなければならない。いわば、起訴状の書換えを認める制度だといえる。**【設問25】**のような場合、検察官は詐欺から恐喝へと訴因変更請求を行うことによって審理が継続されることになり、それまでの審理が無駄にならない。

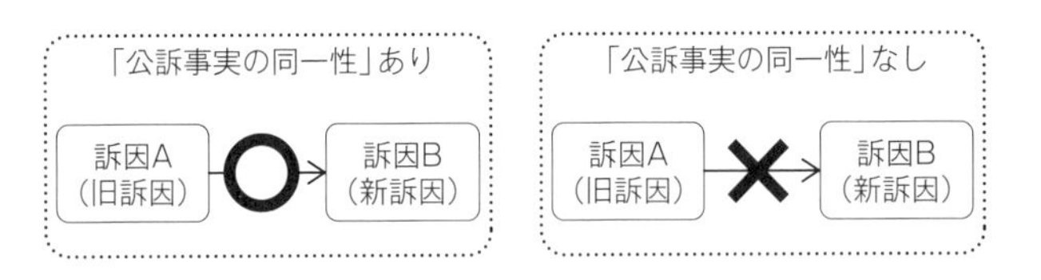

このような訴因変更制度が認められているため、被告人は検察官が訴因変更を行いうる範囲では、防御上の負担を負う可能性がある。そのため、**一事不再理効が及ぶ客観的範囲**（337条1号）は、**訴因変更が可能となる公訴事実の同一性が及ぶ範囲**だと理解されている（→11講・30講）。また、訴因変更が可能となる範囲の事実については、当該手続に加えて別訴によって処罰を求めることはできない。いわゆる**二重起訴の禁止**である（338条3号・339条1項5号→前述**4**(3)参照）。

＊　訴因の変更・追加・撤回

変更とは、起訴状記載の訴因を別の罪となるべき事実の主張に交換的に変えることであり、**追加**とは、起訴状記載の訴因と予備的・択一的関係にある訴因を付加することである。これらに対して訴因の**撤回**とは、起訴状記載の訴因から、予備的・択一的な事実を除去すること、あるいは一罪の関係にある事実を除去することである。実務上は、訴因を交換的に変更することは稀であり、起訴時点での訴因（本位的訴因）を維持しつつ、予備的訴因を追加して対応することが一般的である。

なお、訴因の変更と区別されるものに、訴因の補正あるいは訂正がある。訴因の**補正**とは、訴因の特定に相当重大な瑕疵があるため起訴状がそのままでは無効な場合に、瑕疵を除去して完全なものにすることをいい、**訂正**とは、瑕疵がそこまで重大でない場合に用いられる概念である。

＊　訴因変更の手続

訴因変更は、裁判所の許可を得て、検察官が行う（312条1項）。起訴状の「書換え」の側面があり、新たな審判対象がこれにより設定されるため、変更許可の請求は書面（**訴因変更請求書**）で行う（規209条1項→**書式10**）。被告人が在廷する公判廷では、変更請求を口頭で行ってもよいが（規209条7項）、口頭での請求は実務上は稀である。裁判所による訴因変更許可の決定は、公判廷での訴因変更請求書の朗読または口頭の許可請求の後に行われる（規209条4項および7項）。訴因変更に際しては、原則として**被告人側の意見の陳述が聴取**され（規33条1項）、変更が被告人の防御に実質的な不利益を生じさせるおそれがある場合には、防御の準備に必要な期間、**公判手続を停止**しなければならない（312条4項→8講**4**(2)）。

書式10

訴因等変更請求書

令和２年10月５日

Ｓ地方裁判所　刑事１部　殿

Ｓ地方検察庁
検察官 検事　　**吉　野　雅　規** ㊞

被告人Ａに対する詐欺被告事件につき，令和２年　７月20日付け起訴状記載の訴因を下記のとおり変更したく請求する。

記

１　公訴事実に

被告人は，令和２年４月１日頃，東京都○○区××１丁目２番３号のＶ方において，同人に対し，真実は同人と共同で事業をする意思がないのにあるように装い，「来月から店を始めるから資本金を出してくれ。300万円必要だが，その半分を出してくれないか。」などと嘘を言い，同人をしてその旨誤信させ，よって，同月３日頃，同所において，同人から現金150万円の交付を受け，もって人を欺いて財物を交付させたものである。

とあるのを

被告人は，金員を喝取しようと企て，令和２年４月１日頃，東京都○○区××１丁目２番３号のＶ方において，同人に対し，「来月から店を始めるから資本金を出してくれ。出さなかったらうちの若い者が何をするか分からない。300万円必要だが，その半分を出してくれ。」などと語気鋭く言って金員の交付を要求し，もしその要求に応じなければ同人の身体等に危害を加えかねない気勢を示して同人を脅迫して畏怖させ，よって，同月３日頃，同所において，同人から現金150万円の交付を受けてこれを喝取したものである。

に改める。

２　罪名及び罰条に

詐欺　刑法246条１項

とあるのを

恐喝　刑法249条１項

と改める。

(2) 公訴事実の同一性

【設問26】
「公訴事実の同一性」とは何か。

検察官は、312条1項にいう「公訴事実の同一性を害しない」範囲で訴因変更をすることができる。ここにいう「公訴事実の同一性」の意味については、事件の背景に存在する社会的事実ではなく、**訴因変更の限界を画するための機能概念**にすぎないという理解が一般的である。つまり、変更前の訴因（旧訴因）と変更後の訴因（新訴因）の間に共通性などの一定の関係が認められる場合を「公訴事実の同一性がある」と呼ぶことにしたのであって、**「公訴事実の同一性」という概念が何か具体的な基準を提供するわけではない**と考えられている。

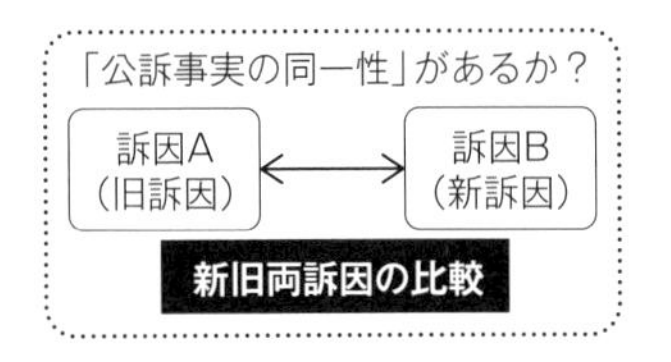

そのため、訴因変更の可否は、旧訴因と新訴因を対比して、「**新旧両訴因が類似しているか**」というアプローチによって、同一事件といえる関係にあるか否かを判断するのが基本となる。

新旧両訴因の関係について、「公訴事実の同一性」があると評価される場面については、講学上は**公訴事実の単一性**が認められる場合と、**狭義の同一性**が認められる場合に分けて議論されてきた。例えば、旧訴因が窃盗で新訴因が住居侵入であり、新旧両訴因が科刑上一罪という実体法上一罪の関係にあれば、公訴事実の単一性があるとされる。また、実体法上一罪の関係にない場合であっても、**【設問25】**の詐欺と恐喝のように、旧訴因と新訴因とが実体法上両立せず、いずれか一方でしか処罰できない関係にあれば、狭義の同一性があるとされる。詳細については22講参照。

●コラム●　「公訴事実と新訴因の比較」から「旧訴因と新訴因の比較」へ

かつては旧刑訴法の影響を受けて、「公訴事実」と「訴因」の意味に相違を見出す理解が主張された。「公訴事実」とは法律的な評価を受ける前に実在する、社会的な事実（例えば前述した「Aは、Vの頭をハンマーで叩いて、Vが死亡した」事実）を意味し、「訴因」とはその公訴事実を検察官が法律的に構成した事実（例えば前述した「Aは、殺意をもって、Vの頭をハンマーで叩いて、よって、Vを死亡させて殺害した」）という理解である。この理解からは、訴因変更の可否は、旧訴因と新訴因とを比較して、その違いの大きさによって判断されるわけではなく、あくまで裁判所が心証として抱いている社会的事実が同一であれば変更が許される、と主張された。このような理解は、刑事裁判における審判対象は「公訴事実」であり、裁判所が訴因の背景にある社会的事実を解明する役割を担うので、裁判所が心証として抱いていた社会的事実を基準として、「新訴因が、旧訴因の背景にある社会的事実をめぐる法律構成を変更したにすぎないといえるか」を判断すればよい、という理解を前提としていたものといえよう。

しかし、このような理解では訴因に拘束力を認めることはできず、検察官が起訴状で訴因として記載した事実以外の事実（訴因外事実）までも、裁判所が探知し、審判できることになってしまう。それでは、検察官に訴因を設定する権限を与えたことが無意味となる。そこで現在は、前述したとおり、検察官の法的主張である訴因に記載された事実の存否を、裁判所が審理・判断すると理解されている。学説・判例ともに、審判対象を訴因とする点では異論はない。審判対象をめぐる議論は「歴史的使命を終えた」ともいわれる所以である。このような理解の下では、裁判所が心証として抱く社会的事実を基準として用いることはできない。裁判所は第三者として、あくまで検察官の主張する旧訴因と新訴因を対比して、検察官の主張する訴追対象の類似性を確認し、同一事件といえるか否かを判断するべきだということになるのである。実質的には、検察官の訴追対象が同一といえるか否かを判断するために、旧訴因と新訴因を対比するというべきかもしれない。

第7講　公判(1)――基本編

◆学習のポイント◆

1　公判手続の意義を理解しよう。

2　公判準備として行われる、公訴提起後の主要な手続の流れ（起訴状謄本の送達、弁護人選任権告知・選任、第1回公判期日の指定・通知・変更、被告人の召喚等）および事前準備について理解しよう。

3　起訴後勾留（被告人勾留）と起訴前勾留（被疑者勾留）との違い、起訴後勾留で認められる保釈制度の意義と手続について理解しよう。

4　公判手続の基本原則である公開主義、直接主義、口頭主義について理解しよう。

5　公判手続に出席しなくてはならない者が誰かを理解しよう。

6　第1審公判手続の進行について、実務上件数が多い公判前整理手続に付されなかった事件を基本型として、条文に則して説明できるようにしよう。

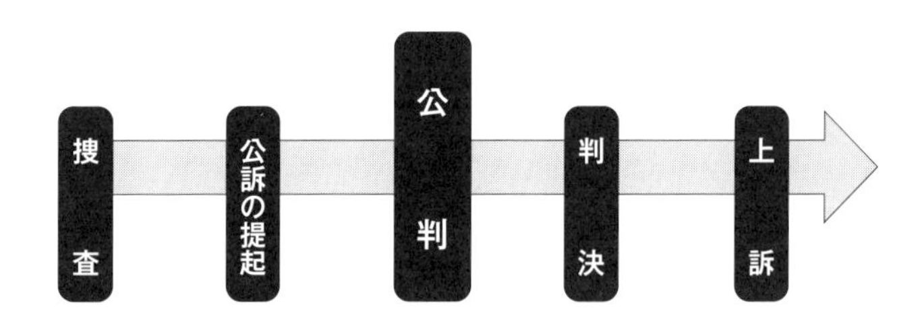

1　公判手続の意義

【設問1】

公判手続とは何か。

公判手続あるいは公判とは、広い意味では、**公訴提起により事件が裁判所に係属してから裁判が確定するまでの手続すべて**をいい、後述する公判準備や上訴（→12講）も含まれるが、狭い意味では、①**公判期日**に②**公判廷で行われる手続**のことをいう。

①の**公判期日**とは、**裁判所、当事者その他訴訟関係人が公判廷に集まって訴訟行為をするように定められた時間**をいい、裁判長が定める（273条1項）。例えば「令和2年4月10日午前10時から」と指定される。

＊ 訴訟行為

訴訟手続（捜査および裁判の執行の場面も含む）**を構成する行為**であって、かつ、**訴訟法上の効果が認められているもの**をいう。裁判所の審理および裁判、訴訟関係人の申立て（請求）、主張、質問・尋問、供述などが訴訟行為の例である。

②の**公判廷**とは、**公開されている法廷**をいう（例外として憲82条2項本文→後述「公開主義」）。通常は、裁判所の法廷である（裁判所69条1項、例外として同条2項）。

公判期日における「取調」は、公判廷でこれを行う（282条1項）。この「取調」とは**審理手続**をいう。**判決宣告手続**は「取調」に含まれないが、公判廷で行うとされている（342条）。公判期日における審理と判決宣告が、狭い意味での公判手続の中核をなす。

＊ 集中審理

公判廷を開くことを「開廷」という。迅速な裁判の実現のため、また、裁判所が新鮮かつ確実な心証に基づき裁判をするためには、集中的に審理することが望ましい。そこで裁判所は、審理に2日以上を要する事件については、できる限り連日開廷して継続して審理しなければならず、訴訟関係人は、期日を遵守し、審理に支障を来さないようにしなければならない（281条の6）。

2 公判準備

(1) 公判準備の意義

【設問2】

公判準備とは何か。どうして必要か。

公判準備とは、公判期日における審理の準備のために、裁判所および訴訟関係人によって行われる手続をいう。

公判期日における審理を十分に、しかも迅速かつ能率的に行うには、訴訟関係人があらかじめ必要な準備をしておかなければならないし、裁判所も必要に応じてその準備を促さなければならない。公判準備を強化することは、**公判中心主義**の実現に役立つ。

公判準備には、すべての刑事事件において集中審理を実現するために行われる**事前準備**（規178条の２～16）と、特に充実した公判審理を継続的、計画的かつ迅速に行うために設けられた**公判前整理手続**がある。本講では、**基本型である事前準備**について説明し、８講で**応用型である公判前整理手続**について説明する。

⑵　公訴提起後の主要な手続

【設問３】
裁判所は、公訴の提起後に何をしなければならないか。

ア　受訴裁判所

検察官は、公訴提起に際して裁判所に起訴状を提出する（256条１項）。起訴状が現実に裁判所に到達し、受領権限を有する裁判所書記官（規298条１項）が受領した時に**起訴状が受理**されたことになり、裁判所が事件を審理できる。これを**事件の係属**という。

公平な裁判所の要請から、起訴された事件は、あらかじめ裁判所内で定められた事務分配規程に従い、各部・各係に機械的に分配される。事件の分配を受け、審理を担当することになった単独体または合議体が**受訴裁判所**である（→１講**７⑷イ**参照）。以下では受訴裁判所のことを単に「裁判所」という。

イ　起訴状謄本の送達

裁判所は、検察官から**起訴状謄本**を受け取り、**直ちに被告人に送達**しなければならない（271条１項、規176条）。適正手続における「告知と聴聞」のうち「告知」に当たる手続で、被告人が公訴事実を正確に知り、防御の準備ができるようにするためのものである。被告人の防御の準備に不利益が生じないように、公訴の提起から２カ月以内に起訴状謄本が送達されなかったときには、公訴の提起は遡ってその効力を失う（271条２項）。この場合、裁判所は公訴棄却決定によって裁判を打ち切らなければならない（339条１項１号→６講**４⑶イ**）。

＊　起訴状謄本の不送達と公訴時効

最決昭55・5・12刑集34巻3号185頁〈百選 A13〉は、起訴状謄本が公訴提起の日から2カ月以内に被告人に送達されなかったため、公訴棄却決定がなされた場合にも時効の停止に関する254条1項の規定が適用され、公訴の提起により進行を停止していた公訴時効は、公訴棄却決定の確定したときから再びその進行を始めると判断した（→6講4(5)エ）。

ウ　弁護人選任権等の告知と弁護人の選任

裁判所は、被告人が弁護人選任権を行使して十分な防御ができるように、公訴の提起があったときは遅滞なく被告人に対し、①**弁護人選任権**があること、②貧困その他の事由により弁護人を選任することができないときは**国選弁護人選任請求権**があることを告知しなければならない（272条1項）。また**必要的弁護事件**については、弁護人がいなければ開廷できないことも告知しなければならない（規177条）。この告知は、起訴状謄本の送達と同時に、「弁護人選任に関する通知及び照会」と題する書面を送達してなされている。

＊　必要的弁護事件

弁護人がいないと開廷できない事件をいい、**死刑または無期もしくは長期3年を超える懲役・禁錮に当たる事件を審理する場合**（289条1項）、**公判前整理手続・期日間整理手続に付された事件を審理する場合**（316条の29→8講1）、**即決裁判手続による場合**（350条の23→11講4(3)）がある。

ただし、被告人に**既に弁護人があるとき**、例えば被疑者段階で選任された弁護人が起訴後も引き続き弁護人として活動する場合には、告知は不要である（272条1項但書、規177条但書）。勾留された被疑者は国選弁護人を請求できるため（37条の2）、起訴時に既に弁護人が選任されていることが多い。公判前の弁護人選任の効力は第1審に継続するから（32条1項）、被疑者段階で選任された弁護人は、将来の公判を見通して被疑者弁護活動を行い、起訴直後から公判準備や保釈請求（→後述3(2)）に着手できる。

エ　第1回公判期日の指定と被告人の召喚

弁護人が選任されると、裁判長は**第1回公判期日の指定**を行う（273条1項）。不当な期日変更を防止するため、一旦指定した公判期日を変更するにはやむをえないと認められる事由が必要である（規179条の4第2項・182条1項）。

公判期日には被告人を**召喚**しなければならない（273条2項）。**召喚**とは、裁判所・裁判官が、特定の者に対し、一定の日時に一定の場所に**出頭**すべきことを命ずる処分である。召喚は、公判期日への出頭のほか、**身体検査**等のためにも用いられる（規102条・103条）。

召喚は、一定の猶予期間を置いて（57条・275条・153条）、**召喚状**を発して行う（62条・63条）。第１回公判期日が指定されると、被告人に召喚状を送達する（62条・65条１項）。なお、被告人だけではなく、**証人**（152条）、**鑑定人**（171条）、**通訳人等**（178条）に対しても召喚が行われることがある（→８講**2**(2)）。

＊　第１回公判期日の指定

被告人を召喚するための召喚状の送達と第１回公判期日との間には、原則として少なくとも５日間（簡易裁判所の場合は３日間）の**猶予期間**がなければならない（275条・規179条２項）。実務では、公判前整理手続に付されていない事件の場合、弁護人の準備等を考慮し（規178条の４）、第１回公判期日は起訴から約１カ月後に指定されることが多い。指定された公判期日は、検察官と弁護人に通知されなければならない（273条３項）。

(3)　事前準備

ア　検察官の準備

【設問４】

検察官は、公訴の提起後に何をしなければならないか。

公訴の提起後、検察官がまずしなければならないのは**捜査段階で収集した証拠の整理**である。実務上は「証拠分け」といわれる。

検察官は、その後の公判期日において、捜査段階で収集した証拠をすべて裁判所に取り調べてもらうわけではなく、**証明すべき事実の立証に必要な証拠を厳選**して、裁判所に証拠調べ請求をしなければならない（規189条の２）。**ベスト・エビデンス**による立証ともいわれる。

＊　証拠の厳選

かつての公判期日では、念には念を入れた幅広い証拠調べ請求が行われ、裁判所も必要性を厳格に吟味することなく、多数の証拠を採用して取り調べる傾向があった。しかし、そうした傾向は裁判の遅延を招く上、必要のない証拠調べをだらだらと続けることはかえって適正な事実認定に役立たない。その後の公判期日で検察官が証明しなければならない事実は、**公訴事実（犯罪事実）**と**被告人の刑を決める上で重要な事実**（例えば被告人の前科や被害者の処罰感情等）である。これらの事実の立証に必要な証拠がベスト・エビデンスであり、それ以外の事実や、他の証拠で立証できる事実を重複して立証するような証拠は、そもそも証拠調べ請求をする必要はない。

検察官は、こうした視点から捜査段階で収集した証拠を厳選し、まず**取調べ請求予定証拠**と、**取調べ請求しない証拠**とに分ける。次に請求予定証拠のうち、被告人の捜査機関等に対する供述調書、身上・前科関係の証拠を**乙号証**、それ以外の証拠を**甲号証**に分ける。このように甲号証と乙号証に分けるのは、**公判期日外の自白**（捜査機関等に対する被告人の供述調書など、乙号証に含まれるもの）は、**予断排除および自白の補強法則**（→10講**3**(2)）**の趣旨**を貫徹するため、**犯罪事実に関する他の証拠**（甲号証）が取り調べられた後でなければ、その取調べを請求することはできないとする301条の趣旨に則ったものである。

その後の公判での証拠調べ請求では、内容の正確性を確保するため、証拠の標目、立証趣旨等が一覧の形式で記載された**証拠等関係カード**を作成、提出して行われている（書式11、規188条の2第2項、法務省事件事務規程116条参照）。そこで、検察官は、「証拠分け」をしながら、証拠等関係カードも作成しなければならない。こうした準備においては検察事務官にサポートしてもらうことも多い。なお、証拠等関係カードに使用される略語については、略語表を参照（書式12）。

検察官は、「証拠分け」の結果、明らかに不要と認められた証拠物があれば、被告人側が押収物を訴訟の準備に利用できるようにするため、なるべく**還付等**の処置をとるよう考慮しなければならない（規178条の16）。

【設問5】

立証趣旨とは何か。裁判所は立証趣旨に拘束されるか。

証拠調べの請求は、**立証趣旨**を具体的に明示して、しなければならない（規189条1項）。そのため、証拠等関係カードでも立証趣旨を記載する欄がある。立証趣旨とは、**その証拠と証明すべき事実との関係**のことである。立証趣旨を明示することによって、相手方がその請求に対し意見を述べ、裁判所が証拠決定する際に、証拠能力や証拠調べの必要性を判断する手がかりにできる。裁判所は、立証趣旨が具体的に明示されていない証拠調べの請求を却下することができる（規189条4項）。

＊　立証趣旨の拘束力

実務上、立証趣旨は**その証拠から請求者が立証しようとする主要な事実を簡潔に表示する**ことによって明らかにされている。例えば被害届であれば「被害状況」、実況見分調書であれば「犯行場所の状況」など（書式11）。

書式11

請求者等　検察官							令和2年（わ）第　325　号
証拠等関係カード（甲） (No.　1　)							
（このカードは，公判期日，公判前整理手続期日又は期日間整理手続期日においてされた事項については，各期日の調書と一体となるものである。）							
番号 / 標目 〔供述者・作成年月日，住居・尋問時間等〕 / 立証趣旨 （公訴事実の別）	請求 期日	意見 期日	意見 内容	結果 期日	結果 内容	取調順序	備考 編てつ箇所
1　害 〔D　2.4.6〕 被害状況等 (　)							
2　検 〔D　2.4.13〕 被害状況等 (　)							
3　任 〔D　2.4.6〕 被害品の任意提出 (　)							
4　領 〔D　2.4.6〕 被害品の領置 (　)							
5　写報 〔(員) 細川　大　2.4.6〕 被害品の状況等 (　)							

（被告人一名用）

（被告人　Z　　）

書式11

請求者等　検察官							令和２年（わ）第　３２５　号	

証　拠　等　関　係　カ　ー　ド（乙）　　（No.　１　）

（このカードは，公判期日，公判前整理手続期日又は期日間整理手続期日においてされた事項については，各期日の調書と一体となるものである。）

番号 標　目 〔供述者・作成年月日，住居・尋問時間等〕 立証趣旨 （公訴事実の別）	請求 期日	意見 期日	意見 内容	結果 期日	結果 内容	取調順序	備考 編てつ箇所
１　員 〔（被）　2.1.11〕 被告人の身上・経歴 （　　）							
２　検 〔（被）　2.1.25〕 犯行に至る経緯及び犯行状況 （　　）							
３　戸（戸附添付） 〔Ｉ市長　2.1.10〕 被告人の身上 （　　）							
４　前科 〔（事）　2.1.9〕 被告人の前科関係 （　　）							
５　略（謄） 〔有山松雄　2.1.27〕 被告人の前科の内容 （　　）							

（被告人一名用）

（被告人　Ｚ　　　）

書式12

略　語　表

1，2…	第1回公判，第2回公判…〔「期日」欄のみ〕	捜 押	捜索差押調書
前1，前2…	第1回公判前整理手続，第2回公判前整理手続…	記 押	記録命令付差押調書
間1，間2…	第1回期日間整理手続，第2回期日間整理手続…	任	任意提出書
※1，※2…	証拠等関係カード（続）「※」欄の番号1，2…の記載に続く	領	領置調書
決 定	証拠調べをする旨の決定	仮 還	仮還付請書
済	取調べ済み	還	還付請書
裁	裁判官に対する供述調書	害	被害届，被害てん末書，被害始末書，被害上申書
検	検察官に対する供述調書	追 害	追加被害届，追加被害てん末書，追加被害始末書，追加被害上申書
検 取	検察官事務取扱検察事務官に対する供述調書	答	答申書
事	検察事務官に対する供述調書	質	質取てん末書，質取始末書，質受始末書，質取上申書，質受上申書
員	司法警察員に対する供述調書	買	買受始末書，買受上申書
巡	司法巡査に対する供述調書	始末	始末書
麻	麻薬取締官に対する供述調書	害 確	被害品確認書，被害確認書
大	大蔵事務官に対する質問てん末書	放 棄	所有権放棄書，電磁的記録に係る権利放棄書
財	財務事務官に対する質問てん末書	返 還	協議返還書
郵	郵政監察官に対する供述調書	上	上申書
海	海上保安官に対する供述調書	報	捜査報告書，捜査状況報告書，捜査復命書
弁 録	弁解録取書	発 見	遺留品発見書，置去品発見報告書
逆 送	家庭裁判所の検察官に対する送致決定書	現 認	犯罪事実現認報告書
告 訴	告訴状	写 報	写真撮影報告書，現場写真撮影報告書
告 調	告訴調書	交 原	交通事件原票
告 発	告発状，告発書	交原（報）	交通事件原票中の捜査報告書部分
自 首	自首調書	交原（供）	交通事件原票中の供述書部分
通 逮	通常逮捕手続書	検 調	検証調書
緊 逮	緊急逮捕手続書	実	実況見分調書
現 逮	現行犯人逮捕手続書	捜 照	捜査関係事項照会回答書，捜査関係事項照会書，捜査関係事項回答書
捜	捜索調書	免 照	運転免許等の有無に関する照会結果書，運転免許等の有無に関する照会回答書，運転免許調査結果報告書
押	差押調書	速 カ	速度違反認知カード

書式12

選 権	選挙権の有無に関する照会回答書	寄 附	贖罪寄附を受けたことの証明
診	診断書	嘆	嘆願書
治 照	交通事故受賞者の病状照会について，交通事故負傷者の治療状況照会，診療状況照会回答書，治療状況照会回答書	(謄)	謄本
検 視	検視調書	(抄)	抄本
死	死亡診断書，死体検案書	(検)	検察官
酒 カ	酒酔い酒気帯び鑑識カード	(検取)	検察官事務取扱検察事務官
鑑 嘱	鑑定嘱託書	(事)	検察事務官
鑑	鑑定書	(員)	司法警察員
電話	電話聴取書，電話報告書	(巡)	司法巡査
身	身上照会回答書，身上調査照会回答書，身上調査票，身上調査回答	(大)	大蔵事務官
戸	戸籍謄本，戸籍抄本，戸籍(全部・一部・個人)事項証明書	(財)	財務事務官
戸 附	戸籍の附票の写し	(被)	被告人
登 記	不動産登記簿謄本，不動産登記簿抄本，登記(全部・一部)事項証明書		
商登記	商業登記簿謄本，商業登記簿抄本，登記(全部・一部)事項証明書		
指	指紋照会回答票，指紋照会書回答票，指紋照会書通知書，指紋照会回答，指紋照会書回答，指紋照会回答書		
現 指	現場指紋による被疑者確認回答書，現場指紋等確認報告書		
氏 照	氏名照会回答書，氏名照会票，氏名照会記録書		
前 科	前科調書，前科照会(回答)書，前科照会書回答		
前 歴	前歴照会(回答)書		
犯 歴	犯罪経歴回答書，犯罪経歴電話照会回答書		
外 調	外国人登録(出入国)記録調査書		
判	判決書謄本，判決書抄本，調書判決謄本，調書判決抄本		
決	決定書謄本，決定書抄本		
略	略式命令謄本，略式命令抄本		
示	示談書，和解書		
受	受領書，受領証，領収書，領収証，受取書，受取証		
現 受	現金書留受領証，現金書留引受証		
振 受	振込金兼手数料受領書，振込金受領書		

もし裁判所が審理の結果、被害届は虚偽の内容だと判断するに至った場合、その被害届を「被害のなかった状況」を立証する証拠として取り扱うことができるかといえば、当然できる。立証趣旨は請求者が「立証しようとする」ものにすぎないから、立証趣旨どおりになるとは限らないからである。そのため、裁判所が立証趣旨に拘束されることはないが、当事者は自ら示した立証趣旨に拘束され、当該証拠を立証趣旨に示された事実以外の事実を立証するために用いることは許されないと考えられている（→27講 **1**(2)・29講 **4**(3))。

検察官は、取調べ請求予定証拠を確定したら、公訴の提起後なるべく速やかに弁護人に**閲覧する機会**を与えなければならない（299条1項、規178条の6第1項1号)。このように、訴訟の当事者が相手方当事者に手持ちの証拠を閲覧・謄写等させることを**証拠開示**という。事案にもよるが、公訴の提起後概ね2～3週間で取調べ請求予定証拠が弁護人に開示されることが多い。また、法令上は**閲覧**のみ認められているが、実務上は**謄写**まで認められているのが一般である。

検察官は、証人請求をする場合には、なるべく早い時期に、**証人等の氏名および住居を知る機会**を相手方に与え、第1回公判期日において取り調べられる見込みのある**証人予定者を在廷**させるように努めなければならない（299条1項、規178条の7・13)。

なお、証拠開示に際し、被害者等が住居・氏名等を被告人側に知られたくないと希望した場合の措置については、13講 **2**(2)**ア**参照。

イ　弁護人の準備

【設問6】

弁護人は、公訴の提起後に何をしなければならないか。

現行法上、弁護人は、捜査段階では捜査機関が収集した証拠を全く閲覧・謄写することができない（40条・299条1項参照)。そのため、**検察官が開示した請求予定証拠を閲覧・謄写**することは、弁護人が最初に捜査機関が収集した証拠に接する機会として非常に重要である。さらに弁護人は、被告人その他の関係者と面接する等適当な方法によって**事実関係を確認**し（規178条の6第2項1号)、弁護方針を決定する。

第1審の審判手続における弁護人のゴールは、裁判所を説得するための弁論（293条2項）にあるが、説得的な弁論を行うためには、弁護人は、公判準備の段階で、**弁護人として裁判において求める結論への道筋**（ケース・セオリー）を構築する必要があり、すべての証拠を矛盾なく説明できる範囲で被告人に最も有利な結論への道筋を考えることになる。

弁護方針としては、最初に**公訴事実に対する意見**を決定しなければならない。公訴事実を認めるとしても、違法性阻却事由、責任阻却事由などの犯罪成立阻却事由や、自首等の減軽事由も検討する。弁護方針が決まった後、弁護人は、**公訴事実に対する意見や、開示証拠に対する証拠意見の見込みを**、なるべく速やかに検察官に通知しなければならない（規178条の6第2項2号）。証拠意見については後述**6⑷ウ**参照。弁護人にも請求予定証拠がある場合、なるべく速やかに検察官に閲覧等の機会を与えなければならない（規178条の6第2項3号・178条の7）。

なお、弁護人には**開示された証拠を適正に管理・保管する責任**があり、**被告事件の審理等の目的外での使用は禁止**され、違反には罰則もある（281条の3～5）。

ウ　その他の準備

【設問7】
裁判所が、検察官・弁護人の事前準備に関与することはあるか。

検察官と弁護人は、第1回公判期日前に、相手方と連絡して、起訴状に記載された訴因もしくは罰条を明確にし、または、事件の争点を明らかにするため、相互の間でできる限り**打ち合わせ**、**審理に要する見込み時間**を裁判所に申し出なければならない（規178条の6第3項1・2号）。

裁判所は、裁判所書記官に命じて、検察官または弁護人に、**訴訟の準備の進行状況を問い合わせ**、**その準備を促す措置**をとらせる（規178条の14）。適当と認めるときは、事件につき予断を生じさせるおそれのある事項を除いて、**裁判所、検察官および弁護人の三者で事前打合せ**を行うこともある（規178条の15）。

3　被告人勾留と保釈

⑴　被告人勾留

【設問8】
被告人勾留（起訴後勾留）と被疑者勾留（起訴前勾留）との違いはなにか。

被疑者勾留で被告人勾留の規定が準用されているとおり（207条1項・60条→4講1(4)ア参照）、被疑者勾留と被告人勾留とは、**逃亡および罪証隠滅の防止を目的とした身体拘束**であるという点で、基本的に同様の制度である。被告人勾留の**要件**（60条1項）、**接見等禁止**（81条）、**勾留理由開示**（82条〜86条）、**勾留の取消し**（87条）、**勾留の執行停止**（95条）等は、被疑者勾留と同様に考えればよい（→4講1(4)・5講6参照）。

被疑者勾留されていた者が、その勾留の基礎になっていた被疑事実と同一の事実で起訴された場合、208条1項・60条2項から、公訴提起をすれば特段の手続を要せず被告人勾留が開始されると理解されているので、**被疑者勾留が起訴と同時に、自動的に被告人勾留に切り替わる**。そのため、この場合には改めて勾留質問は実施されない。

しかし、被疑者勾留が**捜査を前提とした身体拘束**であるのに対し、被告人勾留は専ら**法廷への出頭確保のための身体拘束**であるという違いがある。そのため、条文上も次のような違いが認められている。

① **逮捕前置**について、被疑者勾留では**必要**として慎重を期している（207条1項）のに対し、被告人勾留では既に慎重な手続を経ているため、**不要**である（60条1項）。

② **検察官からの請求**について、被疑者勾留では捜査を実行する検察官からの**請求**が**必要**であるが（207条1項）、被告人勾留では受訴裁判所が**職権**で判断するので、検察官の請求は**不要**である（60条1項）。なお、予断排除の原則により、第1回公判期日までの被告人勾留は、受訴裁判所に代わって、**受訴裁判所を構成する裁判官以外の裁判官**が職権で行うことに注意しよう（280条、規187条）。

③ **勾留期間**について、被疑者勾留は原則として勾留請求の日から**10日**、勾留延長が認められてさらに通じて**10日**までであるが（208条1項・2項）、被告人勾留は公訴提起があった日から**2カ月**で、**1カ月**ごとに更新される（60条2項）。捜査段階での身体拘束はできる限り短くすることが望ましいと考えられたものといえよう。

④ **接見指定**について、被疑者勾留では捜査の必要性があるため**認められる**が、被告人勾留では捜査は終了しているから、**認められない**（39条3項）。

⑤ **保釈**について、被疑者勾留では捜査の必要性があるため**認められない**が（207条1項但書）、被告人勾留では捜査が終了している上、被告人が無罪の推定を受ける一方当事者として検察官と対等な立場で公判審理に臨むためには、法廷への出頭確保に支障がない以上は身体を拘束しないことが重要で

あることから、**認められる**（88条1項）。

＊　**被疑者勾留が自動的に被告人勾留に切り替わらない場合**

前述したとおり、被疑者勾留が被告人勾留に自動的に切り替わるのは、被疑者勾留の基礎になっていた被疑事実と同一の事実で起訴する場合であり、起訴状の身体拘束に関する表示欄には「**勾留中**」と記載される（→6講 書式9 ）。しかし、例外的ではあるが、①被疑者勾留の基礎になっていた被疑事実とは**別の事実**で起訴する場合、②被疑者を逮捕・勾留せずに**在宅**で捜査し起訴する場合、③被疑者を**逮捕**した後、被疑者勾留をしないで直ちに起訴する場合、④**別件で被告人勾留**されている被告人が余罪の取調べに任意で応じたため、余罪については逮捕・勾留せずに起訴する場合のいずれかに当たり、かつ、その後に起訴する事実について被告人勾留をする要件と必要性が認められるとき、検察官は、裁判所・裁判官の職権発動を促すことができる。その場合、起訴状の身体拘束に関する表示欄には、それぞれ、①「**勾留中求令状**」、②「**在宅求令状**」、③「**逮捕中求令状**」、④「**別件勾留中求令状**」と記載し、これを受けた裁判所・裁判官は、**被告人勾留のための勾留質問を実施**し（61条）、職権により被告人勾留をするか否かを判断する。

＊　**勾引と勾留**

勾留と似た制度に**勾引**がある。裁判所は、①被告人が住居不定の場合、②正当な理由がなく召喚に応じないか、応じないおそれがある場合、被告人を勾引することができる（58条）。勾引とは、**特定の者を一定の場所に引致する強制処分**であり、逮捕・勾留のように**犯罪の嫌疑**がなくてもよい。例えば無罪の判決をする場合に被告人が正当な理由がなく召喚に応じない場合、勾引するほかない。勾引した被告人は、裁判所に引致した時から24時間以内に釈放しなければならないが、勾引に引き続いて勾留される場合もある（59条）。なお、勾留されるのは被疑者・被告人だけであるが、**証人**や**身体検査を受ける者**も勾引されることがある（152条・135条→8講2(2)）。

(2)　保　釈

ア　保釈とその種類

【設問9】

保釈とは何か。どのような種類があるか。

保釈とは、勾留中の被告人に対し、保証金を納付させ、必要に応じて適当と認める条件を付し、一定の取消事由が生じた場合にはその保釈が取り消され、納付した保証金が没取されることがあるとの心理的負担を課すことによって、被告人の逃亡および罪証隠滅の防止という勾留の目的を全うしつつ、身体の拘束を解く制度である。保釈には、権利保釈（89条）と裁量保釈（90条）がある。

【設問10】
権利保釈とは何か。権利保釈が認められないのは、どのような場合か。

権利保釈（89条）とは、法定の除外事由がある場合を除き、被告人から適法な請求があれば権利として必ず認められる保釈をいう（必要的保釈とも呼ばれる）。法定の除外事由としては、被告人が

① **法定合議事件**に当たる罪で起訴されているとき（1号）

② 前に**死刑・無期もしくは長期10年を超える懲役・禁錮に当たる罪で有罪の宣告**を受けたことがあるとき（2号）

③ **常習として長期3年以上の懲役・禁錮**に当たる罪で起訴されているとき（3号）

④ **罪証を隠滅すると疑うに足りる相当な理由（罪証隠滅のおそれ）**があるとき（4号）

⑤ 被害者その他事件の審判に必要な知識を有すると認められる者・その親族の**身体・財産に害**を加え、またはこれらの者を**畏怖させる行為**をするおそれがあるとき（5号）

⑥ **氏名・住居不明**のとき（6号）

があり、これらの事由があれば権利保釈は認められない。他方、被告人には「逃亡すると疑うに足りる相当な理由（逃亡のおそれ）」があるものの、①から⑥の事由に当たらない場合は、「逃亡のおそれ」は除外事由ではないから、権利保釈が認められる。除外事由の存否は、勾留の基礎となっている事実を基準として行われる。

【設問11】
権利保釈が認められない被告人が保釈されることはあるか。また、被告人が請求していないのに、裁判所が保釈を認めることはできるか。

権利保釈が認められない場合でも、裁判所は、保釈された場合に被告人が逃亡しまたは罪証を隠滅するおそれの程度、身体拘束の継続による各種不利益の程度その他の事情を考慮し、適当と認めるときは、職権で保釈を許可することができる。これが**裁量保釈**である（90条。職権保釈とも呼ばれる）。

職権によるから、被告人からの請求がなくてもよい。平成28（2016）年改正により、裁量保釈にあたって裁判所が考慮すべき事情が明確化された。

＊　義務的保釈

勾留による拘禁が不当に長くなったとき、裁判所は、後述する【設問12】に記載された保釈請求することができる者からの請求により、または職権で、勾留を取り消し、または保釈を許さなければならない。このうち保釈を許す場合を義務的保釈という。

イ　保釈の手続

【設問12】

被告人・弁護人以外の者が保釈請求できる場合があるか。

保釈を請求するのは、通常は**被告人・弁護人**であるが、被告人の**法定代理人・保佐人・配偶者・直系親族・兄弟姉妹**も保釈請求できる（88条1項）。弁護人・法定代理人等は独立して、被告人の意思に反してでも請求することができる。ここで配偶者とは、法律上の婚姻関係にある当事者の一方をいい、事実婚の当事者は含まれない。

【設問13】

裁判所・裁判官は、検察官の意見を聴かずに保釈を許すことができるか。

保釈の裁判は、被告人勾留と同様に、第1回公判期日までは**受訴裁判所を構成する裁判官以外の裁判官**が（280条、規187条）、第1回公判期日後は**受訴裁判所**が行う。

裁判所・裁判官は、**保釈を許す決定**あるいは**保釈の請求を却下する決定**をする。いずれの決定をする場合であっても、必ず事前に**検察官の意見**を聴かなければならない（92条1項）。実務上は**求意見**といわれ、書面で行われている。

【設問14】

裁判所・裁判官は、保証金額を定めずに保釈を許してよいか。

保釈を許す場合には、必ず**保証金額**を定めなければならない。保証金額は、犯罪の性質・情状、証拠の証明力、被告人の性格および資産を考慮して、被告人の出頭を保証するに足りる相当な金額でなければならない（93条

1項・2項)。保釈を許す決定は、保証金の納付があった後でなければ執行することができないから(94条1項)、保証金の納付があるまで被告人は釈放されない。

【設問15】
裁判所・裁判官は、検察官の請求がなくても保釈を取り消すことができるか。

保釈を許す場合には、被告人の住居を制限し、その他適当と認める**条件**を付することができる(93条3項)。裁判所・裁判官は、被告人がこうした**条件に違反した場合**のほか、**召喚を受け正当な理由がなく出頭しない**など一定の事由があるときには、**検察官の請求**により、または検察官の請求がなくても**職権**で、保釈取消決定をすることができる。この場合、保証金の全部または一部を没取することができる(96条1項・2項)。

4 公判手続の基本原則

【設問16】
公判手続の基本原則には、どのようなものがあるか。

(1) 公開主義

公開主義とは、審判を公開の法廷で行うこと、すなわち、一般国民の自由な傍聴を許す原則をいう。

憲法は、「裁判の**対審及び判決**は、**公開法廷**でこれを行ふ」(憲82条1項)とし、「裁判所が、裁判官の全員一致で、**公の秩序又は善良の風俗を害する虞**があると決した場合」には、対審はこれを公開しないで行うことができるとする例外を認めつつ、「**政治犯罪、出版に関する犯罪又はこの憲法第3章で保障する国民の権利**が問題となつてゐる事件の対審」は、常に公開しなければならないとしている(同条2項)。ここで「対審」とは、公判期日における「取調」(282条1項)、すなわち審理手続と実質的に同じ意味だと考えられている。

さらに刑事事件については、特に被告人の権利という側面から、「**公平な裁判所の迅速な公開裁判を受ける権利**」が認められ、公開裁判の保障が再度宣言されている(憲37条1項→基本憲法Ⅰ253頁)。刑事裁判は被告人に対して国家刑罰権を発動する場面であるから、被告人の人権が左右されるだけでなく、公共の利害にも関係するので、「闇から闇へ」式の前近代的な密室裁判・秘密裁判とならないように、その公平・公正の保障を国民の監視に委ねたものである。

(2) 直接主義

直接主義は、裁判所が直接取り調べた証拠だけを裁判の基礎とすることができるという原則である（→1講4コラム）。

直接主義には、①裁判所は他の者が代行して取り調べた証拠を裁判の基礎とすることができないという**形式的直接主義**と、②事実の証明については、なるべく書面によらずに証人の証言などの直接的な証拠によるべきであり、他の証拠で代用することはできないという**実質的直接主義**とがある。公判手続の基本原則としては、通常、①の形式的直接主義の意味で用いられ、②の実質的直接主義は、伝聞法則の禁止など証拠法上の原則の1つとして理解されているが、例外も多く認められている（→10講・28講・29講、および27講1(2)コラム）。

(3) 口頭主義

口頭主義は、当事者の主張・立証など公判期日における手続は口頭で行うべきという原則である（→1講4(2)コラム）。**書面主義**の対義語である。

口頭主義によれば、証拠調べを含む公判手続の進行が書面等ではなく口頭で行われるので、密室裁判・秘密裁判とならないようにすることができ、公開主義をより実質的に保障するものといえる。また、口頭で行われることにより、訴訟当事者は法廷で同時に情報を共有・把握することができて効率的である上、裁判所はより直接的な情報を得られる。

5 公判手続の出席者

(1) 裁判官および裁判所書記官

裁判官および裁判所書記官が公判廷に列席しなければ、開廷することができない（282条2項）。ここで「裁判官」とは、受訴裁判所を構成する裁判官をいい、合議体なら3名、単独体なら1名である（→1講7(4)ウ）。所定の数の裁判官が出席しないで開廷した場合、絶対的控訴理由となる（377条1号）。

(2) 検察官

検察官も公判廷に出席しなければ、開廷することができない（282条2項）。検察官が出席しないで開廷した場合、絶対的控訴理由にはならないが、判例は、検察官が出席しないまま判決を宣告したことは判決に影響を及ぼす法令違反（379条）になるとしている（最決平19・6・19刑集61巻4号369頁）。

⑶ 被告人

被告人は公判廷に出頭する権利と義務がある。原則として被告人の出頭がなければ、開廷することはできない（286条）。一方で出頭した被告人は、裁判長の許可がなければ退廷することができず（288条1項）、裁判長は、被告人を在廷させるために相当な処分をすることができる（同条2項。法廷警察権については**6**⑵参照）。

公判廷では、被告人が暴力をふるい、または逃亡を企てた場合を除いて、手錠をかけるなどして**被告人の身体を拘束してはならない**（287条1項）。被告人の自由な防御活動を保障し、手続の公正を担保するためである。

＊ **被告人の出頭義務が免除される事件**

以下のように比較的軽微な事件では、被告人の出頭義務が免除されている。

① **50万円以下の罰金または科料に当たる事件** 被告人は出頭しないでよく、代理人を出頭させることもできる（284条）。

② **拘留に当たる事件** 裁判所の許可があれば出頭しないでよい。ただし、判決宣告期日は出頭しなければならない（285条1項）。

③ **長期3年以下の懲役・禁錮または50万円を超える罰金に当たる事件** 裁判所の許可があれば出頭しないでよい。ただし、冒頭手続と判決宣告期日は出頭しなければならない（285条2項）。

＊ **被告人が出頭しないまま開廷できる場合**

被告人に出頭義務があっても、以下のような場合には被告人が公判廷に出頭しないまま開廷することができる。

(a) 被告人が**法人**で、代理人を出頭させる場合（283条）。株式会社が被告人になっていれば、その代表取締役が出頭するのが通常である。

(b) 被告人が**心神喪失**の状態にあるときで、無罪・免訴・刑の免除・公訴棄却の裁判をなすべきことが明らかな場合（314条1項）。

(c) 勾留されている被告人が召喚を受け、正当な理由がないのに**出頭を拒否**したり、刑事施設職員による**引致を著しく困難**にした場合（286条の2、規187条の2～4）。

(d) 被告人が裁判所の**許可を受けずに退廷**したり、**秩序維持のため退廷**を命ぜられた場合（341条）。

(e) 証人が被告人の面前では圧迫を受け十分な供述ができないため**被告人を一時退廷**させた場合（304条の2）。

(4) 弁護人

弁護人は、公判廷に出席する権利があるが、**必要的弁護事件**（289条1項・316条の29・350条の23）を除いて、弁護人が出席していなくても開廷することができる。

＊ 必要的弁護事件の例外

必要的弁護事件において、被告人が公判期日への不出頭を繰り返した上、自らの弁護人に対しても不出頭を要求し、その要求を飲ませるために弁護人やその家族を脅迫するなどしたため、弁護人が不出頭になった事件について、最決平7・3・27刑集49巻3号525頁〈百選52〉は、**裁判官が公判期日への弁護人出頭確保のための方策を尽くしたにもかかわらず、被告人において弁護人在廷の公判審理ができない事態を生じさせるなどの事実関係の下においては、その公判期日については、刑訴法289条1項の適用がなく、弁護人の立会いのないまま公判審理を行うことができる**とした。

その後の平成16（2004）年改正では、こうした審理遅延を避けるため、必要的弁護事件であるのに弁護人がいないか、弁護人が不出頭・不在廷のときには、裁判長が職権で弁護人を付さなければならず（289条2項）、弁護人が出頭しないおそれがあるときも、裁判所は職権で弁護人を付することができるとされた（同条3項）。また、裁判所は、必要と認めるとき、検察官または弁護人に対し、公判期日等への**出頭在廷命令**を出すことができ（278条の2）、違反した検察官または弁護人には過料等の制裁が科せられることになっている。

6 第1審公判手続の進行——基本型

(1) 全体像

【設問17】
第1審公判手続は、どのように進行していくか。

前述したように、公判手続の中核をなすのは審理手続と判決宣告手続であるが、審理手続は、①**冒頭手続**、②**証拠調べ手続**、③**弁論手続**に分けることができる。

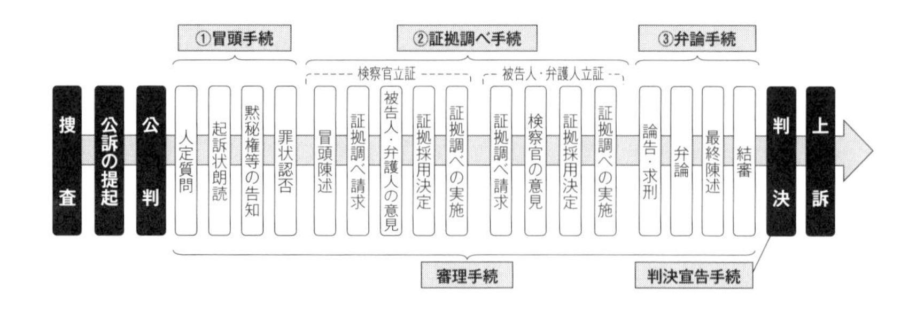

このうち、①の冒頭手続は、**人定質問→起訴状の朗読→黙秘権および訴訟法上の権利の告知→被告人および弁護人の被告事件に対する陳述（罪状認否）**の順に進行する。

次に②の証拠調べ手続は、まず検察官立証として、**検察官の冒頭陳述→検察官の証拠調べ請求→被告人・弁護人の証拠意見→裁判所の証拠決定→証拠調べの実施**の順に、次に被告人側の立証があるときには、**被告人・弁護人の証拠調べ請求→検察官の証拠意見→裁判所の証拠決定→証拠調べの実施**の順に進行する。

その後、③の弁論手続となり、**検察官の論告・求刑→被告人または弁護人の弁論→被告人の最終陳述**の順に進行し、**結審**する。

結審後、裁判所は、公判廷で取り調べられた証拠に基づき、**判決を宣告**する。

第１審公判手続の進行は、事件の内容に応じてさまざまなバリエーションがあるが、公判前整理手続に付された事件であるか、付されなかった事件であるかで、進行に違いが生じる。本講では基本型として、実務上件数が多い公判前整理手続に付されなかった事件の場合に手続がどのように進行していくかを、《**事例４**》のＺによる万引き事件に基づき、可能な限り具体例を引用しながら確認する（具体例は［　　　］で示す）。

(2) 訴訟指揮権

【設問18】
訴訟指揮権と法廷警察権について説明せよ。

ア　訴訟指揮権

訴訟指揮権とは、訴訟の進行を円滑に行うため、裁判所が当事者の活動を適正にコントロールするための権能をいう。訴訟指揮権は、具体的な事件について裁判権を行使する受訴裁判所がその地位に基づいて当然に有する権能であり、公判期日の内外、明文の規定の有無を問わずに認められるが（最決昭44・4・25刑集23巻4号248頁参照）、公判期日における訴訟指揮は、**裁判長**がこれを行うとされている（294条）。この裁判長の訴訟指揮権として特に重要なのは、

① 訴訟関係人の尋問・陳述が重複しているとき、事件と関連性がないとき、その他相当でないときなどに、その**尋問・陳述を制限**できる権限（295条1項～3項）

② 訴訟関係人の訴訟活動が矛盾していたり、不備があったり、より一層明確にするために必要があるときに、訴訟関係人に釈明を求める権限（**求釈明**、規208条）

である。

例えば、訴訟関係人が証人に同じ質問を繰り返している場合には、裁判長は「既にした尋問と重複しているので質問を変えてください」と指揮できるし、起訴状朗読の段階で公訴事実に不明な点があれば、被告人・弁護人は裁判長に対し、釈明のための発問を求めることができ、裁判長は被告人・弁護人の申立てを聴いて、必要と認めれば、検察官に対して求釈明ができる。

イ　法廷警察権

法廷警察権とは、法廷の秩序維持のために裁判所が行使する権限で、訴訟指揮権の1つであるが、公判期日における訴訟指揮と違って訴訟関係人に限られず、傍聴人をはじめ法廷にいる者すべてが対象となる。法廷警察権は、裁判長または開廷した1人の裁判官が行使する（288条2項、裁判所71条1項）。例えば被告人や傍聴人が法廷内で不規則発言を繰り返したような場合、被告人や傍聴人の発言を禁止することができる。

＊　法廷メモ（レペタ）事件

裁判長が法廷警察権に基づき傍聴人がメモをとる行為を禁止できるか。最大判平元・3・8民集43巻2号89頁は、公正かつ円滑な訴訟の運営の妨げとなるおそれがある場合は禁止できるとしつつ、そうした場合は通常ありえないから、特段の事情のない限り、これを傍聴人の自由に任せるべきであり、それが憲法21条1項の精神に合致するとした（→基本憲法Ⅰ151頁）。同判決により、現在では法廷で傍聴人がメモをとることは原則自由になっている。

⑶　冒頭手続

ア　人定質問

裁判長は、開廷の宣言をした後、検察官の起訴状の朗読に先立って、**人定質問**をする（規196条）。

（裁判官）開廷します。被告人は、証言台のところに立ってください。
（被告人）はい。
（裁判官）最初に、あなたが、起訴された人と同じ人かどうかを確認する質問をします。まず、名前を教えてください。
（被告人）Ｚです。
（裁判官）生年月日はいつですか（以下略）。

起訴状一本主義により、裁判所は、起訴状しか被告人の特定に関する情報を有していない。そこで、起訴状に基づいて、氏名、生年月日、本籍、住居、職業を確認していく。被告人が人定質問で氏名を黙秘した場合については、５講**2**⑵参照。現実に被告人が人定質問で黙秘したら、裁判所から検察官・弁護人・押送担当者等に同一人であることを確認することになろう。

【設問19】

Ｚには双子の妹であるＷがいて、《**事例４**》の窃盗事件を起こしたのは、実はＷであったとする。Ｗは、Ｚとは双子で非常に容姿が似ていたため、捜査段階からＺの名前を冒用し、Ｚとして起訴され、公判廷にもＺとして出頭し、人定質問にもＺだと答えた。この場合に、Ｗを被告人として扱うことができるか。

真犯人が他人の氏名を冒用したため、起訴状に記載された被告人と真犯人とが食い違っている場合に、誰を被告人として扱うべきか。**被告人の確定**の問題である。

学説には、①**起訴状に記載された者**とする表示説（**【設問19】**であれば被告人はＺ）、②**検察官が被告人として起訴しようとした者**とする意思説（被告人はＷ）、③**実際に被告人として行動した者**とする行動説（被告人はＷ）がある。被告人を確定するための確実な根拠資料は起訴状であるから、表示説が最も明確な基準を示すことができるが、表示説を貫くと**【設問19】**のように氏名を冒用されただけで事件と無関係なＺを被告人とする不合理な結論となる。そこで、**表示説を基本としつつも、意思説や行動説の考え方も考慮して、実質的・合理的に判断**する実質的表示説が通説であり、判例も実質的表示説をとっていると考えられている（最決昭60・11・29刑集39巻７号532

頁〈百選50〉)。実質的表示説によれば、**【設問19】**の場合、Wが捜査段階から被疑者・被告人として行動しており、検察官がWを被告人として起訴したことが明らかであれば、起訴状に被告人として記載されている「Z」は、「Zと名乗っていたW」だと考えられ、Wを被告人として扱ってよいことになる。もっとも、公判手続が開かれない略式手続の場合について、11講**4**(4)参照。

別のケースとして、真犯人はZであり、Zが捜査を受けて起訴されたが、Zから頼まれてWが**身代わり**となり、公判廷にZであるかのようにして出頭した場合はどうか。この場合には起訴状に被告人として記載されている「Z」が被告人であることが明確であるから、身代わりとなっているWを手続から解放し、改めてZを被告人として公判に召喚して、公判をやり直せばよい。

イ　起訴状の朗読

【設問20】
起訴状は、要約してポイントだけを告げることは許されるか。

人定質問の後、検察官は**起訴状を朗読**する(291条1項)。これは、口頭主義の要請により、審理の対象を公判廷で明らかにするという意義があり、被告人や弁護人に対しては、防御の対象を明らかにする機能がある。

＊　**起訴状に対する求釈明**

公訴事実に不明な点があれば、起訴状朗読終了後、被告人・弁護人は、裁判長に対し、釈明のための発問を求めることができ、裁判長自ら検察官に対し求釈明することもできる(規208条1項・3項)。もっとも、事前準備で釈明すべき内容について打合せがなされているから(規178条の6第3項1号)、起訴状に対する釈明は、被告人の防御の観点から特に公判廷で明らかにしておく必要性が高いものや、検察官が釈明を拒むなどして当事者間で事前に解決されなかった事項に限られるであろう。

起訴状朗読に先立ち、起訴状謄本の送達(271条2項)との関係から、裁判長から起訴状が送達されているかを確認するのが通例である。

(裁判官)　それでは、被告人に対する窃盗被告事件について、審理を行います。あなたは、令和2年6月15日に窃盗という罪で起訴されています。この起訴状を受け取っていますか(注:送達の確認)。

（被告人）はい。

（裁判官）はじめに、なぜあなたが刑事裁判を受けることになったのか、その理由について、検察官にあなたに対する起訴状の内容を朗読してもらいますから、そこで聴いていてください。検察官、起訴状を朗読してください。

（検察官）「公訴事実。被告人は、令和２年４月６日午前９時30分頃、Ｈ県Ｉ市北４丁目５番６号のスーパーＲにおいて、同店店長Ｄ管理のあんパン10個など30点（販売価格合計5400円）を窃取したものである。罪名および罰条。窃盗、刑法235条」。

起訴状に記載されている事項（→書式９）のうち、被告人の人定事項は既に人定質問で確認されているから、起訴状朗読では**公訴事実と罪名および罰条**の部分が朗読される。法律上「朗読」が必要とされているから、全文を朗読するのが原則であり、要約してポイントだけを告げることは許されない。もっとも、公開の法廷で被害者や証人等を特定する事項を秘匿する旨の決定がなされている場合（290条の２・290条の３）は、特定事項を明らかにしない方法（一部省略や仮名処理等）で起訴状を朗読した後に、被告人に起訴状を示すことになる（291条２項・３項→13講**2**⑵**イ**参照）。

ウ　黙秘権および訴訟法上の権利についての告知

起訴状の朗読後、裁判長は、被告人に対し、①**終始沈黙し**、または②**個々の質問に対し陳述を拒む**ことができる旨（291条４項）、③**陳述することもできる旨および陳述すれば被告人にとって不利益な証拠ともなりまたは利益な証拠ともなる**旨など、被告人の権利を保護するために必要な事項（規197条）を告げなければならない。

（裁判官）今、検察官が読んだ内容について審理を始めますが、審理を進める前に説明しておくことがあります。あなたには黙秘権という権利があります。最初から最後まで黙っていることもできます（注：前記①）。答えたくない質問に答えないこともできます（注：前記②）。質問に答えないとか黙っていたりしたとしても、それだけで不利益に取り扱われることはありません。ただし、この法廷であなたが話したことは、有利不利を問わず、あなたの裁判の証拠になります。裁判官から質問されることもありますし、弁護人や検察官から質問されることもあります。その質問に対するあなたの答えはすべてあなたの裁判の証拠になるということです（注：前記③）。わかりましたか。
（被告人）はい。

エ　被告人および弁護人の被告事件に対する陳述

【設問21】
裁判長は、被告人に陳述する機会を与えれば、弁護人にはその機会を与えなくてもよいか。

黙秘権等の告知後、裁判長は、**被告人および弁護人**に対し、**被告事件について陳述する機会**を与えなければならない（291条4項）。したがって、弁護人に陳述する機会を与えないことは許されない。これは「**罪状認否**」と呼ばれ、審理手続の冒頭で、一方当事者である検察官の主張（起訴状）を聴いた後、反対当事者である被告人側に防御の機会を与えるとともに、起訴された内容についての被告人側の意見を聴くことによって争点を明らかにするものである。

ここで「陳述」とは供述と主張とを併せ含む意味であるから、冒頭手続における被告人の陳述も、公判廷における供述として証拠となると解されている。次の具体例のように被告人が公訴事実を認めれば、公判廷における自白として取り扱われることになろう。

（裁判官）それでは、最初に私から質問があります。先ほど検察官が読んだ起訴状の内容について、どこか違うところはありますか。
（被告人）ありません。
（裁判官）あなたが起訴状に書かれていることを行ったということで間違いありませんか。
（被告人）はい、間違いありません。
（裁判官）弁護人のご意見はいかがですか。
（弁護人）被告人と同様です。公訴事実に争いはありません。

(4)　証拠調べ手続

ア　冒頭陳述

【設問22】
冒頭陳述は、冒頭手続で行われるのか。

冒頭手続が終了した後、証拠調べ手続に入るが（292条）、証拠調べ手続の冒頭に、**証拠により証明すべき事実**を明らかにすることを**冒頭陳述**という。冒頭手続で行われる手続ではないので注意しよう。

公訴事実を立証する責任を負う**検察官**は、まず冒頭陳述をしなければならない（296条本文）。検察官の冒頭陳述は、検察官が証拠によって証明しようとする事実や証拠調べにおいて着目すべき点を明らかにすることによって、裁判所に審理計画の策定や証拠の採否に関する判断資料を提供し、適切に訴訟指揮権（→6(2)）を行使して、適正な事実認定ができるようにするために行われる。また、被告人側に対しては、具体的な防御の対象を明らかにするものでもある。

（裁判官）それでは、証拠調べを行います。検察官、冒頭陳述をお願いします。

（検察官）はい。検察官が証拠により証明しようとする事実は、次のとおりです。第１に、被告人の身上、経歴ですが、被告人は、本籍地で生まれ、高等学校を卒業した後、会社員として働いていましたが、結婚した後は専業主婦をしていました。住居地で夫および子ども２人と生活しています。同様の万引き事件により、平成28年に罰金30万円、平成30年に罰金50万円に処せられた前科２犯があります。第２に、犯行に至る経緯および犯行状況ですが、被告人は、犯行場所であるスーパーRに買い物に行った際、所持金を使うのが惜しくなり、食料品を万引きをしようと考え、公訴事実記載の犯行に及びました。第３、その他情状。

冒頭陳述は、適正な事実認定のために行われるものであるから、証拠とすることができず、または証拠としてその取調べを請求する意思のない資料に基づいて、裁判所に事件について**偏見または予断を生じさせるおそれのある事項**を述べることはできない（296条但書）。しかし起訴状とは異なり、事件の全体像を明らかにするものであるから、そのために必要であれば、**犯行の動機**、**犯行に至る経緯などの重要な犯情**のほか、**前科・前歴**など起訴状には記載できないものも冒頭陳述で明らかにできる。もっとも、特に重要ではないその他の情状については実務上「その他情状」とのみ述べるのが一般である。

検察官の冒頭陳述の後に、被告人・弁護人も、裁判所の許可を得て冒頭陳述をすることができる（規198条1項）。被告人側の冒頭陳述は、公判前整理手続に付されていない事件では義務的ではないが（316条の30参照）、被告人側からみた事件の構図（ケース・セオリー）を明らかにするために行われることがある。弁護人の冒頭陳述も、検察官の冒頭陳述と同様、裁判所に偏見または予断を生じさせるおそれのある事項は述べることはできない（規198条2項）。

イ　証拠調べ請求

【設問23】
まず証拠調べ請求をするのは、誰か。

検察官は、冒頭陳述に引き続いて、次のように証拠調べ請求をする。

（検察官）以上の事実を立証するため、検察官証拠等関係カード記載の証拠の取調べを請求します。

現行刑訴法は、当事者主義の下、証拠調べは当事者の請求によって行うのを原則としている（298条1項）。公訴事実の証明責任を負う**検察官**は、まず、**事件の審判に必要と認めるすべての証拠の取調べ**を請求しなければならない（規193条1項）。もっとも、追加で立証が必要になれば、弁論終結までいつでも追加して証拠の取調べを請求することができる（→公判前整理手続に付された事件については8講**2**(1)**エ**参照）。

甲号証・乙号証については既に説明したが、判例は、被告人の自白を内容とする供述調書（乙号証）よりも前に犯罪事実に関する他の証拠（甲号証）が取り調べられている限り、その供述調書が他の証拠の取調べ請求と一括してなされても301条には違反しないとしている（最決昭26・5・31刑集5巻6号1211頁）。

＊　検察官の証拠調べ請求義務

次の場合には、検察官は、事案の真相の解明と被告人の防御という観点から、証拠調べ請求をしなければならない。①321条1項2号後段により証拠とすることができる検察官面前調書（300条）、②取調べ等の録音・録画が義務づけられる事件（裁判員裁判対象事件および検察官の独自捜査事件）について、逮捕・勾留中の被疑者取調べ等に際して作成された供述調書の任意性が争われたとき、録音・録画に基づき作成された記録媒体（301条の2第1項）、③合意制度における合意内容書面（350条の7第1項・350条の8・350条の9）。

ウ　証拠意見と証拠決定

【設問24】

裁判所が証拠決定するために必要な手続と、証拠決定するときに考慮すべき事項を説明せよ。

裁判所は、証拠調べの請求に対して決定をしなければならない（規190条1項）。これを**証拠決定**といい、**採用決定**と**却下決定**がある。証拠決定をするについては、**相手方（検察官あるいは被告人）または弁護人の意見**を聴かなければならない（規190条2項）。したがって、裁判所が証拠決定するために必要な手続は、「検察官請求証拠であれば被告人または弁護人の、被告人・弁護人請求証拠であれば検察官の意見を聴かなければならない」ということになる。

（裁判官）弁護人、検察官の証拠請求に対するご意見は。
（弁護人）書証については同意します。証拠物については異議はありません。
（裁判官）それでは、まず、書証を採用して取り調べることにします。

当事者主義の建前からすれば、裁判所は当事者が証拠調べ請求した証拠をすべて採用し取り調べるべきともいえるが、**証拠にできないもの（証拠能力の有無など）**、**事件と関連性がないもの**、**証拠調べの必要性がないもの**は、証拠調べをしない正当な理由があるといえるから却下するべきであり、これらを考慮した上で、証拠の採否が判断される（→証拠能力、関連性、必要性については9講）。前述したように証拠の厳選が求められるから（規189条の2）、証拠調べの必要性は厳格に判断されなければならない。

被告人が公訴事実を認め、犯罪の成否に争いのない事件では、検察官が厳選した書証を取調べ請求し、弁護人がこれに**同意**（326条1項）して、裁判所が採用決定することが多い（10講2(1)も参照）。検察官から物証や人証の取調べ請求があった場合には、弁護人は異議があるか、異議がないかの意見を述べる（8講2(3)参照）。

●コラム●　弁護人の証拠意見

弁護人は、被疑者および被告人の権利および利益を擁護するために、刑事手続のあらゆる段階において被疑者・被告人の防御権の十分な実現を図らなければならず、そのために最善の弁護活動に努めなければならない。証拠意見も、このような弁護人の任務から検討する必要がある。
326条の文言から明らかなとおり、同意・不同意の意見を述べる権利があるのは被告人のみであり、弁護人は、固有の同意権をもたず、被告人の意見を代理して述べているにすぎない。弁護人は、被告人の明示の意思に反する意見は述べることは許されず、被告人が不同意の意見を述べた後は、弁護人は同意の意見を述べることができない。したがって、弁護人としては、弁護人の任務を考慮しつつ、同意するか否かについて被告人と十分に打ち合わせなければならない。
弁護人は、原則として、不同意の理由を述べる必要はない。もっとも、証人尋問の要否などその後の審理計画の参考とするために、裁判所から不同意の理由について釈明を求められることがあるので、あらかじめ理由を述べておくことがあり、「すべて同意する」場合以外は、不同意部分の正確性等を期するためにも、証拠意見書を提出することが多い。

裁判所は、検察官および被告人または弁護人の意見を聴いて、**証拠調べの範囲、順序および方法を決定**することができる(297条)。もっとも、当事者の証拠調べ請求に先立ってこうした決定をすることは困難であるから、実務では証拠決定と同時になされている。

裁判所は、証拠調べの決定をするについて必要があると認めるときは、訴訟関係人にその証拠の提示を命ずることができる(規192条)。これを**提示命令**という。提示命令は、証拠の証拠能力等を判断するために認められたものであり、その判断に必要な限度において証拠の内容を見ることができる。例えば321条1項2号の要件(→10講・28講)を充たすとして検察官が証拠調べ請求した供述調書の内容を確認するような場合がある。

エ　証拠調べの実施

【設問25】
証拠調べは、どのように実施されるか。

証拠調べ請求された証拠が、裁判所によって証拠として採用されると、証拠調べが実施される。証拠調べの方法は、証拠の種類によって異なる。

a　書　証

書証とは、書面の記載内容が証拠となるものである。例えば、被害者や被告人の捜査機関に対する供述調書、犯行場所等の実況見分調書、覚醒剤の成分を鑑定した鑑定書などは、すべて書証である。

書証のうち、純粋に書面の記載内容だけが証拠となる**証拠書類**は、記載内容のみが証拠として価値を有するから、証拠調べは**朗読**によって行われる(305条)。もっとも、裁判長は、訴訟関係人の意見を聴き、相当と認めるときは、朗読に代えて**要旨の告知**によることができる(規203条の2)。書証のポイントのみを告知する方式である。実務上は、犯罪の成否に争いのない事件では要旨の告知によることが多い。

（裁判官）弁護人、書証の取調べについては要旨の告知でよろしいですか。
（弁護人）はい。
（裁判官）それでは検察官、書証については要旨を告知してください。物証については被告人に示してください。
（検察官）はい。まず甲第1号証は被害届です。被害の日時や被害品の数量、金額などが記載されています（以下略）。

b　物　証

例えば《**事例2**》のような覚醒剤所持事件では、被告人が所持していた覚醒剤が物証として取調べ請求されるのが通常である。

物証とは、物体（証拠物）の存在や状態が証拠となるものをいう。なお、人であっても、例えば傷跡など身体の状態が証拠となる場合は、物証として取り調べられる。

物証の証拠調べは、公判廷において、裁判所および訴訟関係人にその証拠物を見えるように示す**展示**によって行われる（306条）。実務上は、展示の際には証拠物を被告人に示し、事件との関連性や、法禁物である場合には没収の要件などを質問する。例えば覚醒剤を展示する際、次のようなやり取りが行われる。

（検察官）甲第2号証の覚醒剤を被告人に示します。（覚醒剤を被告人に見せながら）これに見覚えがありますか。
（被告人）はい。
（検察官）これは何ですか。
（被告人）私が自宅に隠していた覚醒剤です。
（検察官）あなたの物ですか。
（被告人）私が買ったものです。
（検察官）もう必要ありませんね。
（被告人）いりません。

＊　**証拠物たる書面**

書証と物証の双方の性質を有する証拠として、**証拠物たる書面**がある。記載内容のみならず書面の形状や状態など書面の存在自体からも事実を認定するために用いられるもので、日記、手紙、契約書、脅迫状などが典型例となる。証拠物たる書面は、書面の形状や状態にも証拠としての価値があるから、**朗読と展示の双方が必要**とされている（307条）。なお、朗読に代えて、要旨の告知と展示の方法によることも可能である（規203条の２）。

c　人　証

人証とは、人の供述が証拠となる場合をいう。人証の証拠調べは、**尋問**によって行われる（304条）。いわゆる**証人尋問**である。

被告人が公訴事実を認め、犯罪の成否に争いのない事件では、検察官が請求する書証がすべて同意され、書証で立証が終了する場合が多いが、犯罪の成否や量刑上重要な事実に関して争いがある場合には、弁護人は被告人の主張に反する書証に同意することはできず、不同意の意見を述べることになる。不同意となった書証は原則として証拠にならないから（→10講）、検察官は書証に代えて人証を証拠調べ請求することになる。人証の証拠調べの詳細は８講**2**(2)で説明する。

オ　被告人・弁護人立証

検察官の立証が終了すると、被告人・弁護人は、事件の審判に必要と認める証拠の取調べを請求することができる（298条、規193条２項）。被告人・弁護人には証明責任はないから、証拠の取調べ請求は義務ではないが、例えば情状証人など、被告人・弁護人から被告人に有利な情状証拠の取調べ請求がなされる。弁護人請求証拠は、**弁号証**と呼ばれる。被告人・弁護人の証拠調べ請求も、相手方（検察官）の意見→証拠決定→証拠調べの実施と進行する。

（検察官）検察官の立証は以上です。
（裁判官）弁護人の立証はどうされますか。
（弁護人）弁護人の立証は、証拠調べ請求書のとおりですが、弁１号証は、被害弁償と被告人の寛大な処罰を求める趣旨を立証するための、被害店舗およびＤとの間の示談書です。また、被告人の今後の監督等を立証するために、情状証人として、被告人の夫を証人として請求します。
（裁判官）検察官、弁護人の証拠請求に対するご意見は。
（検察官）書証については同意します。証人については異議はありません。
（裁判官）それではいずれも採用して取り調べることにします。弁護人、書証については要旨を告知してください。
（弁護人）はい。弁第１号証の示談書の内容は以下のとおりです（以下略)。

カ　職権証拠調べ

【設問26】
裁判所が職権で証拠調べをする義務を負う場合があるか。

これまで見てきたように、当事者主義の下では、証拠調べは検察官あるいは被告人・弁護人から請求されるべきものであって、**裁判所の職権による証拠調べは、特に「必要と認める」ときに限って補充的に**行われる（298条2項)。なお、裁判所が職権で証拠調べをする場合には、**検察官および被告人または弁護人の意見**を聴かなければならない（規190条2項)。

原則として、裁判所が職権で証拠調べをしなければならない義務はないというのが判例である（最判昭33・2・13刑集12巻2号218頁〈百選 A26〉)。もっとも、例外的に、証拠の存在が明らかで、かつ、その取調べが容易であり、それを取り調べなければ著しく正義に反する結果を招来するおそれが顕著なときに、当事者に対して証拠調べの請求を促す義務があると解されている（規208条参照)。

(5)　被告人質問

【設問27】
被告人質問と証人尋問との違いは何か。

被告人が任意に供述をする場合には、裁判長は、いつでも必要とする事項につき被告人の供述を求めることができ、陪席の裁判官・検察官・弁護人・共同被告人があるときの共同被告人またはその弁護人は、裁判長に告げて、被告人の供述を求めることができる（311条2項・3項)。これを**被告人質問**という。

被告人の任意の供述は有利不利を問わず証拠になるから（前述(3)**ウ**参照)、被告人は広い意味での人証であるが、被告人質問は証拠調べ手続には含まれないと考えられており、証人尋問のように取調べ請求や証拠決定の手続は必要とされていない。また、被告人は証人ではないので、証人と同様の出頭、宣誓、供述の義務を負うことはない。実務では、弁護人からの申出により、裁判所が**職権証拠調べ**として被告人質問を実施し、弁護人、検察官、裁判所の順で質問をするのが一般的である。

◎コラム◎　被告人質問先行型審理

公判で検察官は、被告人の身上経歴、犯行状況などについて、捜査段階で作成された被告人供述調書を書証として取調べ請求するのが通常である。これに対して、公判中心主義の観点から、被告人が公判で供述できることについては調書によらず、被告人自身が裁判所で語るべきという考え方がある。この考え方に基づいて広がっているのが、被告人質問先行型審理である。この場合、弁護人は、検察官請求に係る被告人供述調書に対して、「必要性がない」ことを理由とした不同意意見を述べる。そして裁判所が、被告人質問を先行して実施することが相当だと考えれば、不同意とされた乙号証の採否は、被告人質問が終了するまで留保されることが多い。被告人質問が終了し、被告人供述調書の請求を維持する必要がないと考えられる場合には検察官は採否留保中の被告人供述調書の請求を撤回する。

このような運用は、公判廷で心証形成を行うことがより重視される裁判員裁判の導入によって、その必要性が注目されるようになった。一方、裁判員裁判以外の裁判でも、公判中心主義の原則は妥当するから、被告人質問先行型審理が行われる例もある。

(6)　弁論手続

【設問28】

検察官が無罪の論告をすることや、弁護人が被告人に科すべき具体的な刑を弁論で述べることは許されるか。

証拠調べの終了後、検察官は、事実および法律の適用について意見を陳述しなければならない（293条1項）。検察官の意見陳述は**論告**といわれ、被告人が**有罪**である旨の意見を述べるのが通常であるが、公益の代表者として**無罪**、**免訴**、**公訴棄却**等の意見を述べることもある。有罪であるとの意見を述べた場合には、被告人に科せられるべき刑の種類と量についての意見である**求刑**も合わせて行われる。

（裁判官）以上で証拠調べを終了して、検察官と弁護人のご意見をうかがいます。検察官、論告をお願いします。

（検察官）検察官の意見を申し上げます。まず本件公訴事実については、当公判廷で取調べ済みの関係各証拠により、証明十分であると思料します。そこで以下、情状について述べます。まず、本件犯行の動機に酌量の余地はありません（中略）。そこで求刑ですが、以上諸般の事情を考慮し、相当法条を適用の上、被告人を懲役1年に処するのを相当と思料します。

被告人および弁護人は、意見を陳述することができる（293条2項）。これを**弁論**あるいは**最終弁論**という。検察官の論告と違い、弁論は権利であるが、義務ではない。被告人ではなく弁護人が弁論をするのが通常である。弁護人は、冒頭陳述から証人尋問、被告人質問、最終弁論に至るまで、常に一貫したケース・セオリーを意識し、これを判断者である裁判所に受け入れさせるために法廷弁護活動を行わなければならない。

犯罪の成否に争いのない事件の場合、かつては「刑の全部の執行猶予の判決を求める」「できるだけ寛大な処分を願う」といった意見が多かった。しかし、裁判員裁判の導入を契機に、説得的な弁論をするためにはより具体的な主張をする必要があるという問題意識から、法律上、刑の全部の執行猶予ができない場合（刑25条）でも、「刑の一部の執行猶予を求める」（刑27条の2等）、「懲役3年以下が相当である」というように、被告人に科せられるべき具体的な量刑意見を弁護人が量刑に関する意見として述べるケースも見られる。

（裁判官）弁護人、弁論をお願いします。
（弁護人）弁護人の意見を申し上げます。本件公訴事実は争いませんので、情状について申し上げます。まず、本件の事案は、窃盗罪の中でも軽微なものです（中略）。以上の事情からしますと、被告人には罰金20万円が相当と考えます。

弁護人の弁論の後、被告人には**最終陳述**の機会が与えられる（規211条）。

（裁判官）被告人は、証言台の前に立ってください。これでこの事件の審理を終わりますが、最後に何か言っておきたいことがあれば言ってください。
（被告人）このたびは大変申し訳ありませんでした。2度と万引きはいたしません。
（裁判官）それではこれで結審します。

(7) 判決宣告

判決は、必ず公判廷で宣告によって告知しなければならない（342条）。判決については判決書の作成が必要になるが、詳細は11講2(3)参照。

第８講　公判(2)——応用編

◆学習のポイント◆

1　７講では基本編として、実務上件数が多い公判前整理手続に付されなかった事件で手続がどのように進行していくかを確認した。本講は応用編として、公判前整理手続に付された事件で手続がどのように進行していくのかを見ていこう。

2　公判前整理手続については、その目的、事前準備との異同と制度が新設された経緯、期日間整理手続との異同、手続の進行・内容と関与者、組み込まれている証拠開示制度の趣旨・目的・要件・裁定手続を理解しよう。

3　公判前整理手続に付された事件の公判手続では、公判審理の特例が設けられていることを理解しよう。同時に、そうした事件で活用されている人証の取調べ方法と、異議の制度についても理解しよう。

4　裁判員裁判対象事件について、基本型の公判手続との相違を理解しよう。

5　弁論の併合・分離、公判手続の停止・更新については、どのような場合に問題になるかを理解しよう。

1　公判前整理手続

(1)　公判前整理手続の目的

【設問１】

公判前整理手続の目的は何か。どのような事件が対象になるか。

公判前整理手続は、充実した公判審理を継続的、計画的かつ迅速に行うことを目的とし、①争点の整理、②証拠の整理、③これらの前提としての証拠開示、④審理計画の策定をする公判準備の手続である（316条の２第１項・

316条の5)。平成16(2004)年刑訴法改正により導入された。

公判前整理手続が行われるのは、受訴裁判所が「充実した公判審理を継続的、計画的かつ迅速に行うため**必要があると認めるとき**」であって(316条の2第1項)、刑訴法上は対象事件を特に制限していない。実務では、事実に争いがある事件を公判前整理手続に付すことが多い。なお、後述するように裁判員法は、**裁判員裁判対象事件は必ず公判前整理手続に付さなければならない**としている(同法49条)。

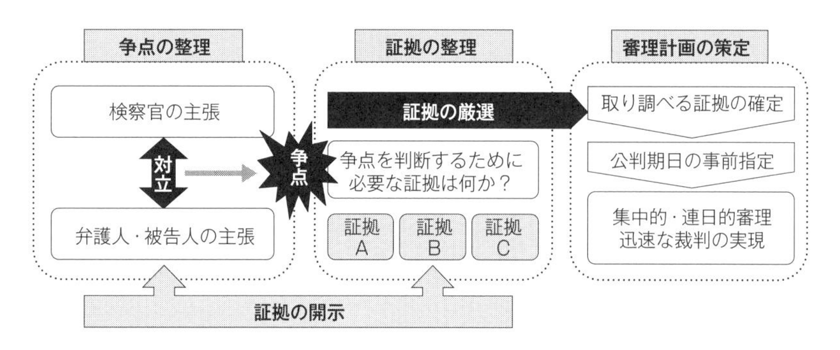

【設問2】
公判前整理手続が新設された経緯は何か。事前準備との違いを指摘しつつ説明せよ。

刑事裁判は、訴因である起訴状記載の公訴事実について審理・判断し(→6講5(1)**イ**)、被告人が公訴事実について有罪であるか、有罪であればどのような刑罰が相当であるかを決めるための手続である。したがって、当事者間において、公訴事実に記載された**犯罪の成否に関する事実**および**量刑上重要な事実**について主張が**対立**している場合が、事実に争いがある事件、すなわち**争点**のある事件といえる。例えば《**事例1**》で、Xがある日の接見で、弁護人に次のように話し始めたとしよう。

(X)	先生、事件のことで話したいことがあるんだけど……。
(弁護人)	どんなことですか?
(X)	たしかに、俺は、公園でおやじをなぐってけがをさせたけど、それは、そのおやじが、俺たちを馬鹿にしたような目で見てたから、腹が立ったからなんだ。強盗する気なんかなかったし、Yがおやじの鞄を持ち去ったことなんか知らなかったよ……。

《**事例1**》でAの鞄を持ち去ったのはYであり、Xが強取行為を分担していないことは明らかであるが、検察官はXがYと強盗を共謀していたため、強取行為を分担していないXにも強盗致傷罪の共同正犯が成立すると主張し、書式9の起訴状のとおりに公訴事実を記載している。これに対してXは、公訴事実のうち被害者に暴行して傷害を負わせたことは認めるものの、Yとの間で強盗の共謀はなく、強取には関与していなかったと主張している。

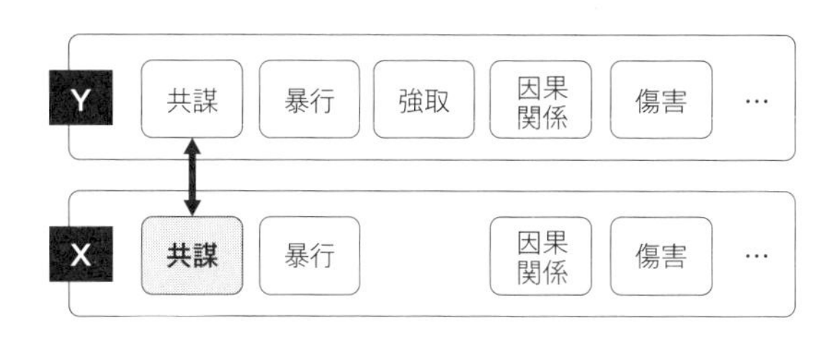

強盗致傷罪の共同正犯が成立するためには、共謀のほか、暴行、強取、因果関係、傷害などの各構成要件要素が充たされる必要があるが（刑240条・60条参照）、書式9の公訴事実を見ると、こうした各構成要件要素を充たすと認めるに足りる具体的な事実が記載されていることがわかるであろう（「Yと共謀の上」、「……暴行を加え」、「……強取し」、「暴行により」、「……傷害を負わせ」など）。これらのうち「Yと共謀の上」という事実が認められなければ、強取行為を分担していないXに強盗致傷罪の共同正犯は成立しないことになるから、犯罪の成否に関する事実について検察官の主張とXの主張とが対立していて、争点のある事件といえる。逆に書式9の公訴事実のうち、被害者を「多数回殴った」という事実に関し、検察官が15回、Xが10回と主張しているのであれば、いずれにしても強盗致傷罪の共同正犯は成立することになるし、量刑上の判断にも大差はないから、争点がある事件だと考えないでよい。

このように、主張が対立していればすべて争点になるわけではないし、両当事者の主張を明確にすれば、争点は自ずと絞られることが多い。例えば、被告人が「自分は犯人ではない」と主張しているのに、「正当防衛である」「刑の全部執行猶予が相当である」などと、犯人であることを前提とした主張をすることは矛盾している。こうした主張をすべて取り上げることが充実した審理に結びつくわけではない。当事者の主張が対立している点を明確にして、**争点の整理**をすることが、充実した審理に向けた第1歩となる。

争点が整理されれば、その判断のために必要な**証拠の整理**を行い、証拠を厳選できる。「被告人が犯人か」が争点であれば、その判断のために必要な証拠に重点を置きつつ、その他の公訴事実および量刑上重要な事実については最小限の証拠を公判で調べればよく、正当防衛の成否あるいは刑の全部執行猶予に関する証拠を取り調べる必要はない。

しかし、捜査という強力な証拠収集方法が認められている検察官に比べて、証拠収集方法に制約がある被告人または弁護人に対し、検察官の手持ち証拠を十分に検討させないまま、主張を明確にして証拠を厳選することを強いるのは公平ではない。争点および証拠の整理に伴って、被告人または弁護人に**証拠の開示**をすることが不可欠となる。このように証拠の開示は、争点および証拠の整理の円滑な実施を支えるものということができる。

当事者や証人等もその裁判に専従しているわけではないから、その予定を押さえておかなければ、集中的・連日的に審理することは困難である。証拠が厳選され、いつ、どのような証拠を調べるのかが確定すれば、裁判所は、当事者や証人等の将来の予定を押さえながら**審理計画**を策定し、**公判期日の事前指定**をすることができる。その結果、**集中的・連日的な審理**が可能になり、**迅速な裁判の実現**につながる。

7講で見たように、基本型としての事前準備でも裁判所が検察官・弁護人と打合せをすることなどが認められていたが（→7講2(3)**ウ**）、事前準備では裁判所から当事者に対し、公判に向けて**準備行為や打合せ・連絡を促す**ことが中心になっており、弁護人には主張を明示する義務はなく、検察官には請求予定証拠以外の検察官手持ち証拠を被告人または弁護人に開示する義務がないなど、複雑な事案や当事者間に深刻な対立のある事案では十分な効果を上げられないことも多かった（請求予定証拠については7講2(3)**ア**参照）。その結果、**公判審理に入ってから次々と争点が明らかになり、審理計画も立てられないまま延々と証拠調べが続き、審理が長期化する例**が見られた。「思い出の事件を裁く最高裁」と揶揄されるなど、こうした刑事裁判を続けていれば**国民からの信頼**を失いかねない。また、**裁判員制度**の導入により、本来の職業生活や社会生活を有している国民に裁判員として参加してもらうためには、充実した審理を継続的、計画的かつ迅速に行う必要性が一層大きくなった。そのために新設されたのが、公判前整理手続である。

●コラム●　証拠開示今昔

前述のとおり公判前整理手続導入前は、検察官手持ち証拠の開示に関する規定がなかった。半世紀近くにわたる証拠開示をめぐる議論に一応の終止符を打ったのは、職権による証拠開示命令を認めた最決昭44・4・25刑集23巻4号248頁（百A27）である。同決定は、裁判所の訴訟指揮権の一貫として、一定の要件を充たす場合には、裁判所が検察官に対して証拠の開示を命じることができるとした。同決定で示された証拠開示の要件は「証拠調の段階に入った後」（開示の時期）、「弁護人から、具体的必要性を示して、……申出がなされた場合」（弁護人からの申出）において、開示証拠の閲覧が「被告人の防禦のため特に重要であり、かつ、これにより罪証隠滅、証人威迫等の弊害を招来するおそれがなく、相当と認めるとき」（必要性と相当性の要件）というものであり、現在の証拠開示規定に比べて、開示の要件は極めて限定されたものであった。現在の証拠開示規定は、この決定の趣旨をも踏まえて策定されたものである。請求を要件としていることや、必要性と相当性の要件が維持されている点で、全面開示に至っていないという批判もあるが、開示請求を弁護側の権利として認めたことや、公判開始前の開示を認めたこと、不開示に対する裁定制度（316条の25～27）が設けられたことは、大きな変化といえる。弁護人には、証拠開示制度によって得られた資料を十分に活用して、防御の準備を行うことが求められている。

⑵　期日間整理手続

【設問 3】
公判前整理手続と期日間整理手続との異同を説明せよ。

例えばそれまで事実を認めていた被告人が第 1 回公判期日の罪状認否で急に無罪の主張を始めた場合など、審理の経過によっては、第 1 回公判期日後であっても、争点および証拠の整理をする必要が生じる場合がある。また、望ましいことではないが、公判前整理手続を経て公判審理を開始したものの、再び整理手続に付す必要が出てくる場合もありえないとはいえない。そこで、受訴裁判所は、審理の経過に鑑み必要と認めるときは、検察官または弁護人・被告人の請求により、または職権で、**第 1 回公判期日後**に、事件を**期日間整理手続**に付する旨の決定をすることができる（316条の28第 1 項）。

期日間整理手続においては、公判前整理手続に関する規定が準用されるので（同 2 項）、第 1 回公判期日の前か後かという違いはあるが、その他は公判前整理手続と同様の手続であると理解しておけばよい。

⑶　公判前整理手続の進行

ア　全体像

【設問 4】
公判前整理手続は、どのように進行していくのか。

公判前整理手続の進行とその根拠条文は、次頁の図のとおりである。これを参照しながら手続の進行を確認していこう。

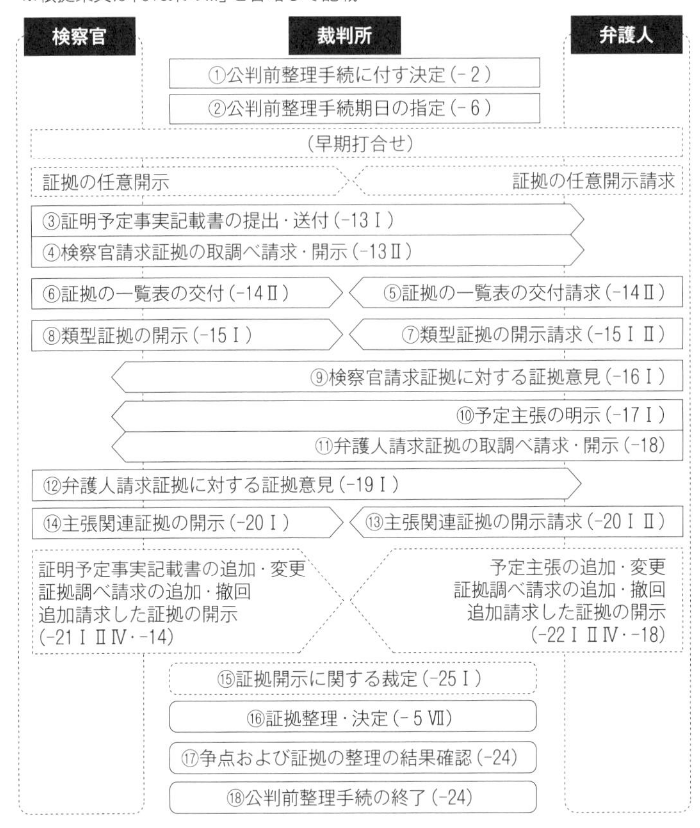

イ　公判前整理手続の開始

【設問5】

裁判所は、被告人に弁護人がいないときでも公判前整理手続を開始できるか。

受訴裁判所は、検察官および被告人または弁護人の請求により、または職権で、第1回公判期日前に事件を**公判前整理手続に付する旨を決定**することができる（図①／316条の2第1項）。平成28（2016）年改正により検察官および被告人または弁護人が公判前整理手続に付するための請求権が認められ、裁判所はこの請求を却下する決定をするときはあらかじめ検察官および被告人または弁護人の意見を聞かなければならないが（同2項）、却下決定に対する不服申立ては認められていない。《**事例１**》の強盗致傷のように裁判員裁判対象事件であれば、必要的に公判前整理手続が行われるから、起訴され受訴裁判所に分配されると、直ちに事件を公判前整理手続に付する旨の決定がなされる。

公判前整理手続には、公判前整理手続期日を開き、訴訟関係人を**出頭させて陳述**させる方法と、**書面を提出**させて行う方法があるが（316条の２第３項)、期日を開く場合には裁判長が**期日を指定**する（316条の６／図②)。

公判前整理手続は、高度な法的知識・技能が要求されるため**必要的弁護**とされている。裁判所は、被告人に**弁護人**がいなければ手続を開始することができず、被告人に弁護人がいないときは、職権で弁護人を付さなければならない（316条の４第１項・２項)。

ウ　早期打合せ

【設問６】

公判前整理手続に付された事件で、事前準備としての三者打合せをすることはできるか。

公判前整理手続に付されると、７講で見た事前準備に関する規定の一部は適用されないが（規217条の19)、適用される規定もある。実務では、公判前整理手続の充実・迅速化を目的として、規則178条の15に基づき、裁判所、検察官および弁護人の三者による**早期打合せ**が広く行われている。概ね起訴後１週間以内に、裁判所が検察官および弁護人から公判前整理手続や公判審理の進め方に関する要望等を聴取するとともに、裁判所の考え方を説明し、法曹三者でその認識の共有化を図るために行われる。

（裁判長）最初に、公判前整理手続の基本的な進め方を確認しておきます。刑事裁判で重要なのは、犯罪の成否に関する事実と量刑上重要な事実であり、争点中心の充実した審理計画を立てることが公判前整理手続の目的です。また、証拠開示と予定主張はできるところから柔軟かつ迅速に、主張書面は争点と証拠の整理に必要な事項を具体的かつ簡潔にお願いします。立証については、証拠の厳選と人証の積極的活用により、わかりやすい効率的な立証をお願いします。

（検察官および弁護人）了解しました。

（裁判長）現在の双方の準備状況はいかがでしょうか。

（弁護人）まだ証拠開示前の段階ですが、弁護人としては、強盗の共謀に疑問をもっています。検察官には、強盗の共謀の根拠についての主張と関連する証拠の開示をお願いしたいと思います。

（検察官）最初の証明予定事実記載書は、事件の全体像に関する主張にとどめ、次の証明予定事実記載書で、共謀に関する証拠構造を明らかにします。なお、証拠開示については、証明予定事実記載書の提出前でも、開示できるものから任意に開示したいと思っています。

エ　任意開示

【設問７】
任意開示とは何か。

公判前整理手続の導入後、検察官による手持ち証拠の任意開示が広く行われるようになった。**任意開示とは、検察官の請求予定証拠以外の検察官の手持ち証拠を、検察官が弁護人に自発的に開示すること**をいう。検察官の請求予定証拠は、検察官が有罪立証のために厳選したもので、それ以外の検察官の手持ち証拠に被告人の防御に有益な証拠が含まれている可能性がある。例えば、検察官が請求予定の目撃者の検察官調書には「はっきり見えた」と記載されているのに、警察官調書では「ぼやっと見えた」と矛盾している場合、その警察官調書は、被告人や弁護人にとって、検察官調書に対する証拠意見や反対尋問の検討に有益である。後述するように、法律上、検察官の請求予定証拠以外の検察官手持ち証拠の開示は、弁護人等の開示請求を要件として、**類型証拠**（後掲**キ**）あるいは**主張関連証拠**（後掲**ケ**）に該当する場合に限られる。しかし、検察官が類型証拠に該当すると判断したものを弁護人の請求を待たずに任意開示したり、弁護人が開示を請求する証拠が類型証拠や争点関連証拠に該当しない可能性があっても、争点、つまり立証対象の拡散を防ぎ、弁護人に早期に予定主張を明示してもらうために、検察官が任意開示することがある。

オ　証明予定事実記載書の提出・送付等

【設問８】
公判前整理手続において、まず検察官がしなければならないことは何か。

検察官は、まず**証明予定事実記載書**を裁判所に提出し、被告人または弁護人に送付するとともに、その事実を証明するために用いる証拠（**検察官の請求予定証拠**）の**取調べを請求**し、速やかに被告人または弁護人に**開示**しなければならない（316条の13第１項・２項／図③④）。これらの期限は、実務では起訴後概ね2週間以内とされている。被告人または弁護人から請求があったときは、速やかに、**検察官が保管する証拠の一覧表**を交付しなければならない（316条の14第2項／図⑤⑥）。検察官手持ち証拠の全体像を被告人または弁護人に把握させてその開示請求の手がかりにするため、平成28年改正によって認められた。

検察官は、証明予定事実を記載するにあたり、事件の争点および証拠の整理に必要な事項を**具体的かつ簡潔に明示**しなければならず（規217条の20）、事実とこれを証明するために用いる主要な証拠との関係を具体的に明示することその他の適当な方法によって、**争点および証拠の整理が円滑**に行われるように努めなければならない（規217条の21）。実務上は、書式13の「証明予定事実記載書」のように、まずは**事案の概要**を記載しつつ、請求証拠と証明予定事実との関連を明らかにしたものが提出・送付されることが多い。**物語式**と呼ばれることもある。これに合わせて、書式14の「証拠等関係カード」を提出して、請求予定証拠の取調べを請求する。

特段の争点がなければ物語式で足りる場合もあるが、《**事例1**》のように争点が明らかになれば、検察官は、物語式の証明予定事実記載書の後に追加して、あるいは当初から、書式15の「証明予定事実記載書(2)」のように、**共謀を推認させる間接事実**を明らかにした書面を提出・送付している。**事実構造式**または**証拠構造型**と呼ばれることもある。前述したとおり、強取行為を分担していないXに強盗致傷罪の共同正犯が成立すると認めるには、検察官の方でXとYが共謀した事実、すなわちXとYが「犯罪の共同遂行を合意した事実」を立証しなければならない（基本刑法Ⅰ322頁）。この「犯罪の共同遂行を合意した事実」のように証明を要すべき事実を**要証事実**という。要証事実の存在を推認させる事実を**間接事実**といい、「犯罪の共同遂行を合意した事実」の間接事実としては、「Yとの意思連絡があったこと」、「動機が存在するこ

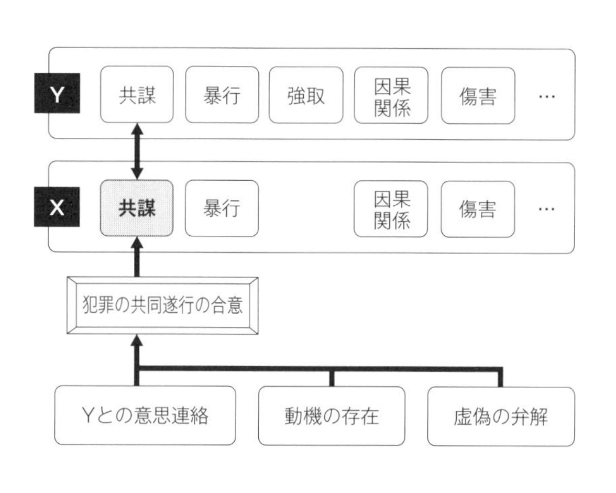

書式13

証明予定事実記載書

令和２年２月14日

Ｓ地方裁判所　刑事１部　殿

Ｓ地方検察庁
検察官 検事　　吉　野　雅　規　㊞

被告人Ｘに対する強盗致傷被告事件に関し，検察官が証拠により証明しようとする事実は下記のとおりである。

記

第１　被告人と共犯者Ｙとの関係	
被告人と共犯者Ｙは，地元の中学校の同級生で遊び仲間であり，両名とも定職に就かず，日頃から金に困っていた。	甲５，乙１
第２　犯行に至る経緯	
１　被告人とＹは，犯行前日の午後10時頃から，犯行現場近くのコンビニエンスストア駐車場で時間を潰していた。	甲５，乙２
２　被告人は，日付の変わった令和２年１月６日午前０時頃，Ｙに対し，「腹が減ったけど金がない。今日は新年会帰りの酔っ払いが多いから，フルボッコにして，金を取ろう。」，「俺がフルボッコにするから，お前が金を取って。」などと持ちかけ，Ｙもこれを了承した。	甲５
３　その後，被告人とＹは，コンビニエンスストアに立ち寄る酔客を物色していたが，同日午前１時頃，買い物を済ませて帰宅しようとした被害者が人気のない公園の方向に歩いて行くのを見て，被告人が「あれ，いこう。」と言い，２人で跡をつけた。	甲１，甲５
第３　犯行状況	
公訴事実記載のとおりであり，被告人とＹは，事前の共謀に基づき，被告人が被害者に一連の暴行を加え，Ｙが被害者の手提げかばんを持ち去って，強取した。	甲１～甲５
第４　犯行後の状況	
１　被害者は，公園近くの交番に助けを求め，警察官が緊急配備をしたところ，被告人とはぐれて１人で街中を歩いていたＹを発見し，職務質問をした結果，被害品のうち財布を所持していたため，同日午前２時33分，緊急逮捕された。	甲１，甲４，甲５
２　被告人は，犯行後自宅に帰らず逃走していたが，同月11日，友人宅に隠れていたところを通常逮捕された。	乙１，乙２
第５　その他情状等	
被告人の身上・経歴，被害者の処罰感情等	乙１，甲１

書式14

請求者等　検察官							令和2年（わ）第　521　号
証拠等関係カード（甲）							(No.　1　)
（このカードは，公判期日，公判前整理手続期日又は期日間整理手続期日においてされた事項については，各期日の調書と一体となるものである。）							
番号 / 標目〔供述者・作成年月日，住居・尋問時間等〕 / 立証趣旨（公訴事実の別）	請求 期日	意見 期日	意見 内容	結果 期日	結果 内容	取調順序	備考 / 編てつ箇所
1　検 〔A　2.1.17〕 被害に至る経緯，被害状況，処罰感情 （　）							
2　報 〔(検)堂野文一　2.1.18〕 被害者の負傷状況 （　）							
3　実 〔(員)薩丘英二　2.1.10〕 犯行現場の状況 （　）							
4　報 〔(員)巻　泰三　2.1.6〕 共犯者Yから被害品のうち財布を押収した状況 （　）							
5　検 〔Y　2.1.20〕 被告人との共謀状況，共同犯行状況，犯行後の状況 （　）							

（被告人一名用）

（被告人　X　）

書式14

請求者等　検察官	令和２年（わ）第　５２１　号

証拠等関係カード（乙）

(No.　1　)

（このカードは，公判期日，公判前整理手続期日又は期日間整理手続期日においてされた事項については，各期日の調書と一体となるものである。）

番号 標目 〔供述者・作成年月日，住居・尋問時間等〕 立証趣旨 （公訴事実の別）	請求 期日	意見 期日	意見 内容	結果 期日	結果 内容	取調順序	備考 編てつ箇所
1　員 〔（被）　2.1.11〕 被告人の身上・経歴 （　）							
2　検 〔（被）　2.1.25〕 被告人の弁解状況 （　）							
3　戸（戸附添付） 〔城南区長　2.1.10〕 被告人の身上 （　）							
4　犯歴 〔（巡）新　仁志　2.1.9〕 被告人の非行歴 （　）							
〔　〕 （　）							

（被告人一名用）

（被告人　X　）

書式15

証明予定事実記載書(2)

令和2年2月28日

S地方裁判所　刑事1部　殿

S地方検察庁
検察官 検事　　吉　野　雅　規　㊞

被告人Xに対する強盗致傷被告事件に関し，検察官が被告人とYとの強盗の共謀を推認させるものとして立証する事実は下記のとおりである。

記

被告人とYとの強盗の共謀を推認させる事実は，以下のとおりである。	
第1　Yとの意思連絡の状況	
1　Yとの謀議	
Yは，①被告人から「フルボッコにして，金を取ろう。」と言われ，寒かったし自分も腹が減っていたので，被告人と一緒に強盗を実行したのであり，②被告人は，その後にも，Yに対し，「俺がフルボッコにするから，お前が金を取って。」と発言している。	甲5
2　被害者が聞いた共犯者間の会話	甲1
被害者は，いきなり背後から蹴られてうつぶせに倒れ，馬乗りになって何回も殴られているとき，殴っている男が周囲に向かって「早く。」というようなことを言っていたことを聞いている。	
3　Yによる被害品の現金の保管	甲4，甲5
Yは，Xと山分けにするため，被害者の財布に入っていた現金を使わないでおり，そのまま，緊急逮捕された。	
第2　被告人及びYに動機が存在すること	
被告人及びYは，定職についておらず，金員に困窮していた。	甲5，乙1
第3　被告人の弁解が虚偽であること	
被害者は，コンビニエンスストアの駐車場にいた被告人らを，ガラの悪そうな若い男として見ないようにしており，馬鹿にしたようなことはない。	甲1

と」、「虚偽の弁解をしていること」などが考えられる。そこで検察官は、こうした事実を具体的に指摘した上、どの証拠によってどの事実を立証するのかという**証拠構造**を明らかにすることで、争点および証拠の整理が円滑に行われるように努めている。

＊　推認と推定

推定とは、証明済みの事実（前提事実）から、まだ証明されていない事実（推定事実）を認定することをいう（相手方による反証を許す場合が推定、反証を許さない場合が擬制と呼ばれる）。推定を用いて事実認定することを推認という。推定のうち、経験則等を根拠に推定することを事実上の推定と呼ぶ。前述の例で言えば、「Ｙとの意思連絡があったこと」という前提事実から、ＸがＹとの間に共謀していたこと（犯罪の共同遂行の合意）を推定するような場合である。なお、法律上の推定については11講参照。

カ　公判前整理手続期日

【設問９】

公判前整理手続期日に出席しなければならないのは誰か。被告人は出頭義務があるか。

公判前整理手続は、受訴裁判所が主宰するが（316条の２第１項）、期日には**検察官と弁護人の出頭が必要**である（316条の７）。

＊　予断排除の原則との関係

公判前整理手続は、その後の公判審理の在り方を決定づけるものであるから、公判の運営に責任をもつ受訴裁判所が主宰するのが必要かつ適切である。公判前整理手続では両当事者が対等に参加するので、捜査機関の形成した嫌疑を裁判所が一方的に引き継ぐことはない上、争点整理や審理計画の策定を目的として行われるものであり、裁判所が有罪・無罪についてあらかじめ心証を形成することもないから、予断排除の原則との関係でも問題はないと考えられている。

被告人は、公判前整理手続期日に出頭する権利があるが、義務はない。裁判所は、必要と認めるときは被告人の出頭を求めることができ（316条の９）、その場合には、速やかにその旨を検察官と弁護人に通知しなければならない（規217条の11）。被告人が出頭する最初の公判前整理手続期日において、裁判長は、被告人に対し、**供述拒否権**（黙秘権）を告知しなければならない（316条の９第３項）。

公判前整理手続の本質は公判準備であるから、公開の法廷で行うことを要しない。非公開の法廷や、裁判所内の準備室、会議室等で行われることもある。被告人が出頭する場合には、非公開の法廷で行われることが多い。

【第1回公判前整理手続期日】
（裁判長）それでは、Xに対する強盗致傷被告事件の第1回公判前整理手続期日を始めます。被告人は出頭していますね。証言台の前に立ってください。まず、名前を教えてください。
（X）　Xです（中略）。
（裁判長）本日は公判前整理手続期日といって、公判の準備をする期日です。最初に説明しておきますが、公判前整理手続において、被告人は、始めから終わりまで沈黙することもできますし、また、個々の質問に対して答えを拒むことができます。わかりましたか。
（X）　はい、わかりました（中略）。
（裁判長）検察官、証明予定事実と請求証拠は、既に提出された書面のとおりでよろしいですか。
（検察官）はい。共謀に関する証拠構造を明らかにした証明予定事実記載書は、2月28日までには提出できます。
（裁判長）主任弁護人、類型証拠開示請求の予定はありますか。
（弁護人）既に任意で開示を受けている分もありますが、弁護人としては、さらに類型証拠開示請求が必要かどうか検討しています。

キ　類型証拠の開示

【設問10】
類型証拠とは何か。どのような証拠が類型証拠に当たるか。

被告人または弁護人は、検察官の請求予定証拠の開示を受けた後、その証明力を判断するために重要で、かつ、一定の類型に当たる証拠（**類型証拠**）の開示を請求できる（316条の15第1項・2項／図⑦）。検察官の証明予定事実と請求予定証拠によって、その主張・立証の全体像が明らかになった段階で、弁護人・被告人がその後の防御方針を決めることができるようにするため、請求予定証拠以外の一定の証拠について開示を認めたものである。

類型証拠に当たるのは、(a)**客観的証拠**（証拠物・裁判所の検証調書等・捜査機関の検証調書等・鑑定書等）、(b)**被告人以外の者の供述録取書等**（検察官請求予定証人等の供述調書等・一定の内容を含む参考人の供述調書等）、(c)**被告人の供述録取書等**（被告人の供述調書等・取調べ状況記録書面）である。検察官は、その重要性の程度等被告人の防御の準備のために開示することの**必要性**の程度、開示による**弊害**の内容・程度等を考慮し、**相当**と認めるときは、速やかに開示しなければならない（316条の15第1項／図⑧）。

《事例１》では、例えば、検察官請求予定証拠の実況見分調書（書式14甲３）が共犯者Ｙを立会人とするものであれば、弁護人は、被害者Ａまたは被告人を立会人とする実況見分調書を上記(a)に当たる類型証拠として開示請求することや、ＡやＹの反対尋問の準備のために、検察官が証拠請求していないＡやＹの供述調書を上記(b)に当たる類型証拠として開示請求することが考えられる。

●コラム●　類型証拠開示を利用した反対尋問・被告人質問の準備

検察官請求予定証拠のうち、被告人以外の者の供述調書に弁護人が不同意の意見を述べる場合、弁護人は公判廷でその供述者の反対尋問を行うことを想定した準備に入る。反対尋問の準備は、公判廷で主尋問を聞きながらその場で考えるのでは遅すぎる。主尋問で証人が証言するであろうことをあらかじめ予想し、他の証拠や被告人の言い分の中から反対尋問の材料を見つけておかなければならない。証人が証言するであろうことは、検察官請求予定証拠中の証人の供述調書から推測できる。反対尋問の材料としては、同じ人物の他の供述調書などがあれば、その記載と、公判で予想される証言との変遷・矛盾の有無等を検討することが役に立つ（【設問７】のような、検察官調書と警察官調書間での食い違いなど)。検察官手持ち証拠中の証人予定者の供述調書は、類型証拠開示請求によってすべて開示を受けることができる。証拠開示は、請求による開示制度であるから、弁護人の失念や請求漏れは許されない。

一方、被告人質問の準備でも、証拠開示は重要である。被告人質問は、被告人の肉声によってその言い分を裁判所に届ける弁護側の立証方法である。弁護人としては、まず弁護人からの個々の質問に対する被告人の回答をあらかじめ確認しておく必要がある。公判廷は、場の雰囲気、一問一答のやり取りなど、接見室での会話とは全く異なる環境であることに留意する。次に、検察官からの反対質問をあらかじめ想定し、それにどのように対応するかを考える際に役立つのが、類型証拠として開示される被告人の供述調書である。開示された被告人の供述調書の中に、検察官が反対質問で追及してくるような変遷・矛盾がないか、ある場合にはその変遷・矛盾を合理的に説明できるか、などが検討されることになる。

ク　予定主張の明示等

【設問11】

類型証拠の開示を受けた後、弁護人・被告人がしなければならないことは何か。

類型証拠の開示を受けてその内容を検討した被告人または弁護人は、既に開示を受けている**検察官の請求予定証拠に対する証拠意見**を明らかにし(316条の16第１項／図⑨)、**予定主張**を明示し、被告人または弁護人に請求証拠がある場合には、その**取調べの請求**および**検察官への開示**をしなければならない（316条の17第２項・18／図⑩⑪）。これに対し、検察官は、開示を受けた**弁護人・被告人の請求予定証拠に対する証拠意見**を明らかにしなければならない（316条の19第１項／図⑫）。

＊　**予定主張明示義務と自己負罪拒否特権・黙秘権**

公判前整理手続において被告人に主張明示・証拠調べ請求義務を課している刑訴法316条の17は、「何人も、自己に不利益な供述を強要されない」とする憲法38条１項や、黙秘権を保障する刑訴法311条１項に違反するのではないかという問題は、立法段階から議論されてきた。最決平25・３・18刑集67巻３号325頁〈百選55〉は、「316条の17は、被告人又は弁護人において、公判期日においてする予定の主張がある場合に限り、公判期日に先立って、その主張を公判前整理手続で明らかにするとともに、証拠の取調べを請求するよう義務付けるものであって、被告人に対し自己が刑事上の責任を問われるおそれのある事項について認めるように義務付けるものではなく、また、公判期日において主張をするかどうかも被告人の判断に委ねられているのであって、主張をすること自体を強要するものでもな」く、「自己に不利益な供述を強要するものとはいえない」から、憲法38条１項に違反しないと判示し、立法段階からの議論に決着をつけた。

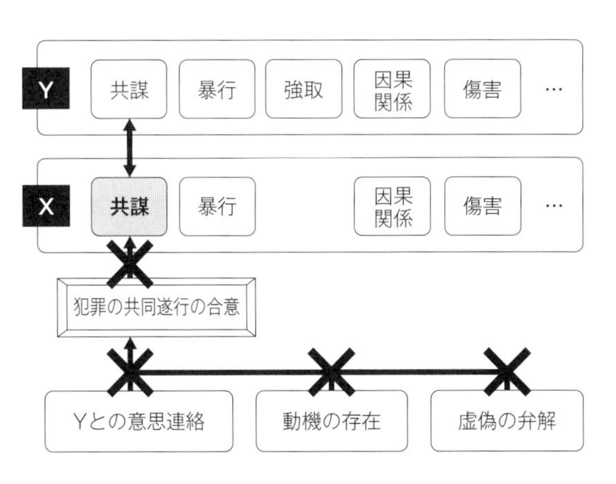

弁護人は、書式16のような「**予定主張記載書面**」を提出して、予定主張を明示する。弁護人は、予定主張記載書面において、**事案の概要**（ケース・セオリーのケース）のほか、**犯罪の成否に関する事実**として、**検察官の主張に対する反論**か、**積極的な主張**を記載する。主張には、**法律上の主張**と**事実上の主張**があるが、例えば正当防衛は、法律上の主張かつ積極的な主張であり、殺意の否認は、事実上の主張かつ検察官の主張に対する反論である。さらに、**量刑上重要な事実**として、弁護人の量刑意見の主な根拠となる主張を記載する。例えば中止未遂の主張は、法律上の主張かつ積極的な主張であり、被害弁償や示談等は、事実上の主張かつ積極的な主張になる。

《事例１》の予定主張記載書面を見てみると、弁護人は、①強盗に関する

書式16

予定主張記載書面

令和２年３月９日

Ｓ地方裁判所　刑事１部　殿

被　告　人　Ｘ
主任弁護人　大　村　進　一　㊞
弁　護　人　遠　藤　直　子　㊞

弁護人が公判期日においてすることを予定している主張は、以下のとおりである。

第１　公訴事実に対する主張

公訴事実記載の日時、場所で、被告人が被害者に公訴事実記載の暴行を加え、その結果、被害者が公訴事実記載の傷害を負ったことは争わない。

しかし、被告人は、Ｙと共謀したことはなく、Ｙが被害者の手提げかばんを持ち去ったことにも全く気が付いていなかったのであり、強盗の故意はなく、傷害罪が成立するにとどまる。

第２　被告人とＹとの強盗の意思連絡に関する事実は争う。

強盗について被告人とＹとの間に事前謀議はない。被告人は、被害者が被告人及びＹを馬鹿にしたような目で見たことから腹が立ち、Ｙにも何も言わずに１人で被害者を追いかけ、暴行を加えたものであり、Ｙとの間で「フルボッコにする。」とか「金を取ろう。」などと話したことは一切ない。被告人は、「早く」と言ったとしても、それは、傷害事件の現場から逃走するためである。Ｙが財布に入っていた現金を使っていなかった事実は争わないが、それは、後で被告人とＹが山分けするためではない。

第３　強盗の動機の不存在

１　被告人及びＹが、定職についていなかった事実は争わないが、強盗の動機を推認するという評価については争う。

２　被告人の就職面接の予定

被告人は、本件の翌日に先輩が経営する会社で就職のための面接を受ける予定があった。本件当日はついかっとなって被害者に暴行を加えてしまったものの、強盗するほど金に困っていたわけではない。

第４　被告人の真摯な供述

被告人は、虚偽の弁解など述べておらず，被害者に傷害を負わせてしまったことを反省し，捜査段階から自らの記憶のままに真摯に供述している。

以上

Yとの意思連絡はない、②傷害の動機はあるが、強盗の動機はない、③就職面接の予定があり強盗の動機はなかった、④虚偽の弁解はしていない、などと主張して、共謀の認定を争っている。

そして、後記シのとおり、弁護人は検察官の請求証拠に対する意見を述べ（書式17参照）、検察官は弁護人の意見に対応して、甲号証の同意部分を統合した報告書（甲6号証）と2人の証人（甲7、8号証）を請求した（書式18参照）。

ケ　主張関連証拠の開示

【設問12】

被告人・弁護人は、検察官の請求予定証拠および類型証拠以外の検察官の手持ち証拠も、開示を受けられる場合があるか。

被告人または弁護人は、予定主張を明示した後、**検察官請求予定証拠および類型証拠として開示されなかった証拠**についても、主張（争点）に関連した証拠（**主張関連証拠**）として開示請求をすることができる（316条の20第1項・2項／図⑬）。検察官は、その**関連性**の程度その他被告人の防御のために当該開示をすることの**必要性**の程度と、当該開示による**弊害**の内容・程度を考慮し、**相当**と認めるときは、これを開示しなければならない（316条の20第1項／図⑭）。充実した争点および証拠の整理を行うため、被告人または弁護人の防御の準備をさらに深めるために認められている。

＊　警察官・検察官作成の取調べメモ

主張関連証拠の例として、警察官・検察官が取調べ時に供述者の話を聞きながら作成していたメモがある。このようなメモは類型証拠には該当しない。しかし、弁護人が証人予定者の供述の信用性を争うとの主張をし、当該証人を取り調べた警察官・検察官の取調べメモを主張関連証拠として開示請求することはできるか。最決平20・9・30刑集62巻8号2753頁〈百選54〉は、検察官の手持ち証拠である検察官の取調べメモに加えて、検察官の手持ち証拠ではなく、警察官が保管していた警察官の取調べメモについても、「当該捜査の過程で作成され、公務員が職務上現に保管し、かつ、検察官において入手が容易なもの」として、証拠開示の対象になるとした上、主張との関連性、開示の必要性、相当性を肯定し、主張関連証拠として開示請求できるとした。

コ　証拠開示に関する裁定

【設問13】
類型証拠あるいは主張関連証拠に該当するかをめぐって、検察官と弁護人とで意見が一致せず、検察官が開示をしない場合、弁護人はどうすればよいか。

実務上は**任意開示**で対応している場合が多いが、**【設問13】**のようなケースで検察官が証拠を開示しないときに弁護人が証拠開示を求める方法として、裁判所による**証拠開示に関する裁定**がある（316条の25・26／図⑮）。

証拠開示に関する裁定には、裁判所が当該証拠の開示の時期もしくは方法を指定し、または条件を付する**開示方法等の指定**（316条の25）と、検察官が請求予定証拠、類型証拠または主張関連証拠を開示していないと認めるとき、弁護人の請求により、裁判所が決定で証拠開示を命じる**開示命令**（316条の26）がある。なお、弁護人が請求予定証拠を開示していないと認めるときは、検察官が請求することもできる。

証拠開示に関する裁定においては、裁判所は、決定の前に相手方の意見を聴かなければならず、決定に対しては、**即時抗告**をすることができる（316条の25第２項・３項・316条の26第２項・３項→12講**1**(1)）。

サ　証明予定事実・予定主張の追加・変更等

【設問14】
証明予定事実や予定主張を追加・変更することはできるか。訴因の変更はどうか。

検察官および被告人または弁護人は、公判前整理手続を進める過程において、当初に明らかにした証明予定事実や予定主張に追加・変更すべき事項が生じたときは、その追加・変更を行うことができ、その場合には、必要に応じてこれまでの手続が繰り返されることになる。

なお、公判前整理手続においては、訴因・罰条を明確化するのみならず、必要があれば検察官が訴因・罰条の追加・撤回・変更を請求し、裁判所がこれを許可もすることも認められている（316条の５第２号・312条→６講**6**・22講・23講）。

シ　証拠の整理・証拠決定

【設問15】
裁判所は、公判前整理手続ですべての証拠の採否決定をしなければならないか。

【第２回公判前整理手続期日】
（裁判長）主任弁護人、検察官証拠等関係カード（甲）（乙）No.１（書式14）に記載された検察官の請求証拠に対するご意見は、証拠意見書のとおりでよろしいですか。
（弁護人）はい。念のために口頭で申し上げますが、甲１号証のＡの検察官調書は、第１項の被害に至る経緯は同意しますが、その余は不同意です。甲２号証、甲４号証の捜査報告書は同意します。甲５号証のＹの検察官調書は全部不同意です。なお、甲３号証のＹ立会いの実況見分調書については、Ｙの指示説明部分が不同意で、その余は同意します。弁護人としては、任意開示された被告人およびＡがそれぞれ立ち会った実況見分調書を取り調べる必要があると思います。乙号証について、乙１号証と乙２号証の被告人の供述調書については、任意性を争うものでありませんが、不同意で、必要性がありません。公判における被告人質問を聞いていただければ十分です。乙３号証、乙４号証は、いずれも同意します（書式17）。
（裁判長）以上の弁護人の証拠意見を踏まえて、検察官の追加立証の予定はどうなりますか。
（検察官）はい。検察官の追加立証は、本日提出した検察官証拠等関係カード（甲）No.２（書式18）のとおりです。まず甲６号証ですが、弁護人のご意見を踏まえ、甲３号証の同意部分と、今、主任弁護人が指摘した実況見分調書２通を統合した捜査報告書です。次に甲１号証のＡの検察官調書が一部不同意ですので、甲７号証としてＡの証人尋問を請求します。さらに、甲５号証のＹの検察官調書は全部不同意ですので、甲８号証としてＹの証人尋問を請求します。Ａは、検察官が同行しますが、追起訴があるＹは別件で勾留されていますので、召喚をお願いします。
（裁判長）あらかじめ予定はうかがっていましたが、本日、公判期日を指定してもよろしいですか。
（検察官および弁護人）はい。

これまで見てきたように、公判前整理手続では当事者による証明予定事実や予定主張の明示と合わせて**証拠調べ請求**が行われるが、裁判所は、その立証趣旨、尋問事項等を明確にした上、証拠調べ請求に関する**相手方の意見**を確認し、**証拠の採否および証拠調べの順序・方法を決定**する（316条の5第7号／図⑯）。証拠調べに関する異議申立て（後述2(3)参照）があれば、これに対する決定も行う。イメージとしては、基本型であれば公判廷で行われる証拠調べ請求、証拠意見と証拠決定がそのまま公判前整理手続に「引っ越し」しているようなものである。

《**事例1**》でのやり取りを見てみよう。検察官は書式14に記載された甲1〜5号証、乙1〜4号証を取調べ請求したが、Xの弁護人は、書式17の意見欄に記載されているとおり、第2回公判前整理手続期日において、甲号証のうち1、3、5号証の取調べについては不同意との意見を述べた。検察官からすると、これらの書証にXとYとの共謀を認める事実が記載されているから取調べ請求したのであるが、弁護人からすると、Xが共謀を否定しているのであるからこれらの書証の取調べに同意するとの意見を述べることはできない。書証は同意がなければ原則として証拠として取り調べることができないから（→10講2(2)ア）、検察官は別の証拠によって立証を試みなければならない。そこで検察官は、既に取調べ請求済みの証拠に追加して、書式18の証拠等関係カードにより甲6〜8号証を取調べ請求している。甲6号証は不同意とされた部分を削除した上、弁護人が取り調べる必要があると主張したXおよびAの実況見分調書の内容を加味し、弁護人の同意が得られやすいように作成し直した書証である。甲7、8号証は、書証に代えてAおよびYを人証として請求したものである。乙1、2号証も不同意になっているが、被告人の供述調書であり、被告人質問の結果を待って取調べの必要性を判断すればよいから、検察官は特に追加立証を予定していない。裁判所は、こうした追加立証分についても弁護人の意見を聴いた上で、公判前整理手続において採否を決定することになる。

審理計画を立てる上では公判前整理手続の段階でできる限り証拠調べ決定あるいは却下決定をすることが望ましい。しかし、例えば不同意となった乙1、2号証のように、公判審理の状況を見なければ証拠調べの必要性が判断できない場合もあるから、裁判所は公判前整理手続ですべての証拠の採否を決定しなくてもよい。実務では、直ちに証拠の採否を決定せず、その後の手続の進行を見ながら証拠の採否を決定することを**採否留保**という。

(4) 公判前整理手続の終結

【設問16】

公判前整理手続の終結にあたって行わなければならないことは何か。

書式17

請求者等　検察官

令和2年（わ）第　521　号

証拠等関係カード（甲）

（No.　1　）

（このカードは，公判期日，公判前整理手続期日又は期日間整理手続期日においてされた事項については，各期日の調書と一体となるものである。）

番号 標目〔供述者・作成年月日，住居・尋問時間等〕 立証趣旨（公訴事実の別）	請求 期日	意見 期日	意見 内容	結果 期日	結果 内容	取調順序	備考 編てつ箇所
1　検 〔A　2.1.17〕 被害に至る経緯，被害状況，処罰感情 （　）	2・2・14	前2	第1項　同　意 その余　不同意				
2　報 〔（検）堂野文一　2.1.18〕 被害者の負傷状況 （　）	2・2・14	前2	同　意				
3　実 〔（員）薩丘英二　2.1.10〕 犯行現場の状況 （　）	2・2・14	前2	Yの指示説明部分につき，不同意 その余　同　意				
4　報 〔（員）巻　泰三　2.1.16〕 共犯者Yから被害品のうち財布を押収した状況 （　）	2・2・14	前2	同　意				
5　検 〔Y　2.1.20〕 被告人との共謀状況，共同犯行状況，犯行後の状況 （　）	2・2・14	前2	不同意				

（被告人一名用）

（被告人　X　）

書式17

請求者等　検察官		令和２年（わ）第　５２１　号

証　拠　等　関　係　カ　ー　ド（乙）　　（No.　1　）

（このカードは，公判期日，公判前整理手続期日又は期日間整理手続期日においてされた事項については，各期日の調書と一体となるものである。）

番号 標目 〔供述者・作成年月日，住居・尋問時間等〕 立証趣旨 （公訴事実の別）	請求 期日	意見 期日	意見 内容	結果 期日	結果 内容	取調順序	備考 編てつ箇所
1　員 〔（被）　2.1.11〕 被告人の身上・経歴 （　）	30・2・14	前2	不同意　ただし任意性は争わない。必要性なし				
2　検 〔（被）　2.1.25〕 被告人の弁解状況 （　）	30・2・14	前2	不同意　ただし任意性は争わない。必要性なし				
3　戸（戸附添付） 〔城南区長　2.1.10〕 被告人の身上 （　）	30・2・14	前2	同　意				
4　犯歴 〔（巡）新　仁志　2.1.9〕 被告人の非行歴 （　）	30・2・14	前2	同　意				
5 〔　〕 （　）							

（被告人一名用）

（被告人　X　）

書式18

請求者等　検察官							令和2年（わ）第　521　号
証拠等関係カード（甲）							（No.　2　）

（このカードは，公判期日，公判前整理手続期日又は期日間整理手続期日においてされた事項については，各期日の調書と一体となるものである。）

番号 標目 〔供述者・作成年月日，住居・尋問時間等〕 立証趣旨 （公訴事実の別）	請求 期日	意見 期日	意見 内容	結果 期日	結果 内容	取調順序	備考 編てつ箇所
6　報 〔（検）堂野文一　2.3.5〕 被害現場の状況等 （　）							
7　証人　A 〔　30分　〕 被害状況，処罰感情 （　）							
8　証人　Y 〔　30分　〕 被告人との共謀状況，共同犯行状況，犯行後の状況 （　）							
〔　〕 （　）							
〔　〕 （　）							

（被告人一名用）

（被告人　X　）

公判前整理手続は、それ自体、十分な準備が行われることに配慮しつつ、できる限り早期に終結させることが求められている（316条の3）。事件の争点および証拠の整理を遂げ、証拠の採否を決定し、公判期日を指定して審理予定を定めると、公判前整理手続を終了する（316条の24／図⑱）。裁判所は、終了にあたり、検察官および被告人または弁護人との間で、**事件の争点および証拠の整理の結果を確認**しなければならない（316条の24／図⑰）。

なお、被害者参加の申出に関する決定（13講参照）も、公判前整理手続ですることができる。

【第3回公判前整理手続期日】
（裁判長）争点整理の結果を確認しますが、本件の争点は、強盗の共謀が成立するか否かであり、検察官は、その根拠として、（中略）。他方、弁護人は、（中略）。以上でよろしいでしょうか。
（検察官および弁護人）はい、相違ありません。
（裁判長）次に、証拠の整理の結果を確認します。前回の期日で概ね整理したとおりですが、公判前整理手続において採用する証拠は、（中略）。以上でよろしいですか。
（検察官および弁護人）はい。
（裁判長）証拠の採否を決定します。書証については甲2号証と甲6号証を採用します（中略）。公判の審理予定は、本日配布した審理予定表のとおりです。簡単に述べると、まず、第1回公判期日は、5月14日午前10時で、冒頭手続、冒頭陳述、公判前整理手続の結果の顕出を終えて、休憩をとり、その後、午後零時まで検察官請求証拠の取調べです。午後は、1時30分から、AとYの証人尋問を行います。翌15日は、午前10時から被告人質問を行い、それで証拠調べは終了です。その後、（中略）。以上で間違いありませんか。
（検察官および弁護人）はい。間違いありません。
（裁判長）それでは、これで公判前整理手続を終了します。

2 第1審公判手続の進行——公判前整理手続に付された事件

(1) 基本型の公判手続との相違点

【設問17】

公判前整理手続に付された事件の審理は、公判前整理手続に付されない事件とどのように異なるか。

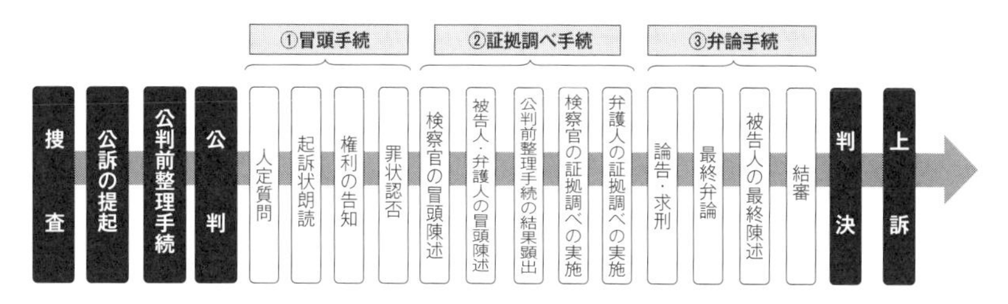

7講で基本型として説明した公判前整理手続に付されない事件では、冒頭陳述に引き続き、**証拠調べ請求→相手方の証拠意見→裁判所の証拠決定**という過程を経て、証拠調べの実施と進行するが、公判前整理手続に付された事件では、この証拠調べ請求→相手方の証拠意見→裁判所の証拠決定は、**既に公判前整理手続内に「引っ越し」をしていて実施済み**であるから、後記エで述べる例外を除き、公判期日には行われない。その結果、**検察官の冒頭陳述→被告人・弁護人の冒頭陳述→公判前整理手続の結果顕出→証拠調べの実施**と進行する。また、公判前整理手続を経た公判審理には、以下の特例が設けられている。

ア　必要的弁護事件

公判前整理手続に付された事件を審理する場合には、**弁護人がなければ開廷することはできない**（316条の29）。前述したように公判前整理手続に弁護人が必要である以上、公判審理も弁護人は必要的である。《**事例１**》であれば、公判審理での罪状認否で次のようなやり取りがなされることが考えられる。

（裁判長）それでは、最初に私から質問があります。先ほど検察官が読んだ起訴状の内容について、どこか違うところはありますか。
（被告人）あります。起訴状に書かれた日時場所にはいましたが、強盗をするつもりなどありません。
（裁判官）主任弁護人のご意見はいかがですか。
（弁護人）被告人は起訴状に書かれた日時場所にはいましたが、Ｙとの強盗の共謀はありません。被告人は、傷害罪の共同正犯の限度でしか責任はないと考えます。

このように、被告人が公訴事実に対して意見を述べるほか、法律の専門家である弁護人は、法律的に整理された意見を述べることが期待される。

イ　被告人・弁護人による冒頭陳述

（裁判長）それでは、検察官、冒頭陳述をお願いします。
（検察官）まず、検察官が起訴した事件のあらましをお話しします（中略）。

（裁判長）では、弁護人の冒頭陳述をどうぞ。
（弁護人）みなさん、Xさんは、Yさんと一緒にAさんを傷つけてしまいましたが、強盗するつもりなどありませんでした（中略）。

検察官のみならず、**被告人または弁護人による冒頭陳述も必要的**である（316条の30）。検察官および弁護人の冒頭陳述が終わった後、裁判所は、公判前整理手続の結果を明らかにしなければならない（316条の31）。

ウ　公判前整理手続の結果の顕出

（裁判長）公判準備の結果を説明します。検察官と弁護人の両者の冒頭陳述から明らかなように、本件の争点は、被告人がYと一緒に強盗をするつもりであったか否かです。検察官は、そのポイントとして、（中略）。そこで、審理予定表のとおり、本日午前中に、検察官が請求した書証を取り調べ、本日午後から、AとYの証人尋問を行うことにしました（中略）。

裁判所は、**当事者の冒頭陳述の終了後**、自らまたは書記官に命じて公判前整理手続調書を朗読し、またはその要旨を告げる方法等により（規217条の31）、**公判前整理手続の結果を明らかにする**。公判前整理手続はあくまでも公判準備であるから、その結果を公判において明らかにする必要があるからである。

エ　証拠調べ請求の制限

検察官および被告人または弁護人は、**やむをえない事由によって公判前整理手続において請求することができなかったものを除き、公判前整理手続が終わった後には、証拠調べを請求することができない**（316条の32第1項）。ただし、裁判所が、必要と認めるときに、職権で証拠調べをすることができる（316条の32第2項）。公判前整理手続終了後の新たな証拠請求を自由に許すと、充実した公判の審理を継続的、計画的かつ迅速に行うという公判前整理手続の目的が実現できないからである。

＊「やむを得ない事由」

「やむを得ない事由」があったかどうかは、個別の事案の諸事情を勘案して判断されることになるが、例えば、①証拠は存在していたが、これを知らなかったことがやむをえなかった場合、②証人の所在不明等の理由により証拠調べ請求ができなかったなど、証拠の存在は知っていたが、物理的にその取調べ請求が不可能だった場合、③証拠の存在は知っており、証拠調べ請求も可能であったが、公判前整理手続または期日間整理手続における相手方の主張や証拠関係などから、証拠調べ請求をする必要がないと考え、そのように判断することについて十分な理由があったと考えられる場合等が考えられる。

(2) 人証の証拠調べ——証人尋問

事実に争いがあり、公判前整理手続に付された事件では、とりわけポイントとなる点については人証を活用することが、直接主義、口頭主義の要請にもかなう。以下では、このような事件で活用される証人尋問について説明する。なお、証人尋問の際に被害者を含めた証人を保護する制度については、13講参照。

【設問18】

証人に推測した事項を証言させることができるか。幼児も証人になれるか。

証人とは、**自ら体験した事実を供述する者**をいい、その供述を**証言**という。証人には、自ら体験した事実から**推測した事項**を供述させることもできるが（156条1項）、体験に基づかない**単なる想像や個人的な意見**は、事件との関連性がないので証拠にならない。

原則として**何人にも証人適格**（証人になれる資格）**がある**が（143条）、その事件の裁判官・裁判所書記官、検察官、弁護人および被疑者・被告人は、証人になれない。その意味で証人は**第三者**でなければならないが、幼児であっても証人になることはできる。

＊　公務上の秘密と証人適格

その他に証人になれない場合として、法に「特別の定」（143条）がある場合、すなわち、①**公務員または公務員であった者**が知りえた事実について、本人またはその公務所から**職務上の秘密**に関するものであるとの申立てがあったときは、その監督官庁の承諾がなければ証人として尋問することはできず（144条）、②**衆議院議員、参議院議員、内閣総理大臣その他の国務大臣、またはこれらの職にあった者**から同様の申立てがあったときは、議員の場合はその院、大臣の場合は内閣の承諾がなければ、証人として尋問することはできない（145条1項）。真実発見という刑訴法の目的と公務上の秘密保持という国家的利益との調整を図るためである。

【設問19】

証人は、自己のプライバシーに関わることを理由に、証言を拒むことができるか。

証人の権利として、以下の場合には**証言拒絶権**があり、証言を拒むことができる。

①　**自己が刑事訴追**を受け、または**有罪判決**を受けるおそれがある場合（146条）。憲法上の自己負罪拒否特権（憲38条1項）に基づく。

②　**自己の配偶者、親兄弟その他一定の近親者が刑事訴追**を受け、または**有罪判決**を受けるおそれのある場合（147条）。一定の身分関係を破壊してまで証言を強制することはかえって法の目的に反するという考慮に基づく。

③　**医師、歯科医師、助産師、看護師、弁護士、弁理士、公証人、宗教の職にある者、またはこれらの職にあった者**が、業務上委託を受けたため知りえた事実で**他人の秘密**に関する場合（149条本文）。業務上の秘密を保護するためのものである。しかし、秘密の主体である本人が証言することを承諾していたり、本人にとって秘密にする利益がないのに専ら被告人を有罪としないためだけの権利の濫用と認められるような場合には、保護に値しないから、証言は拒絶できないとされている（149条但書）。

他方、証人には①から③の義務があり、以下のような制度によって**出頭、宣誓、証言**を強制されている。

①　**出頭の義務**　裁判所は、証人が召喚に応じない場合は、証人をさらに**召喚**するか、**勾引**することができる（152条→7講**2**(2)**エ**・**3**(1)*も参照）。勾引は、一定の場所に強制的に引致する処分であり、召喚に応じない証人は強制的に裁判所まで引致されることもある。また、正当な理由がないのに出頭しない証人に対しては、**過料、費用の補償**あるいは**刑罰**の制裁がある（150条・151条）。

②　**宣誓の義務**　証人には、宣誓の趣旨を理解することができない者（例えば幼児など）を除いて、**宣誓**をさせなければならない（154条・155条）。宣誓をさせるべきときに宣誓をしないでなされた供述は、証拠にできない。他方、宣誓をした上で虚偽の陳述をすれば、**偽証罪**に問われる（刑169条）。宣誓は、証人の人定質問（規115条）の後、証人尋問の前にこれをさせなければならない（規117条）。宣誓をさせた証人には、尋問前に偽証の罰を告げなければならない（規120条）。証人が正当な理由がないのに宣誓を拒絶したときは、**過料、費用の補償**あるいは**刑罰**の制裁がある（160条・161条）。

③　**証言の義務**　証人が正当な理由なく、例えば証言拒絶権がないのに証言を拒絶したときは、**過料、費用の補償**あるいは**刑罰**の制裁がある（160条・161条）。

以上のように、証人が証言を拒絶することができるのは証言拒絶権がある場合に限られ、それ以外には証言の義務がある。**【設問19】**のように、証人のプライバシーに関わるということだけを理由とするのであれば、証言を拒絶することは認められないであろう。

コラム　刑事免責制度

146条による証言拒絶権の行使により、犯罪の解明に必要な証言が得られないという事態に対処するため、裁判所が検察官からの請求に基づき、証人に対して**一方的な免責**を与え、**刑事上の責任を問われる可能性をなくす**ことにより、自己負罪拒否特権を失わせて**証言を義務づける制度**である（157条の2・3）。平成28年改正により導入された。合意制度（→3講6(4)）と同様に証拠収集の適正化・多様化を図るものであるが、合意制度と異なり、免責の付与について証人との交渉や取引といった要素はなく、裁判所から一方的に免責が付与される。免責決定がなされれば、証人は証言拒絶権を行使できず、**過料、費用の補償あるいは刑罰の対象**となりうる。他方、証人が尋問に応じてした供述およびそれに基づいて得られた証拠は、**証人の刑事事件**において、**証人に不利益な証拠**とすることができない。免責の請求は、尋問開始前のほか、尋問開始後においても行うことができる。なお、第1回公判期日前の証人尋問（226条・227条）にも準用されている（228条1項）。

以上の証人の権利・義務を踏まえ、証人尋問前には次のようなやり取りがなされる。

（裁判長）証人となられる方は、法廷の中に入って、証言台のところに立ってください。
（証　人）はい。
（裁判長）名前を教えてください。
（証　人）Aです。
（裁判長）生年月日、職業および住所については、証人カードに記載されたとおりで間違いありませんか（注：証人の人定質問）。
（証　人）はい。
（裁判長）それでは、証言する前に、嘘をつかないという宣誓をしていただきます。その宣誓書を手に持って、声に出して読んでください。ご起立をお願いします。
（証　人）宣誓。良心に従って真実を述べ、何事も隠さず、偽りを述べないことを誓います（注：宣誓）。
（裁判長）いま宣誓をしてもらったように、自分の記憶のとおり述べてください。あえて、自分の記憶に反する証言をすると、偽証罪という罪に問われることがあります（注：偽証の罰の告知）。
（証　人）はい。
（裁判長）なお、証言すると、証人自身や近親者が起訴されたり、有罪判決を受けるというような事項については、その理由を告げて証言を拒むことができますので、そのような場合には申し出てください（注：証言拒絶権の告知）。それでは証言席に座ってください。

＊　被告人の証人適格

被告人は終始沈黙し、またいつでも供述を拒む権利があるのに、証言の義務がある証人の地位に立たせることは不利益な扱いになるから、**被告人には自らの事件について証人適格がない**と考えるのが通説である。もっとも、英米法では被告人が黙秘権を放棄して自らの事件について証人となり、証人と同様の出頭、宣誓、証言の義務を負った上で供述することも認められており、わが国でも被告人が自ら希望して証人になるのであれば、立法によりこれを認めてもよいのではないかという議論もある。

【設問20】

証人尋問は、どのように行われるか。

刑訴法では、まず裁判長または陪席の裁判官が証人に尋問し、この尋問が終わった後、検察官、被告人または弁護人が尋問することとしているが(304条1項・2項)、職権主義の旧刑訴法の名残りともいえる規定であって、当事者主義が徹底している現在では、尋問の順序を変更することを認めた304条3項により、その証人を証拠調べ請求した当事者がまず尋問し（**主尋問**)、その後に反対当事者が尋問する（**反対尋問**）という**交互尋問方式**がとられ、必要な限りで再主尋問、再反対尋問……と繰り返され、裁判所は当事者の質問が終わった後に補充的に尋問する（**補充尋問**）のが通常となっている。

＊　公判期日外の証人尋問

証人尋問は公判期日に行うのが原則であるが、例えば証人が病気で入院しているため、病院の会議室で尋問するような場合がある。裁判所は、証人の重要性、年齢、職業、健康状態その他の事情と事案の軽重とを勘案した上、検察官および被告人または弁護人の意見を聴いて、必要と認めるときは、**裁判所外**に証人を召喚し、またはその場所でこれを尋問することができる（158条1項)。また、例えば幼児を証人尋問するときに緊張を和らげるため、公判廷ではない裁判所の別室で証人尋問をする必要があるような場合には、**裁判所内**であっても公判期日外の証人尋問を行うことができる（281条)。これらは公判廷で行われる手続ではないから、検察官、弁護人、被告人が立ち会わなくても実施でき、憲法82条1項の「対審」ではないので公開しなくてもよいことになる。公判準備の1つであり、尋問の結果として**証人尋問調書**を作成し、その調書を後の公判期日で取り調べなければ、証拠として使用できない（303条)。

＊　鑑定人尋問

証人尋問に準じて行われる。もっとも、自ら体験した事実を供述する証人と異なり、鑑定人は代替可能であるから、勾引することは許されない（171条）。ただし、鑑定人が特別の知識によって知りえた過去の事実に関する尋問については、証人尋問に関する規定が適用される（174条）。

【設問21】
主尋問において、誘導尋問が許される場合があるか。

主尋問では、尋問者が立証しようとする事項およびこれに関連する事項について尋問がなされるが（規199条の3第1項）、原則として**誘導尋問**は許されない（同3項本文）。誘導尋問とは、**尋問者が希望し、または期待している答えを暗示する尋問**をいう（「はい」か「いいえ」で答えられる質問は誘導尋問であることが多い）。ただし、例外的に主尋問でも誘導尋問が認められる場合がある（同3項但書各号）。具体的には

① 証人の**身分**、**経歴**、**交友関係**等で、実質的な尋問に入るに先立って明らかにする必要のある準備的な事項に関するとき

② **訴訟関係人に争いのないことが明らかな事項**に関するとき

③ **証人の記憶が明らかでない事項**についてその記憶を喚起するため必要があるとき

④ 証人が主尋問者に対して**敵意**または**反感**を示すとき

⑤ 証人が**証言を避けようとする**事項に関するとき

⑥ 証人が**前の供述と相反するかまたは実質的に異なった供述**をした場合において、その供述した事項に関するとき

⑦ その他誘導尋問を必要とする特別の事情があるとき

である。

誘導尋問が許されるとしても、例えば証人尋問の場で証人の供述調書を朗読して読み聞かせ、「このように話していたのではありませんか」などと質問すれば、証人が現在の記憶に基づいて証言することが困難になる。そこで書面の朗読その他証人の供述に不当な影響を及ぼすおそれのある方法を避けるように注意しなければならない（規199条の3第4項）。

このように、書面または物を示して尋問をするのは原則として避けるべきであるが、そのような尋問をする必要がある場合もあるし、図面や模型を利用して尋問し、証人もこれらを利用して答えた方が明確になる場合もある。そこで、訴訟関係人は、

(a) 書面または物に関し、その**成立**、**同一性その他これに準ずる事項**につ

いて証人に尋問する場合に、必要があるときは、その書面または物を示すことができる（規199条の10第1項）。具体例としては、証人の供述調書のうち、証人が署名押印した部分を見せて「これはあなたの署名押印に間違いありませんか」と確認したり、実況見分調書を作成した警察官にその調書を示して、「自分が作成したものに間違いない」と供述させる場合などがある。この場合には裁判長の許可は不要である。

(b) **証人の記憶が明らかでない事項**についてその記憶を喚起するために必要があるときは、**裁判長の許可**を受けて、書面（供述録取書を除く）または物を示して尋問することができる（規199条の11第1項）。もっとも、こうした尋問は証人の証言に影響を与えるおそれが大きいから、書面の内容が証人の供述に不当な影響を及ぼすことがないように注意しなければならない（同2項）。なお、供述録取書のうち、供述人の署名押印のある部分のみを見せるのであれば、(a)によって認められる。

(c) **証人の供述を明確にするため必要があるとき**は、**裁判長の許可**を受けて、図面、写真、模型、装置等を利用して尋問することができる（規199条の12）。

なお、これらの書面または物が証拠調べを終わったものでないときは、相手方に異議のない場合を除いて、あらかじめ**相手方に閲覧する機会**を与えなければならない（規199条の10第2項・199条の11第3項・199条の12第2項）。このような誘導尋問および書面または物を示す尋問について、以下の具体例で確認してみよう。

（裁判官）それでは検察官、主尋問をどうぞ。
（検察官）あなたは、令和2年1月頃も現在も会社にお勤めですね（注：前記①の身分等に関する事項に当たる）。
（証　人）はい。
（検察官）あなたは、令和2年1月6日午前1時5分頃、S市のU公園で強盗の被害に遭いましたね（注：Aが強盗の被害に遭ったこと自体は、前記②の訴訟関係人に争いのないことが明らかな事項に当たる）。
（証　人）はい。
（検察官）その際、どんなけがをしましたか。
（証　人）左の肋骨を骨折しました。あとは……。すいません、少し前のことなんではっきり覚えていません。
（検察官）顔や腹もけがをしませんでしたか（注：前記③の記憶喚起のために必要があるときに当たる）。
（証　人）ああ、思い出しました。いきなり背後から蹴られてうつぶせに倒れ、馬乗りされて何回も顔や胸や腹を殴られました。

（検察官）殴っている男は、周囲に向かって何か言っていませんでしたか。
（証　人）何も言っていません。
（検察官）本当にそうでしたか。
（証　人）はい。
（検察官）あなたは、検察官の取調べを受けたとき、どのように話したか覚えていますか。
（証　人）すいません、忘れてしまいました。
（検察官）あなたは、検察官に対し、殴っている男が周囲に向かって「早く」というようなことを言っていたと話しませんでしたか（注：前記⑥の「前にした供述」に関する事項に当たる）。
（証　人）そうだったかもしれませんが、覚えていません。
（検察官）甲第１号証（証人の検察官に対する供述調書）の署名押印部分を示します（注：前記ⓐの成立を明らかにするための尋問に当たる）。これに見覚えはありますか。
（証　人）はい、私の署名と押印に間違いありません。

【設問22】

反対尋問は、どのように行われるか。

主尋問の終了後、反対尋問では、主尋問に現れた事項とこれに関連する事項について質問が行われるが、反対尋問の目的は主として、主尋問に応じてなされた証人の供述が信用できないことを明らかにすることに置かれるから、**証人の供述の証明力を争う**ために必要な事項について尋問することが重要となる（規199条の４第１項）。証人の供述の証明力を争うために必要な事項の尋問は、**証人の観察**、**記憶または表現の正確性**など証言の信用性に関わる事項および**証人の利害関係**、**偏見**、**予断**などの証人の信用性に関する事項について行う（規199条の６→10講１(2)参照）。なお、反対尋問では、必要があれば誘導尋問が許される（規199条の４第３項）。

●コラム●　リンカーンの反対尋問

優れた反対尋問の例として、アメリカ合衆国大統領のエイブラハム・リンカーンによる反対尋問が引用されることがある。ある殺人事件で被告人の弁護人となったリンカーンは、被告人の犯行を目撃したという証人の反対尋問において、「月明かりがあったので目撃できた」と供述させた上、月齢表に基づいて犯行当時に月明かりがなかったことを指摘し、むしろその証人が真犯人で、被告人に罪を着せるために偽証していたことを暴いたとされる。「月明かりで……」という証人の観察が不正確であったことを明らかにした上、実は真犯人であったという利害関係まで明らかにした反対尋問といえるであろう。もっとも、このエピソード自体が長きにわたって繰り返し語られてきた結果、歪曲されてさまざまな内容に変化してしまっており、かえって供述証拠の不正確性を示す一例になっているともいわれている。

(3) 証拠調べに対する異議

【設問23】
検察官、被告人または弁護人は、どのような場合に異議を申し立てることができるか。

検察官、被告人または弁護人は、①「**証拠調に関し**」、また、②それ以外の「**裁判長の処分**」に対して、**異議**を申し立てることができる（309条1項・2項）。

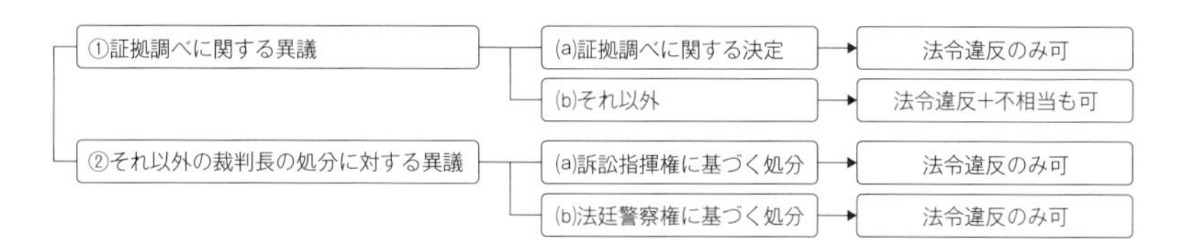

①の「証拠調に関し」とは、**証拠調べ手続に関するすべての訴訟行為**を指す。したがって、これまで確認してきたような、冒頭陳述、証拠調べ請求の方法、証拠調べの範囲、順序および方法の決定、裁判所の証拠調べの決定、証人尋問における相手方の尋問など、すべてがこの異議の対象となる。このうち、(a)裁判所の**証拠調べの決定**（証拠の採用決定または却下決定など）に対しては、訴訟関係人の意見を聴いて慎重に決定するものであるから、**法令違反**を理由とした異議しか申し立てることができないが、(b)それ以外は**法令違反**に加え、**不相当**であることを理由にして異議を申し立てることができる（規205条1項）。

②の「裁判長の処分」とは、①の証拠調べに関するものを除くので、(a)**訴訟指揮権**に基づく処分と(b)**法廷警察権**に基づく処分が対象となる。この場合はいずれも**法令違反**を理由とした異議の申立てしかできない。

＊ 法令違反と不相当

異議の申立ては、個々の行為、処分または決定ごとに、簡潔にその理由を示して、直ちにしなければならない（規205条の2）。異議を申し立てる者は、法令違反を理由とするのであれば具体的な法令に違反することを指摘する必要があるが、不相当を理由とするのであればその必要はない。ただし、不相当の程度が著しく裁判所の権限の濫用に当たるといえる場合には、法令違反に当たる余地があると考えられているため、その点では両者の区別は明確でない。

平成22（2010）年司法試験短答式第35問を具体例として、①(a)(b)に当たる場合と、②(a)(b)に当たる場合とを確認してみよう。

（弁護人）裁判長、ただいま検察官が朗読した起訴状記載の公訴事実のうち、共謀の日時および場所について検察官に対する釈明を求めます。
（裁判長）現段階では求釈明の必要はないと考えます。
（弁護人）異議あり。釈明権の不行使は裁量の範囲を逸脱しており違法と考えます（注：②(a)の異議。不相当の程度が著しいので法令違反に当たることを理由としている）。
（中略）
（検察官）証人は、犯人を目撃しましたか。
（証　人）はい。黒っぽいジャンパーを着た若い感じの男でした。
（検察官）犯人の年格好は被告人と比べてどうですか。
（弁護人）異議あり。誘導尋問です。（注：①(b)の異議。規199条の3第3項本文に違反することを理由としている）。
（中略）
（検察官）被告人に対する処罰について、証人から裁判所に述べておきたいことはありますか。
（証　人）できるだけ長く刑務所に入れておいてほしいと思います。
（被告人）何が刑務所だよ。馬鹿言ってるんじゃないよ。覚えてろよ。
（裁判長）被告人が勝手に発言することを禁じます。
（弁護人）異議あり。ただいまの発言禁止の措置は著しく不相当で権限の濫用に当たり違法と考えます（注：②(b)の異議。不相当の程度が著しいので法令違反に当たることを理由としている）。
（中略）
（裁判長）検察官から刑事訴訟法321条1項2号後段書面として請求があった甲4号証は、特信性が認められないので却下します。
（検察官）異議あり。ただいまの却下決定は、特信性の判断を誤っており違法であると考えます（注：①(a)の異議。321条1項2号違反を理由としている）。
（中略）
（検察官）あなたの話では、事件のあった日には、色々と用事があって、現場には行っていないのですね。
（被告人）そうです。
（検察官）あなたがその日にどこにいたのか、もう一度言ってもらえませんか。
（裁判長）既にした尋問と重複するので質問を変えてください。
（検察官）異議あり。質問には正当な理由があるので、尋問を制限したのは違法であると考えます（注：尋問制限なので②(a)の異議にみえるが、証人尋問という証拠調べに関して尋問を制限しているので、①(b)の異議に当たると考えられている。したがって不相当を理由とした異議も申し立てることができる）。

異議の申立てがなされたら、裁判所は遅滞なく決定をしなければならない（309条3項、規205条の3）。異議の申立てに理由がなければ棄却しなければならず（規205条の5）、理由があるときは異議を申し立てられた行為の中止、撤回、取消しまたは変更を命ずるなどしなければならない（規205条の6）。

(4) 公判前整理手続と被告人質問の制限

【設問24】

公判前整理手続において、弁護人は「被告人は犯人ではなく、犯行日時には犯行場所におらず、自宅またはその付近にいた」とアリバイを主張したが、それ以上に具体的な主張はなされないまま、公判前整理手続が終結した。公判審理が始まり、冒頭手続および弁護人による冒頭陳述でも、アリバイの具体的な主張はなされなかったが、被告人質問において、被告人が「その日時には、自宅でテレビを見ていた。知人夫婦と会う約束があったことから、午後4時30分頃、その知人の家に行った」と供述し始めた。弁護人は、さらに質問して被告人に詳しく供述させようとしたが、検察官が「公判前整理手続における主張以外のことであって、本件の立証事項とは関連性がない」と異議を申し立てた。裁判所はどうすべきか。

前述のとおり公判前整理手続では、被告人または弁護人に**主張明示義務と証拠調べ請求義務**があり、手続終了後の**新たな証拠調べ請求**については「やむを得ない事由」がある場合を除いて認められない一方で、手続終了後の**新たな主張**を制限する規定は置かれていない。そのため、被告人を含む当事者が、公判前整理手続終了後に**新たな主張**をした場合に、これを当然に制限できると考えることはできない。

しかし裁判長は、訴訟指揮権に基づき、被告人質問が「**事件に関係のない事項にわたるときその他相当でないとき**」は、訴訟関係人の本質的な権利を害しない限り、これを制限できる（295条1項）。この条文を根拠に、公判前整理手続の段階で明らかにされていなかった「知人」に関する供述を始めた**【設問24】**のような場合には、被告人質問を制限できないかが問題となる。

最決平27・5・25刑集69巻4号636頁〈百選57〉は、公判前整理手続における被告人または弁護人の予定主張の明示状況（裁判所の求釈明に対する釈明状況を含む）、新たな主張がされるに至った経緯、新たな主張の内容等の諸般の事情を総合的に考慮し、**主張明示義務に違反し、かつ、新たな主張に関する被告人質問やこれに応じた被告人の供述を許すことが公判前整理手続を行った意味を失わせるものと認められる場合**（例えば、公判前整理手続において、裁判所の求釈明にもかかわらず、「**アリバイの主張をする予定である。具体的内容は被告人質問において明らかにする**」という限度でしか主張を明示しなかったような場合）には、**新たな主張に係る事項の重要性等も踏まえた上で、被告人質問等が295条1項により制限されることがありうる**と判示した。そして、**【設問24】**と類似したケースについては、アリバイ主張を具体化しようとしたもので「事件に関係のない事項にわたる」とはいえず、被告人質問を許すことが公判前整理手続を行った意味を失わせるものとは認められないとして、制限できないとした。

そうだとすると、**【設問24】**においても、裁判所は検察官の異議を却下すべきであり、検察官としては、被告人供述をさせた上で、「知人」に関する供述を始めた理由を含め、その信用性を弾劾する反対質問をするほかない。

一方で、被告人質問が制限される事態もありうるのであるから、そのような事態が生じないように、裁判所は、公判前整理手続の段階で、求釈明により「自宅付近にいた」とのアリバイ主張をさらに明らかにさせ、それが不可能だというのであれば、その理由も含めて記録に残しておくべきであるし、弁護人としても、ケース・セオリーを確立し、公判前整理手続の段階で、争点整理に必要な主張を明示しておくことが求められるであろう。

3　裁判員制度

(1)　総　説

【設問25】

裁判員制度の目的は何か。

裁判員制度は、法律の専門家ではない一般の国民の中から選ばれた**裁判員が裁判官と共に一定の重大な犯罪に関する裁判を行う制度**であり、平成16（2004）年5月に裁判員制度を定めた裁判員法が成立し、平成21（2009）年5月から施行された。**国民の司法に対する理解の増進とその信頼の向上に資すること**を目的とする（裁判員1条参照）。

＊　裁判員制度の合憲性

最大判平23・11・16刑集65巻8号1285頁〈百選49〉は、裁判員制度の仕組みを考慮すれば、公平な「裁判所」における法と証拠に基づく適正な裁判が行われること（憲31条・32条・37条1項）は制度的に十分保障されている上、裁判官は刑事裁判の基本的な担い手とされているものと認められ、憲法が定める刑事裁判の諸原則を確保する上での支障はないなどとして、裁判員制度は合憲であるとした。

戦後のわが国の刑事裁判は、概ね適正迅速に運営されてきたものの、一部の事件の審理が長期化したり、審理が必要以上に精微なものとなって、書面に依存する傾向があるという批判もあった。国民が裁判員として裁判に参加することにより、**「見て聞いてわかる審理」**が不可欠なものとなり、その結果、裁判員裁判対象事件以外の事件の審理においても、できる限り連日的開廷による集中審理を実現することや、直接主義、口頭主義を徹底することが志向されるようになり、裁判員制度がわが国の刑事裁判の運営に与えた影響は大きい。

(2)　対象事件

【設問26】
被告人には、裁判員裁判を受けるか否かの選択権があるか。

裁判員裁判の対象事件は、国民の関心が高く社会的影響の大きい一定の重大な犯罪に限られており、①**法定刑に死刑または無期刑を含む事件**および②**法定合議事件のうち故意の犯罪行為で人を死亡させた事件**である（裁判員2条1項）。

＊　対象事件の罪名例

①として、殺人（刑199条）、強盗致死傷（刑240条）、強盗強制性交等・強盗強制性交等致死（刑241条）、強制わいせつ致死傷・強制性交等致死傷（刑181条）、通貨偽造（刑148条）、現住建造物等放火（刑108条）、覚醒剤の営利目的密輸（覚醒剤41条2項）などがあり、②として、傷害致死（刑205条）、危険運転致死（自動車運転死傷行為処罰2条・3条）などがある。

ただし、これらの対象事件に当たる場合であっても、地方裁判所は、**裁判員やその親族等に危害が加えられるなどのおそれ**があって、裁判員の職務の遂行ができないような場合と、**審判に著しく長期間を要する**など、裁判員の選任が困難であるような場合には、検察官、被告人もしくは弁護人の請求により、または職権で、裁判官の合議体で取り扱うことも認められている（裁判員3条・3条の2)。

被告人に**裁判員裁判を受けるか否かの選択権**は認められていない。被告人に選択権がなくても憲法に違反しないとするのが判例である(最判平24・1・13刑集66巻1号1頁)。

(3) 裁判体の構成

原則として、**裁判官3人、裁判員6人**の合議体である(裁判員2条2項)。例外的に、裁判官1人と裁判員4人の合議体も認められている(同項但書・3項)。

(4) 裁判官と裁判員の権限および評決

【設問27】
裁判員の権限は何か。裁判員全員が有罪の意見であれば、裁判官全員が無罪の意見であっても、被告人を有罪としてよいか。

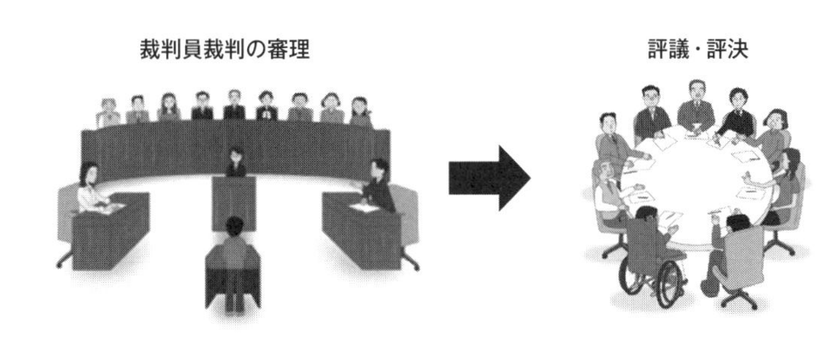

出典:裁判所ウェブサイト

裁判員は、裁判官と共に、**事実の認定、法令の適用、刑の量定**を行うが、法的な専門知識を要する**法令の解釈、訴訟手続に関する判断**等は、裁判官のみの合議による(裁判員6条1項・2項)。裁判官の専門性を確保しつつ、国民の視点や感覚を裁判に反映させるための制度設計がなされている。事実の認定等に必要となるから、裁判員にも**証人や被告人に質問する権限**がある(同56条・59条)。また、裁判員裁判でも**自由心証主義**が適用され、裁判員も証拠の証明力を自由に判断してよい(同62条→11講3(2)参照)。

裁判員は、裁判官と共に**評議**を行い、出席して意見を述べなければならない(裁判員66条1項・2項)。**評決**は、**裁判官および裁判員の双方の意見を含む合議体の員数の過半数**の意見による(裁判員67条1項)。したがって、例えば4人の裁判員と1人の裁判官が有罪の意見であれば、有罪の評決をすることができるが、６人の裁判員全員が有罪の意見であっても、３人の裁判官が無罪の意見であれば、過半数であっても有罪の評決をすることはできず、無罪の評決をしなければならない。裁判員制度は、裁判官と裁判員が協働して裁判の内容を決めるものだからである。

(5) 裁判員の選任

裁判員裁判の公判手続に先立って、裁判員の選任手続が行われる（裁判員32条・33条・34条・37条等）。裁判員は、**衆議院議員の選挙権を有する18歳以上の国民**の中から、無作為に選ばれる（同13条。公職選挙法９条は18歳以上の者に衆議院議員の選挙権を認めている）。もっとも、**欠格事由**（同14条）、**就職禁止事由**（同15条）がある者は裁判員になることはできず、**辞退事由**（同16条）のある者は、辞退の申出をすることができる。制度の趣旨から、法律の専門家は除かれている。

(6) 審理の進行

【設問28】
裁判員裁判の審理はどのように進行していくか。

裁判員裁判対象事件は、**公判前整理手続に必ず付さなければならない**（裁判員49条）。したがって、裁判員裁判の第１審公判手続は、基本的に**公判前整理手続に付された事件と同様の進行**となる。ただし、裁判員裁判対象事件の審理にあたっては、裁判員の負担が加重なものとならないようにしつつ、裁判員がその職責を十分果たすことができるよう、裁判官、検察官および弁護人は、**審理を迅速でわかりやすいもの**にしなければならない（同51条）。冒頭陳述をする際には、公判前整理手続における争点および証拠の整理の結果に基づき、証拠との関係を具体的に明示しなければならない（同55条）。さらに実務では、できる限り人証を活用することで、裁判員が直接法廷で見聞きした証拠により的確な心証が得られるように努めている。

＊　区分審理と部分判決

１人の被告人に対して裁判員裁判対象事件を含む複数の事件が起訴され、その弁論を併合した場合（後述４(1)参照）には、裁判所は、併合した事件を一括して審判することにより要すると見込まれる審判の期間その他の裁判員の負担を考慮し、一定の場合に、併合事件の一部の事件を区分して順次審理する旨を決定することができる（裁判員71条１項）。これを区分審理決定という。例えば、被告人が多数の殺人事件で起訴され、すべての事件を同一の裁判員による裁判体で審理すると審理に相当長期間を要するような場合に、各殺人事件を区分して、別々の裁判員による裁判体で審理することができる。区分審理をする場合、合議体を構成する裁判官は変わらないが、裁判員は区分して審理される事件ごとに選任され、事件ごとに有罪・無罪等の事実認定に関してのみ部分判決を順次言い渡し、任務が終了する(同84条1項)。そして、最後の区分事件の審理を担当する合議体が、すべての事件の情状について審理し、併合事件全体について量刑を含めた終局判決を言い渡す(同86条1項)。

4 弁論の分離・併合、公判手続の停止・更新

(1) 弁論の分離・併合

【設問29】
弁論の分離・併合とは何か。

ここで「**弁論**」とは、訴訟関係人の意見陳述を指す狭い意味での弁論ではなく、**公判の審理全体**を指す広い意味での弁論をいう。これまでは、事件が1個である場合、すなわち被告人が1人で公訴事実が1個である場合を前提に公判手続の進行を確認してきた。この場合には弁論は1個である。しかし、《**事例1**》のXとYのように、共犯事件で被告人が複数である場合や、1人の被告人が多数の事件を起こして事件が複数ある場合、弁論は複数になる。このように複数の事件の弁論を同時に並行して行うことを、**弁論の併合**という。一旦併合された複数の事件を分けて審理することを、**弁論の分離**という。また、一度終結(結審)した公判審理を再び開くことを**弁論の再開**という。

＊ **主観的併合・客観的併合**
複数の被告人の事件を併合することを主観的併合(分離するときは主観的分離)、1人の被告人の複数の訴因を併合することを客観的併合(分離するときは客観的分離)という。

裁判所は、**適当と認めるとき**は、検察官、被告人または弁護人の請求により、または職権で、決定をもって、弁論を分離し、もしくは併合し、または終結した弁論を再開することができる(313条1項)。1人の被告人に対する事件が複数ある場合、併合して審理した方が量刑上被告人に有利となることが多い。また、共犯事件では、併合して審理すれば証拠調べが1回で済み(例えば《**事例1**》で被害者Aの証人尋問が1回で済む)、訴訟経済上の利益があるし、1つの事実を合一的に確定することもできる。他方、**併合して審**

理されている複数の被告人が互いに相反する防御をしている場合などには（例えば《**事例1**》でXとYの言い分が大幅に食い違っているなど）、被告人の権利保護に最重点が置かれ、裁判所は弁論を分離しなければならない（同条2項）。

＊　法律関係の個別性

XとYが併合審理されて共同被告人になっていても、法律関係は被告人ごとに別個であるから、検察官はXとYとで異なる証拠の取調べを請求できる。被告人または弁護人も、被告人ごとに同意・不同意の意見を述べる。例えばXのみが同意した書証を取り調べても、その証拠調べの効果はYには及ばないし、むしろ共同被告人の一部のために限定して提出された証拠を他の被告人のために用いることは許されない。そのため、検察官はYのみの関係で書証に代えて証人の取調べ請求をすることもできる。このように法律関係の個別性から、併合審理されている被告人間で証拠関係がある程度異なることは許容されるが、重要な証拠関係が異なるなら弁論を分離すべきであろう。

(2)　公判手続の停止・更新

【設問30】
公判手続の停止・更新とは何か。

被告人が十分に防御をすることができないような場合に、公判手続の進行を法的に禁止することを**公判手続の停止**という。公判手続を停止しなければならないのは、①被告人が**心神喪失**の状態にあるとき（314条1項本文）、②被告人が病気のため長期間出頭することができないとき（314条2項）、③**重要な証人**が病気のため公判期日に出頭することができないとき（314条3項）、④**訴因、罰条の追加変更**により被告人の防御に実質的な不利益を生ずるおそれがあると認めるとき（312条4項→6講**6**(1)）である。なお、裁判所は、①から③の理由で公判手続を停止しようとするとき、医師の意見を聴かなければならない（314条4項）。

また、例えば開廷後に審理の途中で**裁判官が交替**した場合、交替前の審理に参加していないのであるから、このような裁判官による審判は直接主義、口頭主義（→7講**4**）に反することになる。このような場合に、従前の審理の効力は維持しつつ、直接主義、口頭主義の要請から必要な補正を行うことを**公判手続の更新**という（315条）。ただし、既に審理は終結していて交替した裁判官が判決を代読するだけであれば、直接主義、口頭主義の問題は生じないので、更新は必要ない（同条但書）。更新が必要となるのは、その他に、被告人の**心神喪失**により、公判手続を停止した後、再度公判手続を進めるとき（規213条１項）、後述する**簡易公判手続**または**即決裁判手続**によって審判をする旨の決定が取り消されたとき（315条の２・350条の25第２項、ただし検察官および被告人または弁護人に異議がないときを除く）がある。更新の手続は、主に従前の証拠（証人尋問調書など）を裁判所が職権で取り調べることによってなされるが（規213条の２第３項）、「相当と認める方法」で行うことができるので（同４項）、実務上は検察官および弁護人が「従前のとおり」と陳述するだけで終了することが多い。

◉コラム◉　裁判傍聴と模擬裁判のススメ

公判手続を理解するためには、少なくとも複数回にわたって刑事裁判の傍聴をする必要がある。これまで説明してきたとおり、裁判は公開されているから誰でも傍聴できる。近くの地方裁判所かその支部に行き、「開廷表」を確認して、刑事事件の審理が行われる法廷に行こう。「新件」であれば冒頭手続から傍聴できる。なお、裁判員裁判に関しては平成28年５月から各地方裁判所のウェブサイトで開廷情報が掲載されている。裁判傍聴のルールを守り、傍聴席から静かに公判手続の進行を確認しよう。もっとも、メモをとるのは自由であるし、本書を持ち込んで確認しながら傍聴してもよい。どんどん審理が進むので最初の頃はついていけないかもしれないが、何回か傍聴するとこれまで説明してきた法や規則に基づいて公判手続が進行していくのがわかるはずである。そうなったら、今度は実際に事件記録を使って模擬裁判に挑戦してみるのもよい。模擬裁判には司法研修所刑事裁判教官室『プラクティス刑事裁判　平成30年版』（法曹会、2019年）などが利用できる。

第9講　証拠(1)——証拠法総論

◆学習のポイント◆

1　証拠裁判主義と証拠に関する概念が設定される目的・意味を理解しよう。

2　厳格な証明と自由な証明の意義と、厳格な証明が求められる事項を理解しよう。

3　公判において証拠として用いる資格である証拠能力に関して、証拠能力を制限する観点である関連性および証拠禁止について理解しよう。

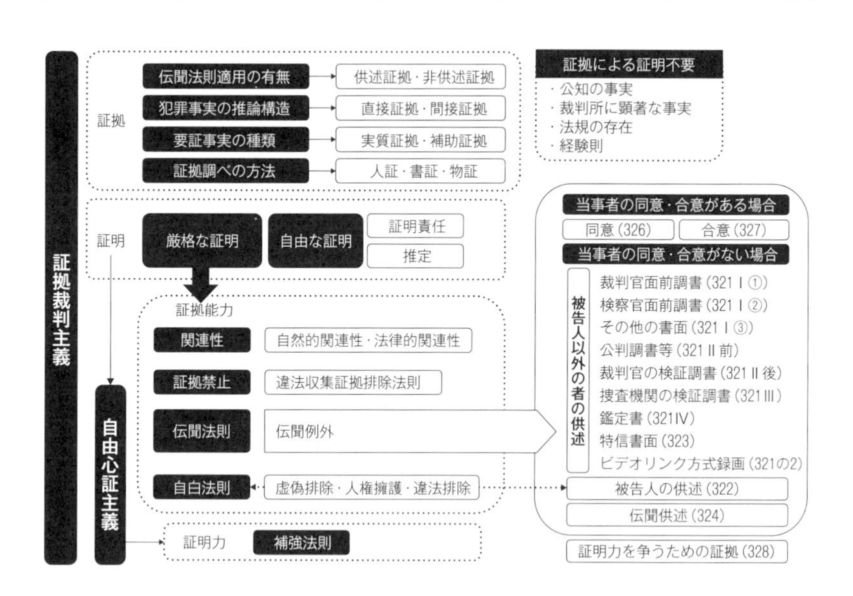

1　証明と認定

(1)　証拠裁判主義

【設問1】
裁判所は、公判廷で証拠採用された証拠ではなく、裁判官が居宅で読んだ新聞記事の報道内容から、事実を認定することはできるか。

ア　証拠裁判主義の意義

当事者が証明しようとする事実を明らかにし、争点が明確になったら、当事者は証拠を用いて事実の存在を証明しようと試み（立証）、これを受けて裁判所は当事者の主張する事実の存否を認定する。例えば、《**事例2**》において、検察官が、Sが逮捕時に覚醒剤を所持していた事実を証明しようとするのであれば、逮捕に伴って差し押さえられた白色粉末が覚醒剤である旨の鑑定書や差押調書（差押えの過程での事績を記録した書面→3講**1**(2)**エ**）等を証拠として取り調べるよう裁判所に請求し、これが証拠として採用された場合には、裁判所はこれら鑑定書や差押調書に記載されている内容（証拠資料）に基づいてSが覚醒剤を所持していた事実を認定することになる。

刑訴法は「**事実の認定は、証拠による**」旨を定めており（317条）、これは**証拠裁判主義**と呼ばれる。証拠によって事実を認定するという営みは、当然のことであるように思われるかもしれないが、歴史的にみれば必ずしも自明のことではない。占いなどを通じて表現される（と信じられていた）神意に基づいて事実を認定し、裁判を行うこともかつては行われていたのである。このような迷信的・非科学的な方法による事実の認定を排斥することは、証拠裁判主義の趣旨の1つである。

【設問1】のように、新聞の報道記事をもとに裁判所が事実を認定することは、原則として証拠裁判主義に反して許されない（後述する公知の事実に当たる場合は許されうる）。

イ　証拠による証明を要さない事実

【設問2】
裁判所は、公判廷で証拠採用された証拠によらずに、物を落下させたときの重力加速度は$9.80665m/s^2$だとの事実を認定できるか。

訴訟において問題となるあらゆる「事実」について、317条で証拠による認定が求められるわけではない。一般人がその事実の存在について疑いをもたない程度に知れわたっている**公知の事実**は証拠による認定を要さない。また、裁判官が職務上知りえたもので、確信のある事実（**裁判所に顕著な事実**）についても、証拠による認定を要さないと解されている。さらに、法規の存在や経験則も、証明を要しないと理解されている。このような事実は、誤って認定されるおそれがなく、かつ一般的な知識の集積ゆえ疑う余地がないため、証拠によらずに認定しても公正さを害さず問題がないと考えられているのだろう（もっとも、実務上は経験則の内容が争われることもある）。

【設問２】における重力加速度のように、一般に知られている情報・物理法則・経験則は、証拠によらずに裁判所が認定することは許される。

＊　公知の事実・裁判所に顕著な事実

他の公知の事実の例としては、歴史的事実（田中角栄は首相であった）、確実な資料で容易に確かめられる事実（平成28〔2016〕年12月20日は火曜日である）等を挙げることができる。最判昭31・５・17刑集10巻５号685頁は、買収資金交付罪で起訴された被告人が、市長選挙に立候補して当選した事実を公知の事実に属すると説示している。裁判所に顕著な事実にあたり証明を要さずに認定されたと説明される判例として、被告人が取引した通称「ヘロイン」が、麻薬取締法上の「麻薬」たる塩酸ヂアセチルモルヒネである事実が証拠によらずに認定された、最判昭30・９・13刑集９巻10号2059頁がある（もっとも、実質的には裁判所に顕著な事実の認定ではなく、商品だった「ヘロイン」に関して裁判所が法令解釈を示したものだとする理解もある）。他方で、東京高判昭62・１・28判時1228号136頁は、病院長だった被告人が、無資格者に検査・診療をさせていた事実で起訴された事案において、原審が、病院職員による入院患者への暴行・傷害の事実を、証拠調べを経ることなしに情状事実として認定したことについて、裁判所に顕著な事実として証明を要さない事実とすると解することは、被告人の防御や上訴審による審査に支障をきたすとして、裁判所に顕著な事実には当たらない旨を説示している。

⑵　証拠の分類と立証方法

証拠法を理解するためには、講学上用いられているさまざまな概念の意味を理解しておかなければ、議論を把握することが難しい。そのため、まずは証拠の分類に関わる概念を押さえておきたい（証拠調べの方法に基づく分類については、７講６⑷エ参照）。

ア　証拠能力と証明力

【設問3】
　強制性交等被告事件において、検察官は、事件の目撃者であるWの供述を警察官が録取した書面（司法警察職員面前調書）と、被害者Vの供述を検察官が録取した書面（検察官面前調書）の証拠調べを請求した。弁護人はWの司法警察職員面前調書について「不同意」、Vの検察官面前調書について「同意、ただし信用性を争う」との証拠意見を述べた。検察官は前者の請求を撤回した。裁判所は後者を証拠として採用した。証拠能力が認められなかったのはどちらの証拠か。

　証拠能力とは、**公判廷において取り調べるために法律上要求されている資格を充たしているか否か**を問う概念である。「証拠能力がある」という場合は、公判廷において取り調べる適格性があることを意味する。後に触れる厳格な証明が求められる場面等において、誤って証拠能力のない証拠を取り調べた場合には、裁判所は排除決定を行い、取り調べなかったことにしなければならない（規205条の6第2項・207条）。
　これに対して、**証明力**とは、当該証拠資料が**証明対象となる事実の認定に役立つ程度を問う**概念である。「証明力が高い」という場合は、裁判官の心証を動かす蓋然性が高いことを意味する。証明力の判断は、原則として裁判官の自由な判断に委ねられており、法による拘束を受けずに論理則や経験則等によって合理的に判断することになる。これを**自由心証主義**と呼ぶ（318条）。
　【設問3】でいえば、Wの司法警察職員面前調書については、弁護人の不同意意見を受けて、検察官による証拠調べ請求の撤回がなされたため、証拠能力が認められなかったことになる。これに対して、Vの検察官面前調書については、裁判所が証拠能力を認めた上で、弁護人がその証明力を争うことにしたわけである。

イ　伝聞法則の適用の有無に係る分類

【設問4】
　強盗致傷の被害を受けたAが被害の様子について日記をつけていた。日記は供述証拠か、非供述証拠か。

　人が特定の事象を知覚し、それを記憶し、改めて表現・叙述する場合、知覚を誤り（見間違い・聞き間違い）、あるいは記憶を誤り（記憶違い）、表現・叙述を誤る（言い間違い・誇張・嘘）危険がある。そのため、人が事実の存否について言語的に表現し、その表現された内容どおりの事実があったか否かが事実認定にあたって重要な意味を有する場合には、公判廷において尋問を通じて正確性・信用性をテストすることが必要である。

例えば、《**事例１**》における被害者Ａが、ＸおよびＹによってどのように鞄が強奪されたかを述べる場合、原則としてＡを尋問することによって、Ａの知覚・記憶・表現・叙述が正確か否かを確認して、強盗致傷の実行行為の有無を認定する必要がある。このように、事実の存否に関する言語的表現（言語に代わる動作も含む）で、表現された内容どおりの事実があったか否かを問うために用いられる証拠を**供述証拠**と呼ぶ。

【設問４】の日記も、強盗致傷の様子を記載し、その内容が「真実か否か」が問題となる場合には、供述証拠に当たる。Ａの知覚・記憶・表現・叙述の正確さを、Ａに対する証人尋問を通じてテストしなければ、裁判所によって誤った事実が認定される危険があるからである。

このように、供述証拠の場合は、原則として公判廷における尋問によらない限り、証拠として用いることは許されない（後述する**伝聞法則**が適用される。320条）。これに対して、それ以外の証拠である**非供述証拠**の場合は、上述のような危険がないため、伝聞法則が適用されない。

ウ　犯罪事実に対する推論構造による分類

【設問５】

Ｖを被害者とする殺人被告事件において、被告人が犯人であるか否かが争われた。証拠採用されたナイフには、被告人Ａの指紋と、被害者Ｖの血液型と同じ型の血液が付着していた。このナイフは直接証拠か。

犯罪事実（主要事実と呼ばれることもある）の存在を論理一義的に証明できるか否かによって、証拠が分類される場合がある。**直接証拠**は、犯罪事実を直接に証明する証拠である。その実質的な意味は、当該証拠の証明力について仮に疑義がなければ、犯罪事実の存在を、推論を要さずに論理一義的に証明できる証拠だということであろう。例えば、《**事例１**》でＸやＹによる強盗致傷の事実の自白を録取した自白調書や、ＸによるＡへの暴行行為やＹによる鞄の強奪行為の目撃者による証言は、直接証拠である。

これに対して、**間接証拠**は、犯罪事実以外の一定の事実を証明する証拠であり、これによって、論理則や経験則を媒介として犯罪事実の存在を推認させるものをいう（情況証拠とも呼ばれる）。例えば、**【設問5】**のナイフからは、(a)被告人Ａの指紋が付着していることから、被告人Ａが当該ナイフを使用したことが推論され、(b)被害者Ｖの血液型と同じ型の血液も付着していることから、当該ナイフがＶに刺さった可能性があることが推論される。しかし、(a)(b)の推論によって、論理一義的に、被告人が当該ナイフでＶを刺したと断定できるわけではない。ＡがＶにナイフを貸していたところ、Ｖが自ら使用中にけがをして血液が付着したなどの可能性も絶無ではない。そのため、直接証拠ではなく、間接証拠である。

また、**《事例1》**において、犯行時刻直前にＸとＹが犯行現場近くであるコンビニエンスストアの駐車場にいた旨を、通行人が供述する場合、ＸとＹには現場不在証明（アリバイ）がないことを証明することで、ＸとＹが犯人であることを推認することが可能となる。この場合の通行人の供述は間接証拠である。また、Ｙが緊急逮捕された際に、Ａの黒革の財布を所持していた事実を警察官が供述する場合、これもＹが犯人であるとの推認を可能とするため、間接証拠である。

エ　要証事実の種類による分類

【設問6】

被告人Ａが捜査段階の取調べで自白する場面を、検察官が録音・録画していた。検察官が、公判手続において、当該録音・録画をDVDにして証拠調べを請求した。検察官は、当該DVDでどのような事項を立証しうるか。

罪となるべき事実を構成する、**主要事実（犯罪事実）や間接事実の存在を立証するために用いられる証拠**を**実質証拠**と呼ぶ。これに対して、実質証拠の証明力に影響を与える事実や、実質証拠の証拠能力の有無に関する事実は補助事実と呼ばれる。このような補助事実を証明するための証拠、すなわち、**他の証拠の証明力（証拠としての価値、推認力）を左右する証拠や、証拠能力の有無を判断するための証拠**を、**補助証拠**と呼ぶ。

例えば、**【設問6】**において、DVDに記録されている供述を、Ａによる犯罪態様や故意の有無などを証明するために用いる場合は、実質証拠として用いていることになる。これに対して、DVDに記録されている取調べ状況を証明することで、Ａの自白が検察官に強要されたわけではない旨を認定させようとする場合は、補助証拠として用いられていることになる。また、自白の信用性を判断するためにDVDを用いる場合も補助証拠としての用法である。

なお、《**事例1**》において、犯行時刻と同じ時刻に、Xを犯行現場から150m離れた公園で見かけたとする証人甲に対して、甲の視力が低い事実や公園が暗かった事実を証明する証拠は、甲の証言の証明力を引き下げる。このような証拠を、補助証拠の中でも特に**弾劾証拠**と呼ぶ。逆に、証明力を引き上げる補助証拠を**増強証拠**、一度証明力が低下させられた証拠の証明力を再び強めて回復させる補助証拠を**回復証拠**と呼ぶ。

(3) 厳格な証明と自由な証明

【設問7】

弁護人Bが公判手続の段階で保釈を請求する場合、被告人Aに罪証隠滅を疑うに足りる相当な理由がない旨を証明する際に、Aの親族を証人として尋問するなど、刑訴法上の証拠調べの手続を経なければならないか。また、Aの勤務先の上司の上申書によって、逃亡すると疑うに足りる相当な理由がないことを証明しようとする場合、伝聞法則が適用され、証拠として上申書を用いることはできないか。

ア 厳格な証明と自由な証明の意義

刑事訴訟において証明を要するあらゆる事実は、刑訴法の要求する要件を充足した証拠によって、刑訴法の定める証拠調べの方式に従って立証されなければならないのか。この問題を整理するために用いられるのが、**厳格な証明と自由な証明**という概念である。

厳格な証明とは、**証拠能力を有し**、かつ7講6(4)**エ**でみたような朗読・展示・尋問等の**適式な証拠調べを経た証拠による証明**を意味する。これに対して、自由な証明とは、このような制約がない証明である。一般的に、良質な証拠によって慎重に認定されるべき事実については、厳格な証明が要求される一方で、多少質を落としてでも幅広く情報を顕出させることが望ましい事実については、自由な証明が要求されるといえよう。

＊ 厳格な証明と自由な証明の違い

自由な証明といっても、全く制約なく証明を行ってよいというわけではなく、拷問等によって任意性を欠く自白による証明や、後述する違法収集証拠による証明まで許容されるわけではないと考えられている。そのため、自由な証明で足りることの実質的な意味は、伝聞法則（320条1項）が適用されないことにあるといえよう。

イ　厳格な証明が要求される事実

a　刑罰権の存否・範囲に関する事実

刑罰権の存否や範囲に関する事実は、有罪・無罪の判断などに影響する点で、良質な証拠によって慎重に認定すべきである。そのため、**犯罪事実（構成要件事実、違法性・責任を基礎づける事実）は厳格な証明が要求される。**また、処罰条件の存在（破産265条・270条）や処罰阻却事由（親族相盗例に関する刑244条1項）、累犯前科等のような法律上の刑の加重事由も厳格な証明が必要だとされている（最大決昭33・2・26刑集12巻2号316頁〈百選A32〉）。このような観点からすれば、法律上の刑の減免事由である自首（刑42条）等もその不存在について厳格な証明を要すると解するべきであろう。

b　訴訟法上の事実

逮捕・勾留・保釈を判断する際の事実（→4講・7講3）、起訴状謄本の送達・被告人の召喚・勾引（→7講2）など第1回公判期日前の手続の際に要する手続を行うための事実のような、**訴訟法上の事実については、一般的には自由な証明で足りる**とされている。判例は、証人の採否の判断資料となる事実の存否について、自由な証明で足りるとしている（最決昭58・12・19刑集37巻10号1753頁）。**【設問7】**の場合は、いずれも保釈を判断するための事実の存否が問題となっており、訴訟法上の事実であるため、自由な証明で足りる。

もっとも、自白の任意性（319条→10講3(1)）、証拠の関連性（→本講2(1)）、違法収集証拠（→本講2(2)）などのような証拠能力に関する事実や、訴訟条件（→6講4）の存否に関する事実は、有罪無罪の帰趨を決し、あるいは公判手続の打切りにつながる場合がある。そのため、これらの事実については、実務上、厳格な証明による運用が行われるのが一般的であり、学説でも厳格な証明を求める見解が有力に主張されている。

判例は、訴訟条件たる告発（→2講3(5)）の存在を第1審・控訴審が認定していなかった事案において、上告審が自由な証明によって告発の事実を認定することを認めている（最決平23・10・26刑集65巻7号1107頁）。もっとも、この事案で自由な証明で足りるとされたのは、事実審ではなく法律審である上告審（→12講3(2)）での審理であり、書面で審理を行う審級だったことが影響している可能性もある。

＊　厳格な証明が要求される事実

被告人が放火の現場で消火活動をしていなかった旨の目撃者たる証人の公判廷での証言に対して、被告人側が、被告人が放火の現場で消火活動をしていた旨の当該証人の供述を録取していた消防吏員の報告書を自己矛盾供述（弾劾証拠→10講２(3)オ）として証拠調べ請求した事案において、最高裁は補助証拠である自己矛盾供述（328条）が存在する旨の事実を立証するためには、厳格な証明が必要だと説示した上で、当該報告書に目撃者の署名押印がないため厳格な証明がなされているとは評価できないとして証拠能力を否定した（最判平18・11・７刑集60巻９号561頁〈百選87〉）。

c　量刑に関する事実

【設問８】

《事例１》において、Ｙは起訴された後、代理人を通じて、強盗致傷の被害者であるＡとの間で示談を成立させた。Ｙの弁護人は示談の事実を証明することで、刑を減軽させたいと考える場合、厳格な証明を要するか。

刑の量定に関する事実について、厳格な証明を要するか否かについては、議論がある。量刑に関する事実のうち、被告人・被害者の関係、犯行の動機、犯行方法手段、被害の大小、犯行回数、共犯関係など犯罪事実自体とこれに関連する事実は**犯情**と呼ばれる。**犯情は犯罪事実等の刑罰権の存否や範囲に関する事実と重なり合うため、厳格な証明が要求される**ことに争いはない。

これに対して、被告人の生立ち、性格、環境、前科前歴の有無、被害弁償・示談・損害賠償の有無、職業・身元引受先の有無などのように、犯情以外で刑の量定に影響しうる事実は、**一般情状**（**狭義の情状**）と呼ばれる。一般情状については、被告人に関わる広範な事情を考慮して量刑を判断することが望ましいという理由から、自由な証明で足りるとの理解が主張されてきた。実際、判例は、刑の執行を猶予すべき情状の有無について「必ずしも刑事訴訟法に定められた一定の法式に従い証拠調を経た証拠にのみよる必要はない」と判断し（最判昭24・２・22刑集３巻２号221頁）、量刑事情として前科事実の有無を考慮する場合について、「罪となるべき事実認定の証拠ではないから厳格な証拠調手続を履践することを要しない」と判断した（最決昭27・12・27刑集６巻12号1481頁）。

もっとも、実務の運用上は、前科事実や**【設問８】**のような被害弁償・示談・損害賠償の事実について、厳格な証明によって認定されるのが一般的である。また、情状に関する証人に対しては尋問が行われる。前科事実や被害弁償・示談・損害賠償の事実は、その存在が証明されると、刑の重さをほぼ確実に一定程度上下させる効果が見込まれるため、慎重を期して厳格な証明による傾向が強い。

●コラム●　厳罰ないし寛刑を求める嘆願書と証拠調べの方式

刑事裁判では、被害者の関係者が被告人の厳罰を求めて、あるいは被告人の関係者が被告人の寛刑を求めて、署名を集めて嘆願書を作成する事案がみられる。当事者がこれを証拠調べ請求する場合、裁判所はどうしているのであろうか。嘆願書の扱いについては、実務上も固まっていないようであり、⑴自由な証明として嘆願書を取り調べる、⑵事実上の参考資料として裁判所が預かる、⑶嘆願書を集めた者に対して証人尋問を実施し、その際に嘆願書を提示した上で、証人尋問調書の末尾に嘆願書の一部を添付する、⑷証拠物として尋問で提示した嘆願書を採用する、⑸弁護人が山積みにした嘆願書を写真撮影して、当該写真を証拠物ないし写真撮影報告書として取り調べる、⑹証拠調べの必要性がないこと、または厳格な証明が必要であることを理由として証拠調べ請求を却下する等の扱いがみられる。もっとも、被害者による厳罰の嘆願書については、厳格な証明による運用が一般的であり、被害者の心情等の意見陳述によるか（292条の2 →13講4⑴）、被害者を証人として尋問するか、伝聞例外の要件を充足した供述録取書によって立証される。

2　証拠能力を判断する枠組み

証拠能力の有無は、刑訴法317条以下の個々の規定に基づいて判断される。証拠能力を判断する際に考慮される観点は、大別して関連性と証拠禁止という2つが存在する。これらの観点は、相互に排斥し合うものではなく、併せて証拠能力を否定する理由になりうる。

⑴　関連性

【設問9】

《事例4》の窃盗被告事件において、被告人Zが犯人ではない旨を主張した。これに対して、被告人の犯人性を立証趣旨として取り調べられた検察側証人Wが、公判において、「Zと以前一緒に万引きをした。だから、今回も万引きをしてもおかしくない」と証言したのを受けて、弁護人が異議を申し立てた。裁判所は、この証言を証拠とすることはできるか。

関連性とは、当該証拠が、刑事裁判において判決を下すために証明を要する事実（**要証事実**）の**存在を推認するだけの証明力（推認力）を有するか否かを問う観点**である。当該証拠が、証明しようとする事実の存否に対して推認力があるか否かは、経験則や論理則等によって吟味されることになる。関連性がないということは、当該証拠によっては要証事実の存在を推認できないことを意味し、刑事裁判の判断に役立たないことになる。そのような証拠には、証拠能力は認められない。

関連性は、講学上は自然的関連性と法律的関連性という2つの概念に分けて論じる場合も多い。**自然的関連性**とは、証拠が要証事実に対して、必要最小限の証明力さえももっていないときに当該証拠の証拠能力を否定するための概念だとされる。例えば、占いや被告事件と無関係の凶器になりうる物などは、この観点から証拠能力が否定される。

これに対して、**法律的関連性**とは、必要最小限度の証明力はあるが、その証明力の評価を誤らせるおそれもあるもの（事実誤認をもたらすおそれのあるもの）の証拠能力を否定するための概念だとされる。例えば、被告人の悪性格を示す証拠（同種前科や類似する他の犯罪事実等）は原則として証拠能力が否定されるべきだと理解されているが（最判平24・9・7刑集66巻9号907頁〈百選62〉、最決平25・2・20刑集67巻2号1頁参照）、法律的関連性の観点に基づくものと説明される場合もある。少なくとも、**【設問9】**のような証言は、被告人Zが万引きを繰り返していたという犯罪性向から、犯人性を推認させようとするものであれば、関連性（あるいは法律的関連性）を欠くものと評価され、証拠能力は否定されることになり、弁護人の異議の申立ては認められる（→24講2）。

◎コラム◎　自然的関連性・法律的関連性・証拠調べの必要性

自然的関連性も法律的関連性も、基本的には要証事実に対する推認力の強弱を問うものであり、その観点は共通している。法律的関連性は、事実誤認のおそれがある証拠を排斥する機能を有するものと説明されるが、事実誤認をもたらすということは推認力が弱い（証明力が乏しい）ことを意味するとも評価できる。そうだとすれば、自然的関連性にせよ法律的関連性にせよ、結局は証明力が乏しい証拠に証拠能力を認めないということであり、両者を区別する必要はないとの理解もある。そのような理解からは、自然的関連性も法律的関連性も「関連性」に一元化されることになる。実際、アメリカの連邦証拠規則は関連性（relevancy）という概念の中で推認力の低い証拠の証拠能力を否定する枠組みになっている。これに対して、実務では**証拠調べの必要性**という概念が用いられる場合が多い。主として、重複立証に当たるか否か、最良の証拠（ベスト・エビデンス→7講2(3)）といえるか否かという観点から証拠を選別するときに用いられる。もっとも、裁判所が法律的関連性のような観点から証拠調べ請求を却下するときには、しばしば「証拠調べの必要性がない」と説明することもある。事実誤認をもたらすおそれのある証拠の採否を証拠調べの必要性の問題とすることの実質的な意味は、裁判所の証拠採否裁量の問題として扱うことにある。

また、証拠によって証明されるべき事実が、仮に証明されたとしても、判決への影響力を有する程度の重要性（materiality）がない場合には、当事者が証拠調べ請求をしても、裁判所は証拠採用しない。例えば、強制性交等被告事件において、被告人の犯人性を立証する趣旨で、被告人のインターネット上におけるわいせつ画像の検索履歴を証拠調べ請求しても、裁判所は証拠採用しないであろう。そのような判断に関する説明として、(1)証明されるべき事実の重要性の有無を関連性の中に組み込んだ上で、関連性を欠くからだとする見解と、(2)証明されるべき事実の重要性の有無を証拠調べの必要性の問題として捉えた上で、証拠調べの必要性がないからだとする見解がある。公判前整理手続などの場面で証拠採否を検討する際の視点となる（→8講1(3)シ）。

このように、関連性に関わる概念には種々のものがあるため、学習の際には注意を要するところである。

(2) 証拠禁止

【設問10】

警察官Kは捜索差押許可状の発付を受けることなく、覚醒剤所持および売買の嫌疑を有する被疑者Aに対して、令状が発付されたかのように装ってAの居宅を捜索し、その結果として覚醒剤を発見した。Aは逮捕され、その後、起訴された。公判において、検察官が上記覚醒剤の証拠調べを請求したが、これに対してAの弁護人は「異議がある」との証拠意見を述べ、違法に収集された証拠なので証拠能力を否定すべきだとした。裁判所はどうすべきか。

証拠禁止とは、証拠の証明力の有無にかかわらず、手続の公正性を担保するためなど真実発見以外の理由から、証拠としての使用を制限する観点である。証言拒絶権（144条・145条）や押収拒絶権（103条以下）を侵害して得られた証拠や、捜査機関によって刑訴法に違反する手続を伴って収集された証拠は、公判において証拠禁止の観点から証拠能力が否定されうる。特に、捜査機関が刑事訴訟を規律する法規に違反して収集した証拠の証拠能力を否定すべきだとの考え方を、**違法収集証拠排除法則**と呼び、判例も採用している（最判昭53・9・7刑集32巻6号1672頁〈百選90〉）。**【設問10】**において、違法収集証拠排除法則が適用されると、裁判所は覚醒剤の証拠能力を否定することになる。違法収集証拠排除法則の判断枠組みについては議論がある（→25講）。

違法収集証拠排除法則のほかにも証拠禁止の観点から証拠能力を検討するアプローチをとったと考えられる判例として、明文規定がない刑事免責的行為により供述を採取した場合（最大判平7・2・22刑集49巻2号1頁〔ロッキード事件〕〈百選66〉）や、手続的正義の観点から証拠排除すべき場合があるとした事例（最判平7・6・20刑集49巻6号741頁〈百選81〉）がある（→28講2(4)コラム）。

＊ 関連性と証拠禁止

関連性（自然的関連性・法律的関連性）と証拠禁止は、証拠能力を認めるための要件ではない。証拠能力を否定する際の理由を整理する観点にすぎない。そのため、証拠能力の有無を検討する際には、逐一関連性の有無や証拠禁止の該当性を認定する必要はない。問題となる点だけ、検討すれば足りる。また、これらは重畳的に証拠能力を否定する理由になりうる。例えば、被疑者の自白を証拠とできるか否かが問題となる場面で、捜査機関の取調べの手法が虚偽の自白を誘発するものだから自白の証拠能力を否定すべきだと説明する場合は、実質的には当該自白が虚偽の内容を含み、誤った事実認定をもたらす可能性があることを理由として証拠能力を否定することになる。これは、関連性の観点からのものだと説明できる。これに対して、捜査機関の取調べの手法が黙秘権侵害の違法やその他の手続的な違法を帯びているから自白の証拠能力を否定すべきだと説明する場合は、その実質的な意味は証拠禁止の観点からのものだといえる。そして、これら証拠能力を否定する理由は、論理的に排斥し合うわけではなく、重畳して主張し、あるいは重畳して適用されることがありうる点で、注意を要する。

第10講　証拠(2)——伝聞証拠・自白

◆学習のポイント◆

1　伝聞法則の意義と適用場面を把握しよう。伝聞証拠に該当して原則として証拠能力が否定されるかどうかを判断する際には、問題となっている発言が「公判期日外の供述証拠か」という点を踏まえて判断すべきことを理解しよう。

2　伝聞法則の例外について概要を把握しよう。伝聞証拠であっても、刑訴法の定める一定の例外の要件を充たせば証拠能力が認められることを理解しよう。

3　自白の証拠能力に関する制限（自白法則）と証明力評価に関する制限（補強法則）について、その趣旨を理解しよう。

1　伝聞法則

【設問1】

《事例4》において、Zによるスーパー R での万引き行為を目撃した同店店長Dが、警察官Kに「あの女（Z）が商品のあんパン等の食料品をエコバッグに入れて、店外に出ていってしまった」と話した。これを聴いた警察官Kは、223条2項所定の手続を経て、Dの目撃状況等に関する司法警察職員面前調書を作成した。Zが窃盗被告事件で起訴されて、上記Dの司法警察職員面前調書を検察官が証拠調べ請求した。当該調書の証拠能力は認められるか。

(1)　伝聞法則の意義

刑訴法320条1項は、後に学ぶ例外に当たる場合を除いて、「公判期日における供述に代えて書面を証拠とし、又は公判期日外における他の者の供述を内容とする供述を証拠とすることはできない」と規定している。これが、**伝聞法則**と呼ばれる原則である。この条文は、「供述」を「公判期日」（→7講1）に証拠として調べることを原則として要求しており、それ以外の「供述」には原則として証拠能力が認められない旨が定められている。なぜこのような規定が設けられているのか。

(2) 供述証拠の特質と伝聞法則の趣旨

前講1(2)**イ**でも説明したとおり、供述は、人が特定の事象を知覚し、それを記憶し、改めて表現・叙述することによって提供される証拠である。**知覚・記憶・表現・叙述の過程を経た供述が、その内容のとおりの事実の存否を証明するために用いる場合**を、特に**供述証拠**と呼ぶ。供述証拠以外の証拠を、非供述証拠と呼ぶ。供述証拠の場合、知覚・記憶・表現・叙述の各段階において、誤りが入る危険性があり、誤りが入っている場合には事実誤認をもたらしうる。そこで、刑訴法は原則として公判期日において、このような誤りが入っていないか否かをテストすることを期待している。

具体的には、公判期日に証言として供述証拠が顕出されれば、偽証罪の適用がありうる上、裁判所は供述者の態度を観察し、あるいは誘導の有無など供述の形成過程を確認し、さらには対立当事者による反対尋問を通じて供述内容が真実か否かをテストすることができる。実際、刑訴規則は、証人の供述の証明力を争うために必要な事項の尋問は、「証人の観察、記憶又は表現の正確性等証言の信用性に関する事項及び証人の利害関係、偏見、予断等証人の信用性に関する事項」について行うことを求めている（規199条の6→8講**【設問22】**参照）。

	偽証罪適用	供述態度	供述過程	反対尋問
期日内供述	○	○	○	○
期日外供述	×	×	×	×

このような形で、**公判期日に供述証拠が裁判所の面前で顕出されれば、供述証拠の内容の真実性を担保することが期待できる**（直接主義→7講4(2)）。裏返せば、公判期日外で供述証拠が採取された場合、裁判所の面前での反対尋問にさらされておらず、内容の真実性が担保されていない。上述したような種々の吟味を経るべき供述証拠は、公判期日外で採取された場合には、伝聞証拠と評価され、321条以下の例外に当たらない限り、証拠能力が否定される。

【設問1】におけるDの供述は、DがZの万引き行為を知覚・記憶し、警察官Kに対して表現・叙述を行っている。そして、もしDの供述のとおりに

Ｚが万引き行為を行っているか否かが証明の対象になっているのだとすれば、Ｄの知覚・記憶・表現・叙述が正確か否かが公判期日において確認される必要があるだろう。そのため、公判期日外に行われているＤの供述は、伝聞証拠である。さらに、Ｄの供述を聴き取った警察官Ｋも、Ｄの供述を知覚・記憶し、調書という文書の形で表現・叙述している。この過程も正確でなければ、Ｚが万引き行為を行ったか否かを証明できなくなる。したがって、**【設問１】**は、警察官Ｋによる調書の作成過程も伝聞証拠となる。

つまり、**【設問１】**は、伝聞証拠の性質を帯びている過程が２つ存在することになり、320条１項により原則として証拠能力は認められない（→27講）。一般的に、捜査機関が被疑者や参考人から供述を録取して作成する供述調書は、このように事件を経験した者の伝聞過程と、その者から供述を聴取する捜査機関の伝聞過程という、２つの伝聞過程を含むことになる。ただし、後述する伝聞例外に該当すれば証拠能力が認められる。

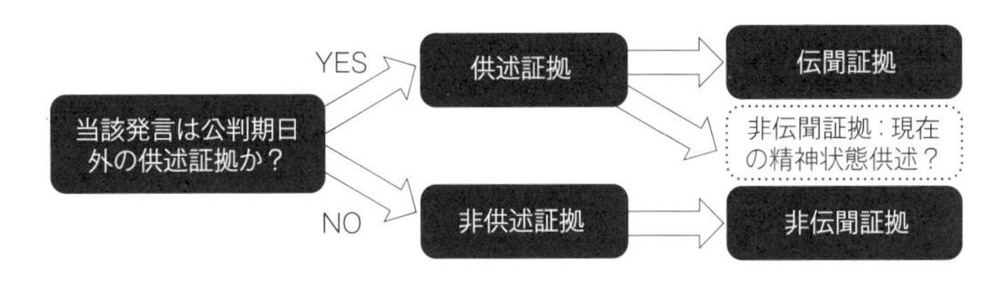

●コラム●　伝聞過程と表現・叙述

供述証拠において誤謬が介在しうる過程を説明する際に、「知覚・記憶・表現・叙述」の４つに分解して説明するものと、「知覚・記憶・叙述」の３つに整理して説明するものがある。例えば、証人が公判廷で証言する場合、厳密に分ければ、「真摯に供述しているか」という問題（誠実性・真摯性）と、聴き手に誤解を与えないように「明確に供述しているか」という言葉の使い方の問題（明確性）の双方が生じうる。前者を叙述の問題、後者を表現の問題として分けて検討するか、一括して叙述の問題として検討するかという理解の違いに由来する。なお、上述した刑訴規則199条の６は、前者を「証人の信用性に関する事項」、後者を「証言の信用性に関する事項」として整理している。

2　伝聞法則の例外

(1)　伝聞例外の構造と適用場面

【設問２】

《事例４》において、被告人の犯行を目撃した店長Ｄが検察官による取調べを受け、その供述内容を記載した供述録取書（検察官面前調書）が作成された。検察官は公判において、この検察官面前調書の証拠調べを請求した（→７講 書式11 甲２号証）。これに対して、公判廷において以下のとおりのやり取りがなされた。下線部はそれぞれどのような意味を有するか。

（裁判官）弁護人、検察官の証拠請求に対するご意見は。

（弁護人）⑴甲２号証のＤの検察官面前調書は不同意、⑵その他の証拠はすべて同意します。

（裁判官）それでは同意のあった書証については採用して取り調べることにします……（以下、同意のあった書証の証拠調べの実施）。検察官、不同意となった甲２号証についてはどうされますか。

（検察官）⑶甲２号証の供述者であるＤを証人として証拠調べ請求します。

（裁判官）弁護人のご意見は。

（弁護人）異議はありません。

（裁判官）それでは採用して取り調べることにします。

ア　伝聞例外の意義

刑訴法は321条以下に、伝聞証拠に当たる場合であっても、一定の要件を設定した上で証拠能力を認める類型を定めている。321条以下の例外は、①証拠として用いる必要性と、②信用性の情況的な保障を、証拠の類型ごとに違いを設けて要求する形で要件を設定している。

このような例外が設けられている理由は、①伝聞証拠であっても、これを一切禁じると証拠が公判廷に十分に顕出されず、かえって事実誤認をもたらす危険性が高まるため、**必要性**が認められる場合に例外を許容すべきだという点と、②当該伝聞証拠について、裁判所の面前における反対尋問を行わずとも、内容を信用できるような外部的な状況（**信用性の情況的保障**）が存在する場合には、供述証拠が有する危険性が低くなるので例外を許容すべきだという点から説明されている。

イ　伝聞例外が現れる場面

伝聞例外は、証拠調べ請求や証人尋問等の場面において問題になりうる。前者の例として、**【設問２】**のように各当事者が証拠調べをする際に、当該証拠が書証であるなど伝聞証拠に当たる場合がありうる。

【設問２】の下線部⑵は、弁護人が、伝聞証拠であるＤの検察官面前調書以外の証拠が公判で取り調べられてもかまわないと考えていることを意味する。この場合には、「同意」との証拠意見を述べる（７講６⑷**ウ**も参照）。これを受けて、裁判所が後述する同意書面（326条）の要件が充足されていると判断して証拠能力を認め、当該証拠に証拠調べの必要性があると考える場合には、当該証拠は採用されて取り調べられることになる。

他方で、【設問２】下線部(1)において、弁護人が、「不同意」との証拠意見を述べている。これは、Dの検察官面前調書を公判廷で用いるべきではなく、原供述者Dを証人として尋問したいと考える場合など、当該調書を証拠として採用すべきではないと考えていることを意味する。この場合、検察官は、原則として当該調書の証拠調べを撤回して、【設問２】下線部(3)のように、Dを証人として請求することになる（８講１(3)シも参照）。

伝聞例外

当事者の同意・合意がある場合

同意（326）	合意（327）

当事者の同意・合意がない場合

被告人以外の者の供述
- 裁判官面前証書（321Ⅰ①）
- 検察官面前調書（321Ⅰ②）
- その他の書面（321Ⅰ③）
- 公判調書等（321Ⅱ前）
- 裁判官の検証調書（321Ⅱ後）
- 捜査官の検証調書（321Ⅲ）
- 鑑定書（321Ⅳ）
- 特信文書（323）
- ビデオリンク方式の録画（321の２）

被告人の供述書・供述録取書（322）

伝聞供述（324）

証明力を争うための証拠（328）：非伝聞

もっとも、①Dが死亡している等の事情がある場合には、後述する321条１項２号前段の要件を充足している旨を主張して、なおDの当該調書の証拠調べ請求を維持する場合がある。この場合、裁判所は要件を充足するか否かを判断した上で、証拠能力が認められる場合には、証拠として採用する決定をすることができる。

また、②Dに対する証人尋問を行った結果、Dが当該調書の内容とは相反する供述をした場合等には、検察官は後述する321条１項２号後段の要件を充足している旨を主張して、当該調書の証拠調べを請求することができる。この場合も、裁判所は要件の充足性を判断して、証拠の採否を決することになる。そもそも証拠調べの必要性がないと思料する場合には、検察官によるDの供述を録取した当該調書の証拠調べ請求を却下することになる。

このように、伝聞例外は、①相手方当事者が同意意見を述べた場合には、同意書面として裁判所が採用することが可能となり、②相手方当事者が不同意意見を述べた場合には、当該書面の証拠調べ請求が撤回され、原則として原供述者に対する尋問が行われる。当該書面の証拠調べ請求の撤回がなされない場合等には、他の伝聞例外の要件を充足するか否かという形で判断される。以下では、それぞれの場合の要件を確認する。

⑵ 相手方当事者が伝聞証拠の使用に同意・合意した場合

ア 同意書面または供述

a 同意の手続

【設問3】

《事例1》において、検察側証人Wに対して検察官が尋問をしていたところ、Wは公判廷で「被告人Xと犯行の前日に食事した際に、Xは『近くのコンビニエンスストアに、お金を持っていそうな中年の男が買い物にくる。脅して金をとるために、ナイフも買っておいたんだ。冗談で言っているんじゃない』と言っていました」と証言した。これに対して、弁護人が「異議あり。伝聞証拠です」と申し立てることなく、手続は進行した。Xの証言に証拠能力は認められるか。

検察官および被告人が証拠とすることに**同意した書面または供述**は、その書面が作成されたときや供述されたときの情況を考慮し、相当と認めるときに限り（**相当性**）、証拠とすることができる（326条1項）。実務上、争いのない事実については、各当事者が同意の意見を述べて、裁判所がそれを採用する場合も多い。

伝聞法則は、**【設問2】**の場合のような書証においてのみ問題になるわけではない。**【設問3】**のように、証人尋問の場面においてなされた証人の証言中に、伝聞供述が含まれている場合もある。この場合、相手方当事者が伝聞供述であることを理由として異議を申し立てて、裁判所がこれを認めたならば、①尋問者が尋問内容を変えて別の供述を求めるか（伝聞供述部分の証言は証拠ではなくなる）、②伝聞供述に関する伝聞例外の要件（324条）を充足するか否かを確認した上で、これを充足する場合には異議が棄却されることになる。

【設問3】のように、相手方当事者が伝聞供述を証拠とすることについて異議を申し立てなかった場合には、同意があったものとして扱われ、当該伝聞供述部分にも証拠能力が認められる（最決昭59・2・29刑集38巻3号479頁）。伝聞証拠か否かについては、27講参照。

＊ 被告人質問先行型審理と同意

同意によって証拠能力が付与されるとしても、それによって直ちに当該書面が証拠として裁判所に採用されるわけではない。被告人質問先行型（→7講6⑸コラム）の審理が行われる場合においては、弁護人が自白調書の取調べに同意しても、裁判所が当該自白調書の採否の判断を留保した上で、他の同意書面について取り調べた後、被告人質問を先行して行う。被告人質問において自白調書の内容が被告人の供述により公判廷に顕出された場合や、その他の取調べ済みの証拠によって事実を立証できる場合には、自白調書について証拠調べを行う必要性がないと判断される。

b　同意の擬制

一定の軽微な犯罪を審理する場合には、被告人が公判廷に出頭しないでも証拠調べを行うことができる（284条・285条）。この場合で、被告人が出頭せず、かつ代理人・弁護人も出頭しないときには、書証への同意があったものとみなされる（326条2項）。このような同意は、**擬制同意**と呼ばれている。

擬制同意が適用できる事件の範囲について、被告人が出頭しなければ開廷することができない場合において、勾留されている被告人が、公判期日に召喚を受け、正当な理由がなく出頭を拒否し、刑事施設職員による引致を著しく困難にしたとき（286条の2→7講5(3)）や、被告人が陳述をせず、許可を受けないで退廷し、または秩序維持のため裁判長から退廷を命ぜられたとき（341条→7講5(3)）も含まれるとするのが多数説の理解である。判例は、被告人が裁判長から退廷命令を受けた場合について、擬制同意の適用を認めている（最決昭53・6・28刑集32巻4号724頁）。

イ　合意書面

検察官と被告人・弁護人の間で合意した上で、文書の内容を決めて作成される書面（あるいは公判期日に出頭すれば供述することが予想されるその供述内容を記載した書面）である（327条）。「同意」は相手方当事者が請求してきた証拠の採用に関する意思表示であるのに対して、「合意」は供述内容について相手方当事者と合意して新たな書面を作成・提出するものである。

特に裁判員裁判において、鑑定の中で争いのない部分を整理して作成された鑑定書や、争いのない事実について両当事者の合意に基づいて編まれた書面を、合意書面として活用することも提案された。しかし、合意書面では当事者双方の署名押印が必要となり、煩瑣であることから、実務上は争いのない事実について一方当事者が書面を作成し、相手方当事者がこれに同意するという同意書面として処理することが多い。8講1(3)シで説明した甲6号証の捜査報告書がその例である。

(3)　相手方当事者が伝聞証拠の採用に不同意である場合

相手方当事者が不同意意見を述べた場合は、伝聞例外の要件に従って、書証の伝聞性を除去した場合に、証拠能力が認められる。伝聞書面の場合、その作成者や作成過程によって充たすべき要件が変化することになる。

一般的に、原供述者が自ら作成した書面である**供述書**の場合は、原供述者

の知覚・記憶・表現・叙述の過程のみが介在しており、伝聞性を帯びた過程は１つである。これに対して、原供述者の供述を作成者が聴き取って作成した書面である**供述録取書**（いわゆる供述調書）の場合は、原供述者の知覚・記憶・表現・叙述の過程と、録取した作成者の知覚・記憶・表現・叙述の過程が介在するため、伝聞性を帯びた過程が２つある（再伝聞の状態にある）。そのため、供述録取書の場合は、原供述者による署名または押印（あるいはこれに類する方法）を要件とすることによって、作成者の伝聞過程を除去することになる（321条１項柱書・322条１項参照）。

供述書にせよ、供述録取書にせよ、基本的には原供述者から公判廷で顕出されるに至る伝聞過程を、どのような要件で除去するかがポイントになる。

ア　被告人以外の者の供述を記載した書面

被告人以外の者の供述録取書や供述書については、一般私人や司法警察職員等が作成した場合について定める321条１項３号が最も厳格な要件を設定しており、裁判官が作成した場合（同条項１号）や検察官が作成した場合（同条項２号）はそれぞれ要件を緩和した形になっている。なお、各要件の解釈については、議論がある（→28講）。

被告人以外の者の供述を含む書面（321条1項関係）

a　被告人以外の者の供述録取書・供述書

【設問４】

傷害事件において、瀕死の重傷を負った被害者Ｖが、自ら警察官に対して被害状況を説明して犯人を特定する供述を行い、警察官がこれを録取した書面を作成した（司法警察職員面前調書）。供述時のＶの態度その他の情況から、Ｖの供述が真摯になされたことが推認できるものであった。その直後、被害者Ｖの負った傷が悪化し、Vは死亡した。検察官は被告人を傷害致死で起訴した。どのような要件を充たせば証拠能力を認められうるか。被告人側は不同意意見を述べたとする。

被告人以外の者が作成した供述書（例えば、事件被害者や目撃者の日記）、司法警察職員や私人のように裁判官・検察官以外の者の面前における供述録取書（**【設問４】**における**司法警察職員面前調書**）については、321条１項３号が証拠能力を認められる要件を定めている。

すなわち、①原供述者が死亡、精神・身体の故障、所在不明、国外にいることのため、公判期日・公判準備において供述できないとき（**供述不能**）、②その供述が犯罪事実の存否の証明に欠くことのできないものであり（**必要不可欠性**）、③その供述が特に信用すべき情況の下でされたものであるとき（**絶対的特信情況**）、以上の①②③**すべてを充たしたときに**限り、証拠能力が認められる。**【設問４】**のような供述録取書の場合は、原供述者による**署名押印**も要件となる（321条１項柱書）。

これらすべての要件をすべて充たすことができる事案は限られているため、321条１項３号により証拠採用される事案は多くはない。**【設問４】**の事案は、Vが死亡している点で①供述不能を充たし、また、被害者が被害状況や犯人性について述べている点で②必要不可欠性を充たす可能性が高く、死亡直前に真摯に供述している点等から③絶対的特信状況が認められる可能性も高い。Vが署名押印をしているならば、被告人側が不同意意見を述べたとしても、Vの司法警察職員面前調書については証拠能力が認められうる事案だといえよう。

b　裁判官面前調書

【設問５】

裁判官面前調書が不同意とされた場合、どのような要件を充たせば証拠能力を認められうるか。

裁判官の面前で作成された書面は、①原供述者が死亡、精神・身体の故障、所在不明、国外にいることのため、公判準備（例えば公判期日外の証人尋問→８講**【設問20】**＊）・公判期日において供述できないとき（**供述不能**）、または②原供述者が公判準備・公判期日において、前の供述と異なった供述をしたときに（**自己矛盾**）、証拠能力が認められる（321条１項１号）。

例えば、第１回公判期日前の証人尋問調書（226条・227条→３講**6(3)**）、証拠保全請求により実施された証人尋問の調書（179条→5講1(2)）、他事件の公判調書（証人としての供述が録取された書面を含む）などが、裁判官面前調書に当たる。なお、他事件の公判において、被告人の身分の下でした供述を録取した公判調書は、証人ではないため宣誓による信用性の担保はない。しかし、被告人質問が交互尋問に類する形式で実施されることなどに鑑み、321条1項1号の書面に含まれる（最決昭57・12・17刑集36巻12号1022頁〈百選 A36〉）。

c　検察官面前調書

【設問6】

《事例1》において、検察官が被告人Xの共犯者であるYから事情を聴取して、供述を録取した書面を作成した（検察官面前調書）。公判期日に、同書面を証拠調べ請求したところ、弁護人から不同意意見が述べられた場合、どのような要件を充たせば証拠能力を認められうるか。

検察官の面前における供述を録取した書面（検察官面前調書）は、原供述者による署名押印（321条1項柱書）のほかに、①原供述者が死亡、精神・身体の故障、所在不明、国外にいることのため、公判準備・公判期日において供述できないとき（**供述不能**）、または②公判準備・公判期日において前の供述と相反するか、もしくは実質的に異なった供述をしたときで（**相反供述**）、前の供述を信用すべき特別の情況の存するとき（**相対的特信情況**のあるとき）に証拠能力が認められる（321条1項2号）。

「前の供述を信用すべき特別の情況の存するとき」とは、典型的には、公判廷における供述よりも、捜査段階の取調べにおいて検察官面前調書が作成されたときの供述（公判供述よりも「前の供述」に当たる）の方が、信用すべき特別の情況があるといえる場合である。321条1項2号後段の相対的特信情況は、調書作成時と公判期日とを対比して調書作成時の方がマシであれば要件を充たすのに対して（→具体的な立証の例として、書式19参照）、上述した同条項3号にいう絶対的特信情況は、ゼロから特信情況を立証しなければならない。この点で、相対的特信情況は絶対的特信情況に比べて、緩和された要件だといえる。

例えば、**【設問6】**の共犯者Yは、Xとの関係では被告人以外の者であるところ、Yを検察官が取り調べて、その供述を録取した書面などが、321条1項2号にいう検察官面前調書に当たる。弁護人から不同意意見を述べられ

書式19

証拠調べ請求書

令和２年６月５日

Ｓ地方裁判所　刑事１部　殿

Ｓ地方検察庁
検察官 検事　　吉　野　雅　規　㊞

被告人Ｘに対する強盗致傷被告事件について，刑事訴訟法 321 条１項２号後段該当書面として，下記供述調書の取調べを請求する。

記

第１　取調べを請求する証拠の標目
　　Ｙの検察官に対する令和２年１月 20 日付け供述調書

第２　取調べを請求する理由

１　供述の相反性

検察官調書の記載	公判廷での証言
コンビニの駐車場で，被告人から，「腹が減ったけど金がない。今日は新年会帰りの酔っ払いが多いから，フルボッコにして，金を取ろう。」と言われた（3 頁）。	そのような話はしていない。
フルボッコというのは，相手が死ぬくらいまで痛めつけることなので，やばいかなと思ったが，寒かったし自分も腹が減っていたので一緒にやることにした（4 頁）。	事前に被告人との間で，相手を痛めつけるとか，金に関する話をしたことは一切ない。
被告人は，その後にも「俺がフルボッコにするから，お前が金を取って。」と言ってきた。「フルボッコ」という言葉は２回聞いた（5 頁）。	「フルボッコ」なんていう言葉は，自分たちは使わない。２回も聞くはずがない。
被害者のかばんを取って逃げた後，被告人とはぐれたが，金は被告人と山分けしなければならないから使わなかった。そのことを刑事さんにも説明した（10 頁）。	金を使う前に警察官に捕まってしまっただけで，私が被告人に黙って勝手にかばんを取ったのだから，被告人と山分けする必要はなかった。

２　検察官の面前における供述を信用すべき特別の状況（特信性）

証人Ｙは，被告人と中学時代から友人関係にあったため，被告人の粗暴な性癖を熟知していて，被告人の面前では証言しづらいことを公判廷でも認めている。また，証人Ｙも，現在自らの公判では「被告人と共謀はしていない。被害者のかばんを見てとっさに盗もうと考えて盗んだが，私が勝手にやったことである。」として，強盗致傷ではなく窃盗が成立すると弁解しており，被告人とは一蓮托生の関係にある。公判廷での証言は，被告人との共謀をただ否定することを繰り返すばかりで，このように供述が変遷したことについての合理的な説明はない。

これに対して，証人Ｙの検察官の面前における供述は，自己に不利益な事実を含め，本件の状況を具体的かつ詳細に説明しており，体験した本人でなければ到底語れない事実も含まれているばかりか，その内容も合理的で，被害者の供述や，証人Ｙを緊急逮捕した警察官の供述とも合致しており，真実を述べていることが明らかである。このように，証人Ｙの検察官の面前における供述の方が，公判廷での証言より信用すべき特段の状況があるといえるから，前記供述調書は刑事訴訟法 321 条１項２号後段に該当する。

ても、Yが供述不能となったか、あるいは公判期日において相反供述をしたが、相対的特信状況があると認められれば、証拠能力が認められる。

d　公判期日における供述録取書・裁判所作成の検証調書等

【設問7】

被告人甲の事件が公判に付されていたところ、第5回公判期日の後に、裁判所を構成する裁判官が人事異動のために転出し、新たに転入した裁判官が裁判所に加わり、公判手続を更新した。第1回〜第5回公判期日における公判廷での供述を録取した書面を、新たな裁判体となった裁判所は証拠として採用することはできるか。

当該事件における被告人以外の者の公判準備・公判期日における供述を録取した書面は、**特段の要件を求められることなく**証拠能力が認められる（321条2項前段）。

例えば、**【設問7】**のように公判手続の更新（→8講4(2)）などが行われた場合には、裁判体の構成が変わるため、更新後の裁判体からすれば、更新前の公判期日において実施された証人尋問の証言を録取した公判調書は、伝聞証拠である。しかし、321条2項によって証拠能力が認められる。これは既に証人尋問を経ていることや、公判期日における供述の録取は類型的に特信状況が認められることが理由であろう。

【設問8】

《事例3》の過失運転致傷被告事件において、裁判所が事故の現場の状況を認識・把握したいとして、検証を実施するとともに、立ち会った裁判所書記官が、その結果を記載した検証調書を作成した。この検証調書に証拠能力は認められるか。

裁判所または裁判官の検証の結果を記載した書面も、無条件で証拠能力が認められる（321条2項後段）。321条2項の検証は、当事者の立会いがあり（142条・113条）、かつ裁判所または裁判官が作成していることから、成立の真正性が類型的に確保されているとの理解に基づいている。また、検証の場合は、検証結果を詳細に記録することが期待されるが、記憶のみによってこれを行うことは困難であり、書面化することがもともと想定されている側面がある。例えば事故の現場の状況を口頭で説明するよりも、図面化した方が正確に記録できることは容易に想像できるであろう。これらの理由から、証拠能力に特に制限がないと考えられる。したがって、**【設問8】**の裁判所作成の検証調書は、無条件で証拠能力が認められる。なお、「裁判官」の検証としては、受託裁判官（→1講7(4)ウ）による検証（142条・125条)、証拠保全（→5講1(2)）の検証（179条）がある。

e　捜査機関作成の検証調書

【設問9】

《事例3》の過失運転致傷被告事件において、捜査機関が事故現場で実況見分調書を作成した。公判において、検察官が当該実況見分調書の証拠調べを請求したのに対して、弁護人が不同意との意見を述べた場合、どのような要件を充たせば証拠能力を認められうるか。

検察官、検察事務官、司法警察職員の検証（→3講2(2)）の結果を記載した書面は、その**作成者が公判期日において証人尋問を受けて、真正に作成された旨を証言したときに限り**、証拠能力が認められる（321条3項)。

ここにいう「真正」とは、検証した者がその結果を正確に調書に記載したこと（作成名義および記載内容の真正）を意味すると解されている（東京高判平18・6・13判タ1229号350頁参照)。

判例は、**【設問9】**のような、任意処分として行う実況見分（→3講2(1)）の結果を記載した書面である**実況見分調書も、321条3項にいう検証に包含される**としている（最判昭35・9・8刑集14巻11号1437頁〈百選A39〉)。同様に、写真撮影報告書、検視調書（229条）も検証と共通する性質を有するため、321条3項に当たりうる。また、判例では、警察犬による臭気選別の過程・結果を記載した報告書も、321条3項に当たるとされている（最決昭62・3・3刑集41巻2号60頁〈百選65〉参照)。

もっとも、被疑者や被害者等を立会人として作成される犯行再現実況見分調書では、しばしば立会人の供述が録取され、その部分が供述証拠的に用いられる場合がある。その場合には原供述者たる立会人の属性に応じて伝聞例外の要件をさらに充たす必要が生じる（最決平17・9・27刑集59巻7号753頁〈百選83〉→28講3)。

f　鑑定書

【設問10】

《事例4》の窃盗被告事件の被告人Zについて、責任能力の有無が争われた。検察官は、捜査段階において被告人Zの本件犯行当時および現在の精神状態を鑑定事項とする、鑑定受託者たる精神科医M作成の鑑定書を、証拠として取り調べるよう請求した。これに対して、被告人側が不同意意見を述べた場合、どのような要件を充たせば証拠能力を認められうるか。

裁判所・裁判官の命じた鑑定人（165条・179条）が、鑑定の経過および結果を記載して作成した書面は、**作成者たる鑑定人が公判期日において尋問を受けて、真正に作成された旨を証言したときに限り**、証拠能力が認められる（321条4項）。捜査機関の作成した検証調書（321条3項）と同じ要件である。鑑定は専門的知見に基づいて正確に分析・判断することが期待されるという性質ゆえに客観性が高く、また、専門家が証言するよりも書面による方が正確かつ詳細に理解できるからである。鑑定の経過も記載する趣旨は、事後的に鑑定の適切性を確認する可能性を確保するためである。なお、医師の診断書も、けがの存在等のような診断所見を要証事実とする限りでは、321条4項により証拠能力の有無が判断される（最判昭32・7・25刑集11巻7号2025頁）。

判例上は、**【設問10】**のように、捜査機関から鑑定を嘱託された、いわゆる**鑑定受託者**（223条1項）が作成した書面も、Mが公判期日において尋問を受けて、真正に作成された旨を証言すれば、鑑定書に準じて321条4項により証拠能力が認められる（最判昭28・10・15刑集7巻10号1934頁〈百選A40〉）。鑑定受託者は、裁判所による命令ではなく捜査機関からの嘱託によって鑑定を行っているとはいえ、上述した鑑定書の性質は鑑定人であれ鑑定受託者であれ、同様に当てはまるからだと考えられる。もっとも、学説上は、裁判所・裁判官の鑑定命令によって鑑定人が鑑定する場合には、宣誓や虚偽鑑定に対する制裁による真実性・真正性への担保があるのに対し、鑑定受託者にはそのような担保がないとして、321条4項による証拠能力の付与を否定する見解も主張されている（→3講**4**⑵参照）。

g　ビデオリンク方式による証人尋問の録画

ビデオリンク方式による証人尋問（→13講**2**⑴**ウ**）の状況を記録した録画記録媒体が作成された場合（157条の6第2項・3項）、当該記録媒体は調書の一部とされる。この記録媒体は、第1回公判期日前に実施された証人尋問や、他の事件において実施された証人尋問の録画であることが想定されている。このような録画記録媒体が作成される趣旨は、証人に繰り返し同じ内容について証言させる負担を軽減するためである。証人尋問の録画がその一部とされた調書は、公判期日に録画を再生して取り調べた後、訴訟関係人に対して当該供述者を尋問する機会を与えた場合に、証拠とすることができる（321条の2）。これは、証人尋問の状況が正確に記録されている点で、公判期日に証人が供述することと実質的な相違がないからだと説明されている。

h　特信文書

書面の性質上、高い信用性が認められ、作成者を証人として尋問するよりも書面の記載内容を証拠とする方が証明力が高いと認められる以下の文書は、特段の要件を要求されることなく証拠能力が認められる。なお、323条各号の書面に該当するか否かを判断する際には、当該書面自体のみならず、作成者の公判廷における供述などにより特に信用すべき情況で作成されたことが明らかになったか否かも考慮することができると解されている（最決昭61・3・3刑集40巻2号175頁参照）。

①戸籍謄本、公正証書謄本その他公務員がその職務上証明することができる事実についてその公務員の作成した書面（323条1号）。不動産登記簿謄本、印鑑証明書、前科調書、身上照会回答書などがこれに当たると考えられている。類型的に信用性の情況的保障が高度に認められ、書面の記載内容の性質上、公判廷で供述させるよりも書面を用いる方が正確な事実認定に資するという必要性が認められるからである。ただし、司法警察職員の作成した捜査報告書・逮捕手続書・差押調書などのように、公務員作成書面であっても、特定の事案のために個別的に資料を収集して事実を記載した書面は、323条1号には当たらない。

②商業帳簿、航海日誌その他業務の通常の過程において作成された書面（323条2号）。業務の過程で、業務を遂行するための基礎資料として継続的かつ規則的に作成・記載されていることから、誤った事実が記載されるおそれが類型的に低く、信用性の情況的保障が認められる一方で、書面の記載内容の性質上、公判廷で供述させるよりも書面を用いる方が正確な事実認定に資するという必要性が認められるからだとされている。商業上、継続的に作成されている未収金控帳（最決昭32・11・2刑集11巻12号3047頁）、医師が診療経過を記録したカルテなどもこれに当たる。個別的に事案に応じて異なる内容の書面が作成される、契約書や領収証は323条2号には当たらない。また、医師がカルテに基づいて作成した診断書は、カルテそのものとは異なり、患者等からの個別の求めに応じて作成され、必ずしも通常の業務の過程で継続的・規則的に作成されるわけではない。そのため、323条2号に当たらず、上述したように321条4項の問題となる。

③その他の特に信用すべき情況の下に作成された書面（323条3号）。323条1号・2号の各書面に準ずる高度の特信性がある書面であることが必要である。一般的に信頼されているような定期刊行物に掲載されている市場価格

表、学術論文、統計表、年表などが例として挙げられるが、323条3号に該当する書面の範囲については議論がある（→29講2）。

イ　被告人の供述書・供述録取書

被告人が作成した供述書、被告人の供述を録取した書面で署名押印があるものは、①供述内容が自白その他の自己に不利益な事実を認めるものであるとき（不利益事実の例として、アリバイがないなど）、または②特に信用すべき情況の下にされたものであるときに限り、証拠能力が認められる。ただし、③自己に不利益な事実を認める内容の書面について、任意にされたものでない疑いがあるときは、証拠能力は認められない（322条1項）。

被告人の供述も、反対尋問にさらされていない点で伝聞証拠であるところ、自らに不利益な事実を認める以上、類型的に信用性が認められるため、任意性に疑いがある場合を除いて、証拠能力を認めている。また、不利益事実の承認ではない場合の被告人供述は、特信性を要件として証拠能力を認めている（→自白法則について、本講3および26講）。

ウ　伝聞供述

【設問11】

《事例3》において、事故の様子を目撃していたAは、事故直後に事故現場を通りかかった友人Bに、「自動車は速度を落とすことなく交差点に入ってきた。ブレーキをかけた様子はなかった」と話した。Bは、被告人の事故直後の言動を証明するための検察側証人として、公判廷で証言したが、その際に、「事故を目撃したAから、『自動車は速度を落とすことなく交差点に入ってきた。ブレーキをかけた様子はなかった』と聴いた」と述べた。被告人が交差点進入時に安全確認をしていたか否かが争点であり、弁護人が直ちに異議を申し立てた。裁判所は、Bの上記供述を伝聞供述だと考えた場合、どのような要件を充足すれば、証拠能力を認めることができるか。

a　伝聞供述の証拠能力付与の要件

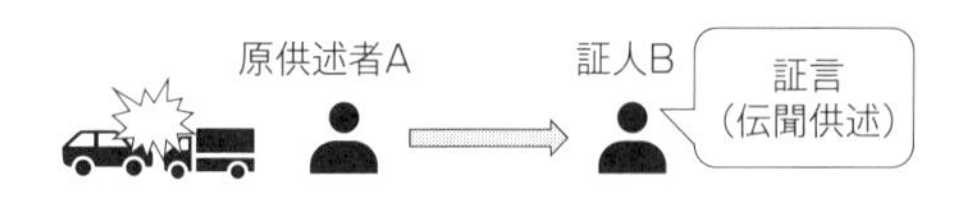

公判期日外の他の者（原供述者）の供述を内容とする、証人等による公判廷での供述は、伝聞供述であり、原則として証拠能力を認められない（320条1項）。

しかし、例外として、原供述者が被告人である場合には、322条1項の被告人の供述書・供述録取書の要件（任意性など）を充たせば証拠能力が認められる（324条１項）。また、原供述者が**被告人以外の者である場合には、321条１項３号の書面の要件**（**供述不能**・証拠としての**必要不可欠性**・**絶対的特信情況**）を充たせば、証拠能力が認められる（324条２項）。

例えば、**【設問11】**の原供述者である目撃者Ａが公判期日に国外におり（供述不能）、当該事件の目撃者がＡのほかにおらず、被告人車両の交差点への進入状況が他の証拠で立証できず（必要不可欠性）、ＡがＢに対して事件の目撃情況を話したことについて信用できる状況だと認定できる場合には（絶対的特信情況）、**【設問11】**のＢの証言は324条２項により証拠能力が認められる。

b　証人尋問における伝聞供述への対応

証人尋問中に、伝聞供述を求める発問がなされた場合や、証人の供述中に伝聞供述が含まれていた場合で、相手方当事者がその証拠能力を争いたい場合は、**【設問11】**における弁護人のように、直ちに証拠調べに関する**異議を申し立てる**ことによって（309条１項、規205条の２→８講２(3)）、裁判所の裁定を求めることが期待される。これに対して、尋問する側が324条所定の伝聞例外の要件を充たす旨を主張すれば、裁判所が当否を判断することになる。

【設問11】であれば、検察側は原供述者Ａが被告人以外の者であることに照らして、324条２項・321条１項３号の要件を充足しうる場合に、その旨を主張すれば、Ｂの供述の証拠能力が認められうる。伝聞例外に当たらなければ、伝聞供述を証拠から排除する決定をする（規205条の６第２項）。

なお、被告人の公判準備・公判期日における供述の中に、公判期日外の被告人以外の者の供述が含まれている場合の扱いについては、明文規定が存在しない。多数説は、①被告人に不利益な供述については、被告人が反対尋問権を放棄していると解して、322条１項を準用し、②被告人に不利益ではない供述については、検察官の反対尋問権を確保するために321条１項３号を準用すると説明している（なお、いわゆる再伝聞について→29講）。

エ　任意性の調査

刑訴法321条から324条の規定により証拠とすることができる書面または供述であっても、あらかじめ、①その書面に記載された供述、②公判準備・公判期日における供述の内容となった他の者の供述が、任意にされたものかどうかを調査した後でなければ、これを証拠とすることはできない（325条）。いわゆる**任意性の調査**である。もっとも、判例上は、任意性の調査を証拠採用時に行う必要はないとされ、証拠調べの後、証明力評価をする際に実施しても差し支えないとされている（最決昭54・10・16刑集33巻6号633頁〈百選A41〉）。証明力評価を行う中でも、任意性を調査する義務を課し、任意性に疑いがある場合には証拠排除するためだと理解されている。つまり、証拠評価の前提条件として任意性の調査を求めることになる。しかし、伝聞例外が認められる前提として信用性の情況的保障が必要とされており、任意にされたものではない供述に信用性の情況的保障があるとして伝聞例外として採用する事態は実務上では考えにくく、325条が強く意識される場面は多くない。

なお、刑訴法326条の同意によって採用された供述調書については、325条の任意性の調査は適用されない（最判昭30・11・29刑集9巻12号2524頁）。

オ　供述の証明力を争う証拠

【設問12】

被告人のアリバイの有無が争点となっている事案において、公判期日に検察側証人である甲が「犯行当日に被告人Xが犯行現場でタバコを吸っているのを見た」と証言した。これに対して、弁護人が、捜査段階で「Xを見ていない」との甲の供述を警察官が録取した調書の証拠調べを請求した。検察官が不同意意見を述べた場合、この調書に証拠能力は認められるか。

a　328条と補助証拠としての用法

刑訴法321条から324条の伝聞例外に当たらない公判期日外の供述であっても、公判準備・公判期日における供述の「証明力を争う」ためであれば、証拠とすることができる（328条）。これは、**公判期日外の供述を、公判期日における供述の証明力を左右するための補助証拠として用いる場合に証拠能力を認める**という意味である（つまり、328条で採用された書面から、何らかの具体的な事実を認定してはならない）。

【設問12】では、証人甲が公判期日に「犯行当日に被告人Xが犯行現場でタバコを吸っているのを見た」と供述したところ、甲は捜査段階において「犯行当日、Xを犯行現場では見かけませんでした」と供述しており、それが調書に録取されている。この場合、甲は自ら矛盾した供述をしている（**自己矛盾供述**）。そうすると、捜査段階の供述録取書を公判廷に出せば、甲は矛盾したことを述べていることから、Xの目撃の有無についての供述は信用できないと判断できる。つまり、甲の公判供述は**弾劾**されるといえる。

b　非供述証拠による弾劾

この場合の用法は、甲の捜査段階の調書における供述の内容の真実性は問われておらず、矛盾した供述が存在することを示すことによって、甲は場面によって発言を変えているとの推論がなされ、公判供述の信用性が低下する形になっている。このように、甲の供述の内容の真実性を問わない形で甲の調書を用いているため、甲の調書は**非供述証拠として用いられている**ということである（→29講５）。非供述証拠として用いている以上、非伝聞証拠だということになり、このような調書は、328条により証拠能力が認められる(328条は非供述証拠としての用法が許容される旨の確認規定だということになる)。

328条の「**証明力を争う**」の意味について、判例はこのような**自己矛盾供述としての用法に限る**旨を説示している（最判平18・11・７刑集60巻９号561頁〈百選87〉→29講５）。

3　自白法則と補強法則

(1)　自白法則

【設問13】

警察官からの脅迫によって被疑者が自白をして、それが録取されて自白調書が作成された。この自白調書が公判で証拠調べ請求された場合、証拠能力は認められるか。

ア　自白の意義

自白とは、自己の犯罪事実の主要部分（構成要件に該当する行為の存在など）を認める被告人の供述である。これに似た概念として、「不利益な事実の承認」（322条１項）がある。

＊　不利益な事実の承認の意義

不利益事実の承認は、自白よりも広い範囲の供述を含む。例えば「事件で使用された凶器と同じ物を、事件前日に購入した」という被告人供述は、犯罪事実の主要部分を認めているわけではないので、自白には当たらない。しかし、被告人にとって、犯人性を推認させる間接事実の１つになるため、不利益な事実の承認に当たる。また、「**有罪の自認**」（319条３項）は、自白よりも狭い概念であり、構成要件に該当する行為であり、かつ違法・有責であることまで認めて、有罪であることを認める供述を指す。

イ　自白法則の条文上の根拠

憲法38条2項を受けて、「強制、拷問又は脅迫による自白、不当に長く抑留又は拘禁された後の自白その他任意にされたものでない疑のある自白」の証拠能力が否定される。つまり、自白の証拠能力が認められるためには、任意性が要件となる（319条1項）。また、有罪の自認についても（319条3項）、不利益な事実の承認についても（322条1項但書）、任意性が要件となる。

文言上、任意性に疑いのある自白は証拠能力が否定されるため、任意性の証明責任は、検察官の側にあるとされる。いわゆる裁判員裁判対象事件および検察独自捜査事件の公判において、検察官が自白調書の証拠調べを請求する場合で、逮捕・勾留中に行われた当該事件についての被疑者取調べ（198条1項）および弁解録取の際に作成された供述調書・供述書の任意性が争われたときには、検察官は原則として、その**取調べ等を録音・録画した記録媒体の証拠調べを請求する義務**を負う（301条の2→7講**6**⑷**イ**）。

これに対して、自白調書の証拠調べ請求に対して被告人側が同意（326条）をした場合には、任意性に疑いがない状況が推認されるため、他の証拠によってこの推認が覆されない限り、検察官は任意性の立証をする必要はないとされている。

*　録音・録画の記録媒体の証拠調べ請求義務の例外（301条の2第4項）

任意性立証のための録音・録画記録媒体の証拠調べ請求義務の例外が、条文に定められている。①記録に必要な機器の故障その他のやむをえない事情により、記録をすることができないとき、②被疑者が記録を拒んだことその他の被疑者の言動により、記録をしたならば被疑者が十分な供述をすることができないと認めるとき、③当該事件が暴力団員による不当な行為の防止等に関する法律3条の規定により都道府県公安委員会の指定を受けた暴力団の構成員による犯罪に係るものであると認めるとき、④上記②③のほか、犯罪の性質、関係者の言動、被疑者がその構成員である団体の性格その他の事情に照らし、被疑者の供述およびその状況が明らかにされた場合には被疑者もしくはその親族の身体もしくは財産に害を加え、またはこれらの者を畏怖させもしくは困惑させる行為がなされるおそれがあることにより、記録をしたならば被疑者が十分な供述をすることができないと認めるときである。

ウ　任意性の判断

319条1項は、「強制、拷問又は脅迫による自白、不当に長く抑留又は拘禁された後の自白」については、証拠能力が否定される旨が明示的に定められているため、強制、拷問、脅迫、不当に長い抑留拘禁をされた後の自白は、これに該当する場合に、条文上直ちに証拠能力が否定される。したがって、**【設問13】**の脅迫による自白は、議論の余地なく証拠能力が否定される（事案によっては、脅迫に当たるか否かが争われる余地はある）。

他方で、319条1項にいう「その他任意にされたものでない」場合とはどのような場合を指すのかについては議論がある（→26講**2**）。

＊ **「強制、拷問又は脅迫による自白、不当に長く抑留又は拘禁された後の自白」の認定**

拷問（肉体的圧迫）や脅迫（精神的圧迫）は強制の一種であり、暴力の行使によって得られた自白は、その暴行が拷問の程度に達しないときでも、強制の自白として証拠能力を否定すべきだと解されている。もっとも、手錠・正座をさせての自白、執拗・追及的な取調べによる自白、徹夜ないし長時間の取調べによる自白、威嚇的な尋問による取調べや捜査官数人がかりでの取調べによる自白は、それぞれ精神的な圧迫の程度に幅がありうるため、「強制」による自白に当たるかが問題になりうる。「不当に長く抑留又は拘禁された後の自白」については、起訴後勾留の下での取調べによる自白等が想定されうるが、「不当に長い」とはどの程度を指すのかは一律に定まらないため、期間の長短のみならず、被告人の年齢、健康状態などの主観的事情や、具体的事件の性質、勾留の必要性などの客観的事情を総合して判断することになるといわれている。

(2) 自白の補強法則

【設問14】

《事例2》において、覚醒剤自己使用の事実で被告人Sが起訴された公判審理の結果、Sの尿から覚醒剤成分を検出した旨が記載された尿鑑定書について、違法収集証拠排除法則の適用によって、証拠能力が否定された。Sは捜査および公判の各段階において、覚醒剤の自己使用を自白しているが、他に証拠がない場合、被告人Sの自白のみで有罪判決を言い渡すことはできるか。

自白の**補強法則**とは、裁判所が自白だけで被告人に対して有罪心証を抱いたとしても、他に有罪を証明する証拠がなければ、無罪判決を宣告すべきだとの考え方である（319条2項）。公判廷に顕出された証拠の証明力は、裁判官の自由な判断に委ねられるという、いわゆる自由心証主義（318条）に対して、自白の補強法則は例外をなしているといえる（→11講**3**(2)）。自白の補強法則の趣旨については議論があるが、①架空の事件であるにもかかわらず被告人を処罰する事態を回避するため、②自白の証明力を過大評価して事実誤認を生じさせることを回避するため、③捜査機関に自白以外の客観的な証拠の収集を促すためといった説明がなされている。

なお、憲法38条３項は「本人の自白」に対する補強証拠を要求するが、判例はここに公判廷の自白は含まれず、公判廷外の自白のみを意味するとしている（最大判昭23・７・29刑集２巻９号1012頁〈百選 A34〉）。その実質的な意味は、憲法上、公判廷における自白のみで有罪を認定する制度を許容している点にある。すなわち、アメリカで見られる**有罪答弁制度**（被告人による有罪の自認があるときには、事実の取調べを行わずに、直ちに量刑を審理する手続に入る制度）が憲法上は否定されていないということである。

もっとも、現行の刑訴法は、被告人の有罪の自認にも補強証拠が要求されており（319条３項・２項）、現行法の下で有罪答弁制度を採用することは許されない。また、319条２項は「公判廷における自白であると否とを問わず」補強証拠を求めており、憲法38条３項よりも補強法則の保障範囲を拡大している。そのため、**【設問14】**では有罪判決を言い渡すことはできず、無罪となる。

補強証拠の必要な範囲や、補強の程度、どのような証拠であれば補強証拠として用いることができるか（補強証拠適格）などについては、議論がある（→30講１）。

第11講　裁　判

◆学習のポイント◆

1　裁判の意義と種類、裁判の成立の時点とその効果について理解しよう。

2　事実認定と自由心証主義は、9講の証拠裁判主義とも関連づけて理解しよう。

3　簡易化された手続については、それぞれの手続の相違を意識しながら、その意義と内容を説明できるようにしておこう。

4　裁判の効力については、裁判の確定によって生じる効力と、一事不再理効との違いを理解した上で、具体的な事例に即して説明できるようにしよう。

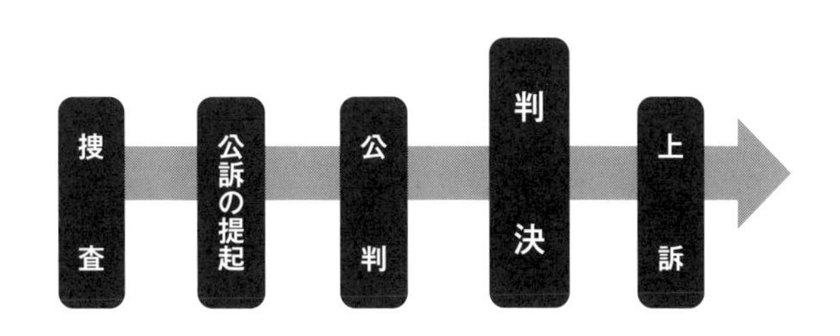

1　裁判の意義と種類

(1)　裁判の意義

【設問1】
訴訟法上の「裁判」とは何か。

「**裁判**」という言葉は、日常用語としては裁判所で行われる審理そのものの意味で使用されることが多いが、訴訟法では**裁判機関（裁判所または裁判**

官）の意思表示を内容とする**訴訟行為**をいう。例えば、有罪または無罪の判決だけではなく、捜査段階で裁判官が令状を発付することや保釈の許否等を決定することも「裁判」に含まれる。他方、検察官や弁護人の意思表示を内容とする訴訟行為は「裁判」ではないし、令状の執行などの事実行為も「裁判」に含まれない。

(2) 裁判の種類

ア 実体裁判と形式裁判

【設問2】
実体裁判と形式裁判の内容と差異について説明せよ。

裁判は、訴訟をその審級において終了させる効果を有する**終局裁判**と、そうした効果がない**非終局裁判**に分類される。

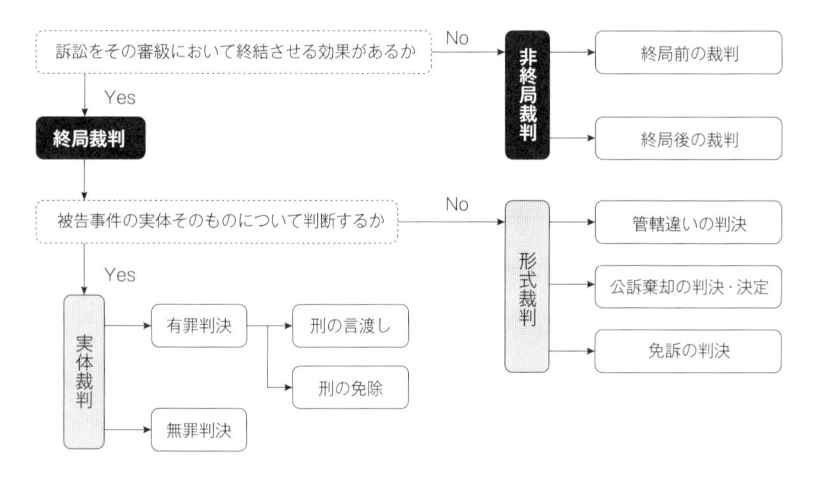

＊ 非終局裁判
終局裁判に至る過程における付随的事項に関する裁判である**終局前の裁判**、終局裁判の後に生じた問題を処理する裁判である**終局後の裁判**がある。前者は、例えば逮捕（199条等）・勾留（60条）・保釈（89条・90条）に関する裁判、移送決定（4条・7条・19条等）、証拠採否の決定（規190条）など、後者は訴訟費用執行免除の決定（500条・規295条の2）などである。

終局裁判には、被告事件の実体そのものを判断する裁判である**実体裁判**と、被告事件の実体について判断することなく訴訟手続を打ち切る**形式裁判**がある。前者には、**有罪判決**（333条・334条）および**無罪判決**（336条）があり、有罪判決には、**刑の言渡しの判決**と、中止犯（刑43条但書）が成立した場合などの**刑の免除の判決**（334条）がある。後者には、**管轄違いの判決**（329条）、**公訴棄却の判決・決定**（338条・339条）、**免訴の判決**（337条）がある。裁判所はどのような場合にこうした形式裁判を言い渡すべきかについては、6講**4**参照。

＊　免訴判決の法的性質

免訴判決は、かつては、犯罪は成立するが337条所定の事由により刑罰権が消滅した場合に言い渡される実体裁判であるとする見解も主張された。しかし、犯罪が成立しない無罪の確定判決を経た事件についても免訴が言い渡されること（337条1号参照）を説明できないため、判例・通説は、被告事件の実体について判断することなく訴訟手続を打ち切る**形式裁判**と解し、**免訴事由が存する場合、有罪・無罪の実体判断をすべきではなく、免訴判決が言い渡されるべきであり**（**形式裁判先決主義**）、また、**免訴判決に対し、被告人は無罪を主張して上訴できない**とする（最大判昭23・5・26刑集2巻6号529頁〈百選 A47〉など）。形式裁判は、実体審理の負担を強いることなく被告人を刑事手続から解放する点で、無罪判決より有利であるだけでなく、免訴事由が存在するのに実体審理を続けることは制度的に何らの利益もないからである。もっとも、免訴判決が形式裁判であるとしても、二重の危険（憲39条）を根拠として、一事不再理効が生じると解するのが通説である（→後述**6**(2)）。

イ　判決・決定・命令

【設問3】

判決、決定、命令の違いについて説明せよ。

次頁の表に基づいて確認していこう。①**裁判の主体**となるのは、判決・決定では**裁判所**、命令では**裁判官**である。②**口頭弁論**について、判決は特別の定めのある場合（408条など）を除いて**必要**であるが（43条1項）、決定・命令は**不要**である（43条2項）。なお、決定・命令をするにあたって必要がある場合には、事実関係について資料を調査する**事実の取調べ**をすることができる（43条3項）。事実の取調べは証拠調べと異なり、公判廷で法定の方式に従って資料を取り調べることを要せず、資料に証拠能力も要求されない。③**理由**について、**判決**は訴訟上重要な内容を有する終局裁判であるから必ず付さなければならないが（44条1項）、**上訴を許さない決定・命令**には付さなくてもよい（同条2項）。④**上訴の方法**は、判決は**控訴**（372条）・**上告**（405条）、決定は**抗告**（420条）、命令は**準抗告**（429条）とそれぞれ異なる。

	判決	決定	命令
①裁判の主体	裁判所		裁判官
②口頭弁論	必要	不要。事実の取調べは可能	
③理　由	常に必要	上訴を許さないときは不要	
④上訴の方法	控訴・上告	抗告	準抗告
具体例	有罪、無罪、管轄違い、公訴棄却、免訴	公訴棄却、移送、証拠採否など	令状発付、第１回公判期日前の勾留の裁判など

2　裁判の成立

(1)　裁判の内部的成立

【設問４】

裁判官が交替したが、判決の宣告を残すだけの場合、公判手続を更新する必要があるか。

裁判の内容をなす意思表示が裁判機関の内部で客観的に形成され、外部に告知する手続だけを残している状態を**裁判の内部的成立**という。

裁判官が**単独**でする裁判は、**裁判書**が作成される場合にはその作成により、作成されない場合にはその裁判の結論（主文）が**メモや手控え**など何らかの形で客観的に認識できる状態になった場合に、内部的成立があるとされる。

裁判官が**合議体**でする裁判は、**評議の終了したとき**に内部的に成立する。**評議**とは、裁判機関たる裁判所（合議体）が係属事件について裁判を行うために、合議体を構成する裁判官が意見を交換し、相談すること（狭義の評議）をいうが、評決の過程を含む意味（広義の評議）でも用いられる。なお、裁判員裁判については８講**3**参照。

内部的成立にとどまっている場合は、その裁判の内容を自由に変更することができる。他方、内部的成立の後は、**既に成立した裁判の内容を告知するだけ**であるから、裁判官が交替しても公判手続を更新しないで判決を宣告することができる（315条但書）。

(2)　裁判の外部的成立

【設問５】

裁判官は、判決宣告のための公判期日において、一旦被告人に執行猶予付の判決を言い渡したが、その理由を説明している途中で、法律上執行猶予が付けられない事件であることに気づき、直ちに実刑判決に変更して言い渡した。当該判決の言渡しは適法か。

内部的に成立した裁判の内容が裁判所の外部に表示された状態を、**裁判の外部的成立**といい、**告知**によって外部的に成立する。告知は、**公判廷**では裁判長の**宣告**によってこれを行い、**公判廷外**においては**裁判書の謄本を送達**して行う（規34条→6講3(2)も参照）。判決は、必ず公判廷で宣告によって告知しなければならない（342条）。

裁判が外部的に成立すると、裁判所は、自ら宣告した内容に拘束され、変更・撤回することができなくなる（**自己拘束力**）。上訴を許す裁判については、上訴によらなければその内容を変更・撤回できない。もっとも、最判昭51・11・4刑集30巻10号1887頁は、「判決の宣告は、全体として1個の手続であって、宣告のための公判期日が終了するまでは、完了するものではない」として、**宣告のための公判期日が終了するまでは**、言い間違いを訂正するのみならず、**【設問5】**のように一旦言い渡した主文を変更し、改めてこれを宣告することも適法としている。

【設問6】

勾留中の被告人は、刑の全部の執行猶予判決を言い渡されても、判決が確定するまでは引き続き勾留されるか。保釈中の被告人に実刑判決が言い渡された場合はどうか。

無罪、免訴、刑の免除、刑の全部の執行猶予、公訴棄却（公訴提起の手続がその規定に違反したため無効であるときを除く）、**罰金**または**科料**の裁判の告知があったときは、勾留状は、その効力を失う（345条）。被告人の身体を拘束する必要性がなくなるためである。したがって、**【設問6】**の刑の全部の執行猶予判決を言い渡された被告人は、裁判の確定を待たずに、判決の宣告によって**釈放**される。

＊　無罪判決後の再勾留

第1審が無罪判決を告知すれば勾留状は失効し、被告人は釈放されるが、検察官が控訴した場合に再勾留をすることができるか。345条の趣旨を重視して消極に解する説もあるが、最決平12・6・27刑集54巻5号461頁は「第1審裁判所が犯罪の証明がないことを理由として無罪の判決を言い渡した場合であっても、**控訴審裁判所は、記録等の調査により、右無罪判決の理**

由の検討を経た上でもなお罪を犯したことを疑うに足りる相当な理由があると認めるときは、勾留の理由があり、かつ、控訴審における適正、迅速な審理のためにも勾留の必要性があると認める限り、その審理の段階を問わず、被告人を勾留することができ」るとした。もっとも、最決平19・12・13刑集61巻9号843頁〈百選96〉は、「特に、無罪判決があったときには、本来、無罪推定を受けるべき被告人に対し、未確定とはいえ、無罪の判断が示されたという事実を尊重し、それ以上の被告人の拘束を許さないこととしたものと解されるから、被告人が無罪判決を受けた場合においては、同法〔刑訴法〕60条1項にいう『被告人が罪を犯したことを疑うに足りる相当な理由』の有無の判断は、無罪判決の存在を十分に踏まえて慎重になされなければならず、**嫌疑の程度としては、第1審段階におけるものよりも強いものが要求される**」としている。

他方、**禁錮以上の刑に処する判決（いわゆる実刑判決）**の宣告があったときは、**保釈**または**勾留の執行停止**はその効力を失い（343条）、その後は**勾留更新の制限**（60条2項但書）および**権利保釈の規定**（89条）は適用されなくなる（344条）。刑の執行確保の要請が強くなるからである。したがって、**【設問6】**の実刑判決を言い渡された保釈中の被告人は、裁判の確定を待たずに、**刑事施設に収容**される。その後に**再保釈**の請求をすることも許されるが、権利保釈の規定は適用されないから、専ら**裁量保釈**の可否が判断される。

(3) 裁判書

ア 判決書と判決宣告

【設問7】
判決書には何を記載しなければならないか。

裁判をするときは、裁判書を作成しなければならない。決定または命令を宣告する場合には、裁判書を作らず、これを調書に記載させることができるが、判決については、判決書（書式20）の作成が必要となる（規53条）。

判決書には、結論をなす意思表示の部分である**主文**と、必ず理由を付さなければならないから、**理由**の記載が必要とされる。

判決の宣告をするには、主文および理由を朗読し、または主文の朗読と同時に理由の要旨を告げなければならない（規35条2項）。もっとも、**判決書は判決そのものではなく、判決の内容を証明する文書**なので、民事裁判とは異なり（民訴252条参照）、判決宣告時に判決書の原本が作成されている必要

書式20

令和２年８月２５日宣告　裁判所書記官　井　上　佳　美
令和２年（わ）第５２１号

判　　　決

本　籍　　S市城南区寺山町2丁目4番
住　居　　S市西区大浜1丁目3番市営アパート２号棟２３３号室
無　職
X
平成１１年2月１６日生

上記の者に対する強盗致傷被告事件について，当裁判所は，検察官吉野雅規及び同堂野文一並びに国選弁護人大村進一（主任）及び同遠藤直子各出席の上審理し，次のとおり判決する。

主　　　文

被告人を懲役６年に処する。
未決勾留日数中１００日をその刑に算入する。

理　　　由

（罪となるべき事実）
被告人は，通行人から金品を強取しようと企て，Yと共謀の上，令和２年１月６日午前１時５分頃，S市中央区東１丁目２番３号U公園において，帰宅中のA（当時５５歳）に対し，いきなりその背部を足で蹴って同人を路上に転倒させ,転倒した同人に馬乗りになって，拳骨でその顔面，胸部及び腹部を多数回殴る暴行を加え，その反抗を抑圧した上，同人所有の現金２万３０００円及び財布等１０点在中の手提げかばん１個（時価合計約３万円相当）を強取し，その際，前記一連の暴行により，同人に全治約１か月間を要する左肋骨骨折等の傷害を負わせたものである。
（証拠の標目）
以下，括弧内の番号は証拠等関係カードの検察官請求番号を示す。
・　被告人の公判供述
・　証人A及びYの各公判供述
・　捜査報告書（甲２，６）
（事実認定の補足説明）
弁護人は，被告人はYと共謀したことはなく，Yが被害者の手提げかばんを持ち去ったことにも全く気が付いていなかったので強盗の故意はなく，傷害罪が成立するにとどまる旨主張するので，当裁判所が，被告人とYとの共謀及び被告人の強盗の故意を認定した理由について補足して説明する。
（略）

書式20

（法令の適用）
1　主　刑
　(1)　罰　条　　　　　刑法６０条，２４０条前段
　(2)　刑種の選択　　　有期懲役刑
2　未決勾留日数の算入　刑法２１条
3　訴訟費用の不負担　　刑事訴訟法１８１条１項ただし書
（量刑の理由）
　（略）
　令和２年８月２５日
　　　　S地方裁判所刑事第１部
　　　　　裁判長裁判官　　清　水　　　正　㊞
　　　　　　　　裁判官　　水　上　大　輔　㊞
　　　　　　　　裁判官　　斉　藤　真由美　㊞

はない。実務では、迅速な裁判や公判中心主義の観点から、審理終結後、判決書を作成する前であっても直ちに判決を言い渡すこともある（「即日判決」などと呼ばれる）。

イ　有罪判決の判決書

【設問８】
有罪判決の判決書には、何を記載しなければならないか。

有罪判決の主文には、例えば「被告人を懲役６年に処する」という①**主刑**のほか、②**未決勾留日数の本刑算入**、③**刑の執行猶予・保護観察**、④**没収・追徴**、⑤**訴訟費用の負担**などが記載される。刑事訴訟で発生する訴訟費用には、証人・鑑定人・国選弁護人の旅費・日当などがあり、被告人が貧困のため訴訟費用を納付することのできないことが明らかである場合を除き、その全部または一部を負担させなければならない（181条）。

有罪判決の理由には、①**罪となるべき事実**、②**証拠の標目**、③**法令の適用**、④**当事者から主張された、法律上犯罪の成立を妨げる理由**（正当防衛等の違法性阻却事由、心神喪失等の責任阻却事由など）**または刑の加重減免の理由**（累犯、中止未遂、心神耗弱、親族相盗例など）**となる事実に対する判**

断を示さなければならない（335条)。当事者の主張に対しては、④の場合を除き、法律上その判断を示す必要はないが、それが重要な争点である場合には、書式20のように「事実認定の補足説明」または「争点に対する判断」などの見出しで別個に項目を設けて、当事者の主張に対する判断を示す例が多い。

有罪の判決を宣告する場合には、被告人に対し、**上訴期間**および**上訴申立書を差し出すべき裁判所**を告知しなければならない（規220条)。例えば第1審判決に対する控訴の場合、控訴申立書を差し出すべき裁判所は第1審裁判所である（→12講1(4))。控訴期間は14日間であるが、初日不算入の原則があるから、有罪判決の宣告の後、「明日から14日以内に、○○高等裁判所宛ての控訴申立書をこの裁判所に提出してください」という形で告知されるのが一般である（→12講1(5))。

ウ　無罪判決の判決書

【設問9】

わいせつ物頒布被告事件において、裁判所は審理の結果、当該出版物の表現は「わいせつ」に当たらず、罪とならないと考えた。この場合、裁判所は無罪判決を言い渡すべきか、公訴棄却の判決を言い渡すべきか。

「被告事件について犯罪の証明がないとき」はもちろん、**「被告事件が罪とならないとき」**にも無罪判決を言い渡すことになる（336条)。「被告事件が罪とならないとき」とは、**【設問9】**のように、審理の結果、公訴事実に記載されたとおりの事実が証明されたが、法令解釈上構成要件に該当しないと認められる場合と、正当防衛や心神喪失といった犯罪成立阻却事由が認められた場合をいう。なお、審理をせずとも起訴状の公訴事実の記載自体から犯罪を構成しないことが明白であるときは、公訴棄却決定をして審理を打ち切ることになる（339条1項2号→6講4(3))。

無罪判決の主文には、「被告人は無罪」という**全部無罪**と「起訴状記載の第2の公訴事実については、被告人は無罪」のように公訴事実中の一部を無罪とする**一部無罪**がある。ただし、**科刑上一罪または包括一罪の一部のみを無罪**とする場合、例えば住居侵入・窃盗の公訴事実において窃盗のみを無罪とする場合は、主文では特に無罪の言渡しはせず、住居侵入のみについての刑が言い渡される。

無罪判決の理由には、有罪判決のような具体的記載事項に関する定めはないが、公訴事実の要旨を掲げた上で、無罪となる理由を記載し、「被告事件が罪とならないとき」または「被告事件について犯罪の証明がないとき」のいずれに当たるかを示すのが通例である。

3　事実認定と自由心証主義

(1)　刑事裁判における事実認定

刑事裁判における事実認定とは、被告人による犯罪行為があったかどうかを証拠に基づいて判断することである。

いわゆる法的三段論法では、①**法令**（大前提）に、②**認定した事実**（小前提）を当てはめて、③**問題解決**（結論）を導く。例えば**《事例1》**であれば、①強盗致傷罪の構成要件は「強盗が、人を負傷させたとき」であるが、②「Xは強盗（の共同正犯）であり、Aを負傷させた」という事実が認定できた場合に初めて、③Xは「無期または6年以上の懲役」に処せられることになる（刑240条）。事実認定は、このような法的三段論法の1つの前提となっている。

●コラム●　実務における事実認定の重要性

大学の講義では、①の法令をいかに解釈するべきかが考察の中心になることが多い。しかし、実務では法令の解釈が問題となる事件は極めて稀で、主に問題となるのは②の事実認定である。例えば**《事例1》**で弁護人がXとYとの共謀を争えば、「Xは強盗（の共同正犯）であり、Aを負傷させた」という事実が証拠に基づいて認められるかが問題になる。さらに、実務では事実認定に争いのない自白事件の割合が圧倒的に多く、その場合には被告人にどのような刑を言い渡すべきかという量刑が専ら問題となるが、そのときも量刑に関する事実を認定する必要があるから、実務において事実認定は非常に重要である。

事実認定は証拠に基づかなければならないこと（**証拠裁判主義**）は、既に9講で学んだ。ここでは、事実認定の前提となる証拠の証明力をどのように評価するべきかという問題（**自由心証主義**）と、どの程度の証明がなされれば被告人を有罪だと認定してよいのかという問題（**証明責任**）を見ていこう。さらに、裁判所が**量刑**をするときの基本的な考え方も説明する。

(2)　自由心証主義

ア　自由心証主義の意義

【設問10】

自由心証主義とは何か。そのような考え方が、なぜ採用されているのか。

公判廷に顕出された証拠の証明力は、裁判官の自由な判断に委ねられる(318条)。これを**自由心証主義**と呼ぶ。

＊ これに対して、特定の証拠（典型的には自白）があれば有罪認定をしなければならない、あるいは特定の証拠がなければ有罪認定はできないという考え方を**法定証拠主義**という。しかし、法定証拠主義には、例えば自白のように「特定の証拠」を獲得するために拷問などの不当な取調べを伴う経緯をたどった歴史がある。そのため、人間の理性を信頼する自由心証主義が採用されたのである。

イ 有罪判決宣告に必要な心証

【設問11】
裁判所が有罪判決を宣告するためには、どの程度、有罪の確からしさを心証として抱かなければならないか。その程度は、直接証拠で事実認定をする場合と情況証拠で事実認定をする場合とで違いがあるか。

裁判所は、自由に証拠の証明力を判断して、事件に対する心証を抱くことになる。有罪判決を宣告するためには、どの程度、有罪の確からしさを心証として抱かなければならないのかについて、刑訴法は明文規定を置いていない。過去に起こった一定の出来事の有無を認定する刑事裁判において、常に自然科学のような絶対的真実を明らかにしなければならないとするのは無理があるが、誤った刑罰権の行使を避けるため、曖昧な心証のまま有罪判決を言い渡すことも許されてはならない。一般的には、英米法の影響から、**合理的疑いを超える証明**（proof beyond the reasonable doubt）が必要だと説明されている。

判例も「合理的な疑いを差し挟む余地がない程度」の「証明」があるときに有罪判決の宣告が可能となるとし、その意味は、「**抽象的な可能性としては反対事実が存在するとの疑いをいれる余地があっても、健全な社会常識に照らして、その疑いに合理性がないと一般的に判断される場合**には、有罪認定を可能とする趣旨」だとされている（最決平19・10・16刑集61巻7号677頁〈百選60〉）。

なお、判例は、情況証拠による事実認定の際に、合理的疑いを差し挟む余地がない程度の証明といえるためには、「情況証拠によって認められる間接事実中に、**被告人が犯人でないとしたならば合理的に説明することができない（あるいは、少なくとも説明が極めて困難である）事実関係**が含まれていることを要する」としたが（最判平22・4・27刑集64巻3号233頁〈百選

61〉)、これは情況証拠で事実認定をする場合の新たな基準を定立したものではなく、事実認定の際の視点の置き方について注意を喚起したものであって、**情況証拠で事実認定をする場合であっても前掲・最決平19・10・16の基準が妥当する**と考えるのが多数説である。

ウ　自由心証主義の制限・例外

【設問12】
自由心証主義に制限・例外はないのか。

過度に自由心証に委ねる結果として誤った裁判が生じるという弊害を回避するため自由心証主義を制限する制度として、現行刑訴法には、①予断・偏見があるとみられる裁判官に対する**除斥・忌避・回避**(20条以下→1講7⑷**オ**)、②**起訴状一本主義**(256条6項→6講**5**⑶)、③**証拠能力の制限**、(317条以下→9講**1**⑵**ア**)④**有罪判決における理由の明記**(335条→前述**2**⑶**イ**)**と上訴審における審査**(→12講)がある。

他方で、例外的に法定証拠主義を採用している制度として、**自白の補強法則**(319条2項→10講**3**⑵)を挙げることができる。有罪の宣告のために自白以外の証拠を要求している点が、まさに法定証拠主義を表現する部分だといえる。

⑶　証明責任

ア　利益原則——疑わしきは被告人の利益に

【設問13】
《事例1》において、裁判所は被告人XがYと強盗を共謀していたのか否かについてどちらの心証もとれなかった場合、どのような判断をすべきか。

裁判所が証拠によって事実を認定しようとしても、事実の存否の判断ができない真偽不明な状態に陥る場合がある。このような場合に、不利益な判断を受ける当事者は、「証明責任(挙証責任)がある」と表現される。刑事裁判においては、**検察官に証明責任がある**とされ、これを**「疑わしきは被告人の利益に」原則(利益原則)**と呼ぶ(→1講**6**⑵)。条文上は、336条が「……被告事件について犯罪の証明がないときは、判決で無罪の言渡をしなければならない」としていることが利益原則を表現しているとされる。判例は、利益原則を刑事裁判の「鉄則」だとしている(最決昭50・5・20刑集29巻5号177頁〈百選A55〉など)。

そのため、**【設問13】** のように、検察官が強盗の共謀の存在を立証し、被告人側は強盗の共謀が存在しない旨の立証をして、真偽不明に陥った場合、裁判所は強盗の共謀があったと認定してはならず、その結果、Xには傷害の限度で罪責を認めることになる。

利益原則は、「保険」に類する発想で採用されているのだと説明する考え方がある。すなわち、無実の被告人を誤って有罪判決で処罰した場合、その被告人が刑罰を1人で負うのに対し、真犯人を誤った無罪判決で放免した場合、真犯人が社会に解放される害を社会全体で薄く負担するにとどまる。後者の方が、**1人の者に害を集中的に負担させるより、危険を社会に分散して負担する点で、個々人の権利がよりよく保障される**。ここに利益原則が採用されるべき実質的理由があるとされる。

イ　利益原則の適用範囲

【設問14】
《事例4》において、被告人Zが心神耗弱か否かが争点となった。裁判所は、検察側・被告人側の立証の結果、心神耗弱であるとの疑いを払しょくすることができないとの心証を抱いた。裁判所はどのように判断すべきか。

利益原則は、刑罰権発動の可否やその範囲に関わる、構成要件該当事実の存否について適用される。**違法性・責任阻却・減軽事由の存在**については、かつては被告人に証明責任があるとの見解も主張されていたが、現在は**被告人には争点を形成する責任があるにとどまり、違法・有責の証明責任も検察官が負う**という理解が一般的である。

そのため、**【設問14】** のように責任減軽事由に関わる事実については、被告人側に争点形成責任があるものの、当該事実の存否が不明である場合は、裁判所は検察官に不利益な判断をしなければならない。**【設問14】** では、裁判所はZが心神耗弱であったと判断することになる。

なお、訴訟法上の事実（→9講1(3)イb）の証明は、原則として、**当該訴訟法上の事実の存在を主張する当事者**に証明責任があるとされている。検察官が提出した証拠の証拠能力は検察官が（例えば自白調書であれば任意性の立証）、弁護人が提出した証拠の証拠能力は弁護人が証明責任を負う。訴訟条件（→6講4）の存否については、国家の刑罰権の実現に関する事項であることに鑑み、検察官が実体審判の開始・遂行という訴訟上の効果を求めていると捉えて、検察官に証明責任があると考えられている。

ウ　法律上の推定と証明責任の転換

【設問15】
法律上の推定と証明責任の転換について説明せよ。

前提事実から推定事実を認定することを**推定**といい、経験則を根拠にした推定を事実上の推定（→８講１(3)オ＊）というが、法律によって定められた推定を**法律上の推定**という。

例えば麻薬特例法は、規制薬物の輸入等を業とした者を処罰し（同５条）、そこから得た薬物犯罪収益を没収する（同11条１項１号）。しかし、犯罪による収支が正確に記録されていることは考えにくく、同法５条の罪によって得られた財産であることの立証が容易でない場合があるから、同法14条は、①同法５条の罪を犯したこと、②規制薬物の輸入等を業とした期間内に犯人が取得した財産であること、③その財産の価額が犯人の稼働状況等に照らして不相当に高額であること、の３つの**前提事実**を証明すれば、その財産は規制薬物の輸入等による薬物犯罪収益であるという**推定事実**を認定してよいとしている。この推定を破るには、**被告人側が当該財産について薬物犯罪収益ではないことを立証しなければならない**。ほかにも法律上の推定の例として、工場等が有害物質を排出する行為と公衆の生命・身体の危険との間に因果関係があることを推定する、人の健康に係る公害犯罪の処罰に関する法律５条などがある。

法律上の推定は、被告人側に推定事実の不存在を立証する責任を負わせるものであるから、利益原則に抵触するおそれがある。そこで学説では、法律上の推定が認められるためには、①前提事実の存在から推定事実の存在を**推認することが合理的**であり、②被告人が、その推認を破る、ないしは推定事実が存在しないことを示す**証拠を提出するのが困難ではない**、という要件が備わっていなければならないとする。前提事実が立証されればよいのではなく、被告人側が、困難ではないのに反証を提出しないという事実も証拠の１つとして推定事実を認定するのが法律上の推定であると考えることで、利益原則に抵触しないとするのである。

推定という形式ではなく、端的に証明責任を転換した規定もある。例えば、名誉棄損罪における真実性の証明（刑230条の２→基本刑法Ⅱ102頁）や、同時傷害の特例（刑207条→基本刑法Ⅱ35頁）がある。

名誉毀損罪においては、摘示された事実が「公共の利害に関する事実」だと認められる場合には、当該事実が真実であることの証明責任を被告人が負う。被告人が真実であることの証明ができず、真偽不明であれば、被告人は名誉棄損罪で処罰されることになる。

同時傷害の特例は、２人以上で暴行を加えて人を傷害した場合で、おのおのの暴行による傷害結果の軽重が不明であるときや、傷害結果を発生させた者が誰かが判明しないときに、共同して実行していなくても共犯の例に従って処罰することを認めるものである。つまり、暴行を加えた複数の者たちの間で意思連絡がなくても、同時に暴行を加えていたのであれば、共犯として推定するような法的結果を生じる規定である。判例は、同時傷害の特例が適用されるためには、検察官が①各暴行が当該傷害を生じさせうる危険性を有するものであること、②各暴行が外形的には共同実行に等しいと評価できるような状況において行われたこと、すなわち、同一の機会に行われたものであることを前提事実として証明しなければならないとしている（最決平28・3・24刑集70巻３号１頁）。しかし、前提事実が立証されれば、被告人が推定事実の不存在を証明しなければならなくなり、本来検察官にあるはずの証明責任が転換されているといえる。

学説は、こうした**証明責任の転換規定**は、利益原則との関係で法律上の推定以上に問題があると考え、①検察官が証明する事実から、被告人が証明責任を負う事実への**推認が合理性**をもつこと、②その事実を証明する資料が、**通常は被告人にある**こと、③被告人が証明責任を負う部分を除いても、なお犯罪として**相当の可罰性**があること等の事情を考慮して、その許容性を判断すべきであるとしている。

(4) 量　刑

ア　基本的な考え方

【設問16】

裁判所は何を基準に量刑をするべきか。

有罪の認定に至ると、続いて被告人に対する量刑が問題となる。

量刑の本質は、**被告人の犯罪行為にふさわしい刑事責任**を明らかにすることにある（**行為責任主義**）。したがって、量刑の基本的な考え方においては、まず被告人の犯罪行為の重さを量ることが中心となり、法益侵害またはその危険性の程度（**犯罪の客観的重さ**）、被告人に対する非難の程度（**犯罪行為の意思決定への非難の程度**）を検討する。これらを**犯情**という。そして一般予防・特別予防の観点から考慮すべき事情等を二次的に考慮して、量刑を調整することになる。これらを**一般情状**という。

最判平26・7・24刑集68巻6号925頁〈百選94〉は、「裁判においては、行為責任の原則を基礎としつつ、当該犯罪行為にふさわしいと考えられる刑が言い渡されることとなる」として行為責任主義を明らかにした上で、「裁判例が集積されることによって、犯罪類型ごとに一定の量刑傾向が示されることとなる。そうした先例の集積それ自体は直ちに法規範性を帯びるものではないが、量刑を決定するに当たって、その目安とされるという意義をもっている」、「裁判員裁判といえども、他の裁判の結果との公平性が保持された適正なものでなければならないことはいうまでもなく、評議に当たっては、これまでのおおまかな量刑の傾向を裁判体の共通認識とした上で、これを出発点として当該事案にふさわしい評議を深めていくことが求められている」とし、**他の裁判結果との公平性**も量刑上重要な考慮要素であることを指摘している。

＊　量刑と法定刑・処断刑・宣告刑

量刑の前提として、法定刑・処断刑・宣告刑について確認しておこう（→基本刑法Ⅰ440頁以下）。刑法の各条文に定められているのが**法定刑**であるが、これに①科刑上一罪の処理（刑54条）→②法定刑の中から刑種の選択→③累犯加重（刑57条）→④法律上の減軽（刑68条）→⑤併合罪の加重（刑47条・48条）→⑥酌量減軽（刑66条）といった法定の刑罰加重・減軽事由による修正を施すことによって導き出される一定の刑の範囲を、**処断刑**という。例えば、**《事例1》**のXであれば、強盗致傷の法定刑は無期または6年以上の懲役（刑240条前段）であるが、有期懲役刑を選択し、若年であることなどを考慮して酌量減軽をすれば、Xに対する処断刑は3年以上20年以下の懲役となる。このようにして導き出された処断刑の範囲内で、量刑の基本的な考え方に基づき、他の裁判結果との公平性などが考慮されて、例えば懲役6年という**宣告刑**が決定されることになる。

●コラム●　量刑事実と証明責任

量刑事実について、**犯情**は構成要件該当事実等と重なり合うため、利益原則が適用され、検察官が証明責任を負う。**一般情状**の証明責任については、見解が分かれている。学説上は、量刑事実については有利不利を問わず、検察官が一律に証明責任を負うとする見解が多数である。これに対して、被告人に不利な量刑事実については検察官が、被告人に有利な量刑事実については被告人がそれぞれ証明責任を負うとする見解も主張されている。さらに量刑事実については、証明責任を観念しえないとしつつ、例えば示談金額に争いがあり、その金額によって執行猶予を付するか否かの分岐となる場合などには、利益原則を適用して検察官に証明責任を負わせ、真偽不明であれば被告人に有利な判断をすべきだとする見解もある。

イ　量刑と余罪

【設問17】
《事例４》において起訴されていない窃盗の余罪を量刑上考慮することは許されるか。

実務では、窃盗や業務上横領など、繰り返し多数の事件を起こしていることはうかがわれるが、立証の難易や公訴時効の完成などの理由から、起訴便宜主義（248条）の一環として、すべての事件が起訴されないことがある。このような場合、**起訴されていない犯罪事実（余罪）**を量刑上考慮することは許されるかが問題となる。

リーディングケースが最大判昭41・７・13刑集20巻６号609頁であり、「刑事裁判において、起訴された犯罪事実のほかに、起訴されていない犯罪事実をいわゆる余罪として認定し、**実質上これを処罰する趣旨**で量刑の資料に考慮し、これがため**被告人を重く処罰すること**は許されない」が、「刑事裁判における量刑は、被告人の性格、経歴および犯罪の動機、目的、方法等すべての事情を考慮して、裁判所が法定刑の範囲内において、適当に決定すべきものであるから、その**量刑のための一情状**として、いわゆる**余罪をも考慮することは**、必ずしも禁ぜられるところではない」とした。

この判例により、**余罪を認定し、実質上これを処罰する趣旨で量刑の資料として考慮し、被告人を重く処罰すること（実質処罰類型）は許されないが、被告人の性格、経歴および犯罪の動機、目的、方法等の情状を認定するための事情として余罪を考慮すること（情状推知類型）は許される**という考え方が、実務上は確立しているといえる。

仮に《事例４》との同種事案では懲役１年程度の宣告刑が相当と思料されるのに、裁判所がＺに対して懲役２年を言い渡し、その理由として余罪の存在を指摘しているような場合には、たとえ刑の全部執行猶予が付されたとしても、実質処罰類型として違法と判断される可能性があろう。他方で、余罪によってＺの犯行が常習的なものであったことを認定しつつ、宣告刑が同種事案と大きく変わらないような場合であれば、情状推知類型と判断される可能性が高い。

＊　**実質処罰類型が許されない理由**
前掲・最大判昭41・７・13は、その理由として、①いわゆる余罪は、公

訴事実として起訴されていない犯罪事実であるにかかわらず、実質上これを処罰する趣旨で認定考慮することは、刑訴法の基本原理である**不告不理の原則**（→１講１⑵ア・６講５）に反し、憲法31条にいう法律に定める手続によらずして刑罰を科することになること、②刑訴法317条の**証拠裁判主義**に反すること、③**自白と補強証拠**に関する憲法38条３項、刑訴法319条２項・３項の制約を免かれることとなるおそれがあること、④その余罪が後日起訴されないという保障は法律上ないのであるから、もしその余罪について起訴され有罪の判決を受けた場合は、既に量刑上責任を問われた事実について**再び刑事上の責任を問われること**になり、憲法39条にも反することになること、をあげている。

もっとも、実質処罰類型と情状推知類型との区別は、実務上しばしば困難を伴い、第１審と控訴審との判断が分かれることも少なくない。

＊　三鷹ストーカー事件

いわゆる三鷹ストーカー事件についての東京高判平27・２・６東高刑時報66巻１～12号４頁〈百選95〉では元交際相手の被害女性に対する住居侵入、殺人等被告事件において、いわゆるリベンジポルノ行為を量刑上考慮することが許されるかが問題となった。第１審では、当該行為を量刑の幅の上限付近にまで導く事情として考慮した旨説示し、被告人を懲役22年に処したが、控訴審は、こうした余罪の考慮が実質処罰類型に該当する疑いがあるとして、第１審判決を破棄・差し戻した。

＊　現住建造物等放火と人の死傷結果

第１審判決は、現住建造物等放火の事実を認定し、量刑事情として、２名が逃げ切れず一酸化炭素中毒により死亡したことをも考慮し、被告人を懲役13年に処し、控訴審判決は、刑の量定にあたり、放火行為から人の死亡結果が生じたことを被告人に不利益に考慮したことは、それ自体不当なところはなく、余罪処罰に当たるようなものでもないなどとして、第１審判決を是認した。

不告不理の原則に反するとの上告理由に対し、最決平29・12・19刑集71巻10号606頁は、現住建造物等放火罪の量刑において、人の死傷結果を考慮することは法律上当然に予定されているものと解され、その法定刑の枠内で、量刑上考慮することは許されるとし、上告を棄却した。

4　簡易化された手続

(1)　簡易化された手続の必要性

【設問18】
簡易化された手続はどうして必要なのか。

わが国で現実に発生している事件は、窃盗、横領、暴行、傷害、道交法違反、過失運転致傷が多数を占め、被害の程度も重大なものに至らず、被疑者・被告人も事実を争っていない事案が多い。このような事件をすべて正式な公判手続で審理裁判することになれば、**被疑者・被告人、裁判所、検察官および弁護人の負担も加重**となり、**訴訟経済**にも反する。そこで、正式な公判手続によらず簡易な手続で審理裁判をする制度がある。なお、簡易な手続であれば裁判所が安易に有罪判決を言い渡してよいということはなく、正式な公判手続と同様に**合理的な疑いを超える証明**が必要であることに変わりはない（→3(2)イ）。

＊ 有罪答弁制度

被告人が有罪の答弁をした場合に証拠による有罪認定を省略して直ちに量刑手続に入る制度であるが、わが国の刑訴法はその採用を明確に否定している（319条2項・3項）。以下の簡易化された手続はいずれも被告人が有罪を認めることが前提であるが、有罪答弁制度ではない。ただし、憲法は有罪答弁制度を否定していないとするのが判例であり、今後の立法によって有罪答弁制度を新たに導入する余地は残されている（→10講3(2)）。

(2) 簡易公判手続

【設問19】
簡易公判手続の概要を説明せよ。

簡易公判手続とは、捜査、公訴の提起および公判準備は通常どおり行い、公判手続に移行するが、**冒頭手続**（→7講6(3)）で被告人が**有罪の陳述**をした場合、裁判所は、検察官、被告人および弁護人の意見を聴いた上で、簡易公判手続によって審判する旨の決定をし（291条の2）、それによって①**伝聞法則**（320条1項→10講1）および②正式な公判手続で必要とされる**証拠調べに関する規定**（→7講6(4)）は適用されず、適当と認める方法で行うことができる制度である（307条の2）。なお、**法定合議事件**は対象にできないが（291条の2但書）、それ以外に制限はなく、実刑判決を言い渡すこともできる。

開廷後、冒頭手続まで実施が不明確であるため、捜査および公判準備は通常どおり行う必要があり、証拠調べ手続が簡略化される以外には正式な公判手続と大差なく、あまり簡易とはいえない制度である。実務ではほとんど使われていない。

(3) 即決裁判手続

【設問20】
即決裁判手続の概要を説明せよ。

即決裁判手続とは、検察官が、捜査段階で被疑者に手続を理解させるために**必要な事項を説明**し、**被疑者の同意**を得てそれを書面で明らかにした上、**地方裁判所**または**簡易裁判所**に対して**公訴の提起と同時に書面で申立て**をし（350条の16第1項〜3項）、裁判長は、**公訴が提起された日からできる限り14日以内に公判期日**を定め（350条の21、規222条の18）、冒頭手続で被告人が**有罪の陳述**をした場合に、簡易公判手続と同様の簡略化された証拠調べを行い（350条の24）、原則として**即日判決**を言い渡す（350条の28）という制度である。覚醒剤自己使用や外国人の不法在留等で、事実に争いがなく、被告人に前科がない場合にしばしば利用される。

裁判所は、懲役または禁錮を言い渡す場合、必ず**執行猶予**をつけなければならず（350条の29。罰金であれば実刑でよい）、判決で示された罪となるべき**事実の誤認**を理由とする上訴は許されない（403条の2・413条の2）。なお、**法定合議事件**は対象とすることができない（350条の16第1項但書）。

＊ 即決裁判手続の合憲性

最判平21・7・14刑集63巻6号623頁〈百選59〉は、即決裁判手続において事実誤認を理由とする控訴を制限する刑訴法403条の2第1項は憲法32条に違反するものでなく、即決裁判手続の制度自体が自白を誘発するものとはいえないから、憲法38条2項にも違反しないと判示している。

手続の合理化・効率化によって被告人の権利が不当に侵害されないようにするため、①検察官が申し立てるには**被疑者の同意**に加え、弁護人がある場合には**弁護人の同意あるいは意見の留保**（明確に反対していないこと）が必要とされ（350条の16第4項）、②被疑者が同意するにあたって弁護人の助言を得たいと考えれば、裁判官は**同意の確認のための国選弁護人**を被疑者に付さなければならず（350条の17）、③**必要的弁護事件**とされ弁護人がいなければ開廷することができず（350条の23）、④被告人・弁護人は、判決の言渡し前であれば即決裁判手続への**同意あるいは有罪の陳述を撤回**でき、正式な公判手続による審判を受けることができる（350条の25）。

＊ 即決裁判手続と平成28（2016）年改正

即決裁判手続は、平成16年改正により、捜査・公判の負担を合理化・効率化する目的で導入されたが、被告人側が即決裁判手続への同意あるいは有罪の陳述を撤回し、否認に転じると正式な公判手続になる。そのとき自白以外にも十分な証拠がなければ公訴事実の立証が困難になるから、検察官は、被告人が否認に転じた万が一の場合にも公訴事実が立証できるように裏づけ捜査を徹底するなど、いわゆる「念のため捜査」をしなければならず、負担の軽減に結びつかなかった。そこで平成28年改正では、被告人が否認に転じるなどして即決裁判手続によらないこととなった場合、検察官は公訴を取り消し、再捜査をして十分な証拠を集めた上で、再起訴できるとされた（350条の26）。公訴取消し後は新証拠がなければ再起訴できないという原則（340条・338条2号）の例外を定め（→6講4(3)）、検察官が万が一の場合に備えて「念のため捜査」をせずとも即決裁判手続を利用できるようにしたものである。

(4) 略式手続

【設問21】
略式手続の概要を説明せよ。

略式手続とは、検察官が、捜査段階で被疑者に手続を理解させるために**必要な事項を説明**し、**被疑者に異議がない**ことを確認してそれを書面で明らかにした上、**簡易裁判所**に対して**公訴の提起と同時に書面で申立て**をし（461条の2・462条）、簡易裁判所は、**公判手続を開かずに書面審理**をして、**略式命令**で**100万円以下の罰金**または**科料**を言い渡すことができる（461条）という制度である。**執行猶予**を付すこともできる。

略式手続は、公判手続を開く必要がなく書面審理で済むことから、明白軽微な事件の捜査・公判の負担を軽減するのに有効な制度として最も活用されており、道交法違反を中心に、わが国の罰金刑のほとんどは略式手続によって言い渡されている。ただし、書面審理であるため裁判の公開（憲82条1項・37条1項）や被告人の証人尋問権（憲37条2項）といった権利が十分に保障されないおそれがあるから、被告人に異議がない場合に限られるし、略式命令の告知を受けた後であっても、被告人または検察官は、**告知を受けた日から14日以内**に、略式命令をした簡易裁判所に対して、**正式裁判を請求**することができる（465条1項）。この請求があった場合には、正式な公判手続が行われ、その結果判決が宣告されれば先に告知された略式命令は効力を失う（469条）。正式裁判の請求期間が経過するか、正式裁判の請求が取り下げられれば（466条）、略式命令は**確定判決と同一の効力**を生ずる（470条）。確定判決の効力については、後述**5**参照。

＊　略式手続と被告人の確定

窃盗にも罰金刑があるため、略式手続の対象となることが多いが、7講【設問19】の事例でWがZのふりをして略式命令を受けた場合、被告人は誰か。略式手続は書面審査であって公判手続は開かれず人定質問なども行われないので、裁判所は書面上特定された者を被告人と取り扱うほかはなく、表示説を徹底して被告人はZになると考えられている（最決昭50・5・30刑集29巻5号360頁）。しかしその例外として、Wが逮捕・勾留されていた場合には、Wが被疑者として行動していたといえ、仮に起訴状にZと記載されていたとしても「Zと名乗っていたW」と考えることができるから、Wを被告人として扱ってよい（大阪高決昭52・3・17判タ363号330頁）。

【設問22】

簡易公判手続、即決裁判手続、略式手続の違いを説明せよ。

簡易化された手続の違いをまとめると、以下の表のとおりである。

	簡易公判手続	即決裁判手続	略式手続
捜査段階	特になし	検察官が、捜査段階で被疑者に手続を理解させるために必要な事項を説明→被疑者の同意→書面化→弁護人がある場合には弁護人の同意あるいは意見の留保	検察官が、捜査段階で被疑者に手続を理解させるために必要な事項を説明→被疑者に異議がないことを確認→書面化
請求先	簡易裁判所／地方裁判所	簡易裁判所／地方裁判所	簡易裁判所
請求方法	特になし	公訴の提起と同時に書面で申立て	公訴の提起と同時に書面で申立て
公判手続	開く	開く	開かない
審判の方法	冒頭手続で被告人が有罪の陳述→検察官、被告人および弁護人の意見を聴取→決定→簡略化された証拠調べ	公訴が提起された日からできる限り14日以内に公判期日→冒頭手続で被告人が有罪の陳述→簡略化された証拠調べ→原則即日判決	書面審理
必要的弁護	なし	あり	なし
科刑制限	法定合議事件は対象外	法定合議事件は対象外 懲役・禁錮は必ず執行猶予	100万円以下の罰金・科料のみ
不服申立て	制限なし	同意・有罪の陳述は撤回可能 事実誤認を理由とした上訴不可	略式命令告知から14日以内に正式裁判の請求可能

5　裁判の確定とその効力

(1)　裁判の確定

【設問23】

裁判の確定とは何か。外部的成立とはどのように違うのか。

裁判が外部的に成立してもその後に上訴によってその内容が覆される可能性がある。外部的に成立した裁判が上訴等の通常の不服申立方法によって争うことができなくなった状態を**形式的確定**（または単に**確定**）という。

上訴を許さない裁判は、告知と同時に形式的に確定し、上訴を許す裁判は、上訴期間の経過、上訴の取下げ、上訴棄却の裁判の確定などによって形式的に確定する。例えば第１審判決であれば、控訴期間である14日間の経過（373条)、控訴の取下げ（359条・361条)、控訴棄却判決（395条・396条）に上告がなかった場合などに確定する。

このように、裁判が上訴審で取消しや変更ができなくなる効力のことを**形式的確定力**という。形式的確定力は、有罪・無罪といった実体裁判はもちろん、免訴判決や公訴棄却判決等の形式裁判についても発生する。

⑵　確定裁判の効力

【設問24】

詐欺事件の被告人が保釈中に死亡診断書を偽造し、内容虚偽の死亡届と共に市役所に提出して戸籍に不実の記載をさせるなどして自らの死亡を偽装し、339条１項４号による公訴棄却の決定が確定した。その後、被告人の生存が判明したため、検察官は、被告人を同一の詐欺事件で再起訴した。裁判所はどのように対応すべきか。

裁判が形式的に確定すると、その判断内容が確定することによる効力が生じる（**内容的確定力**)。

まず、裁判の内容を強制的に実現することができる（**執行力**)。有罪判決で実刑が言い渡されれば、その刑を執行することができる。

次に、後の訴訟において、同一の事項につき他の裁判所が確定裁判に矛盾する判断をすることを許さない対外的な効力が生じる（**拘束力**)。その実質的根拠は**訴訟の一回性**から導かれる。訴訟の一回性は、具体的事件の終局的解決という司法権の本質に由来するもので、法的安定性の要請、すなわち、**１つの事件は上訴審まで含めた意味での裁判所による１回の公権的な判断で確定的に解決すべきという政策的要請**である。

そうであれば、公訴棄却の裁判を含む形式裁判にも訴訟の一回性は妥当するし、裁判所が誤って管轄違いの判決を言い渡して確定した場合に、検察官が直近上級裁判所に管轄指定の請求をしなければならないとした刑訴法15条２号の規定は、形式裁判に拘束力があることを前提にしている（拘束力がないならばこうした迂遠な方法をとらずに管轄違いを言い渡した裁判所に再起訴をすればよい）といえることから、**形式裁判にも拘束力を認める**のが判例（最決昭56・7・14刑集35巻5号497頁）であり、通説である。

＊　**実体裁判の拘束力と別事件への拡張**

実体裁判には後述する一事不再理効が認められるので、拘束力を問題にする意味はない。もっとも、一事不再理効が発生しないような別事件にも拘束力を拡張し、例えば身代わりで過失運転致死について有罪判決を受けた後、身代わりであることが判明したため犯人隠避で起訴されたような場合、過失運転致死の有罪判決の拘束力を認めて犯人隠避は無罪とするべきであるとの見解もある。しかし、別事件であれば事件ごとに裁判所が自由心証主義に基づいて判断すべきであるから、通説はこうした拘束力の拡張を否定する。

【設問24】は、大阪地判昭49・5・2刑月6巻5号583頁〈百選98〉をモデルにした事案である。公訴棄却の決定にも拘束力があるとすれば、被告人を同一の詐欺事件で再起訴することは許されず、**【設問24】**についても、裁判所は公訴棄却の判決（338条4号）をするべきだとする見解もある（ただし、この見解でも、詐欺事件とは別に死亡診断書を偽造した行為などを捉えて、有印私文書偽造・同行使等で起訴することは可能である）。

しかし、被告人が偽装工作した場合にまで刑事責任の「逃げ得」を認める結論には批判が多い。前掲・大阪地判昭49・5・2は、形式裁判に拘束力を認めないことで再起訴を許容したが、現在ではこうした理論構成はとりえない。そこで、その他の理論構成により、前訴の公訴棄却決定の拘束力を否定し、再起訴を許容する見解がある。こうした見解によれば、**【設問24】**につき、裁判所は、公訴棄却の判決（338条4号）をすることなく、再起訴された詐欺事件についても審理し、判決をすることができることになる。

＊　**再起訴を許容する見解**

第1の見解は、**事情の変更によって拘束力は及ばない**とするものである。この見解によれば、たしかに前訴の公訴棄却の決定当時も、被告人は生存しており、「死者が生き返った」というような事情の変更はない。しかし、339条1項4号は、「被告人が死亡したことの証拠があること」を公訴棄却事由として設定したもので、被告人の死亡に関する証拠状況の変動はそれ自体事情変更となると説明される。

第2の見解は、拘束力の狙いは、**訴訟の蒸し返し禁止**にあり、拘束力が及ぶか否かはその狙いに即して公訴棄却事由ごとにその性質を考慮して判断すべきであるというものである。この見解によれば、心神喪失の状態にあることを理由に公判手続を停止する（314条1項→8講4(2)）のと同様に、再起訴を有効としても、停止された公判を再開するというだけのことで、訴訟の蒸し返しの問題は生じないと説明される。

第3の見解は、拘束力を、**検察官の禁反言**、すなわち、ひとたび被告人の利益になる判断が下された以上、訴追側は以後これと矛盾する主張をなしえず、その結果、裁判所もこれと矛盾する判断をなしえない効力と捉えるものである。この見解によれば、禁反言により利益を受ける被告人にその利益を主張する、つまり、拘束力を要求する資格がなければならないと説明される。

6　一事不再理効

(1)　意義と根拠

【設問25】

一事不再理効とは何か。そのような効力が認められる根拠は何か。

憲法39条は、「何人も、……既に無罪とされた行為については、刑事上の責任を問はれない。又、同一の犯罪について、重ねて刑事上の責任を問はれない」とする。

「刑事上の責任を問」うの意味については、①刑事処罰と解し、憲法39条後段は、一度有罪が確定した行為について**二重に処罰することを禁止**する趣旨であるという見解と、②起訴されて刑事裁判に付されることを指すと解し、憲法39条後段は、**二重に起訴することの禁止**を定めたものという見解が対立しているが、刑事裁判に伴う被告人の負担を考慮すれば、②の意味に解すべきとされる（基本憲法Ⅰ255頁）。

刑訴法337条1号は、「確定判決を経たとき」には、「判決で免訴の言渡をしなければならない」と定め、既に確定判決を経た事件について再度公訴提起があったとしても、免訴によって手続を打ち切ることを予定している。

このように、確定裁判の対象になった事件と同一の事件について、再び公訴提起や審理をすることは許されないという効力を、**一事不再理効**という。

かつては一事不再理効の根拠を裁判の内容的確定力に由来するものと考える見解が通説であった。しかし、内容的確定力は判断内容のみに発生するが、訴因制度を前提とすれば訴因にしか発生せず、例えば牽連犯の関係にある住居侵入・窃盗のうち、窃盗について確定判決を得たのに、住居侵入については一事不再理効が発生せず、起訴が許されてしまうことになりかねない。そこで現在では、**一度訴追の危険にさらされた者は二度と同じ危険にさらされることはない**という**二重の危険の禁止**に基づく政策的なものと解する二重の危険説が通説となっている。

＊　検察官上訴と二重の危険

検察官が原判決を被告人の不利益に変更するための上訴は、憲法39条に違反しないとするのが判例（最大判昭25・9・27刑集4巻9号1805頁〈百選 A46〉）および通説である。一事不再理効が憲法39条の二重の危険の禁止に基づくとすると、第1審の手続によって被告人は既に一度処罰の危険にさらされており、上訴は二度目の危険に当たるという評価が可能である。そうだとすると、検察官による上訴は憲法39条に違反するとも考えられる。しかし、最初の「危険」が第1審で終了するという構成は、元来、上訴制度をもたなかった英米法制の下で生まれたものであり、上訴制度をもつわが国の刑訴法の下では、**第1審から上訴までが継続して1個の「危険」であって、判決の確定により1度目の「危険」が終了する**と構成することができる。そうだとすると、検察官による上訴は、無罪判決に対するものであれ量刑不当を理由とするものであれ、憲法39条に違反しないということになる。

(2)　一事不再理効の発生原因

【設問26】

次の裁判が確定すれば、一事不再理効は発生するか。

(1)　無罪判決

(2)　公訴棄却の判決・決定

(3)　免訴の判決

二重の危険説からすると、**有罪・無罪の実体判決**が確定した以上、その後に同一の事件について被告人を再び有罪とされる危険にさらし、手続負担・苦痛を課すことは許されないから、小問(1)の無罪判決に一事不再理効が発生するのは当然である。

他方、小問(2)の**公訴棄却の裁判を含む形式裁判**については、被告事件の実体について判断することなく手続を打ち切るものであるから、被告人が有罪とされる危険にさらされたとはいえず、一事不再理効は発生しないと考えるのが通説である。

もっとも、小問(3)の**免訴の判決**については、形式裁判であるものの一事不再理効が発生すると考えられている。前述したように一事不再理効の根拠が政策的なものだとすれば、確定判決を経たとき、刑が廃止されたとき、大赦があったとき、時効が完成したとき、という免訴を言い渡すべき事由（337条）は、およそ当該訴因について公訴提起を認めるべきではない典型的な場合であって、政策的に一事不再理効を認め、同一事件について再起訴を認めないのが妥当であるからである。

なお、一事不再理効が及ぶ範囲については30講**3**参照。

これまで見てきた裁判の効力を整理しておくと、下図のとおりである。

効力発生時	効力	内容	備考
裁判の外部的成立	自己拘束力	裁判所は、自ら宣告した内容に拘束され、変更・撤回することができない	すべての裁判で発生する
裁判の形式的確定	執行力	裁判の内容を強制的に実現することができる	実体裁判のうち、有罪判決でのみ発生する
	拘束力	後の訴訟において、同一の事項につき他の裁判所が確定裁判に矛盾する判断をすることができない	実体裁判・形式裁判とも発生するが、形式裁判でのみ実益がある 訴因の範囲でのみ発生する
	一事不再理効	確定裁判の対象になった事件と同一の事件について、再び公訴提起や審理をすることができない	実体裁判と免訴判決でのみ発生する 公訴事実の同一性の範囲で発生する

第12講　上訴と救済手続

◆学習のポイント◆

1　上訴制度の意義と種類について理解しよう。

2　上訴権者、一部上訴の可否、不利益変更禁止の原則について理解しよう。

3　控訴の申立手続、控訴理由、控訴審の審理手続、控訴裁判所の行う裁判の種類について、条文に則して説明できるようにしよう。

4　上告理由、上告審の行う裁判の種類について、条文に則して説明できるようにしよう。

5　再審制度の意義と非常上告との差異、再審の手続と再審事由について理解しよう。

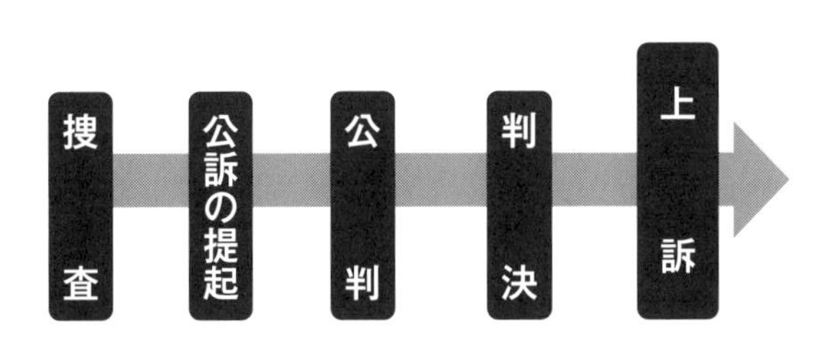

1　上訴制度の概要

(1)　上訴の意義と種類

【設問1】

上訴の意義と種類について説明せよ。

上訴とは、未確定の裁判に対する上級裁判所への不服申立てである。

具体的な事件について裁判所による公権的な判断が示された以上、これをみだりに取り消したり変更したりすることなく、その判断を維持・貫徹することは、法的安定性の要請に応えるだけでなく、当事者の利益に適うことが多い。しかし、裁判も、人の営みである以上、誤りをなくすことは不可能である。そこで、事案の真相を明らかにし、刑罰法令を適正に適用実現するという刑罰権実現の要請に応えるため、**事実認定の誤りの是正**、**法令の解釈・適用の統一**、刑罰権の行使の客体となりうる**被告人の人権の具体的な救済**という観点から、上訴制度が設けられている。

現行法上認められている上訴は、下図のとおりである。上訴の種類は、不服申立ての対象となる裁判（原裁判）の種類によって異なる。①第１審判決に対する不服申立方法は**控訴**であり、②控訴審判決に対する不服申立方法は**上告**である。③地方裁判所・簡易裁判所の決定に対する不服申立ては、**一般抗告**であるが、明文の規定がなくても原則として申立てのできる**通常抗告**と、法律上明文の規定がある場合にのみ許される**即時抗告**がある。即時抗告が認められるものとして、移送に関する決定（19条３項）、証拠開示に関する裁定（316条の25第３項・316条の26第３項）、公訴棄却の決定（339条２項・375条・463条の２第３項）、再審請求に関する決定（450条）などがある。④簡易裁判所の裁判官が第１回公判期日前にした勾留決定等の命令に対しては管轄地方裁判所に**準抗告**をすることができ、⑤**特別抗告**は、刑訴法によって不服申立てが認められていない決定または命令に対し、405条に規定する憲法違反または判例違反を理由とする場合に限り、特に最高裁判所への抗告を許すものである。

<table>
<tr><th>原裁判の種類</th><th colspan="2">上訴の種類</th><th>上訴裁判所</th></tr>
<tr><td>①第１審（地方裁判所・簡易裁判所）の判決</td><td colspan="2">控訴
（372条）</td><td>高等裁判所</td></tr>
<tr><td>②控訴審（高等裁判所）の判決</td><td colspan="2">上告
（405条）</td><td>最高裁判所</td></tr>
<tr><td rowspan="2">③地方裁判所・簡易裁判所の決定</td><td rowspan="2">一般抗告</td><td>通常抗告
（419条）</td><td rowspan="2">高等裁判所</td></tr>
<tr><td>即時抗告
（419条）</td></tr>
<tr><td>④簡易裁判所裁判官の命令</td><td colspan="2">準抗告
（429条）</td><td>管轄地方裁判所</td></tr>
<tr><td>⑤裁判所の決定または命令のうち、刑訴法によって不服申立てが認められないもの</td><td colspan="2">特別抗告
（433条）</td><td>最高裁判所</td></tr>
</table>

このほかにも、不服申立ての対象が「裁判」ではない、あるいは、不服申立先が「上級裁判所」ではない点で、厳密な意味で上訴とはいえないが、上訴に類した制度として取り扱われているものとして下図のようなものがある。⑥高等裁判所の決定に対しては抗告が認められておらず、その代償措置として**高等裁判所に対する異議申立て**が認められている。最高裁判所の負担軽減のためである。⑦簡易裁判所以外の裁判官による第1回公判期日前の命令に対してはその裁判官が所属する裁判所に、⑧検察官・検察事務官の処分に対しては所属する検察庁に対応する裁判所に、⑨司法警察職員の処分に対しては職務執行地を管轄する地方裁判所あるいは簡易裁判所に、それぞれ**準抗告**をすることができる。

不服申立ての対象	不服申立ての種類	不服申立先
⑥高等裁判所の決定	異議申立て（428条）	高等裁判所
⑦簡易裁判所以外の裁判官の命令	準抗告（429条）	その裁判官所属の裁判所
⑧検察官・検察事務官の処分	準抗告（430条1項）	その検察官・検察事務官所属検察庁に対応する裁判所
⑨司法警察職員の処分	準抗告（430条2項）	職務執行地を管轄する地方裁判所・簡易裁判所

(2) 上訴権者

【設問2】

上訴できるのは誰か。第1審における弁護人が被告人のために控訴するには、改めて弁護人として選任される必要があるか。

上訴は裁判に対する不服申立てであるから、上訴権者は裁判を受けた者である。判決に対する上訴権者は、**検察官・被告人**である（351条）。決定に対する上訴権者は、検察官・被告人に加えて**決定を受けた者**、例えば過料の決定を受けた証人（150条・160条）などである（352条）。なお、検察官上訴の合憲性については、11講6(1)＊参照。

例外的に、被告人の法定代理人・保佐人、原審の代理人・弁護人など被告人と一定の関係にある者は、被告人の明示した意思に反しない限り、被告人のため上訴をすることができる（353条～356条）。

【設問2】では、審級代理の原則（→1講7(3)ウ）から、控訴申立ては、控訴審の弁護人に選任されてからでなければできないのかが問題になる。この点、当審での弁護人選任の効力がいつ消滅するのかについて、明確な規定はない。しかし、第1審の弁護人選任の効力は、判決の宣告により終了するものではなく（最決平4・12・14刑集46巻9号675頁）、上訴期間の満了あるいは上訴の申立て時に、当審の弁護人選任の効力が消滅し、上訴後は改めて弁護人を選任する必要があると考えられている。したがって、第1審の弁護人は、新たに控訴審のための選任を受けなくとも、控訴申立てを行うことができる（355条）。一方で、控訴を申し立てた時点で、第1審の選任の効力は消滅するから、その後の控訴審の手続を進行（→2(3)）するためには、改めて控訴審の弁護人に選任される必要がある。

●コラム● 死刑判決に対する上訴と被告人の意思

原審弁護人は、被告人のため上訴をすることができるが、被告人の明示した意思に反することはできないとされている（356条）。この規定に従えば、被告人が死刑判決を受けた場合で、「私は死刑を望んでいる、早く執行してほしい」と意思を表明している場合に弁護人の判断で上訴をすることは法に違反していることになるのか。

誤った死刑判決が確定して刑の執行がなされれば、将来是正をすることは不可能になるから、たとえ被告人が死刑を望んでいる場合でも、弁護人は、①被告人の保護者的立場から上訴ができ、②被告人の明示の意思に反しなければ上訴ができる、あるいは③被告人の意思が将来変更される可能性があることを理由に現時点の意思に反しても上訴ができる等、さまざまな考え方がある。

(3) 上訴の利益

【設問3】
無罪判決を受けた被告人は、有罪判決を求めて上訴できるか。

被告人は、自らの裁判に対して不服がある場合、すなわち**上訴の利益**がある場合にだけ上訴することができる。被告人が自分にとって不利益な上訴をすること、例えば**【設問3】**のように、**無罪判決**に対して有罪を求めたり、**軽い罪の認定**に対して重い罪の認定を求めて上訴することは許されず、不適法な上訴として決定により棄却される（385条1項・414条）。被告人にとって不利益か否かは主文を標準として客観的に判断される。免訴、公訴棄却または管轄違いの**形式裁判**によって手続が打ち切られたのに、無罪を主張して上訴することも許されない（→11講1(2)ア参照）。

なお、検察官は、公益の代表者として被告人の正当な利益を擁護し、裁判所に法の正当な適用を請求する任務を有するので、被告人の利益のためにも上訴でき、上訴の利益は問題とならない。

(4) 上訴の申立てとその効力

【設問4】
上訴の申立方法とその効力について説明せよ。

上訴の申立ては、上訴提起期間内に**上訴裁判所宛ての申立書**を**原裁判所**に差し出さなければならない（控訴につき374条、上告につき414条、抗告につき423条）。例えば地方裁判所の判決に対する控訴であれば、高等裁判所宛ての控訴申立書を地方裁判所に差し出すことになる（→11講2(3)イ）。

上訴の申立てによって、裁判の確定と執行が停止され（**停止の効力**）、訴訟係属が上級審に移転する（**移審の効力**）。もっとも、通常抗告については原則として停止の効力がない（424条1項）。

(5) 上訴権の発生・消滅・回復

【設問5】
上訴権はいつ発生するのか。上訴権が消滅するのはどのような場合か。消滅した上訴権が回復することはあるか。

上訴権は、**裁判が告知された日**に発生するが（358条）、**上訴提起期間の経過**、あるいは、**上訴の放棄・取下げ**（359条）によって消滅する。被告人のために上訴した者（353条・354条）は、書面による被告人の同意を得て、上訴の放棄・取下げをすることができる（360条）。ただし、死刑または無期懲役・禁錮の判決に対する上訴については、放棄することができない（360条の2）。上訴の放棄・取下げをした者、あるいは同意した被告人は、その事件についてさらに上訴をすることができない（361条）。

上訴期間は、控訴・上告が14日以内（373条・414条）、即時抗告は3日以内（422条）、特別抗告は5日以内（433条2項）であるが、通常抗告および準抗告は、実益がある限りいつでもできる（421条）。ただし準抗告のうち、過料または費用の賠償を命ずる裁判は3日以内となっている（429条4項）。いずれも初日不算入（55条1項）であるから、実質的にはそれぞれに1日を加えた期間が上訴期間となる。

上訴期間が経過した後でも、上訴権者は、自己またはその代人（弁護人、弁護士事務所員、本人の家族または従業員など）の責に帰することができない事由によって期間内に上訴できなかったとき、例えば天災など不可抗力に基づくような場合であれば、原裁判所に**上訴権回復の請求**をすることができる（362条）。

⑹ 移審の効力と一部上訴

【設問6】
一罪の一部について上訴することができるのは、どのような場合か。

上訴による移審の効力は原裁判の全部について生じるから、一個の裁判であればその全部が移審するのが原則である。**一部上訴**、すなわち、裁判の主文の一部に対する上訴も認められているが（357条）、これは**主文が複数の場合**に例外的に認められるにすぎず、主文が１つであれば一部上訴はできない。

＊ 主文が１つか複数か
一罪の一部を無罪とする場合、例えば牽連犯の関係にある住居侵入・窃盗で窃盗のみ無罪とするときには主文で無罪の言渡しをしないから（→11講２⑶**ウ**）、主文は１つであって一部上訴は認められない。他方、**併合罪関係にある数罪、例えば殺人と死体遺棄で殺人のみ無罪とする場合**には、死体遺棄については有罪判決が言い渡されて刑が宣告され、殺人については無罪が言い渡されて主文が複数になるから（「被告人を懲役○年に処する。殺人の公訴事実について、被告人は無罪」）、被告人は、死体遺棄の部分に対して一部上訴できる。もっとも、**殺人も死体遺棄もいずれも有罪にする場合**であれば、併合罪として加重される（刑47条・48条）が宣告される刑は１つであり主文も１つになるから（「被告人を懲役○年に処する」）、やはり一部上訴は認められない。

⑺ 不利益変更禁止の原則

【設問7】
控訴裁判所は、被告人のみが控訴し、検察官が控訴していない事件で、被告人の刑が著しく軽いことを理由に原判決よりも重い刑を言い渡すことができるか。

被告人が控訴・上告し、または被告人のために控訴・上告された事件については、原判決の刑よりも重い刑を言い渡すことができない（402条・414条）。これを**不利益変更禁止の原則**という。被告人側に控訴をためらわせないことを目的としたものであるが、濫上訴の一因になっているとの批判もある。

【設問7】のように、**被告人側のみが控訴・上告した事件**については、上訴裁判所が原判決よりも重い刑を言い渡すことは許されない。もっとも、この原則が適用されるのは被告人側のみが控訴・上告した事件に限られるから、**検察官が控訴・上告した場合**には、上訴裁判所が原判決よりも重い刑を言い渡すことができる。また、この原則が禁止しているのは「原判決よりも重い刑を言い渡すこと」であるから、刑が重くならないのであれば原判決よりも**被告人に不利益な事実を認定すること**は許される。

より重いか否かは、刑名等の形式のみによらず、具体的に全体として総合的に観察しなければならず、判例によれば、不利益変更に当たらない例として、禁錮2年6月の刑を懲役2年の刑に変更すること（最決昭39・5・7刑集18巻4号136頁〈百選 A53〉）、懲役1年の実刑を懲役1年6月・3年間保護観察付執行猶予に変更すること（最決昭55・12・4刑集34巻7号499頁）があり、不利益変更に当たる例としては、懲役6月・3年間執行猶予を禁錮3月の実刑に変更すること（最大判昭26・8・1刑集5巻9号1715頁）がある。

2　控　訴

(1)　控訴審の構造

【設問8】

控訴裁判所は、第1審判決の後に生じた被告人に有利な情状（例えば、被害者との示談の成立）に関する証拠を取り調べることができるか。

控訴審の構造には、第1審の審理を最初からやり直す**覆審**、第1審判決直前の状態に戻ってその審理を引き継ぎ、審理を継続する**続審**、事件そのものではなく原判決を対象としてその当否を事後的に審査する**事後審**がありうる。

旧刑訴法では控訴審は覆審とされていたが、現行法では**事後審**とされている。直接主義・口頭主義が徹底されている第1審と同様の審理を控訴審でも繰り返すとすれば、第1審判決の意義が薄れ、審理の充実を図ることができなくなる。かといって、事実認定の判断をすべて第1審に委ねるわけにもいかない。また、法令違反の審査を最高裁判所のみが行うとすれば、その負担があまりにも加重になるから、最高裁判所以前に法令違反についても1度審査しておく必要がある。そのため現行法は、控訴審の構造を、事実認定に加えて法令違反も審査する事後審としたのである。

事後審では、第1審の証拠により第1審判決の言渡しの時点を基準としてその当否を審査することになるから、第1審判決後に生じた事実は例外的に「**やむを得ない事由**」があった場合にしか援用することができない（382条の2）。第1審の段階では物理的に取調べが請求できなかった場合のほか、当事者が当該証拠の存在を知らなかった場合、第1審で当該証拠を提出する必要がないと考えていたのも無理からぬ場合などが含まれるが、訴訟戦術として第1審で取調べを控えていたような場合は含まれない（最決昭62・10・30刑集41巻7号309頁〈百選A48〉）。ただし、「やむを得ない事由」がない場合であっても、控訴裁判所が原判決の当否を判断するために必要があると認めるときは、第1審判決以前に存在した事実であれば、職権（裁量）により無制限に事実の取調べをすることができる（最決昭59・9・20刑集38巻9号2810頁〈百選A49〉）。

なお、**第1審判決後の量刑に影響を及ぼすべき情状**については、裁判の具体的妥当性を図るため、必要があると認めるとき控訴裁判所が職権で取り調べることができる（393条2項）。したがって、**【設問8】**のような証拠であれば、控訴裁判所が取り調べることができる。

＊　**控訴審における事実誤認の審査**

覚醒剤輸入事件において、裁判員裁判での第1審判決は被告人の弁解の信用性を否定できないとして無罪を言い渡したが、控訴審判決は被告人の弁解は信用しがたいとして第1審判決を破棄し、被告人を有罪とした事案で、最判平24・2・13刑集66巻4号482頁〈百選100〉は、「刑訴法は控訴審の性格を原則として事後審としており、控訴審は、第1審と同じ立場で事件そのものを審理するのではなく、当事者の訴訟活動を基礎として形成された**第1審判決を対象とし、これに事後的な審査を加えるべき**ものである。……控訴審における事実誤認の審査は、**第1審判決が行った証拠の信用性評価や証拠の総合判断が論理則、経験則に照らして不合理といえるか**という観点から行うべき」とした上で、「控訴審が第1審判決に事実誤認があるというためには、**第1審判決の事実認定が論理則、経験則等に照らして不合理であることを具体的に示すことが必要**である」として、控訴審が事後審であることを強調する立場をとり、控訴審判決を破棄した。

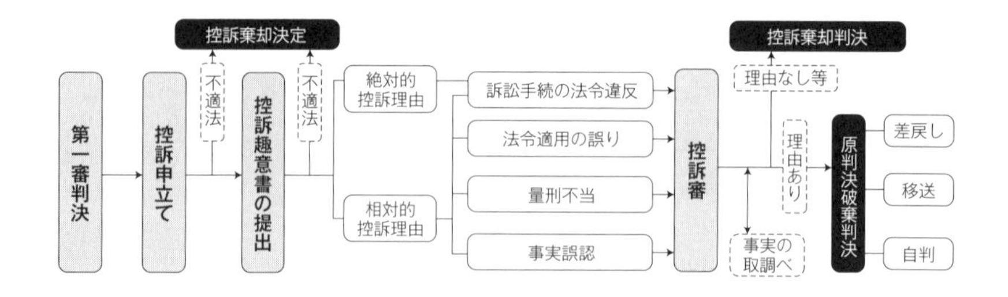

(2) 控訴理由

【設問9】
控訴の理由には、どのようなものがあるか。

控訴審は第1審判決の当否を審査する事後審であるから、控訴を申し立てた者は控訴理由として**第1審判決の瑕疵**を主張しなければならない。

控訴の理由となる第1審判決の瑕疵は、①**訴訟手続の法令違反**（377条～379条）、②**法令適用の誤り**（380条）、③**量刑不当**（381条）、④**事実誤認**（382条）であるが、このうち①には、訴訟手続の法令違反の程度が重大であるため当該理由が認められれば第1審判決が直ちに破棄される**絶対的控訴理由**（377条・378条）と、それ以外の訴訟手続の法令違反で判決に影響を及ぼすことが明らかな場合に限って第1審判決が破棄される**相対的控訴理由**（379条）とがある。②から④はいずれも判決に影響を及ぼすことが明らかな場合に限って第1審判決が破棄される**相対的控訴理由**である。

＊ 絶対的控訴理由
㋐裁判所の構成および裁判の公開が違法・違憲であった場合（377条1～3号）のほか、㋑管轄の判断の誤り（378条1号）、㋒公訴棄却事由の判断の誤り（同条2号）、㋓審判の請求を受けた事件についての判断漏れあるいは不告不理の原則違反（同条3号）、㋔判決における理由の不備あるいは理由のくいちがい（同条4号）がある。

(3) 控訴審の手続

【設問10】
被告人は、控訴審において自ら弁論をすることができるか。

控訴期間内に控訴申立書を提出した者は、控訴裁判所が指定した期間内に、控訴の理由を簡潔に明示した**控訴趣意書**を提出しなければならない(376条、規240条)。この期間は控訴裁判所から通知が届いてから21日以上であるが（規236条3項)、実務上は概ね1カ月程度とされている。控訴趣意書が指定した期間内に差し出されなかった場合、決定で控訴が棄却される(386条1項1号)。

控訴審では第1審のような予断排除の制約がなく、第1審裁判所から**訴訟記録・証拠物**が送付されてくるので（規235条)、控訴裁判所は事前に、控訴趣意書、第1審判決および訴訟記録・証拠物などを精査することができる。控訴裁判所は、控訴趣意書に包含された事実は**調査義務**があり、控訴趣意書に包含されていないものであっても控訴の理由となりうる事項について**職権調査**できる（392条)。控訴裁判所が調査するにあたって必要があるときは、検察官・弁護人の請求または職権で、**事実の取調べ**をすることができる(393条)。

控訴審には、特別の定めがある場合を除いて、第1審公判に関する規定が準用される（404条)。特別の定めがある場合として、例えば、**被告人の出頭は原則として不要**とされ（390条)、**弁論は弁護士である弁護人**でなければすることができず、**【設問10】**のように被告人が自ら弁論をすることは認められていない（387条・388条)。第1審判決の当否を審査する事後審としての特質から、被告人を出頭させる意味は少ないし、法的知識のある専門家である弁護士に弁論をさせるのが適当であるからである。もっとも、被告人には出頭する権利があるから、公判期日には被告人を召喚しなければならない(404条による273条2項の準用)。実務では、召喚状の方式を規定した63条を適用するにあたって、第1審とは異なり、「正当な理由がなく出頭しないときは勾引状を発することがある」旨の記載はせず、「公判期日には出頭することを要しない」旨を記載するのが一般的な取扱いである。

(4) 攻防対象論

【設問11】

牽連犯の関係にある住居侵入・窃盗の訴因につき、第1審裁判所は住居侵入を有罪とし、窃盗を無罪として、被告人に罰金10万円を言い渡した。これに対して被告人が控訴し、検察官は控訴しなかった。控訴裁判所は、無罪となった窃盗についても審理して、こちらも有罪であるとの心証を得た。控訴裁判所は住居侵入・窃盗について有罪判決を言い渡すことができるか。

上訴による**移審の効力は一個の裁判の全部**に及ぶ（→1(6)）ことからすれ

ば、控訴裁判所は被告人の控訴趣意書に包含されていない窃盗の無罪部分についても、控訴の理由になりうる事項として**職権調査**（→前述(3)）の対象とすることができ、ただ被告人のみが上訴した場合には、**不利益変更禁止の原則**（→1(7)）により、原判決より不利益な事実である住居侵入・窃盗の事実を認定することまでは許されるけれども、原判決よりも重い刑を言い渡すことができないと考えることもできよう。

しかし、新島ミサイル事件における最決昭46・3・24刑集25巻2号293頁は、**【設問11】**のように一罪の一部について無罪が言い渡され、被告人のみが控訴した場合、**無罪部分を含めて全部が控訴審に移審するものの、無罪部分には被告人に上訴の利益がなく、検察官からの控訴申立てもないのであるから、当事者間において攻防の対象から外されたものとみることができる**として、控訴審が無罪部分を職権調査することはできないと判断した。このような議論を**攻防対象論**という。

現行刑訴法は、**当事者主義**から審判の対象設定を原則として当事者の手に委ね、被告人に対する**不意打ちを防止**していること、控訴審は第1審判決の当否を審査の対象とする**事後審**であることからすると、検察官が無罪とされた訴因につき上訴の申立てをしなかった以上は、検察官はその訴因での**訴訟追行を断念したもの**とみるべきであって、裁判所の事後審査権のみならず、事件に対する審判権も及ばなくなったと考えることができる。

＊　その後の攻防対象論の展開

最決平元・5・1刑集43巻5号323頁は、**交通事故において過失の態様が争われた事案**で、第1審判決が予備的訴因を認定し、被告人のみが控訴したところ、控訴審が破棄して差し戻し、差戻第1審判決が本位的訴因を認定したため、被告人側が本位的訴因は攻防対象から外れたものと主張したのに対し、**検察官が本位的訴因について訴訟追行を断念していたとはいえないとして、攻防対象から外れたとの主張を認めず**、本位的訴因を認定した差戻第1審判決に違法はないとした。

他方、最決平25・3・5刑集67巻3号267頁〈百選99〉は、賭博開張図利の**共同正犯**の本位的訴因に対して第1審判決が**幇助犯**の予備的訴因を認定し、被告人のみが控訴した事案において、控訴審裁判所が共同正犯の訴因を認定した上、不利益変更禁止の原則により第1審判決と同じ刑を言い渡したところ、**共同正犯の訴因は当事者間において攻防の対象から外されていたものと解するのが相当**で、共同正犯の訴因について調査を加えて有罪の自判をしたことは職権の発動として許されず違法というほかないとした。

いずれも本位的訴因と予備的訴因が**非両立の関係**に立つが、前者は**同一**

構成要件内でいずれの訴因でも**軽重**がないので、検察官としてもいずれかの訴因が認定されればよいという前提で訴訟追行を続けるから、本位的訴因が認定されずに控訴しなかったとしても本位的訴因についての**訴訟追行を断念していない**と認められるのに対し、後者は共同正犯と幇助犯という**異なる構成要件**で、その犯情にも**軽重**があるから、幇助犯の予備的訴因が認定された段階で控訴しなかったのであれば検察官は共同正犯の本位的訴因について**訴訟追行を断念した**と認められることから、適用に違いが生じたと考えられる。

(5) 控訴審の裁判

【設問12】
控訴裁判所は、どのような裁判をすることができるか。

控訴裁判所の裁判は、大別すると、**控訴棄却**と**原判決破棄**に分けられる。詳細は表のとおりである。

<table>
<tr><td rowspan="4">控訴棄却</td><td rowspan="2">控訴申立てに違法がある場合</td><td>決 定
(385条1項)</td><td>高等裁判所に異議申立てができる(385条2項)</td></tr>
<tr><td>判 決
(395条)</td><td>上告できる(405条)</td></tr>
<tr><td>控訴趣意書に違法がある場合</td><td>決 定
(386条1項)</td><td>高等裁判所に異議申立てができる(386条2項)</td></tr>
<tr><td>控訴理由に該当する事由が認められない場合
相対的控訴理由については判決に影響を及ぼすことが明らかでない場合</td><td>判 決
(396条)</td><td>上告できる(405条)</td></tr>
<tr><td rowspan="3">原判決破棄</td><td>控訴理由に該当する事由が認められる場合
相対的控訴理由については判決に影響を及ぼすことが明らかな場合</td><td>判 決
(397条1項)</td><td rowspan="2">原裁判所に差し戻す(400条本文)
原裁判所と同等の他の裁判所に移送する(400条本文)
訴訟記録ならびに原裁判所および控訴裁判所で取り調べた証拠によって直ちに判決することができると認めるときは、自判できる(400条但書)</td></tr>
<tr><td>393条2項により職権で原判決後の情状について取調べをした結果、原判決を破棄しなければ明らかに正義に反すると認めるとき</td><td>判 決
(397条2項)</td></tr>
<tr><td>誤った管轄・公訴棄却</td><td>判 決
(398条・399条)</td><td>原裁判所に差し戻すか、管轄ある第1審裁判所に移送する(398条·399条)</td></tr>
</table>

控訴裁判所は、控訴申立手続に違法があり、それが書面審査で明らかであれば**控訴棄却決定**を、控訴審を開いて明らかになれば**控訴棄却判決**を言い渡す。控訴趣意書が期限内に提出されないなどの違法があれば、**控訴棄却決定**を言い渡す。控訴審の結果、控訴理由に該当する事由が認められない場合、さらに相対的控訴理由については判決に影響を及ぼすことが明らかでない場合には、**控訴棄却判決**を言い渡す。

控訴審の結果、控訴理由に該当する事由が認められる場合、さらに相対的控訴理由については判決に影響を及ぼすことが明らかな場合には、**原判決を破棄**した上、**差戻し・移送・自判**のいずれかの判決をする。なお、無罪を言い渡した第1審判決を破棄して有罪の自判をするような場合には、直接主義・口頭主義の要請から、新たに証拠調べをする必要がある（最大判昭31・7・18刑集10巻7号1147頁〈百選 A52〉）。393条2項により職権で原判決後の情状について取調べをした結果、原判決を破棄しなければ明らかに正義に反すると認めるときも、原判決を破棄できる。後者は原判決に瑕疵がないのに、原判決後に示談が成立したことなどを考慮して原判決を破棄するものであるから、事後審というより続審的な規定になっている。実務上は**2項破棄**と呼ばれ、原判決破棄に占める割合が最も多い。

＊　**破棄判決の拘束力**

上級審の裁判所の裁判における判断は、その事件について下級審の裁判所を拘束する（裁判所4条）。したがって、**破棄差戻し後の第1審裁判所は、控訴審判決の判断に反することは許されない**。さもないと、第1審と控訴審とで異なる判断が繰り返され、事件がいつまでもその間を往復することになるからである。これを**破棄判決の拘束力**という。八海事件についての判例によれば、拘束力は破棄の直接の理由となった原判決に対する消極的否定的判断についてのみ及ぶ（最判昭43・10・25刑集22巻11号961頁〈百選 A51〉）。もっとも、差戻し後の第1審裁判所で新たな資料を付加して判断したような場合、控訴裁判所の判断の基礎が失われるから、拘束力も失われる。

3　上　告

(1)　上告審の機能と上告理由

【設問13】

上告理由と控訴理由との違いを説明せよ。

上告は、最高裁判所への上訴であり、最高裁判所は**違憲審査権**を有する裁判所であるから（憲81条）、原判決に**憲法違反・憲法解釈の誤り**があることは上告理由となる（405条1号）。また、最高裁判所は法令解釈の中でも特に統一の必要性が高い**判例統一**の機能を有するから、**判例違反**（最高裁判所の判例がない場合には、高等裁判所等の判例違反）があることも上告理由とされている（405条2号・3号）。このように、控訴理由と比較すると上告理由は非常に限定されているが、最高裁判所の負担軽減と濫上訴を防止するためのものといわれている。

もっとも、上告理由に当たらない場合であっても法令解釈統一の上で必要な場合がありうるから、法令の解釈に関する重要な事項を含むものと認められる事件については、上告審として上告を受理できる（406条）。これを**上告受理**という。

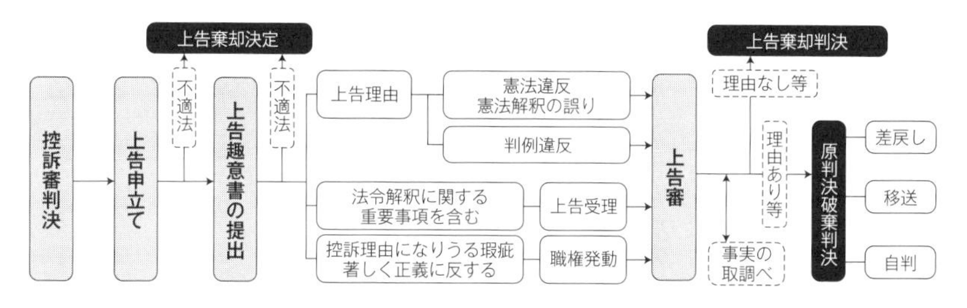

さらに、具体的事案の適正な処理と当事者の具体的救済を図るため、上告理由に当たらない場合であっても、**控訴理由になりうる瑕疵**、すなわち、①判決に影響を及ぼすべき法令違反、②量刑の甚だしい不当、③判決に影響を及ぼすべき重大な事実誤認、④再審事由がある、⑤判決後の刑の廃止・変更または大赦、のいずれかの事由があったことにより、**原判決を破棄しなければ著しく正義に反すると認めるときは**、最高裁判所は**職権を発動して原判決を破棄**できる（411条）。ただし、当事者がこれらの事由を主張しても上告審では職権発動を促すにすぎず、職権が発動されなければ上告申立ての理由が上告理由に該当しないとして上告棄却の決定がなされる（414条・386条1項3号）。実務上は、ほとんどの上告がこの職権発動を求めるものである。

(2) 上告審の裁判

【設問14】

上告裁判所は、どのような裁判をすることができるか。

上告審の審判には、特別の定めがある場合を除いて、**控訴審に関する規定が準用**される（414条）。したがって、必要があれば控訴審と同様に**事実の取調べ**（393条１項）をすることもできる。

上告審も控訴審と同様に事後審である上、法律上の問題のみを審理する**法律審**であるから、審理は第１審・第２審の記録の調査を中心とした書面審理である。最高裁判所で公判期日が開かれて弁論が行われるのは、原判決で死刑を言い渡されている重大な事件や、原判決破棄の可能性がある事件など、例外的な場合に限られている。

上告裁判所の裁判は、大別すると、**上告棄却**と**原判決破棄**に分けられる。詳細は表のとおりである。

<table>
<tr><td rowspan="7">上告棄却</td><td rowspan="2">上告申立てに違法がある場合</td><td>決　定
(414条·385条１項)</td><td>最高裁判所に異議の申立てができる(414条・386条２項)</td></tr>
<tr><td>判　決
(414条・395条)</td><td>判決訂正の申立てができる(415条)</td></tr>
<tr><td>上告趣意書に違法がある場合</td><td>決　定
(414条·386条１項)</td><td>最高裁判所に異議の申立てができる(414条・386条２項)</td></tr>
<tr><td>上告理由に該当する事由が認められない場合</td><td>判　決
(414条・396条)</td><td>判決訂正の申立てができる(415条)</td></tr>
<tr><td>上告理由に該当する事由が認められるが、判決に影響を及ぼさないことが明らかである場合</td><td>判　決
(410条１項但書)</td><td>判決訂正の申立てができる(415条)</td></tr>
<tr><td>判例違反が認められるが、上告裁判所がその判例を変更して原判決を維持するのを相当とする場合</td><td>判　決
(410条２項)</td><td>判決訂正の申立てができる(415条)</td></tr>
<tr><td rowspan="3">原判決破棄</td><td>上告理由に該当する事由が認められる場合</td><td>判　決
(410条１項)</td><td rowspan="2">原裁判所または第１審裁判所に差し戻す(413条本文)
これらと同等の他の裁判所に移送する(413条本文)
訴訟記録ならびに原裁判所および第１審裁判所で取り調べた証拠によって直ちに判決することができると認めるときは、自判できる(413条但書)</td></tr>
<tr><td>411条に該当する場合</td><td>判　決
(411条)</td></tr>
<tr><td>誤った管轄</td><td>判　決
(412条)</td><td>管轄ある控訴裁判所または第１審裁判所に移送する(412条)</td></tr>
</table>

上告申立手続に違法がある場合、上告趣意書に違法がある場合、上告理由に該当する事由が認められない場合は、上告裁判所は**上告棄却決定・判決**を言い渡す。上告審では、例外的に**口頭弁論**を開かずとも**上告棄却判決**を言い渡すことができる（408条）。上告棄却決定に対しては、414条によって準用される386条２項により、最高裁判所に対する異議の申立てが、上告棄却判決に対しては、415条により判決訂正の申立てができるが、これらの申立てが棄却されれば、判決は確定する。

上告理由に該当する事由が認められる場合、上告裁判所は、**原判決を破棄**し、**差戻し・移送・自判**のいずれかの判決をする。ただし、上告理由が判決に影響を及ぼさないことが明らかである場合には、**上告棄却判決**を言い渡す。さらに原判決に判例違反が認められたとしても、上告裁判所がその判例を変更して原判決を維持するのが相当とするときは、原判決を破棄せず、**上告棄却判決**を言い渡す（強制わいせつ罪の成立には性的意図が不要であると判例変更をして原判決を破棄せず、上告棄却した最大判平29・11・29刑集71巻９号467頁参照）。

4　抗告・準抗告

通常抗告、即時抗告、特別抗告、準抗告ができる場合については既に説明した（→１⑴）。ここでは、理解を深めるためにいくつかの問題について確認しておこう。

【設問15】
被疑者または弁護人は、逮捕状を発付した裁判に対して、準抗告をすることができるか。

裁判官の裁判（命令）に対する準抗告を認めた429条１項２号は、「勾留、保釈、押収又は押収物の還付に関する裁判」としているため、**逮捕に関する裁判は同条の準抗告の対象にならない**とするのが判例（最決昭57・８・27刑集36巻６号726頁）・通説である。したがって、**【設問15】**では準抗告できないことになる。ただし、被疑者勾留に対する準抗告をすれば、逮捕手続の違法も審査され、それが重大であれば勾留請求も違法であったとして却下されることがありうる（→19講２）。

【設問16】
保釈請求を却下した裁判に対して、第１回公判期日前と後で不服申立方法が異なるか。

保釈の許否の裁判は、予断排除の要請により、起訴後第1回公判期日までは**裁判官**によって行われるから（280条）、その性質は**命令**であり、これに不服がある場合はその**裁判官所属の裁判所**（簡易裁判所の裁判官の場合は管轄地方裁判所）に**準抗告**を申し立てることになる（429条1項2号）。これに対して第1回公判期日後は、予断排除の要請がなくなるので**受訴裁判所**によって行われるから、その性質は**決定**であり、これに不服がある場合は**高等裁判所**に**通常抗告**を申し立てることになる（420条2項）。したがって、**【設問16】**では、準抗告と通常抗告とで申立方法が異なっている。

【設問17】
裁量による保釈を許可した地方裁判所の裁判に対し、検察官がこれを不服として抗告した場合、高等裁判所は原裁判にとらわれず、記録を精査して保釈の許否を判断することができるか。

最決平26・11・18刑集68巻9号1020頁〈百選 A54〉は、「**抗告審は、原決定の当否を事後的に審査するもの**」であって、裁量保釈の判断にあたっては、「抗告審としては、**受訴裁判所の判断が、委ねられた裁量の範囲を逸脱していないかどうか、すなわち、不合理でないかどうかを審査すべき**であり、受訴裁判所の判断を覆す場合には、その判断が不合理であることを具体的に示す必要がある」とした。このように抗告審が事後審であることからすると、高等裁判所が判断すべきは原裁判の不合理性であって、原裁判にとらわれないとする**【設問17】**のように判断することはできない。

5　非常救済手続

(1)　再審・非常上告

【設問18】
再審とは何か。非常上告とはどう違うのか。

再審とは、**確定した有罪判決**に対し、**重大な事実誤認**またはその疑いがあることを理由として、被告人を救済するために設けられた非常救済手続である。これまで見てきた**上訴**は**未確定の裁判**に対するものであるから、この点で再審と異なる。

また、**非常上告**も**確定判決**に対する非常救済手続であるが、**法令適用の誤り**を理由とする点で、事実誤認を理由とする再審とは異なり、また法令適用の誤りがあれば**有罪判決・無罪判決のいずれも対象となる**点でも異なる。非常上告は、法定刑を超えた科刑や、管轄権のない裁判所による裁判などが確定後に発覚した場合に、検事総長が最高裁判所に対して申し立てる（454条）。

(2) 再審の事由

【設問19】
再審が認められるのは、どのような場合か。

法的安定性の要請からすれば、三審制の下で確定した裁判はできるだけ変更させないことが望ましいが、重大な誤りがあるのにそれを是正できないとするのは具体的妥当性に欠ける。そこで現行法は、一定の理由がある場合にのみ再審を認めている。

旧刑訴法では**被告人に不利益な再審**を認めていたが、憲法39条が二重処罰を禁止している趣旨に基づき、現行法では**被告人の利益のための再審**のみが認められている。したがって、確定した無罪判決に対する再審請求は許されていない。また、確定した免訴判決に対して無罪判決を得るために再審請求することも認められていない（最判平20・3・14刑集62巻3号185頁）。

再審事由となるのは、①原判決に用いられた**証拠が偽造または変造**であった場合（435条1～5号）、②原判決に関与した裁判官や捜査官が**職務犯罪**を犯した場合（同条7号）、③無罪等を言い渡すべき**明らかな証拠を新たに発見**した場合（同条6号）である。このうち実務上重要なのは③である。

無罪を言い渡すべき「明らかな証拠」（**証拠の明白性**）とは、白鳥事件についての最決昭50・5・20刑集29巻5号177頁〈百選A55〉により、「**確定判決における事実認定につき合理的な疑いをいだかせ、その認定を覆すに足りる蓋然性のある証拠**」であるとされている。かつては法的安定性を重視する立場から「無罪等の事実認定に到達する高度の蓋然性」が求められるなどしていたが、白鳥事件決定が明白性の要件を緩和し、再審の門戸を広げたと評価されている。

明白性の判断にあたっては、新証拠のみで判断すべきとする孤立評価説と、旧証拠と新証拠を総合的に判断すべきとする総合評価説とが対立していたが、白鳥事件決定は、「もし当の証拠が確定判決を下した裁判所の審理中に提出されていたとするならば、はたしてその確定判決においてなされたような事実認定に到達したであろうかどうかという観点から、**当の証拠と他の全証拠と総合的に評価して判断すべきであり**、この判断に際しても、再審開始のためには**確定判決における事実認定につき合理的な疑いを生ぜしめれば足りる**という意味において、『**疑わしいときは被告人の利益に**』という刑事**裁判における鉄則**が適用される」とし、**総合評価説**に立つことを明らかにした。

その後、財田川事件についての最決昭51・10・12刑集30巻9号1673頁〈百選 A56〉も、「確定判決が認定した犯罪事実の不存在が確実であるとの心証を得ることを必要とするものではなく、**確定判決における事実認定の正当性についての疑いが合理的な理由に基づくものであること**を必要とし、かつ、これをもって足りる」と判示して、白鳥事件決定の趣旨を明確にしている。

「あらたに発見した」(**証拠の新規性**)とは、発見が新たなことをいい、判例は、**再審請求当事者**にとって新規であることが必要とするが(最決昭29・10・19刑集8巻10号1610頁)、再審請求当事者にとって新規でなくとも、**裁判所**にとって新規であれば足りるとする見解が現在では有力である。例えば有罪判決を受けて確定した身代わり犯人が自ら再審請求をした場合、前者であれば新規性が否定されるが、後者であれば肯定される。

(3) 再審の手続

【設問20】

再審の手続は、どのように進められるか。

再審請求は、原判決をした裁判所が管轄する(438条)。再審請求権者は、①**検察官**、②**有罪の言渡しを受けた者**、③**その法定代理人**、④**有罪判決を受けた者が死亡あるいは心神喪失の状態にある場合は、その配偶者、直系の親族、兄弟姉妹**である(439条1項1～4号)。不利益再審は認められていないから、検察官は公益の代表者として、有罪判決の言渡しを受けた者の利益のために再審請求する。死者についても再審請求が認められているのは、再審に名誉回復の機能もあるからであって、同様の理由から**再審請求に期間の制限はない**。刑の執行が終わり、またはその執行を受けることがないようになった(例えば、執行猶予期間が経過した)後も行うことができる(441条)。検察官以外の者は、再審請求をする場合に**弁護人**を選任することができる(440条)。

再審請求は、それ自体では確定判決に何ら影響を及ぼすことはなく、**刑の執行を停止する効力を有しない**。ただし、確定判決が明らかに誤りであることが判明した場合などには、検察官は、請求についての判断があるまで刑の執行を停止することができる（442条）。

再審請求を受けた裁判所は、必要があるときは**事実の取調べ**をすることができる（445条）。再審請求が不適法であるときは、**請求棄却の決定**をする（446条）。再審請求の理由がないと認めたときも**請求棄却の決定**をする（447条1項）。再審請求の理由があるときは、**再審開始の決定**をする（448条1項）。再審開始決定をしたときは、裁判所は**刑の執行を停止**することができる（448条2項）。再審請求棄却決定あるいは再審開始決定には即時抗告ができるが（450条）、**再審開始決定が確定**すれば、裁判所はその審級に従って、さらに審判（再審公判）をすることになる（451条1項）。再審の結果、新たに判決が確定すれば、再審請求の対象となった確定判決は当然に失効する。

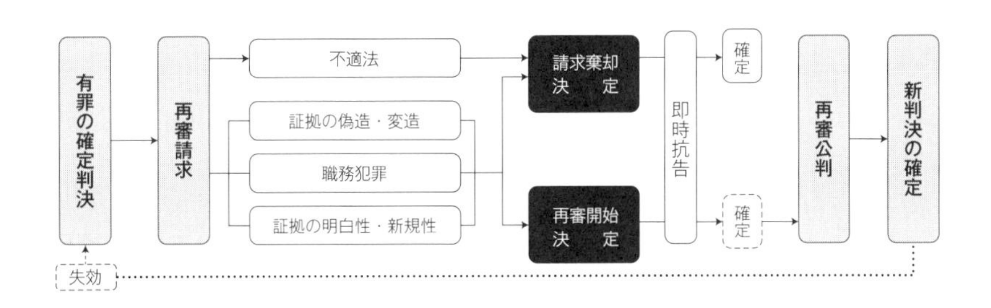

第13講　犯罪被害者と刑事手続

> ◆学習のポイント◆
> 1　犯罪被害者への配慮が必要である一方で、刑事訴訟の基本構造である当事者主義を前提とした適正かつ迅速な手続を維持するためには、犯罪被害者への配慮に限界があることも理解しよう。
> 2　刑事手続における犯罪被害者等への配慮には、大きく分けて「保護」、「情報提供」、「関与・参加」、「損害回復」がある。それぞれ具体的な制度の内容を整理して理解しておこう。

1　犯罪被害者への配慮

(1)　意義と限界

犯罪被害者とは、犯罪による害を被った者をいう（230条参照）。より厳密に言えば、刑罰法令における各犯罪の構成要件該当行為の予定する被侵害法益の主体ということになる。以下では単に「被害者」という。

被害者に加え、被害者が死亡し、あるいは心身に重大な故障を負った場合の配偶者、直系親族または兄弟姉妹のことを、「被害者等」という（290条の2第1項）。以下で「被害者等」というときは、この意味で用いる。

被害者等の救済は、刑事訴訟の直接の目的ではないし、わが国の刑事訴訟では当事者主義を原則としているから、主張・立証の主体は**検察官**と**被告人・弁護人**であって、被害者等ではない（→1講）。捜査に始まる一連の手続において最大の関心事とされるのは、被疑者・被告人による犯罪行為の有無を適正かつ迅速に明らかにすることであり、それが明らかになれば、今度はその違法性や有責性の程度に応じて、起訴・不起訴や刑罰といった処分を決定することになる。わが国では、こうした被疑者・被告人に対する処分の決定においては**公平性**が重視され、同じような犯罪行為であるのに、被害者等の意向によって処分が極端に軽くなったり、重くなったりするような結果になることは、望ましくないと考えられている（→11講**3(4)ア**）。

一方で、かつてはこうした考え方が徹底されすぎたきらいがあり、刑事手続における被害者等の役割は、被疑者・被告人による犯罪行為の有無を立証し、その後に処分を決定するための**証拠の1つ**としか考えられていないかのような傾向も見られた。その結果、過去の刑事手続においては、被害者等に対して冷酷ともいえる扱いをしてきたことも否定できない。例えば、強制性交等罪の被害者が、傍聴人の視線にもさらされる公開の法廷に出廷し、数mしか離れていないところに座っている被告人の面前で被害状況の詳細を証言しなければならなかった。被害者が自宅に侵入されて強制性交等をされた事件であれば、被害者の住所も犯行場所として公訴事実の記載の一部となり、公開の法廷で読み上げられた。こうした刑事手続の現実を知って、告訴を取り消そうかと悩む被害者もいた。幼いわが子を交通事故で失った両親は、事故を起こした運転手が不起訴になっても検察官からその理由を説明してもらえなかった。起訴後も、傍聴希望者が多ければ、被害者等も傍聴券を入手しなければ傍聴できず、傍聴できても刑事裁判の進行を傍聴席から見ることしかできなかった。被告人が有罪になったとしても、民事上の損害賠償責任を追及するためには、被害者等は別途民事裁判を起こさなければならず、さらなる負担を強いられた。被害者等は、被害に遭ったという点で「事件の当事者」であるはずなのに、その存在に十分な配慮をされていないとして、**忘れられた存在**といわれた。

こうした状況に対し、わが国でも疑問の声が強くなってきたのは、平成に入ってからである。被害者保護が世界的な潮流になっていたこともあり、平成12（2000）年以降、被害者に対する配慮が急速に図られるようになった。大きな転換点としては、次の3つが重要である。

第1に、平成12年に**犯罪被害者保護法**（当時の正式名称は「犯罪被害者等の保護を図るための刑事手続に付随する措置に関する法律」）が新たに成立するとともに、刑訴法および検察審査会法の一部が改正された。この犯罪被害者保護法と、刑訴法および検察審査会法を一部改正する法律をあわせて、「犯罪被害者保護二法」と呼ぶ。

＊　検察審査会法の改正

平成12年の検察審査会法の改正により、被害者の遺族にも審査申立権が認められるようになった。また、平成16（2004）年の検察審査会法の改正により、2度目の起訴相当議決がなされた場合に指定弁護士が公訴を提起する制度が認められるようになった（→6講3(1)）。

第2に、平成16年に**犯罪被害者等基本法**が成立し、被害者等のための施策の基本事項が定められるとともに、政府には被害者等のための施策の総合的かつ計画的な推進を図るため、**犯罪被害者等基本計画**を策定する義務が定められた。

第3に、こうした基本法および基本計画の成立、策定を踏まえ、被害者等の権利利益をより一層保護するために、平成19（2007）年に**刑訴法および犯罪被害者保護法の一部が改正**された。これにより、犯罪被害者保護法の正式名称は「犯罪被害者等の権利利益の保護を図るための刑事手続に付随する措置に関する法律」に改められた。

もっとも、被害者等への配慮が重要であるとしても、それが行きすぎることによって刑事手続の基本的な構造を変化させることにも問題がある。刑事手続では、被疑者・被告人による犯罪行為の有無を適正かつ迅速に明らかにすることは大前提であって、それが明らかにならないのであれば、どんなに被害者等が望んだとしても、手続を進めていくことはできない。また、被告人には公平な裁判所の迅速な公開裁判を受ける権利があり（憲37条1項・82条1項）、証人に対する審問権がある（憲37条2項）。被害者等に配慮するあまり、こうした被告人の基本的な権利が侵害されるようなことがあってはならない。さらに、同じような犯罪行為に対する処分が被害者等の意向によって極端に異なることも公平性を損なう。このように、刑事手続で被害者等の要望にすべて応えることには、限界があるといわざるをえない。

しかし、法律の専門家として、できる限り被害者等への配慮をすることは、事案の真相を明らかにするため、さらに刑事司法に対する国民の信頼を維持していくために重要である。被害者等への配慮には限界があることを認識しつつ、被害者等に対し、刑事手続によってできること、できないことを何度でも説明した上で、被害者等の話をよく聞き、その尊厳を重んじながら寄り添っていく姿勢が求められよう。

●コラム●　被害者の心の傷

犯罪被害のような大きな衝撃を受けたときにできる心の傷のことを「トラウマ」といい、こうした体験をした後に生じる持続的な心身の不調を**外傷後ストレス障害**（PTSD: Post Traumatic Stress Disorder）という。PTSD が傷害に当たることにつき、基本刑法Ⅱ32頁参照。被害者等は、被害に遭った記憶が勝手に何度も蘇ってくる、何もする気が起きない、感情がコントロールできない、眠れないなどといった PTSD の症状に苦しんでいる場合がある。こうした症状の治療は医療機関の役割であるが、刑事手続に携わる法律の専門家としても PTSD についてよく理解しておく必要がある。とりわけ、事件発生後間もなくして被害者等に接する捜査機関においては、捜査の過程において不用意な言動をして、被害者等に新たな心の傷を負わせる**二次被害**を与えたり、被害者等からの信頼を失うことがないように配慮しなければならない（犯捜規範10条の2参照）。

⑵ 被害者等への配慮の概要

被害者等が証人として真相解明のための重要な役割を果たす場面は多いが、その際に被害者等が過重な負担を負うことがないよう**保護**の措置が講じられている。また、被害者等は、自らが被害に遭った事件の推移や結果、被疑者・被告人の釈放時期等に関心をもつのが通常であり、適切な**情報提供**が必要である。さらに、被害者等がより主体的に刑事手続に関わることで、名誉の回復や被害からの立ち直りに資する場合もあるから、一定の限度で刑事手続に**関与・参加**することもできる。被害に遭ったことで経済的な困窮を余儀なくされる場合もあり、刑事手続と並行して行われる民事手続（→1講参照）において、**損害回復**を図ることも重要である。まず、その概要を確認しておこう。

ア 保 護

昭和28（1953）年には証人保護のための**権利保釈の除外事由**が認められ（89条5号→7講**3⑵ア**）、昭和33（1958）年には証人が被告人の面前で十分な供述をすることができない場合の**被告人の退席・退廷**が認められた（281条の2・304条の2→7講**5⑶＊**）。しかし、こうした措置のみでは被害者の保護を十分に図ることができないと考えられたことから、平成12年改正により、証人尋問において証人を保護するための**付添い・遮へい措置・ビデオリンク方式の証人尋問**が認められ、平成28（2016）年改正によってその対象が拡大された（157条の4～6）。さらに平成19年改正により、性犯罪等の一定の事件につき、公開の法廷で被害者の氏名、住所といった**被害者特定事項の秘匿**ができるようになり、平成28年改正によってその対象が拡大された（290条の2・3）。

イ 情報提供

刑訴法上、**告訴、告発等があった事件の処分結果・処分理由の通知**制度があるが（→6講**2⑵**）、それ以外の事件の被害者等への情報提供に関する明文の規定はない。しかし検察庁では、平成11（1999）年から、対象事件を限定せずに被害者等に処分結果などを通知する**被害者等通知制度**の運用を開始し、現在に至っている。さらに平成12年以降は、犯罪被害者保護法により、被害者等から**法廷傍聴の申出があったときの配慮**がなされるようになったほか（同法2条）、第1回公判期日後から事件の終結までの間において、被害者等の申出による**訴訟記録の閲覧・謄写**が認められている（同法3条）。

ウ　関与・参加

捜査の端緒となる**告訴・告発**（→2講3(4)(5)）、公訴提起段階における**検察審査会**および**付審判請求**の制度がある（→6講3）。公判手続段階においては、平成12年改正により、被害者等から申出があれば、**被害に関する心情その他の意見陳述**ができるようになった（292条の2）。さらに平成19年改正により、一定の事件について被害者等が公判手続に参加する**被害者参加制度**が実施されている（316条の33以下）。

エ　損害回復

いわゆる三菱重工ビル爆破事件（最判昭62・3・24判タ633号106頁）を契機として昭和55（1980）年に導入された**犯罪被害者等給付金支給制度**が先駆けである。刑事手続において被害者等の損害を回復するために認められた制度として、平成12年の犯罪被害者保護法によって導入された**刑事和解制度**がある（同19条以下）。さらに、平成19年の同法改正により、一定の事件について刑事手続の成果を利用して被害者等による損害賠償請求を簡易迅速に判断するための**損害賠償命令制度**が導入されている（同23条以下）。

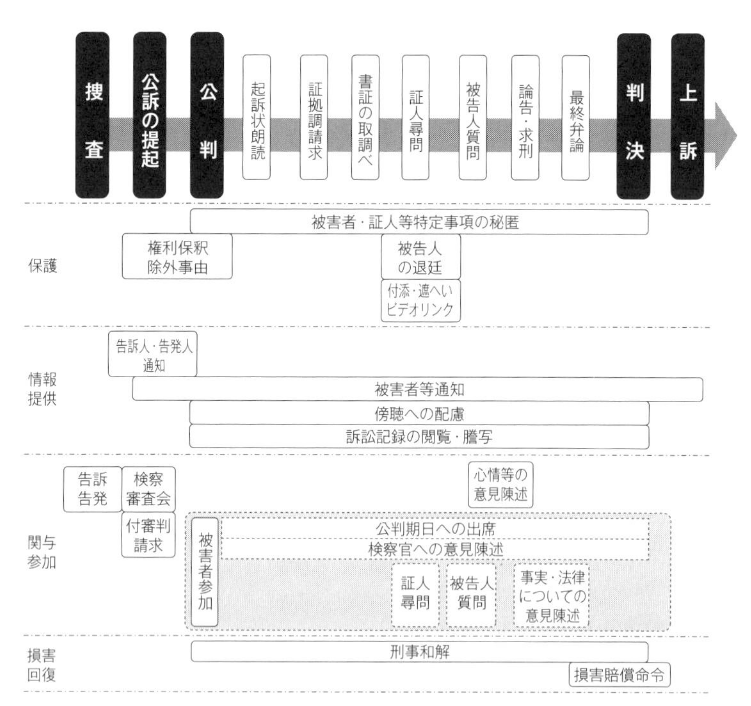

2　犯罪被害者の保護

(1)　証人尋問における保護

【設問1】
証人尋問において、被害者等を含む証人の保護はどのように図られているか。法廷内の様子をイメージしながら説明せよ。

ア　証人への付添い

証人尋問における証人の不安や緊張を和らげるため、証言する間、**適当な者を証人に付き添わせる**ことができる（157条の4第1項）。付添人として想定されるのは、心理カウンセラーや子どもの保護者等である。付添人ができることは、基本的に付き添って様子を見守ることで、尋問を妨げたり、供述内容に影響を及ぼすような言動をすることはできない（同条2項）。ただし証人の体調に異変を感じたときに、裁判官にその旨を伝えることなどは許されるであろう。

出典：法務省ウェブサイト

イ　遮へい措置

被告人や傍聴人から見られていることによる証人の精神的不安等を軽減するため、**証人と被告人、証人と傍聴人**との間に衝立等を置いて遮へいすることができる（157条の5）。傍聴人との間では、裁判所が相当と認めれば遮へいできるが、被告人との間では、被告人の**証人審問権への配慮**から、証人が圧迫を受け精神の平穏を著しく害されるおそれも必要で、さらに**弁護人**が出頭しなければ

出典：法務省ウェブサイト

ならず、弁護人は証人の姿を見て、その供述態度等を観察した上で尋問できるようにしなければならない。

ウ　ビデオリンク方式

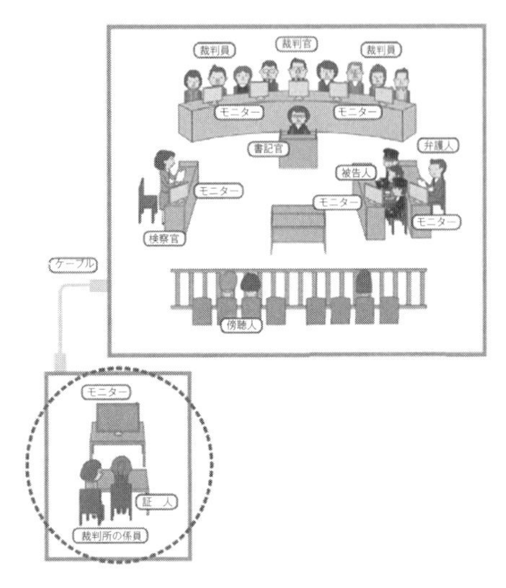

出典：法務省ウェブサイト

証人が公開の法廷で証人尋問を受けることで生じる心理的・精神的負担を軽減するため、法廷と別室を回線でつなぎ、テレビモニターを通じて証人尋問を行う（157条の6）。平成28年改正前は、証人は裁判官等が在席する場所（法廷）と**同一構内**、すなわち受訴裁判所内の別室にいる必要があったが（いわゆる「構内ビデオリンク方式」、同条1項）、裁判所まで出頭すること自体が著しい負担になりうるため、同改正により、一定の場合には**同一構内以外の場所**、すなわち裁判所外（受訴裁判所以外の裁判所本庁・支部）でもビデオリンク方式による尋問を受けることが可能になった（いわゆる「構外ビデオリンク方式」、同条2項）。

以上の付添い・遮へい措置・ビデオリンク方式は、**併用**することができる（157条の5第1項「次条第1項及び第2項に規定する方法による場合を含む」参照）。例えば、ビデオリンク方式をとり、別室に付添人を付き添わせ、ビデオリンクによる証人または被告人の画像を、被告人または証人に見せないことができる。

＊　**遮へい措置・ビデオリンク方式の合憲性**

遮へい措置・ビデオリンク方式の証人尋問が審理の公開原則を定めた憲法82条1項および37条1項、被告人の証人審問権を保障した憲法37条2項に反するかにつき、最高裁は、審理が公開されていることに変わりはなく、弁護人による証人の供述態度等の観察は妨げられていないことなどを理由に、いずれにも反しないとした（最判平17・4・14刑集59巻3号259頁〈百選67〉）。

【設問２】

証人尋問における保護の措置をとることができるのは、被害者に限られるか。

付添い・遮へいの措置については、**証人**に対するものであるから、対象になるのは被害者に限られない。例えば、目撃者となった子ども等も対象となりうる。

ビデオリンク方式では、**性犯罪・児童に対する罪の被害者**（157条の６第１項１号・２号）に加えて、犯罪の性質等により法廷で供述するときは**圧迫を受け精神の平穏を著しく害されるおそれがあると認められる者**も対象となっており（同項３号）、やはり被害者に限られない。目撃者になった子ども、暴力団犯罪の被害者・目撃者等も、対象になりうる。

⑵　氏名等の秘匿

ア　証拠開示における措置

【設問３】

被害者が、氏名や住居等を被告人に知られたくないと希望している。検察官はどうすればよいか。被害者ではなく、目撃者がこのように希望している場合はどうか。

証人等（証人のほか、鑑定人、通訳人、翻訳人または供述録取書等の供述者も含み、被害者等に限られない。290条の３第１項参照）の尋問を請求するには、あらかじめ相手方にその氏名・住居を知る機会を与えなければならず、証拠書類・証拠物の取調べを請求するには、あらかじめ相手方に閲覧する機会を与えなければならない（299条１項→７講**２⑶ア**）。しかし、平成11年の刑訴法改正により、証人等やその親族に対する加害行為等がなされるおそれがあるときは、検察官は弁護人に対し、被告人を含む関係者に知られないように**配慮**を求めることができるようになった（299条の２）。

さらに平成19年改正では、被害者等の名誉や社会生活の平穏が著しく害されるか、加害行為等がなされるおそれがあるとき、被告人の防御権にも配慮しつつ、検察官から弁護人に対し、**被害者特定事項**（氏名・住居その他の被害者を特定させることになる事項。事案によっては勤務先や通学先、配偶者や父母の氏名等も含まれる）を被告人その他の者に知られないように**要請**できるとした（299条の３）。

＊　被害者特定事項の秘匿の合憲性

最高裁は、被害者特定事項を秘匿することが、裁判を非公開で行うものではないことは明らかで、憲法37条1項の公開裁判を受ける権利を侵害するとはいえないとしている（最決平20・3・5判タ1266号149頁〈百選A30〉）。

平成28年改正では、より実効性のある措置が導入された。まず**条件付与等措置**として、証人等に対する加害行為等がなされるおそれがあるとき、検察官から弁護人に証人等の氏名および住居を知る機会を与えるものの、弁護人から被告人に知らせてはならない旨の**条件**を付し、あるいは被告人に知らせる**時期・方法の指定**をすることができる（299条の4第1項）。さらに、なお証人等に対する加害行為等を防止できないおそれがあるときには、**代替開示措置**として、検察官は、被告人および弁護人に証人等の氏名・住居を知る機会を与えず、それに**代わる呼称や連絡先**を知る機会を与えれば足りる（同条2項）。証拠書類・証拠物に証人等の氏名・住居等の記載があるときも同様である（同条3項・4項）。これらの措置は証人等についてとることができ、被害者等に限られないから、目撃者であってもこれらの措置をとることができる。もっとも、被告人にも防御権があるから、被告人または弁護人は、こうした措置に不服があるとき、これを取り消すよう裁判所に裁定を求めることができる（299条の5）。

＊　条件付与等措置および代替開示措置の合憲性

最決平30・7・3刑集72巻3号299頁は、これらの措置について定めた299条の4ならびに不服がある被告人・弁護人が裁判所に裁定請求できるとした299条の5は、被告人の証人審問権を侵害するものではなく、憲法37条2項前段に違反しないとしている。

【設問3】の場合、検察官は加害行為等がなされるおそれの程度などを考慮し、弁護人に配慮を求めたり、要請をすることができるほか、被告人の防御権も考慮しつつ、条件付与等措置や代替開示措置をとることができる。ただし、代替開示措置は、暴力団の組織的な事件など例外的な場合にのみ認められると考えられている。

イ　公判手続における措置

【設問4】

性犯罪の被害者が、氏名や住居等を公開の法廷で明らかにしてほしくないと希望している。検察官はどうすればよいか。暴力団による恐喝事件の被害者の場合はどうか。

【設問４】のように、被害者特定事項が公開の法廷で明らかにされることによって、被害者等の名誉や社会生活の平穏が害される場合がある。そこで平成19年改正により、性犯罪のほか、被害者等の名誉または社会生活の平穏が著しく害されるおそれがあるとき、被害者等に加害行為等がなされるおそれがあるときは、**起訴状の朗読**、**証拠書類の朗読**および**判決の宣告**等において、被害者特定事項を明らかにしない方法で行うことができるものとされた(290条の２・291条２項・305条３項、規35条３項等)。したがって、**【設問４】**の場合にこうした要件を充たしていると認められれば、検察官は、性犯罪の被害者に限らず、暴力団による恐喝事件の被害者であっても、被害者特定事項を秘匿して起訴状の朗読等ができる場合がある。実際の法廷では、起訴状等に被害者の氏名が記載されていても、「Ａさん」などと仮名を用いたり、単に「被害者」と呼ぶことになる。

【設問５】

暴力団の対立抗争事件の目撃者が、氏名や住居等を公開の法廷で明らかにしてほしくないと希望している。検察官はどうすればよいか。

平成28年改正により、目撃者を含む証人等に対して加害行為等のおそれがあるとき、証人等の名誉または社会生活の平穏が著しく害されるおそれがあるときには、**証人等特定事項**(証人等の氏名・住居その他の証人等を特定させることになる事項)についても、**起訴状の朗読**および**証拠書類の朗読**において、明らかにしない方法で行うことができるものとされた(290条の３・291条３項・305条４項)。したがって、こうした要件を充たしていると認められれば、検察官は、**【設問５】**のように目撃者であっても秘匿の措置をとることができる。

3　犯罪被害者への情報提供

(1)　被害者等通知制度

【設問６】

検察庁で実施されている通知制度は、どのようなものか。

平成11年から検察庁において実施されている制度であるが、刑訴法上の明文の規定はなく、運用によるものである。前述したように対象事件の限定はない。被害者等に通知されるのは、①事件の処理結果、②起訴した場合の係属裁判所と公判日時、③勾留および保釈といった身体拘束の状況、④刑事裁判の結果、⑤不起訴の場合の主文および理由の骨子、⑥実刑になった場合の刑の執行終了予定時期、⑦仮釈放または満期釈放される場合の釈放に関する事項、⑧受刑中の処遇状況など、広範囲にわたる。

(2) 傍聴への配慮

【設問7】

被害者等は、必ず法廷を傍聴できるか。

裁判の傍聴も被害者等への情報提供として重要である。犯罪被害者保護法は、受訴裁判所の裁判長は、被害者等から傍聴の申出があるときは、傍聴席および傍聴を希望する者の数その他の事情を考慮しつつ、申出をした者が**傍聴できるよう配慮**しなければならないとしている（同法2条)。もっとも、被害者等に傍聴する権利を認めたものではないので、傍聴の申出をした被害者等が多数に及ぶ場合には、全員が傍聴できないこともありうる。

(3) 公判記録の閲覧・謄写

【設問8】

被害者等が、公判進行中の事件の訴訟記録を閲覧・謄写することはできるか。

裁判を傍聴するだけではなく、訴訟記録を閲覧したいと望む被害者等もいる。被告事件の終結（確定）後であれば、何人でも訴訟記録を閲覧できるが(53条1項、刑事確定訴訟記録法)、それ以外に被害者等に訴訟記録の閲覧・謄写を認める規定はなかった。しかし、犯罪被害者保護法により、受訴裁判所は、第1回公判期日後から被告事件の終結までの間においても、被害者等から公判記録の閲覧・謄写の申出があるとき、申出があれば**原則として閲覧・謄写を認める**こととし、理由が正当でないと認める場合または相当でない場合に限って、これを認めないこととされている（同3条)。したがって、被害者等が公判進行中の事件で訴訟記録を閲覧・謄写したいと考えたら、受訴裁判所に申し出ることができる。

4　犯罪被害者の関与・参加

(1)　被害に関する心情その他の意見陳述

【設問9】
心情等に関する意見陳述が導入された背景を説明せよ。

前述したPTSDをはじめとして、犯罪の被害に遭うことは被害者等の生活を激変させ、新たな苦痛・困難を引き起こすことが多い。しかし、被害者等がこうした状況を公判手続において裁判所や被告人に直接訴えたいと希望しても、かつては証人尋問しか方法がなかった。被害者は訴訟の当事者ではないから、自ら証人尋問を請求することはできないし、仮に検察官が証人尋問請求をしたとしても、裁判所が「必要性なし」と判断すれば証言することさえできなかった。こうした取扱いは、刑事司法が被害者等の声を無視しているとの批判を招いたが、これを改善したのが平成12年の改正で認められた**被害に関する心情その他の意見陳述**（292条の2）である。

【設問10】
心情等に関する意見陳述ができるのは、誰か。この意見陳述が制限される場合があるか。

心情等に関する意見陳述ができるのは**被害者等**および**被害者の法定代理人**（親権者または後見人）である（同条1項）。罪名による制限はない。

裁判所は、意見陳述の申出があったら、公判期日において意見陳述させるのが原則である（同条1項）。もっとも、意見陳述の内容がそれまでの尋問等と重複するとき、事件と無関係のとき、その他相当でないときは、裁判長はこれを制限することができ（同条5項）、さらに審理の状況等の事情を考慮して相当でないと認めるときは、裁判所は意見陳述に代えて**書面を提出**させ、または**意見陳述自体をさせない**こともできる（同条7項）。被害者等の参加をできる限り認めつつ、例えば被害者等が過度に感情的になって審理が混乱するような例外的な事態が避けられるように、調整を図っているものといえよう。

＊　告訴権者との異同
意見陳述ができる者の範囲は、告訴権者のそれと同一であるが、意見陳述が制限される場合と告訴が制限される場合の要件は異なる（→2講**3**(4)

イ)。

【設問11】
心情等に関する意見陳述と証人尋問との異同を説明せよ。

心情等に関する意見陳述制度は証人尋問とは異なるから、意見陳述する被害者等は宣誓する義務を負わず、弁護人から反対尋問を受けることもなく、ただ趣旨を明確にするための質問をされる場合があるだけである(同条4項)。意見陳述の内容は、他の証拠で有罪認定ができれば**量刑を決定する際の資料**にできるが、**犯罪事実を認定するための証拠**とすることは禁じられている(同条9項)。

他方、意見陳述する被害者等にも、**付添い・遮へい措置・ビデオリンク方式**といった証人尋問と同様の保護を図ることができる(同条6項)。

実際に陳述される内容は、被害に遭ったことによって被害者等の生活が激変したこと、その後も苦痛・困難を感じていること、被告人の処罰に対する意見といったものが多い。被害者等が犯罪事実の認定に関して陳述することを希望している場合、必要があれば別に証人尋問の手続によって証言させるべきで、意見陳述によるべきではない。

【設問12】
心情等に関する意見陳述における検察官の役割は、どのようなものか。

心情等に関する意見陳述の申出は、あらかじめ**検察官**にしなければならず、検察官は意見を付して、これを裁判所に通知する(同条2項)。検察官は、被害者等の心情を含めた事件全体についての証明責任を負っているから、他の証拠等との関係も踏まえ、被害者等の心情を適切に反映できるよう配慮することが求められる。そのためには、法律の専門家としての立場から、犯罪事実を認定するための証拠にならないなど意見陳述に限界があることも説明しつつ、被害者等と**十分なコミュニケーション**をとってその心情をよく確認し、それが裁判所や被告人に伝わるようにするための助言や援助をする必要があろう。

(2) 被害者参加制度

【設問13】
被害者参加制度が導入された背景を説明せよ。

心情等に関する意見陳述は、被害者等に公判手続への参加を認めたことで画期的であったが、限られた意見の陳述に制約されていたため、被害者等が刑事手続に参加するための制度としてはなお不十分とされた。平成16年の犯罪被害者等基本法は、すべての犯罪被害者等は**個人の尊厳**が重んぜられ、その**尊厳にふさわしい処遇を保障される権利**があるとし（同法３条１項)、国および地方公共団体に対して、犯罪被害者等が刑事手続に適切に関与することができるようにするための制度の整備等を求めた（同18条)。また、平成17（2005）年の犯罪被害者等基本計画では、犯罪被害者等が刑事手続に「直接関与することのできる制度」について検討することとされた。

＊　犯罪被害者等基本法の「犯罪被害者等」

　基本法の段階で対象を限定しないようにするため、「犯罪等により害を被った者及びその家族又は遺族」（同法２条２項）と幅広に定められている。具体的な犯罪被害者等の範囲はそれぞれの法律ごとに定められることになっており、刑訴法では冒頭で説明した「被害者等」（290条の２第１項）として明確にされている。

これらを受けて、平成19年改正により導入されたのが**被害者参加制度**である。もっとも、導入にあたっては、被害者等の参加を認めることによって、検察官と被告人・弁護人の両当事者が主導的に主張・立証を行うという刑事訴訟の基本構造が損なわれることがないように、慎重な配慮が図られている。

【設問14】

被害者参加人として刑事手続への参加が許されるのは、「被害者等」に限られるか。

参加を許されるのは、**被害者等**だけではなく、**被害者の法定代理人**も含まれる。裁判所は、これらの者またはこれらの者から委託を受けた弁護士から参加の申出があるとき、被告人または弁護人の意見を聞き、犯罪の成立、被告人との関係その他の事情を考慮し、相当と認めるときは、決定で参加を許すものとされている（316条の33第１項)。

【設問15】

被害者参加が許される事件に限定はあるか。あるとすれば、《事例》のうち、被害者参加の対象になりうるのは、どの事件か。

被害者参加が許されるのは、個人の尊厳の根幹をなす**人の生命、身体または自由を害する罪**の事件に限定されている（316条の33第1項1～5号）。

① 故意の犯罪行為により人を死傷させた罪。例えば、殺人、傷害、傷害致死、強盗致死傷、危険運転致死傷、強制性交等致死傷等。

② 強制わいせつ、強制性交等、準強制わいせつ・準強制性交等、監護者わいせつ・監護者性交等、業務上過失致死傷・重過失致死傷、逮捕・監禁、略取・誘拐、人身売買等の罪。

③ ②に該当する罪のほか、その犯罪行為にこれらの罪の犯罪行為を含む罪（ただし、①に該当する罪は除く）。例えば、強盗強制性交等、特別公務員職権濫用等である。強制性交等致死傷は①に該当するので除かれる。

④ 過失運転致死傷アルコール等影響発覚免脱（自動車運転死傷行為処罰4条）、過失運転致死傷（同法5条）、これらの罪が無免許運転であった場合の加重罪（同法6条3項・4項）。

⑤ ①から③までの罪の未遂罪。

以上より、**《事例1》**は強盗致傷で①に該当し、**《事例3》**は過失運転致傷で④に該当するから、いずれも被害者参加の対象になりうる。逆に、**《事例2》**は覚醒剤取締法違反、**《事例4》**は窃盗であるため、被害者参加の対象にならない。

【設問16】

裁判所から参加を許された被害者参加人は、どのような権限を有するか。

被害者参加人またはその委託を受けた弁護士（以下「被害者参加人等」という）に認められている権限は、以下のとおりである。なお、刑事手続における証明責任は、あくまでも検察官にあるから、被害者参加人等に**公判請求権**（247条）、**訴因設定権**（256条3項・312条1項）、**証拠調べ請求権**（298条1項）、**上訴権**（351条1項）は、認められていない。

① **公判期日への出席**（316条の34）

通常、検察官の隣に着席する。出席が認められているのは「公判期日」であるから、**公判前整理手続期日**に出席することはできない（→8講1）。裁判所は、参加人の数が多数のとき、出席する代表者を選定するよう求めることができ、審理の状況等に照らして相当でないときは、公判期日の全部または一部への出席を許さないことができる（同条3項・4項）。例えば被害者参加人が後に証人となることが予定されている場合に、証言に不当な影響を与えないように一部の公判期日に出席を許さない場合が考えられる。なお、被害者参加人にも付添い・遮へいの措置（→**2**⑴**イ**）をとることができる(316条の39)。

② **検察官への意見申述権**（316条の35）

あらかじめ被害者等の意見を把握できる心情等に関する意見陳述の場合と異なり、被害者参加制度においては、検察官が被害者参加人等との間でより**密接なコミュニケーション**をとり、刻々と進行していく公判の状況を被害者参加人等に十分に理解してもらい、その要望をくみ取りながら、円滑な訴訟進行も図っていかなければならない。そのため、被害者参加人等には検察官に対する意見申述権が認められ、こうした意見申述があったときには、検察官は権限の行使・不行使について、必要に応じてその理由を**説明する義務**を負う。例えば、傷害致死の事件で被害者参加人等が殺人への訴因変更を希望したとき、殺意を立証する証拠がないことを十分に説明する必要がある。

③ **証人尋問**（316条の36）

被害者参加人等が証人に尋問できるのは、**情状に関する事項**について証人が行った**供述の証明力を争うために必要な事項**に限定される。例えば、被告人の情状証人となった被告人の親が、弁護人からの主尋問に対し、「被告人は深く反省している。被害者に何回も謝罪して誠意を尽くしている」などと証言したとき、被害者参加人等がその証言の証明力を争うために「被告人は全く謝罪に来ていないが、いつ来たのか」などと尋問する場合などが想定される。他方、例えば被告人の親が、「被告人は『殺すつもりはなかった』と言っていた」などと被告人の殺意について証言したときは、**犯罪事実に関する事項**になるから、仮にその証言の証明力を争うためであっても、被害者参加人等が証人を尋問することは認められない。

証人尋問の申出は、検察官による尋問の終了後、まず**検察官**に対してなされなければならず、検察官は自ら尋問する場合を除き、意見を付して裁判所に通知する。裁判所は、被告人または弁護人の意見を聞き、審理の状況等を考慮して、申出をした者に尋問を**許可**する。許可がなければ尋問することはできない。

④ **被告人質問**（316条の37）

被害者参加人等が被告人に質問できるのは、**意見陳述をするために必要な場合**である。この意見陳述には、心情等に関する意見陳述のほか、後述する⑤の意見陳述を含む。例えば、被告人の供述する犯行の動機が納得できないと考え、後にいずれかの意見陳述で指摘するために質問することなどが考えられる。もっとも、心情等に関する意見陳述は犯罪事実を認定する証拠にならないし、⑤の意見陳述も検察官が設定した訴因の範囲内に限られるので、被害者参加人等が無制限に被告人質問をできるわけではない。例えば、傷害致死の事件で、殺意を立証するための質問をすることは許されない。

被告人質問の申出はまず**検察官**に対してなされなければならず、その後に裁判所が質問を**許可**するまでの手続は、証人尋問と同様であり、許可がなければ被告人質問をすることはできない。

⑤　**事実および法律の適用についての意見陳述**（316条の38）

検察官による論告・求刑と同様のもので、**被害者参加人等による論告・求刑**と考えればよい。被害者参加人等は、**検察官が設定した訴因の範囲内**で、犯罪事実および法律の適用について意見を述べることができる。したがって、検察官が傷害致死の訴因を設定しているのに、殺人を前提とした意見陳述をすることはできない。

この意見陳述をするには、まず**検察官**に申し出る必要があり、検察官は意見を付して裁判所に通知する。裁判所は審理の状況等に応じてこの意見陳述を**許可**するが、被告人または弁護人の意見を聞く必要はない。許可がなければ意見陳述をすることはできない。

この意見陳述は、検察官の論告と同様に純然たる**意見**であるから、犯罪事実に関する証拠にはならないし、量刑資料にもならない。被告人・弁護人は、この意見陳述に対しては弁論で反論すればよいから、質問等は認められない。また、口頭主義から、書面で代替することもできない。心情等に関する意見陳述との相違を整理すると、次のとおりである。

	心情その他の意見陳述	事実・法律の適用についての意見陳述
犯罪事実に関する証拠	ならない	ならない
量刑資料	なる	ならない
申し出る先	検察官	検察官
実施の要件	原則として実施	裁判所の許可が必要
弁護人等の質問	趣旨を明確にする範囲で可能	できない
書面による代替	できる	できない

5　犯罪被害者の損害回復

⑴　刑事和解

平成12年に成立した犯罪被害者保護法によって導入された。被告人と被害者等の間で損害賠償等について示談が成立し、示談書が裁判所に提出されても、示談書では民事執行法上の債務名義にはならず、強制執行ができない。そこで、被告人と被害者等との間で、刑事被告事件に関する民事上の争いについて合意が成立した場合には、当該事件の係属裁判所に対して共同して和解の申立てができ、その内容を**公判調書**に記載すれば、**裁判上の和解と同一の効力**を有するものとした（同法19条)。これにより、当該公判調書によって強制執行できる。

⑵　損害賠償命令

平成19年に改正された犯罪被害者保護法によって導入された。故意の犯罪行為により人を死傷させた罪等の一定の事件の被害者（または被害者が死亡した場合における相続人等の一般承継人）が、当該刑事被告事件の係属裁判所に対し、弁論の終結までに**損害賠償命令の申立て**をすれば、当該裁判所は、有罪の言渡し後、必要な刑事訴訟記録を取り調べた上、原則として４回以内の期日で審理を行い、決定によりその申立てについての裁判をする（同法23条以下)。刑事訴訟記録という**刑事手続の成果を利用**することで、被害者が改めて民事訴訟を提起する労力を軽減し、被告人による犯罪を原因とする損害賠償請求を簡易迅速に解決できるようになっている。被告人には異議申立権があるが、適法な異議申立てがなければ、損害賠償命令の申立てについての裁判は確定判決と同一の効力を有する。適法な異議の申立てがあれば、通常の民事訴訟手続に移行する。

＊　その他の被害者に対する経済的支援

刑事和解や損害賠償命令は、被告人に資力がなければ有効ではない。被告人に資力がない場合は、被害者に対して公的な経済的支援をする必要がある。こうした支援として、殺人はじめ重大犯罪の被害者等に対する**犯罪被害者等給付金制度**、組織的な詐欺等の被害者に対する**被害回復給付金支給制度**、預金口座等への振込みを利用して行われた詐欺等の被害者に対する**被害回復分配金支払制度**などがあるが、なお不十分との指摘も強い。

●コラム●　被害者と弁護士

刑事事件における弁護士の職責としては、刑事弁護人として被疑者・被告人の権利を擁護するイメージが強いかもしれない。こうした活動はもちろん重要であるが、今日では資力が十分でない被害者等に対する**国選被害者参加弁護士制度**が認められているなど（犯罪被害者保護11条）、被害者支援の場面で活躍している弁護士も多い。刑事手続において被害者等に認められた権利を適切に行使できるようにするためには、法律の専門家としての弁護士による支援は一層重要になっている。他方、刑事弁護人として被害者等に対応する場合であっても、例えば被疑者・被告人が示談を望んでいるのに、弁護人による不用意な言動によって被害者等の心情を悪化させ、示談が成立しなかったようなことがあれば、被疑者・被告人の権利を擁護することにならないであろう。捜査機関のみならず、弁護士も被害者等に対する適切な配慮を学んでおく必要がある。

第14講　刑事訴訟法の歴史

◆学習のポイント◆

1　刑訴法の変遷を概観して、どのような制度が廃され、どのような制度が新たに設けられてきたのかを理解しよう。

2　歴史を俯瞰することで、現行法の全体構造を整理し、日本の刑事司法制度の特色を理解しよう。

1　条文の配置から見た歴史

【設問1】

現行刑訴法の条文が、手続の順に配置されていないのはなぜか。枝番条文がなぜ多いのか。

現行刑訴法は、手続の順序のとおりに条文が配列されておらず、民法や刑法と同様に、総論・各論という構成になっている。すなわち、すべての手続に共通するとみられる総論部分が「第1編　総則」として最初に掲げられており、その後、各論部分として、「第2編　第1審」、「第3編　上訴」、「第4編　再審」、「第5編　非常上告」、「第6編　略式手続」、「第7編　裁判の執行」が続いている。捜査機関の行使できる権限に関する条項も、しばしば「総則」の裁判所の権限に関する条項を引用している。このような複雑な配置には、歴史的な経緯が影響している。

日本の刑事裁判は、江戸期までは糺問主義的な特徴を有していた。しかしフランスから招かれた**ボアソナード**の草案を基礎にして明治13（1880）年に制定された**治罪法**によって、近代的な刑事手続が整備された（ボアソナードは出勤途上で偶然に拷問の現場を目撃し、当時の司法卿に拷問廃止の意見書も出している）。治罪法では、**フランス法の影響**を受けて、弾劾方式、公開原則、予審制度（公判に付するか否かを予審判事が事実調べを行った上で判断する制度)、口頭主義、弁護人制度、一事不再理等が採用された。

その後、明治22（1889）年の大日本帝国憲法施行に合わせて裁判所構成法が改正されたことを受けて、主として審級制度を調整するために**明治刑事訴訟法**が明治23（1890）年に制定されたが、基本的にはフランス法の影響が残った。

次いで、明治期から大正期を通じて刑訴法の全面改正が試みられた成果として、**旧刑事訴訟法**（**大正刑事訴訟法**）が大正11（1922）年に制定された。大正刑訴法は、明治時代以来の慣行として存在した起訴便宜主義を、特別法の制定を経た上で明文に採用するとともに、**ドイツ法の影響**を受けて職権主義を強調し、直接主義の採用を進めた。しかし、第2次世界大戦後にアメリカが主導して行った戦後改革の中で、捜査機関による任意捜査の濫用や予審判事の事実認定を追認しがちな公判審理の在り方が問題視された。昭和24（1949）年に施行された現行刑訴法は、予審制度を廃止し、令状主義、当事者主義（訴因制度や交互尋問制度など）を導入するなど、**アメリカ法の影響**を強く受けるに至った。

以上の経緯のうち、特に「**ドイツ法からアメリカ法へ**」「**職権主義から当事者主義へ**」という動きが、現在の条文の配置をもたらした。もともとはドイツの影響を受けて、職権主義的な理解の下で「総則」として裁判所の行使できる権限を数多く定めていた。しかし、当事者主義的な理解を組み込むことになるに至って、一方当事者である検察官を含む捜査機関の権限を拡充する文脈で、もともと「総則」において裁判所が有していた各権限に関わる条項が、「第2編　第1章　捜査」の各条項において準用された（例えば、222条参照)。また、捜査段階における令状主義の導入により、「総則」の裁判所の権限が令状審査裁判官の権限としても準用される形になったのである（例えば、207条1項参照)。

その後、平成11（1999）年に、組織犯罪対策の一環としていわゆる通信傍受法が制定され、刑訴法222条の2が設けられた。また、平成13（2001）年の司法制度改革審議会意見書を契機として、刑事司法への市民参加（裁判員制度）などの導入を含む司法制度改革が行われた。

さらに、平成21（2009）年に厚生労働省の現職の局長が虚偽有印公文書作成・同行使罪で逮捕・勾留を経て起訴されたが、無罪となり（大阪地判平22・9・10判タ1397号309頁)、その後、大阪地検特捜部の検事による証拠変造等が発覚した郵便不正事件等を端緒として、法務省に「検察の在り方検討会議」が設置され、検察の倫理、人事・教育、検察組織のチェック体制、取調べの録音・録画についての提言が示される等、検察改革が実施された。過度に自白に依存した刑事司法制度の在り方を変えることを標榜した、大規模な刑訴法改正が平成28（2016）年に行われた。平成28年改正の項目は多岐にわたり、①職権保釈（90条）の考慮要素の明文化（→7講3(2)）、②被疑者国選弁護制度の拡大（→5講3(4)）、③被疑者取調べの録音・録画制度の導入（→16講5(2)コラム）、④刑事免責制度（→8講2(2)コラム）、合意制度の導入（→3講6(4)）、⑤公判前整理手続の充実化（→8講1）、⑥証人保護措置の拡充と証言確保のための措置の整備（→13講2）、⑦被害者保護のための制度の拡充（→13講2）、⑧即決裁判手続の改正（→11講4(3)）、⑨通信傍受法の改正（→3講3）が行われた。

これらを通じて、多数の枝番を含む条文が設けられるに至った。条文の配置は、日本の刑訴法の制定の歴史を投影しているのである。

＊　「検察の理念」の策定

「検察の在り方検討会議」を受けて、「検察の理念」が検察庁により策定された。そこでは、常に有罪そのものを目的とし、より重い処分の実現自体を成果とみなすかのごとき姿勢となってはならない旨が示され、検察がめざすのは、事案の真相に見合った、国民の良識にかなう、相応の処分、相応の科刑の実現だとされている。具体的には、10項目にわたる事項が理念として設定されている。

2　市民参加制度から見た歴史

(1)　陪審法の制定と施行停止

【設問2】

陪審法が停止されるに至ったのはなぜか。

一般市民が刑事司法制度の一員として参加する制度は、裁判員制度以前にも存在していた。その1つが、**陪審制度**である。大正デモクラシーの影響を受けて、原敬内閣の下で大正刑訴法制定の翌年である大正12（1923）年に**陪審法**が制定され、後に昭和3（1928）年から本格的に施行された。事件ごとに12人の陪審員が参加し、30歳以上の男子で2年以上直接国税3円以上を納めている等の一定の要件を充たした者が陪審員として選任された。

しかし、陪審法は同制度を推進する政党の衰退と歩調を合わせるかのように、用いられなくなり、昭和18（1943）年に**陪審法ノ停止ニ関スル法律**によって施行が停止された。その理由として、①陪審公判に付される対象事件の範囲が限定されていたこと、②陪審員候補者の範囲が限定されていたこと、③陪審員の権限が限定されており裁判官の設定した問いについてしか判断できなかったこと、④陪審公判の場合に訴訟費用が被告人の負担とされ、かつ控訴できなかったため、被告人が陪審公判を辞退・放棄したことなどが指摘されている。日本の陪審法は、当時の職権主義を基礎とした訴訟法に、アメリカ型の陪審を接ぎ木したかのような制度であり、実質的には裁判長の抱いた心証に基づく訴訟指揮によって訴訟の帰趨が決せられると弁護士層に受け止められ、訴訟当事者も陪審制度の利用には積極的ではなかった。

(2) 検察審査会制度の導入と改正

【設問3】
検察審査会制度が導入されたのはなぜか。

現行刑訴法が制定されるのとあわせて導入された、**検察審査会制度**（→6講**3**(1)）は、アメリカの大陪審制度（公判に付するか否かを判断するための陪審制度）を模したものとされる。実際、**検察審査会法**の条文は、かつての陪審法の条文の影響を受けたと思われる条文が複数存在する。検察審査会は、旧刑訴法の下での検察官の権限の行使の在り方に問題があったとの認識から、検察官の権限を抑制するための方策として導入された。もっとも、検察審査会は、かつては起訴相当との議決を行っても拘束力がなく、検察官が不起訴の判断を維持することも可能であった。

しかし、平成の司法制度改革の一環として行われた平成16（2004）年の検察審査会法改正で、一定の手続と要件を経た上であれば、検察審査会の**起訴議決**に**拘束力**が生じることとなり、公訴が提起されるようになった（→6講**3**(1)）。検察官の訴追裁量に対して一般市民によるコントロールがより実質的に及ぶことになる点で評価する立場もある一方で、検察審査会の起訴議決を受けて公判審理が行われた事件においては、無罪判決が数多く出されており、被告人の応訴負担を重くしているとの批判もある。

(3) 裁判員制度の導入とその余波

【設問4】
裁判員制度が導入されたのはなぜか。

平成13（2001）年以降に相次いで行われた平成の司法制度改革は、行政による事前規制から、司法による事後規制への転換を促すとともに、司法の機能を充実させる狙いがあったとされる。その一環として、「司法に対する国民の理解の増進とその信頼の向上」に資する制度として、「裁判員の参加する刑事裁判に関する法律」が制定され、**裁判員制度**が導入された（→８講３）。

また、裁判員制度の下では、一般市民も公判審理に関与するため、わかりやすく充実した審理を行う必要性がより一層高まった。それまで公判期日を月１～２回ほど入れて審理をしており、「五月雨式」と表現されることもあったが、裁判員が参加する以上はあらかじめ明確な審理計画を立てた上で、集中的に公判期日を設定する必要がある。そこで、証拠開示制度を導入して当事者が争点の設定を効果的に行い、その成果を踏まえて審理計画を策定できるようにしたのが、**公判前整理手続**である（316条の２以下→８講１）。当時、メディア等において刑事裁判の迅速化を求める主張も有力になっていたこともあり、公判前整理手続は裁判員裁判対象事件に限定しない形で導入された。その後、複雑な事件においては、公判前整理手続そのものが長期化しているとして、問題視する理解もある。平成28年改正では、後述するように公判前整理手続について改正が行われた。

⑷　刑事司法制度の資源配分

【設問５】

即決裁判制度が導入されたのはなぜか。

裁判員制度の導入によって、特に裁判員裁判対象事件の第１審に対して、刑事司法の資源が大きく投入されることが想定された。そこで、刑事司法の人的・経済的資源を適切に配分するために、争いのない事件を効率的に進めることが考えられ、導入されたのが**即決裁判手続**である（350条の16以下→11講４⑶）。執行猶予判決と引き換えに証拠調べが即日で終了するこの手続は、導入直後こそ利用されたものの、その後、利用頻度が低下するに至った。

その理由として、①あらかじめ執行猶予が付される旨が被告人側から予測でき、被告人に反省悔悟の機会を十分に与えられないこと（**感銘力の欠如**）や、②被告人側が即決裁判手続に同意しても、その後に同意を撤回するなどの事由により**通常公判に移行する可能性**も残る以上、検察側は通常公判に付される可能性を想定して捜査や訴訟準備を行わざるをえず、即決裁判手続が必ずしも捜査の省力化につながらないことが挙げられる。そこで、特に②の問題に対処するため、平成28年改正によって、即決裁判手続の申立てが却下された場合には、検察官は即決裁判手続の**公訴を取り消し**、**再捜査**をした上で、**再度の公訴提起をできる**ことになった（350条の26→11講4(3)）。これにより、検察官が即決裁判手続の利用を想定して捜査を省力化しやすくなるようにした。

3　組織犯罪対策・技術革新から見た歴史

(1)　通信傍受法

【設問6】
通信傍受法が制定されたのはなぜか。同法の改正は捜査の規律方法に影響を与えるか。

平成7（1995）年にオウム真理教の信者による地下鉄サリン事件が発生するなど、暴力団対策も含めた組織犯罪対策が重要な課題として意識されるようになった。その一環として、平成11年に「犯罪捜査のための通信傍受に関する法律」（**通信傍受法**）が制定された（→3講**3**）。

それまでも検証許可状によって電話通信の傍受が捜査機関によって行われる事案があったが（通信傍受法制定前の事件について説示した、最決平11・12・16刑集53巻9号1327頁〈百選31〉→15講4(2)参照）、通信の傍受においては、犯罪に関連する通話とそうではない通話の分別を行うためにも傍受を行わなければならない（スポットモニタリング）。このような分別のために、犯罪と無関係の通話をも傍受することは、検証のための必要な処分の限界を超えているとの批判が存在した。また、傍受のための立会人の要否等に関する具体的な手続規定も存在せず、検証には不服申立手段もないという問題もあった。そのため、通信傍受法が制定された。傍受令状が設けられ、犯罪関連通話を分別するための措置が整備されるとともに、通信事業者の立会いや被処分者に対する事後的な通知、不服申立手段の整備がなされた。

その後、平成28年の通信傍受法改正により、通信事業者にとって負担があるとされた**立会人の制度が見直され**、**一時的保存命令方式**（通信傍受20条・21条）や、**特定電子計算機方式**が導入された（通信傍受23条→3講3(2)オ）。また、平成11年当時とは犯罪現象に変化があるとして、通信傍受法の適用対象事件が拡大された。改正後の通信傍受法によれば、裁判官による令状審査等に加えて、犯罪関連通話の分別に関して機械の設定（アルゴリズム）も適正性を担保する役割を担う。

今後は、後述する電磁的記録の収集の際にプライバシーの保護と証拠収集の実効性の均衡をとるために、このように機械的な措置等によって、捜査機関のとりうる措置を制御する環境をあらかじめ人為的に構築する営み（いわゆるアーキテクチャ）が増えていく可能性がある。

(2) 電磁的記録に関わる証拠の収集方法

【設問7】
証拠たる電磁的記録の収集にはどのような課題があるか。

現行刑訴法制定時には、証拠は有体物の形態をとっていた。しかし、情報技術が飛躍的に発展したことを受けて、サイバーネットワーク上で犯罪が行われる事案へと変化しつつある（いわゆる**サイバー犯罪**）。それに伴い、無体物である電磁的記録（データ）の形態をとる証拠が増えた。そこで、電子的記録をどのように証拠として収集するかが重要な課題となったのである。特に、被疑事実に関連するデータだけを取り出すことは、ネット上やパソコン、スマートフォンなどで膨大なデータを個人が有するようになったために、困難を極めるようになった。

そこで、**記録命令付差押え**（99条の2・218条1項）、**電磁的記録に係る記録媒体の差押えに代わる処分**（222条1項・110条の2）、**電磁的記録を複写して行う電子計算機等の差押え**（218条2項）、**電子計算機の操作その他の必要な協力を求める措置**（222条1項・111条の2）、**通信履歴の保全要請**（197条3項）が設けられた（→3講**1**(3)）。もっとも、これによって問題がすべて解決できたわけではない。膨大なデータから被疑事実に関連する情報のみを適切に分別して取り出す措置は、これらの条項によっても、必ずしも十全になしうるわけではない。

また、そもそもクラウド上に個人情報が保存されるようになった結果として、被疑事実に関連するデータが、国境を越えた外国のサーバーに存在することも多い。国家主権の問題にも関わるため、外国との捜査共助の問題もあいまって適切な対処が必要となる（東京高判平28・12・7高刑集69巻2号5頁等→3講**2**(2)**イ**）。情報技術の革新が進む中で、証拠収集方法を更新していく不断の営みが必要である。

ほかにも、民間企業に蓄積された防犯カメラ等のデータ、個人のスマートフォンやパソコンを経由して使用されるFacebookなどのSNS（ソーシャル・ネットワーク・サービス）上のデータ、そして位置情報のデータなどのようなデジタルデータが重要な役割を占めるようになってきている。また、自動車に装着したGPS機器から位置情報を取得した事例に関する、最大判平29・3・15刑集71巻3号13頁〈百選30〉は、立法的措置の必要性を指摘していた（→15講4(5)）。これらの収集方法に対する法的な規律の在り方は、今後も問題となろう。

(3) 合意制度・刑事免責制度

【設問8】

合意制度、刑事免責制度はなぜ導入されたのか。

平成28年改正では、日本版司法取引とも呼ばれることがある、**合意制度**が導入された（350条の2以下→3講6(4)）。検察側が起訴猶予やより軽い訴因への変更、より軽い刑での求刑などの恩典を被告人に与えるのと引き換えに、標的となる共犯者に関する証拠（供述・証拠物）を被告人側が提供することが求められる制度である。組織犯罪における首謀者の摘発のために用いることが想定されて、立法されるに至った。

もっとも、合意制度では、犯罪組織からの報復を恐れて証拠を提供しない者がいる場合もありうる。そこで、検察官の申立てによって、検察官が標的とする共犯者の事件において被告人を証人として出廷させて、証言を強制し、その代わりに証言内容を当該証人たる被告人に対しては罪責を問うための証拠としては使用しないという**刑事免責制度**（157条の2以下→8講2(2)コラム）も導入されることになった。刑事免責制度は、合意制度と異なり、対象犯罪の限定がない点も重要である。

いずれの制度も、取調べの録音・録画制度の導入や被疑者国選弁護制度が勾留事件のすべてに適用される結果として、捜査機関が被疑者から供述を獲得しにくくなることを想定して、導入されたものである。もっとも、無関係の第三者を共犯者に仕立て上げて自らの罪責を軽くしようとする、いわゆる巻き込みの問題を回避できるのか、協議・合意に関わる弁護人が適切な対応をとりうるか（協議・合意に応じるか否かを判断するための証拠開示が必要ではないか）などの懸念も示されている。

4　公訴提起の在り方から見た歴史

【設問9】
日本の刑事司法の特色である、公訴提起段階の事件の選別はいつから行われるようになったのか。公訴提起における考慮要素は、刑事手続全体にどのような影響を与えるか。

既に学んだように、日本の刑事司法制度の特色の1つは、検察官が公訴提起の際に、公判に付する事件を綿密に選別している点にある（→6講）。歴史的には、治罪法下では起訴の条件が定められていたものの、当初は国家財政の負担の問題もあり、微罪処分的な運用として起訴猶予の実施が定着した。その後、当時の司法大臣らの訓令等により起訴猶予処分が奨励され、明治刑訴法の下でも特別予防的な処遇方策として活用されるようになる。大正刑訴法279条で、不起訴処分が明文化され、起訴猶予の運用がさらに活発化した。

現行刑訴法においても、**起訴便宜主義**（248条）が採用されており、裁判所や検察庁の処理件数の調整や、国民の処罰感情動向も加味した上で、特別予防を重視した刑事政策的配慮の処分としても起訴猶予を運用する傾向があるとの指摘がある。近時盛んに行われつつある、公訴提起前に刑事司法から福祉へと被疑者をつなぐ、検察庁によるいわゆる**入口支援**（→6講**1**(3)コラム）は、このような歴史の延長線上にあるといえる。このように、公判に付される前に、早期に刑事手続から離脱させることによって、被疑者が犯罪者として烙印を押されることを回避し、あるいは社会への復帰を円滑に行い、公判における防御の負担を回避できるという側面がある。

他方で、公訴提起時に特別予防の観点を重視するということは、捜査段階で被疑事実のみならず、被疑者の生活環境その他広範な事情についても調べることを意味する。また、そもそも検察官が、一般的には有罪判決を確実に獲得できる見込みがある事案に限って公訴提起するとされており、有罪を確実に得られる証拠を十分に確保しようとする傾向がある。このような傾向は、しばしば**精密司法**と呼ばれてきた。このような状況について、諸外国に比べても、捜査手続に重点が置かれており、公判手続が中心であるべきだとの観点から批判する見解もある。公訴提起時に、どの程度の嫌疑を要求し、どのような事情の考慮を求めるかは、捜査手続の性質に影響する点で重要な問題である（→21講1）。

コラム　捜査構造論

捜査構造論は、捜査手続の基本的な考え方をモデル的に整理したものであり、平野龍一博士によって、**弾劾的捜査観**と**糺問的捜査観**の対比という形で提示された。

弾劾的捜査観は、捜査段階の被疑者側と捜査機関とも、公判準備を行う対等な主体として扱う見方である。そこでは、強制処分は裁判官の権限であり、捜査機関はそれを執行するにとどまる（したがって令状は命令状としての性質を帯びる）。これに対して、糺問的捜査観は捜査を、捜査機関による被疑者取調べを中心として事実を解明する手続だと考えた上で、そのために捜査機関はその強制処分権限を行使できるものだと説明する（したがって令状は許可状としての性質を帯びる）。また、弾劾的捜査観は取調べ受忍義務を否定する見方に馴染み、糺問的捜査観は同義務を肯定する見方に馴染むとされた（→19講5コラム）。

このような図式を示すことで、弾劾的捜査観を徹底した場合の刑事司法の姿として、徹底した捜査は困難となり、あっさりと起訴される運用をもたらし、結果的に公判中心主義が実現されるという構想を描き出した点に意義があった。

なお、平野博士は、このような捜査構造論を描いた上で、「刑事政策的な考慮を全面的に検察官が担当」することに対して消極的であった。情状事実などの証拠収集も行うことになり、結果的には捜査手続が肥大し、身体拘束が利活用されてしまうことへの懸念、そして捜査段階で事件の帰趨が決定されることへの異議申立てという側面があったといえよう。そのため、公判中心主義の下で、「逆に公訴提起後について、現在の執行猶予のような制度だけではなくて、もう少しやわらかな制度が必要になってくる」としていた。これに対して、検察を中心として、早期に被疑者・被告人に対して福祉的な措置をとる方が、再犯の予防のためには効果的だとの理解の下で、「入口支援」が実施され、司法福祉の議論が活発化している。このような運用の背景には、公判中心主義とは「公判に付するべき事件」において実現されるべきものであり、公判に付されない事件については、早期に社会復帰のための情報収集と適切な措置を講じることが重要だとの理解がある。捜査の段階で、何をどこまで行うべきかは、現在も考えるべき問いだといえよう（公判中心主義について、1講4(2)コラム参照）。

5　被疑者・被告人の防御から見た歴史

【設問10】

刑事弁護の拡充はどのように展開してきたか。

(1)　当番弁護士制度・国選弁護制度の展開

刑訴法の歴史は、弁護権の拡充の歴史だと表現されることがある。戦後まもなくの刑訴法制定時に、当事者主義を採用した際に、立案者は被疑者・被告人の権利をよりよく保障するためだとしばしば説明した（当事者主義が実体的真実の究明のために有用か否かについては、制定当初は種々の議論が存在した)。他方で、憲法34条は「直ちに弁護人に依頼する権利を与へられなければ、抑留又は拘禁されない」と定めているところ、身体拘束をされている被疑者の国選弁護制度の採用について、多数説は憲法上の要請ではなく立法問題だと説明してきた。

1980年代に、死刑判決事件について再審請求が行われていた複数の事案において、再審開始決定がなされて再審公判で無罪判決が出た。そのような状況下で、捜査段階における虚偽の自白が原因だとの問題意識が弁護士を中心に生じ、逮捕された被疑者に対して、1回目の接見のみ弁護士がボランティアで接見を行うという**当番弁護士制度**(→5講3(4)ア)が平成2(1990)年に大分・福岡の各弁護士会で開始された。平成4(1992)年には、全国で実施されるに至った。このような制度は、比較法的に見てもユニークであったが、裏返せば、被疑者国選弁護制度が十分に備わっていなかったとの評価もありうる。

その後、裁判員制度・公判前整理手続が導入されるに至って、平成16年の刑訴法改正によって、円滑に争点整理を行い、かつ裁判員裁判の審理を充実したものにするという観点から、身体拘束されている被疑者の事件のうち、重大事件(死刑または無期もしくは短期1年以上の懲役もしくは禁錮に当たる事件)について**被疑者国選弁護制度**が導入されるに至った。平成21(2009)年には、さらに被疑者国選弁護の対象事件が拡大された(死刑または無期もしくは長期3年を超える懲役もしくは禁錮に当たる事件)。平成28年の刑訴法改正によって、すべての勾留事件が被疑者国選弁護の対象になるに至った(37条の2→5講3(4))。

(2) 証拠開示制度と公判前整理手続

もっとも、被疑者・被告人の防御は、国選弁護制度の拡充のみによって十全のものとなるわけではない。**証拠開示**については、1950年代以降に集中審理方式による充実した公判審理の実現を志向した「新刑訴派」と呼ばれる裁判官グループには、岸盛一判事のように立法の必要性を指摘した論者もいたが、立法化は平成16年の公判前整理手続の導入に伴って実現した。平成28年の刑訴法改正において、①当事者に**公判前整理手続の請求権**が付与されるとともに(316条の2)、②検察官が保管する証拠の**一覧表**が弁護人に交付され(316条の14第2項以下)、③**類型証拠開示の対象が拡大**されることになった(316条の15)。これは、証拠開示をより徹底して活用しようとする弁護士会の要求によるものであった(→8講1コラム)。また、特に②の検察官保管証拠の一覧表の交付は、これにより弁護人がより効果的に争点に関連する証拠の開示を請求し、公判前整理手続を短縮する効果をも期待している側面があるといえるだろう。

(3) 取調べと被疑者の防御

また、捜査段階の被疑者取調べに対しては、アメリカにおける判例等の影響を受けて、長らく弁護人の立会いを主張する議論も存在する。その後、取調べの録音・録画を主張する議論も登場した。逮捕・勾留されている被疑者に対する取調べによって得られた自白が、ときに誤判の原因になっているとの指摘が弁護士を中心になされる一方で、裁判員裁判において自白の任意性が争点になる事案で取調べの録音・録画がなされていると、公判での事実審理において有用だとの指摘もなされるに至る。

そのような状況下で、1で触れた郵便不正事件も契機の1つとなって、平成28年の刑訴法改正により、裁判員裁判対象事件および検察独自捜査事件について、検察官が自白調書の証拠調べを請求する際には、取調べの録音・録画の記録媒体の証拠調べをしなければならないことになった（301条の2→16講5(2)コラム）。

6 立法の時代へ

1990年代以前は、刑事司法に関わる法改正は多くはなかった。その背景には、冷戦構造の下で国会における政党間のイデオロギーの対立が根深く、基本となる法典の改正を行いにくいということがあったのかもしれない。そのことは、結果として、判例による法の形成が大きな影響力をもつような状況をもたらした。例えば、強制採尿令状やその執行のための連行について、最高裁判例が法改正を待たずに、令状の様式を示して許容したのは（最決昭55・10・23刑集34巻5号300頁、最決平6・9・16刑集48巻6号420頁→18講3）、このような時代状況が影響していた可能性もある。また、1960年代のアメリカ連邦最高裁判所が立法によらずに、積極的に法形成をしていたことに着想を得て、強制処分法定主義（197条1項但書）を訓示規定として理解し、裁判所による強制処分の創出と要件の設定を認める見解（新しい強制処分説→15講3(1)コラム）が登場した。これも、立法が不活性な時代に、司法に対して法形成を担うことを期待する流れが存在したからであろう。

しかし、1990年代以降は、刑訴法改正が頻繁に行われ、大規模な制度改革も行われている。裁判員制度、公判前整理手続の立法は、実務に大きな影響を及ぼした。平成28年の改正も、上述したように数多くの制度の導入や変更を伴うものであり、さまざまな場面で実務に影響を及ぼすことが予想される。また、先に触れた、GPS動静監視に関する最高裁大法廷判決（前掲・最大判平29・3・15→15講4(5)）は、裁判官全員一致で立法的措置が望ましいとしており、強制処分法定主義の意義がかつてよりも重視されていることの現れとも理解できる。判例とともに、立法が実務を大きく動かす時代になっている以上、刑訴法の解釈でどこまで何を解決すべきなのか、立法に委ねるべき事項は何か、立法で変えてゆくべき点と変えてはならない点は何か等について、考えを深めていくことが必要であろう。

●事項索引●

【あ　行】

【か　行】

【さ　行】

【た　行】

【な　行】

【は　行】

【ま 行】

【や 行】

【ら 行】

●判例索引●

【昭　和】

【平成】

◆執筆者

吉開多一（よしかい・たいち）

1970年生まれ。国士舘大学法学部教授、弁護士（2020年弁護士登録）。1997年4月から2014年3月まで検事として東京地検特捜部、福島地検郡山支部、大阪地検特捜部等に勤務。

執筆：「本書の使い方」、第2講～第4講、第6講～第8講、第11講～第13講

緑　大輔（みどり・だいすけ）

1976年生まれ。一橋大学大学院法学研究科教授。主著に、『刑事訴訟法入門（第2版）』（日本評論社、2017年）。

執筆：第1講、第5講、第6講、第9講～第11講、第14講

設楽あづさ（しだら・あづさ）

1963年生まれ。弁護士（1995年弁護士登録）。2012年4月から2015年3月まで司法研修所において刑事弁護教官として勤務。

執筆：第5講、第7講、第12講

國井恒志（くにい・こうし）

1966年生まれ。静岡地方裁判所部総括判事。1994年裁判官任官、東京都、福岡県、愛知県、高知県、神奈川県、埼玉県、茨城県、群馬県で刑事事件を担当。2017年前橋地方裁判所部総括判事、2020年東京高裁判事、2021年10月から現職。

執筆：「はしがき」、基本事例、第1講、第7講、第8講、第11講、第12講

基本刑事訴訟法Ⅰ——手続理解編

2020年 6月25日 第1版第1刷発行
2023年 4月25日 第1版第3刷発行

著　者——吉開多一・緑　大輔・設楽あづさ・國井恒志
発行所——株式会社　日本評論社
東京都豊島区南大塚3-12-4
電話 03-3987-8621(販売)，-8631(編集)
振替 00100-3-16
印刷所——精文堂印刷株式会社
製本所——株式会社難波製本

装丁／桂川　潤　Printed in Japan
ISBN 978-4-535-52419-4